"十二五"国家重点图书出版规划项目
中国社会科学院创新工程学术出版资助项目

总主编：金 碚

经济管理学科前沿研究报告系列丛书

THE FRONTIER
RESEARCH REPORT ON
DISCIPLINE OF
INTERNATIONAL TRADE

李小北 李禹桥 卢尚玉 王常华 主 编
苏秋丹 周丽霞 李 顺 副主编

国际贸易学学科前沿研究报告

经济管理出版社
ECONOMY & MANAGEMENT PUBLISHING HOUSE

图书在版编目（CIP）数据

国际贸易学学科前沿研究报告 2011/李小北等主编 . —北京：经济管理出版社，2016.11
ISBN 978-7-5096-4632-8

Ⅰ.①国⋯　Ⅱ.①李⋯　Ⅲ.①国际贸易—学科发展—研究报告　Ⅳ.①F74

中国版本图书馆 CIP 数据核字（2016）第 237852 号

组稿编辑：张永美
责任编辑：张永美　赵亚荣
责任印制：黄章平
责任校对：赵天宇

出版发行：经济管理出版社
　　　　　（北京市海淀区北蜂窝 8 号中雅大厦 A 座 11 层　100038）
网　　址：www.E-mp.com.cn
电　　话：（010）51915602
印　　刷：北京银祥印刷厂
经　　销：新华书店
开　　本：787mm×1092mm/16
印　　张：21.25
字　　数：466 千字
版　　次：2017 年 1 月第 1 版　2017 年 1 月第 1 次印刷
书　　号：ISBN 978-7-5096-4632-8
定　　价：69.00 元

·版权所有　翻印必究·
凡购本社图书，如有印装错误，由本社读者服务部负责调换。
联系地址：北京阜外月坛北小街 2 号
电　话：（010）68022974　邮编：100836

《经济管理学科前沿研究报告》专家委员会

主　任： 李京文

副主任： 金　碚　黄群慧　黄速建　吕本富

专家委员会委员（按姓氏笔划排序）：

方开泰	毛程连	王方华	王立彦	王重鸣	王　健	王浦劬	包　政
史　丹	左美云	石　勘	刘　怡	刘戒骄	刘　勇	刘伟强	刘秉链
刘金全	刘曼红	刘湘丽	吕　政	吕　铁	吕本富	孙玉栋	孙建敏
朱　玲	朱立言	何　瑛	宋　常	张　晓	张文杰	张世贤	张占斌
张玉利	张屹山	张晓山	张康之	李　平	李　周	李　晓	李子奈
李小北	李仁君	李兆前	李京文	李国平	李春瑜	李海峥	李海舰
李维安	李　群	杜莹芬	杨　杜	杨开忠	杨世伟	杨冠琼	杨春河
杨瑞龙	汪　平	汪同三	沈志渔	沈满洪	肖慈方	芮明杰	辛　暖
陈　耀	陈传明	陈国权	陈国清	陈　宪	周小虎	周文斌	周治忍
周晓明	林国强	罗仲伟	郑海航	金　碚	洪银兴	胡乃武	荆林波
贺　强	赵顺龙	赵景华	赵曙明	项保华	夏杰长	席酉民	徐二明
徐向艺	徐宏玲	徐晋涛	涂　平	秦荣生	袁　卫	郭国庆	高　闯
符国群	黄泰岩	黄速建	黄群慧	曾湘泉	程　伟	董纪昌	董克用
韩文科	赖德胜	雷　达	廖元和	蔡　昉	潘家华	薛　澜	魏一明
魏后凯							

《经济管理学科前沿研究报告》编辑委员会

总主编： 金 碚

副总主编： 徐二明　高　闯　赵景华

编辑委员会委员（按姓氏笔划排序）：

万相昱	于亢亢	王　钦	王伟光	王京安	王国成	王默凡	史　丹
史小红	叶明确	刘　飞	刘文革	刘戒骄	刘兴国	刘建丽	刘　颖
孙久文	孙若梅	朱　彤	朱　晶	许月明	何　瑛	吴东梅	宋　华
张世贤	张永军	张延群	李　枫	李小北	李俊峰	李禹桥	杨世伟
杨志勇	杨明辉	杨冠琼	杨春河	杨德林	沈志渔	肖　霞	陈宋生
陈　宪	周小虎	周应恒	周晓明	罗少东	金　准	贺　俊	赵占波
赵顺龙	赵景华	钟甫宁	唐　鑛	徐二明	殷　凤	高　闯	康　鹏
操建华							

序 言

为了落实中国社会科学院哲学社会科学创新工程的实施，加快建设哲学社会科学创新体系，实现中国社会科学院成为马克思主义的坚强阵地、党中央国务院的思想库和智囊团、哲学社会科学的最高殿堂的定位要求，提升中国社会科学院在国际、国内哲学社会科学领域的话语权和影响力，加快中国社会科学院哲学社会科学学科建设，推进哲学社会科学的繁荣发展具有重大意义。

旨在准确把握经济和管理学科前沿发展状况，评估各学科发展近况，及时跟踪国内外学科发展的最新动态，准确把握学科前沿，引领学科发展方向，积极推进学科建设，特组织中国社会科学院和全国重点大学的专家学者研究撰写《经济管理学科前沿研究报告》。本系列报告的研究和出版得到了国家新闻出版广电总局的支持和肯定，特将本系列报告丛书列为"十二五"国家重点图书出版项目。

《经济管理学科前沿研究报告》包括经济学和管理学两大学科。经济学包括能源经济学、旅游经济学、服务经济学、农业经济学、国际经济合作、世界经济、资源与环境经济学、区域经济学、财政学、金融学、产业经济学、国际贸易学、劳动经济学、数量经济学、统计学。管理学包括工商管理学科、公共管理学科、管理科学与工程三个学科。工商管理学科包括管理学、创新管理、战略管理、技术管理与技术创新、公司治理、会计与审计、财务管理、市场营销、人力资源管理、组织行为学、企业信息管理、物流供应链管理、创业与中小企业管理等学科及研究方向；公共管理学科包括公共行政学、公共政策学、政府绩效管理学、公共部门战略管理学、城市管理学、危机管理学、公共部门经济学、电子政务学、社会保障学、政治学、公共政策与政府管理等学科及研究方向；管理科学与工程包括工程管理、电子商务、管理心理与行为、管理系统工程、信息系统与管理、数据科学、智能制造与运营等学科及研究方向。

《经济管理学科前沿研究报告》依托中国社会科学院独特的学术地位和超前的研究优势，撰写出具有一流水准的哲学社会科学前沿报告，致力于体现以下特点：

（1）前沿性。本系列报告能体现国内外学科发展的最新前沿动态，包括各学术领域内的最新理论观点和方法、热点问题及重大理论创新。

（2）系统性。本系列报告囊括学科发展的所有范畴和领域。一方面，学科覆盖具有全面性，包括本年度不同学科的科研成果、理论发展、科研队伍的建设，以及某学科发展过程中具有的优势和存在的问题；另一方面，就各学科而言，还将涉及该学科下的各个二级学科，既包括学科的传统范畴，也包括新兴领域。

（3）权威性。本系列报告由各个学科内长期从事理论研究的专家、学者主编和组织本领域内一流的专家、学者进行撰写，无疑将是各学科内的权威学术研究。

（4）文献性。本系列报告不仅系统总结和评价了每年各个学科的发展历程，还提炼了各学科学术发展进程中的重大问题、重大事件及重要学术成果，因此具有工具书式的资料性，为哲学社会科学研究的进一步发展奠定了新的基础。

《经济管理学科前沿研究报告》全面体现了经济、管理学科及研究方向本年度国内外的发展状况、最新动态、重要理论观点、前沿问题、热点问题等。该系列报告包括经济学、管理学一级学科和二级学科以及一些重要的研究方向，其中经济学科及研究方向15个，管理学科及研究方向45个。该系列丛书按年度撰写出版60部学科前沿报告，成为系统研究的年度连续出版物。这项工作虽然是学术研究的一项基础工作，但意义十分重大。要想做好这项工作，需要大量的组织、协调、研究工作，更需要专家学者付出大量的时间和艰苦的努力，在此，特向参与本研究的院内外专家、学者和参与出版工作的同仁表示由衷的敬意和感谢。相信在大家的齐心努力下，会进一步推动中国对经济学和管理学学科建设的研究，同时，也希望本系列报告的连续出版能提升我国经济和管理学科的研究水平。

金 碚

2014年5月

前 言

国际贸易作为一种文明的现象，是自人类进入以国家为主体的社会形态以后开始出现的经济交往活动。这种交往活动让不同国家的人之间形成了一种相互依赖的关系。这种关系在进入自由、融合、开放的 21 世纪后显得尤为紧密，世界由于国际贸易已经形成了一个整体。随着经济全球化的发展，作为一国参与经济全球化和国际分工的重要途径之一，国际贸易的作用和重要性大大加强，各国及地区参与国际分工的程度越来越深刻，国际竞争国内化的趋势也日益明显，这需要我们更好地把握国际贸易的理论知识与实践技能。

2011 年，在全球经济复苏乏力，金融危机和欧洲主权债务危机持续恶化的情况下，中国对外贸易取得了不错的成绩，进出口额再创历史新高。2011 年全年，中国对外贸易进出口总额达到 36420.59 亿美元，同比增长 22.51%，实现对外贸易顺差 1551.41 亿美元，这是我国在 2008 年达到贸易顺差顶峰之后的连续第三年下降，贸易平衡状况得到了进一步的改善。中国对欧、美、日等发达国家的出口份额持续下降，对自由贸易伙伴以及新兴市场国家的出口份额不断上升。

2011 年世界经济仍处于后危机阶段，各国首脑积极洽谈如何合作防御、抵抗金融危机。全球经济缓慢回暖，金融体系基本稳定，国际贸易也在逐步实现恢复性增长，带动全球经济复苏的步伐。在这样的背景下，各国学者对国际贸易理论与政策的研究成果颇丰，论文、著作也带有鲜明的时代特征。

基于以上事实，本报告的编写目的是准确把握国际贸易学学科前沿发展状况，全面评估其学科发展近况，及时跟踪国内外学科发展最新动态，从而为学科的迅速发展起引领作用。为此，我们查阅了中国知网数据库和百度文库等国内数据库，Wiley Interscience、Google Scholar 和 Ebsco 等国外数据库，收集了相关文献 2000 多篇进行归纳整理，文献的选用基于文献的项目来源和机构来源以及引用率和下载率。本报告的图书检索主要来源于英文亚马逊、英文谷歌、中文亚马逊、淘宝网、当当网等，充分考虑了检索频次及公众和媒体认可的前沿性和创新性以及图书作者在该领域的影响力。

加入世界贸易组织以来，随着我国对外贸易的不断拓展，越来越多的专家、学者开始对国际贸易学进行多方面的研究，各类文章、著作汗牛充栋。但是，从全世界范围来看，我国在国际贸易方面的研究尚显薄弱，特别是一些理论研究和前沿领域，我们的学者鲜有触及。比如，在加入世界贸易组织之初，我们很多人以为中国就此加入了世界贸易的大家庭，可以更加自由地和各个国家开展自由贸易。但当我们实际操作一段时间后才发现，实际情况远非我们当初想象得那般美好。在发达的资本主义国家，人与人之间建立的商业关系是长期且稳定的。在一个商业关系网络里，企业、商人之间的关系很可能在他们的祖辈、父辈时就早已形成。这是一种基于相互信任和自我保护意识组成的网络，十分稳固、牢不可破，形成一种隐形的垄断。这种隐形垄断要比显而易见的垄断更加牢固，如何打破这种隐形的垄断，使我国的企业能够真正地参与进去，是一个值得研究和探讨的问题。但遗憾的是，在大量的文献著作中，关于这个问题的研究在我们国内学者的研究中寥若星辰。

改革开放以来，特别是2001年"入世"以来，中国对外贸易的发展可谓突飞猛进，仅在"入世"后的10年间，进出口贸易额就增长了近5倍，并从2009年起稳居全球对外贸易第二大国的位置。但我们必须清醒地认识到，中国依然不是对外贸易强国。从出口的产品来看，我们出口的主要还是低端加工和代工生产等劳动密集型产品，不仅利润极低，还会产生环境污染等问题。因此，如何打造高端的自主品牌和质量过硬的产品也是摆在我们面前的一大难题。

实际上，在国际贸易领域，中国还有一些自身的潜在优势没有得到充分发挥。比如，一些中小民营企业虽有参与国际竞争的潜力，却没有得到政府相应的支持和引导来使其正规化，从而失去了打入国际市场的良机。我国的一些大型国有企业不仅实力雄厚，而且处于计划经济和市场经济体制之间的特殊位置，具有西方大企业所不具有的独特优势。这些企业走出国门去海外进行大规模收购、并购，却不知道怎样合理地运作经营，无法真正地在海外生根发芽，自身的优势没有充分发挥出来。总的来说，这些都是因为我国政府在对外贸易方面没有一套统一、完整的理论做指导。构建、指定和提出这样一套理论，我国的学者责无旁贷。

本书是在对大量文献进行收集和整理的基础上编写完成的，一共分为5章。第一章，国际贸易学学科2011年国内外研究综述；第二章，国际贸易学学科2011年期刊论文精选；第三章，国际贸易学学科2011年出版图书精选；第四章，国际贸易学学科2011年大事记；第五章，国际贸易学学科2011年文献索引。第一章是对整理出来的全部文献进行宏观概述；第二章至第四章对文献、图书进行精选和展示，并对2011年举行的国际贸易会议进行总结；第五章提供了2011年有关国际贸易学学科的文献索引，方便读者进行查阅、学习和研究。

本书由李小北、李禹桥、王常华等任主编，负责整个文稿结构的调整设计、编审、汇总和编写。其中卢尚玉负责本书第一章综述部分和中英文期刊论文精选及国内外大事记的汇总和编写；苏秋丹负责本书中英文图书精选部分的甄选，同时还对期刊论文、图书精选和翻译部分进行校对和检查；李顺负责中英文期刊的索引等编排数据的校对核实。

本书主要面向高等院校经济管理类专业的高职高专、本科、硕士、博士生，国际贸易领域的学者以及政府中一些涉外部门的研究人员等，在编写过程中参阅、使用和引证了国内外的大量文献资料，在此对其作者、编者和出版社表示诚挚的谢意！由于编者能力有限以及理解上的差异，难免会在资料收集、整理等过程中出现各种各样的问题，欢迎各界同人进行批评指正。

目 录

第一章 国际贸易学学科 2011 年国内外研究综述 ········· 1
    第一节 国际贸易学学科发展及其理论结构 ········· 2
    第二节 国际贸易学学科 2011 年国内外研究综述 ········· 7
    第三节 国际贸易学学科的研究前景及展望 ········· 12

第二章 国际贸易学学科 2011 年期刊论文精选 ········· 17
    第一节 中文期刊论文精选 ········· 17
    第二节 英文期刊论文精选 ········· 239

第三章 国际贸易学学科 2011 年出版图书精选 ········· 263
    第一节 中文图书精选 ········· 263
    第二节 英文图书精选 ········· 281

第四章 国际贸易学学科 2011 年大事记 ········· 297
    第一节 国内大事记 ········· 297
    第二节 国外大事记 ········· 299

第五章 国际贸易学学科 2011 年文献索引 ········· 301
    第一节 中文期刊索引 ········· 301
    第二节 英文期刊索引 ········· 310

后记 ········· 327

第一章 国际贸易学学科 2011 年国内外研究综述

国际贸易理论是国际经济学的一个重要组成部分，是开放条件下的微观经济学。国际贸易理论主要研究商品和服务在各国之间的交换，研究国际商品交换的原因、结果以及相关的政策。国际贸易理论的研究包括生产要素的国际流动和技术知识的国际传递及研究经济增长、技术创新与贸易增长的相互影响，从动态上分析国际贸易产生的原因与结果。

近年来，随着贸易理论及贸易政策的演进与发展，世界贸易的增长也在不断加快。2011 年世界贸易额为 18.2 万亿美元，比 2010 年增长 19%。其中中国、美国、德国为前三大出口国，占全球出口比重分别为 10.4%、8.1% 和 8.1%；美国、中国、德国为前三大进口国，占全球进口比重分别为 12.3%、9.5% 和 6.8%。而近期最为流行的便是跨太平洋伙伴关系协定（Trans-Pacific Partnership Agreement，TPP），也被称作"经济北约"，是目前重要的国际多边经济谈判组织。其前身是跨太平洋战略经济伙伴关系协定，最早由亚太经济合作组织成员国中的新西兰、新加坡、智利和文莱四国发起，是从 2002 年开始酝酿的一组多边关系的自由贸易协定，原名亚太自由贸易区，旨在促进亚太地区的贸易自由化。TPP 谈判始于 2010 年 3 月，谈判的主要内容有：知识产权保护规则等 12 个谈判参与国一起决定的领域，某类商品进口关税减免等双边磋商领域等。同时，2010 年 1 月，中国与东盟的"10+1"自由贸易区也正式建立，这在很大程度上是对古典贸易理论现实的体现和应用。目前，多位学者和研究者也对自由贸易理论展开了研究，如学者藤田昌久（2011）提出了空间经济理论，同时这也被视为不完全竞争与收益递增革命的第四次浪潮，它为人们研究区位理论和解释现实经济现象提供了新的视角和方法。李俊江、史本叶（2011）等学者从重商主义学说、自由竞争时期的保护贸易学说和自由贸易学说、马克思主义国际贸易理论、赫克歇尔—俄林的要素禀赋理论、凯恩斯的国际贸易理论、普雷维什的"中心—外围"理论、产业内贸易理论、克鲁格曼的新贸易理论、杨小凯的新兴古典贸易理论、梅里兹和安特拉斯的新新贸易理论等进行了逐一阐述，突出了贸易学说演化线索的梳理。下面主要从国际贸易的理论结构、国内外文献综述、未来的建议与展望等几个方面进行阐述。

第一节　国际贸易学学科发展及其理论结构

现代国际贸易的快速发展和经济全球化的不断推进，促使国际贸易学学科的内涵不断丰富，外延不断拓宽。20世纪90年代前，国际贸易学学科的研究者比较注重国际贸易理论和政策研究。20世纪90年代以后，随着全球经济一体化和贸易自由化的不断推进，新的国际贸易问题层出不穷，越来越多的国际贸易学学科发展开始转向国际贸易综合应用问题的研究。尤其是在进入21世纪后的前10年，国内外学者对国际贸易应用对策性研究逐步成为国际贸易学学科研究的一个重要领域。

比较典型的有 A. Italianer（2011）在 *Theory and Practice of International Trade Linkage Models* 中提出国际贸易链模型理论，他从最基础的数学知识开始，对链接模型进行相关推导、解释和推算，对进口分配的理论模型进行研究，对替代弹性的问题进行定义和解释，涉及有关线性限制的多变量模型评价的经济学问题，如进口分配模型等。梁坚（2011）打破了传统的国际贸易主流理论既定知识框架，将历来散乱、割裂的主流贸易理论各部分内容全部统一在一个完整的比较优势理论框架之下，进行了较为完美的视角整合。

一、国际贸易学学科发展前沿

随着全球贸易分工的逐步深化和经济环境的周期波动，国际贸易理论和实证研究凸显出强烈的政策指导意义。除了研究双边或多边贸易环境下的贸易现象和贸易政策，国际贸易学学科研究逐步向经济增长周期、国际投资、风险防范、劳动就业、收入分配、跨国公司等领域渗透，这体现了不同学科交叉融合的特点，使得文献研究的政策建议更加具体化、可操作化。国际贸易学学科在注重基础研究的同时，更加重视其方法研究，如数理经济学理论方法、博弈论理论方法、计量经济学理论方法等。

虽然国际贸易理论研究没有特别突出的成果，但研究者一直没有停止对国际贸易理论研究的步伐，如张国庆（2011）提出真正的国际分工应该是国家之间相互交换实际产品，而美国现在是用没有任何价值基础的美元去换取其他国家实实在在的商品和服务，从而形成了新国际分工体系。从本质上看，当前的国际分工体系是美国凭借其发达的虚拟经济将其他国家变成了其金融殖民地，这也就是美国经济的"寄生性"。张建中（2011）提出在后危机时代中国与东盟贸易政策的选择上，中国要实施适度宽松的对外贸易政策，均衡实施出口导向战略和进口替代战略，以稳定外需转变外贸发展方式，建立中国—东盟自由贸易区互为融通的贸易综合管理体系。高菠阳、刘卫东（2011）等提出在国际贸易壁垒下，全球生产网络呈现出制造商、销售商和第三方机构三足鼎立、相互关联的"网络模式"。第三方机构由始至终贯穿着贸易过程中的各个环节，为生产者和销售者提供了信息传递、信誉担保、产品质量监测等重要服务。

学者除了对理论进行研究之外,还对国际投资与金融有深入的研究,如王家玮(2011)构建并拟合了包含分布转换的 Markov – GARCH 模型,计算了基于模型的风险价值(VaR),对国际碳贸易市场价格风险变动趋势进行了分析,提出:中国应当适时提高 CDM 合同最低限价;减少向 CDM 合同国际买方支付的风险溢价;暂停 HFC – 23 和 N20 分解类项目;加快国内碳贸易和碳金融市场的发展,争夺国际碳贸易市场定价权。学者在对碳交易进行研究的同时,也积极开展了 FDI 的流动与服务贸易国际竞争力的关系的研究。戴龙(2011)在发表的论文《日本应对国际贸易摩擦的经验和教训及其对中国的启示》中提出,中国应该充分运用 WTO 多边贸易争端与解决机制,积极应对美国等国家的单边主义贸易保护行为,通过精心准备,打一场多边贸易体制下的翻身仗,扭转目前中国应对贸易摩擦的被动局面。中国还应当加强反垄断法相关制度建设,从国内法和国际法两个层面建立起应对国际贸易摩擦和争端解决的综合机制。

方泗琤、任华(2011)等学者对中国与哈萨克斯坦经贸关系所产生的影响进行分析,并在此基础上提出中国应积极推动上海合作组织框架下中国—中亚自由贸易区的建立,带动区域贸易的发展,调整进出口结构,改变输出形式,促进中哈贸易水平的提高。

从总结中可以看出,诸多研究者除了对国际贸易理论和政策进行研究之外,还对当前比较具有前瞻性的碳交易市场、价格、碳交易风险、碳交易制度法规等一系列问题展开了深入研究。

二、国际贸易学学科理论结构

国际贸易学学科的主要研究一般从国际贸易理论与政策、国际贸易实务等几个方面来研究,其中国际贸易理论主要包括了贸易的产生原因、贸易的影响因素、贸易和经济增长之间的关系等。具体如图1所示。

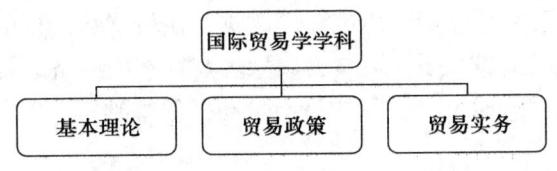

图1　国际贸易学学科构成

(一)国际贸易基本理论

随着国际贸易的不断发展,传统的国际贸易理论正遭受着巨大的冲击,并在不断变化融合中激发产生新的理论。当今国际贸易理论是随着经济社会背景的不断变化而发展的,在经历了古典贸易理论、新古典贸易理论、新国际贸易理论的演变后才逐渐完善。面对国际贸易的迅速发展和结构的变化,不断出现了新的国际分工和国际贸易形式,使得传统的国际贸易理论不能适应和解释当前的贸易现象。这就要求国际贸易理论要随着世界经济、政治及国际关系的变化而不断发展,而现实中对国际贸易理论的研究也正向微观、内生及动态的趋势演变。

1. 古典阶段的贸易理论

18世纪中期到20世纪30年代是传统国际贸易理论的发展时期,主要是古典贸易理论和新古典贸易理论。而古典贸易理论以亚当·斯密的绝对优势理论和大卫·李嘉图的比较优势理论为典型代表。这些理论都是在一系列传统假设基础上进行研究的,包括规模生产收益不变、充分就业、生产技术给定、完全竞争等。注重研究产业间贸易模式的形成原因以及贸易的福利分析,为国际贸易理论的发展奠定了重要基石。

(1) 亚当·斯密的绝对优势理论。英国古典经济学家亚当·斯密(Adam Smith)首次提出绝对优势原理,论证了自由贸易的合理性与可行性,是自由贸易理论的先驱。斯密认为社会分工将提高劳动生产率和规模报酬,当交易活动超出一国范围时,国际分工和国际贸易就会出现。两国各自专业化生产并出口自己具有绝对优势的产品,进口不具有绝对优势的产品。建立在劳动价值论基础上的绝对优势理论首次从生产领域解释了国际贸易产生的部分原因,科学地为国际贸易理论的建立做出了贡献。从某种意义上说,此理念仍然是当代各国扩大开放、积极参与国际分工与贸易的指导思想。绝对优势理论只能解释有绝对优势的国家参与国际分工和国际贸易的优势,无法解释一国在所有产品生产上都存在绝对劣势的情况。

(2) 大卫·李嘉图的比较优势理论。大卫·李嘉图(David Ricardo)在亚当·斯密的绝对优势理论基础上,提出了以自由贸易为前提的比较优势理论。比较优势理论与绝对优势理论具有基本相同的假设前提,只涉及两个国家、两种产品和一种要素。比较优势理论认为决定两国贸易的基础是商品生产的相对劳动生产率,而不是绝对劳动生产率。贸易模式是生产并出口其绝对劣势较小的商品,进口其绝对劣势相对较大的商品。国际分工会改善两国福利,贸易利益来源于劳动生产率的改进。比较优势理论的提出标志着国际贸易学说总体系的建立,该理论揭示了国际贸易领域客观存在的经济运行原则和规律。美国当代著名经济学家萨缪尔森称其为"国际贸易不可动摇的基础"。

2. 新古典阶段的贸易理论

瑞典经济学家伯尔蒂尔·俄林承袭赫克歇尔的对外贸易对收入分配产生影响的主要论点,用相互依赖生产结构的多要素理论,从要素禀赋差异角度探讨国际贸易的起因与影响,赫克歇尔—俄林阐述的贸易理论被称为要素禀赋理论。要素禀赋理论从系列假设出发,认为要素禀赋差异导致的比较优势是国际贸易发生的重要原因,贸易模式是一国出口该国相对丰裕要素的商品,同时进口该国相对稀缺要素的商品。利用一般均衡分析了要素禀赋差异并提出了H-O模型,即为新古典贸易理论。20世纪40年代,斯托尔珀、萨缪尔森提出对稀缺要素生产部门进行关税保护可以提高稀缺要素收入的S-S定理,并由萨缪尔森进一步发展为 H-O-S 定理。

3. 新国际贸易理论

新国际贸易理论的发展是从 20 世纪 50 年代初至 20 世纪 90 年代，美籍学者华西里·列昂惕夫首次发现战后的贸易模式与传统的国际贸易理论相悖，从而引发了人们对国际贸易新现象的研究，产生了一系列重要国际贸易理论。面对战后不断出现的新贸易现象，如发达国家之间的贸易量增大、产业内部贸易增长、跨国公司的内部贸易发展、区域集团的内部贸易增多、新型贸易方式的出现等新现象，诞生了包括国际贸易产品的生命周期理论、偏好相似论、新要素贸易理论等新理论。这在很大程度上也解释了发达国家的贸易关系。20 世纪 80 年代后，保罗·克鲁格曼从多种角度建立模型对产业内的贸易问题进行研究，得出在国际贸易从完全竞争转变为不完全竞争的规模报酬递增阶段，即使两国之间不存在技术和要素禀赋差异，就产品的差异性和规模经济而言也会促使国际贸易发展的结论。之后，一些经济学家还直接从垄断企业的发展行为角度来分析国际贸易问题，提出各国之间进行同质类产品贸易的原因在于垄断企业的市场销售策略。这一时期的经济学研究理论吸取了传统国际贸易的合理因素，并结合当时迅速发展的产业组织理论，进而从不同角度深入研究，为国际贸易新现象做出了较为全面、合理的解释。

国际贸易理论的研究内容向微观变化而不断发展起来，它的产生与当时的经济社会背景相适应。到了 20 世纪 90 年代，随着跨国公司的逐步壮大、区域经济一体化及新的贸易方式出现，产生了跨国公司内贸易理论、一体化贸易理论及产品内贸易理论。国际贸易理论的研究内容已经从新贸易理论的产业内贸易研究逐步过渡到对某一贸易主体、贸易现象的微观研究。这些新的理论研究不仅是对传统贸易理论和新贸易理论的整合和补充，也把国际贸易理论研究推向了更为细致的产品生产方面的研究。国际贸易理论的研究逐渐向动态研究发展，传统的国际贸易理论是建立在一系列假定条件之上的研究，具有静态研究的特征。新贸易理论已经逐步从静态研究转变为动态研究，推翻和突破了传统贸易理论中的假设，使理论更符合实际贸易现象。

4. 新新国际贸易理论

从 20 世纪 90 年代至今，国际贸易理论发展经历了从新贸易理论到新新贸易理论的过渡。前沿学者的创造性研究也激发了国际贸易领域许多其他学者对前沿问题的进一步剖析探索，带动了世界范围内国际贸易研究的蓬勃发展。随着 20 世纪末以来微观企业数据的可获得性增加，企业层面的经验研究开始增多，呈现出异质性企业国际化行为的差异性，直接促进了 21 世纪新新贸易理论的产生。新新贸易理论接受了新贸易理论关于市场结构和产品差异化的相关假定，同时加入内生的企业异质性，将国际贸易学的研究对象从产业内层面进一步带入到微观企业层面，探究企业贸易与投资的国际化选择，以及外包与内部化的组织生产决策，开创了国际贸易理论发展的新思路和新视角。同时也推动了国际贸易实证研究的发展，大量企业层面的经验检验不断涌现，成为基于异质性企业视角探究企业国际化行为的微观证据。

5. 最新国际贸易理论研究动态

进入 21 世纪后，以克鲁格曼为代表的学者在规模经济与不完全竞争的理论框架下继续深入研究，综合考虑了历史的作用、运输成本、要素的变动及国内市场效应等多种动态因素，将空间因素纳入他所创立的新经济地理学中。除此以外，还有杨小凯的新兴古典贸易理论、梅里兹和安特拉斯的新新贸易理论等。可以看出，国际贸易理论研究正向动态研究及微观研究的趋势发展。

（二）国际贸易政策

随着我国"入世"目标的实现及 WTO 多边贸易体制遇到越来越大的挑战，以自由贸易区（FTA）为中心的区域经济合作成为国际贸易理论与应用研究的一大热点问题。研究对外贸易增长方式转变与贸易发展是发展中国家和地区实现经济可持续性发展的一项任务。

自 20 世纪 50 年代以来，发展中国家和地区的国际贸易学科研究人员一直在不断探索，以期获得突破；而国际服务贸易与世界贸易中心的比较研究是希望从世界发达国家贸易中心的建设中吸取经验与教训。紧密跟踪当今世界国际贸易学学科的发展趋势，以使国际贸易学学科发展更加适应国际经济和我国市场经济发展的需要，努力为当地经济发展服务是国际贸易学学科建设中定位主要研究方向的基本依据。有学者分析了外商直接投资与服务贸易国际竞争力的关系，FDI 流入不会对一国的服务贸易国际竞争力产生直接影响，但是在贸易保护的环境下，FDI 的流入可以通过进口增加的方式对服务贸易国际竞争力产生正向影响效应。

国际贸易摩擦一直以来都是国际贸易中最为直接的限制进口的措施之一。其中欧美在反倾销、反补贴法律制定及贸易救济规则谈判中的表现最为活跃，这其中就受到了其国际政治、经济影响作用。但也有学者从法律的角度，借助计量经济、管理博弈等理论，量化分析反倾销、反补贴对各自研究对象的影响程度，但反倾销、反补贴联动措施所产生的影响效应研究尚处于逐步研究与积累的阶段，有必要提出反倾销、反补贴实施的必要条件。

（三）国际贸易实务

国际贸易的最终目的是实现经济增长和全球经济一体化。当前在区域经济一体化的基础上努力实现全球经济一体化，是所有研究国际贸易学学科学者所研究的范畴。也有学者提出国际贸易中的知识产权滥用较为严重，在国际贸易中拥有市场优势地位的知识产权人，在行使其权利时故意超越法律所允许的范围或者正当的界限，限制或妨碍自由公平竞争，损害他人以及社会公共利益。所以，国家间贸易不均衡问题就会显得格外明显，而造成这一异常现象的原因是过分依赖出口和投资拉动的经济增长方式。尤其是中国，要从过分依赖出口和投资拉动的经济增长方式持续地、渐进地转向主要依靠内需拉动的经济增长方式，从根本上缓解中美贸易不平衡问题。

所以，当前国际贸易学学科研究的范围和领域已经从相对集中的国际贸易理论和政策的研究逐步扩大,大大提高了国际贸易学学科研究的广度和深度。

第二节 国际贸易学学科 2011 年国内外研究综述

我们查阅了中国知网数据库、百度文库、Wiley Interscience、Google Scholar 和 Ebsco 等国内外数据库,收集了相关文献 2000 多篇进行归纳整理,选用引用率和下载率较高的文献,文献来源比较可靠。

本报告所选文献来源为:国家自然科学基金项目、国家社会科学基金项目(重点招标项目)、国家软科学研究项目、教育部人文社会科学基金项目(重点研究基地重大项目)、各省市哲学社会科学基金重点项目及社会科学规划项目、各省科技厅软科学项目、各市教育委员会共建项目基金、全国各高等院校的研究重点项目、研究生科研创新基金等。

本报告所选论文的机构来源为:全国各科学院、区域研究中心,各高校的商学院、经济学院、经济与管理学院、经济发展研究中心、国际法学院等院校和科研机构。

本报告所选文献来源级别为:CSSCI 期刊和其核心期刊,EI、SCI 来源的经济期刊、贸易期刊、经济与管理综合期刊、社会学与统计学期刊等。

在对 2011 年国内外样本文献收集整理的基础上,结合国际贸易学学科分类,我们得出了 2011 年国际贸易各研究内容的分布情况(见表1)。

表 1 文献检索来源

文献类别	检索地域	来源
期刊	国外	International Tax Review
		Harvard International Review
		Environmental Monitoring and Assessment
		Journal of Business Ethics
		OECD Economic Surveys
		International Journal of Business and Management
		Asian Social Science
		Foreign Policy Bulletin
		Asian Survey
		Environmental Policy and Law
		Environmental Management
		Review of International Studies
		The Business Review, Cambridge

续表

文献类别	检索地域	来源
期刊	国外	Journal of World Trade
		Middle East Policy
		Journal of International Business Studies
		Water Resources Management
		Insight Turkey
		First Research Industry Profiles
		European View
		Environment, Development and Sustainability
		Asia Pacific Journal of Management
		International Business Research
		Journal of Knowledge Management
		Corporate Financing Week
		Public Administration Review
		Management Decision
		The American Economic Review
	国内	CSSCI 来源的 16 种贸易经济期刊
		CSSCI 来源的 23 种经济与管理综合期刊
		CSSCI 来源的 15 种社会学与统计学期刊
图书	国外	Wiley Interscience, Google Scholar, Ebsco, ABI 外文数据库, 亚马逊英文, 英文谷歌等
	国内	亚马逊中文、新华书店网店等

一、国内代表性研究成果综述

通过对 CSSCI 经济类、管理类和政治类各大类期刊的收集、整理，得出以下结论。

（一）国际贸易理论方面

国内在国际贸易理论方面的研究较少，李俊江和史本叶主要对重商主义学说、自由竞争时期的保护贸易学说和自由贸易学说、马克思主义国际贸易理论、赫克歇尔和俄林的要素禀赋理论、凯恩斯的国际贸易理论、普雷维什的"中心—外围"理论、产业内贸易理论、克鲁格曼的新贸易理论、杨小凯的新兴古典贸易理论、梅里兹和安特拉斯的新新贸易理论等进行了梳理，重点对贸易学说演化线索的梳理、主要观点的阐释、代表性经济学家的介绍以及经典文献的导读进行整理。梁坚打破了传统的国际贸易主流理论既定知识框架，将历来散乱、割裂的主流贸易理论各部分内容统一在一个完整的比较优势理论框架之下,对最主要的理论做了严密的数学推理,包括贸易的必要充分条件、要素禀赋理论、斯托尔伯—萨缪尔森定理等,主要涵盖了主流的自由贸易理论和非主流的贸易保护理论。

(二) 服务贸易方面

张莉认为,自 20 世纪 90 年代以来,由于各国政府逐步放宽了对服务贸易的限制,国际服务贸易迅速发展。当前,服务贸易已成为世界产业结构升级和国际产业转移的重要内容,在国际贸易和投资中的地位不断提高。未来,国际市场的竞争将以服务贸易为核心。陆燕认为,现代科技革命与信息技术进步、经济全球化发展、国际产业结构调整等,都有力地推动了全球服务业发展,增强了服务的可贸易性,为世界服务贸易发展提供了重要基础。如今,服务业与服务贸易的发展水平已成为衡量一个国家现代化水平的重要标志之一。王恕立和刘军也都提出了国际服务贸易国际竞争力的充分必要条件。沈四宝和顾宾也在服务贸易区域一体化方面展开了深入的研究。

(三) 国际贸易政策方面

林波和何海燕在其《反倾销反补贴联动实施问题研究综述》一文中提出,随着经济全球化和贸易自由化的不断深入,贸易救济形式呈现出从单一化的反倾销或反补贴措施向反倾销、反补贴双项措施联动发展的趋势。基于世界贸易组织规则,对国内外反倾销、反补贴措施的主要研究成果进行梳理和总结,并提出双项措施联动实施未来的研究方向。同样对于反倾销、反补贴贸易措施的研究还体现在韩景华和任维的《后危机时代贸易保护主义新趋势及应对策略》、刘爱东和赵金玲《基于中国经验证据的应对反倾销能力测度指标研究》、涂涛涛的《农产品技术贸易壁垒对中国经济影响的实证分析——基于 GATP 与 China – CGE 模型》、杨立强和马曼的《碳关税对我国出口贸易影响的 GATP 模拟分析》等文章中。

(四) 国际贸易法律问题

沈木珠在其论文《多边法律体制下碳关税的合法性新析》中,从多边环境公约的原则和 WTO 的基本原则、"环境例外条款"及其环境争端解决实践多个方面,对碳关税的合法性做出新探讨。高华也提出国际贸易中的知识产权滥用应该是在国际贸易中,拥有市场优势地位的知识产权人在行使其权利时故意超越法律所允许的范围或者正当的界限,限制或妨碍自由公平竞争,损害他人以及社会公共利益的不正当行为,为此提出了作为判定标准的 4 项构成要件。同样研究此问题的还有陈利强和屠新泉的《为后危机时代中国贸易自由化立法》、戴翔的《中国贸易收支和贸易条件的动态关系——对 S 曲线的适用性检验》。邓旭的《2010 年国际贸易术语解释通则》详细描述了国际贸易术语的主要变化和发展。

(五) 国际贸易与环境问题

杜运苏从贸易中隐含碳排放的测算方法出发,总结了我国对外贸易中隐含碳排放失衡、碳排放责任认定以及影响因素三个方面的研究新进展,并指明了未来的研究方向。钱慕梅和李怀政在分析国际贸易理论和东中西部出口贸易现状的基础上,对 Grossman 和 Krueger 创建的研究自由贸易环境效应的模型进行了一定的改进,用能源转换法,创建了 29 个省份 1995～2007 年的二氧化碳排放量面板数据库,用面板模型实证检验了中国东中西部出口对地区碳排放量的影响程度,最后提出了相应的对策建议。同样对此问题有研究的还有李秀香、赵越、简如洁的《我国"气候智能型"农业及贸易发展研究》,王家玮和伊藤敏子的《碳贸易价格风险变动趋势与我国 CDM 发展策略》,王天凤和张珺的《出口贸易对我国碳排放影响之研究》等。

对外经济贸易大学副校长林桂军指出了今后国际贸易研究的主要问题:国际贸易比较优势和结构升级,进口贸易与宏观经济平衡,服务贸易的统计方法和体系,服务贸易竞争力研究,加工贸易国内增值链延长,WTO 机制改革,推进区域一体化发展,新非关税壁垒,资源贸易,低碳经济与国际贸易,国际贸易摩擦风险与防范,FDI 技术溢出效应,产业政策与引进外资协调,产业安全,利用外资方式创新,外资与区域发展平衡,低碳经济与引进外资,对外直接投资风险防范,中国对外投资促进和保障体系研究,中国跨国公司培育,对外投资与能源资源战略,国际直接投资的战略问题等。

2011 年国内学术期刊的研究问题主要集中于:后危机时期外贸、外资问题;转变对外经济发展方式与贸易结构、贸易平衡;FDI 溢出效应;贸易与经济增长、产业结构、就业结构和收入分配;产业内及产品内贸易;区域集聚效应;国际外包;贸易自由化、贸易摩擦与贸易壁垒;贸易与环境、低碳经济;人民币汇率、外汇储备、自由贸易区等。国内学者的研究更加注重理论的支撑与发展,运用中国乃至国际大量的客观数据进行理论探索,但缺少国际贸易基础理论的创新性研究。在近几年的国际贸易学术研究中,实证分析方法发展迅速,日趋与国际学术研究的主流方法接轨;数理与计量方法更加普遍,计量方法的掌握已经达到国际一般水平,而使描述性的论文遇到困难。

二、国外代表性研究成果综述

(一) 贸易理论

Altinkaya、Zelha 合著的 *International Trade and Competition in Integrated Markets*(《在综合市场中的国际贸易和竞争》)一书提出,传统贸易理论认为,如果国家出口他们在生产中有比较优势的产品,这个国家就会从贸易中获益,并且他们的福利也会因贸易而增加。这一理论主要基于完全竞争市场的假设。然而,在数据分析中已经表明,大多数国家对类似产品进行贸易,并且很大一部分市场呈现出不完全竞争的市场特征。新贸易理论认为,在不完全竞争市场的实施战略政策下，可能会比在完全竞争市场中实施产生更多的利润。政府可能会基于在不完全市场竞争中博弈而支持战略政策。得到支持的公司和行业可能更成功，并且可以改变在国外市场中的利润额。另外，不完全竞争市场中的关税可能在国内市场中提供更多的利润。

《国际贸易链模型的理论与实践》是 Italianer 在天主教鲁汶大学时期所作。他对链接模型进行了相关推导、解释和评价，从数学模型的角度出发，对国际分工理论模型进行了深入研究。

国际贸易格局和水平的波动对经济欠发达国家产生了深远的影响。Koekkoek 的 *International Trade and Global Development Essays in Honour of Jagdish Bhagwati*（《纪念贾格迪什·巴格沃蒂，国际贸易和全球发展短论》）在贸易理论的进步与贸易政策的关键问题相联系的评价基础上，探讨了国际贸易和全球贸易之间的相互关系。

《WTO 及其发展义务：全球贸易前景》一书探讨了 WTO 坚持的长期发展义务。Ezeani、Elimma 不仅仅强调发展中国家一体化过程中的问题，还综合分析了阻止发展中国家在参与全球贸易中获取有益收获的相关因素。他评价了当前 WTO 和争端解决机构"以发展为基础"方案的有效性，并强调了全球贸易的潜在利益对发展中国家的重要性。

《区域贸易协定，美国新殖民主义和欧盟：帝国主义的竞争原则述评》一文提出在过去的 20 年中，区域贸易协定的增加，引发世界贸易组织多边贸易体制向双边和地区间特惠贸易协定范式转变的问题。然而，比这更令人疑惑的是，美国、欧盟与世界上其他贸易大国正在引领着区域贸易协定的使用权，以此也损害并忽视非歧视性的贸易自由化。也有迹象表明，新殖民主义可能被美国和欧盟当作他们在世界竞争中选择优惠贸易伙伴实现帝国统治的一种国际贸易政策，并以此推动区域贸易协定的运用。

Gabriel Felbermayr、Julien Prat、Hans - Jörg Schmerer 的 *Trade and Unemployment: What Do the Data Say?*（《贸易和失业率：数据说明了什么？》）一文证明了一个稳固的经验规律：从长远来看，贸易开放的深化会使结构性失业率降低。

2006 ~ 2008 年的食品价格上涨形成了高昂的商品价格，这也引发了发展中国家对贫困状况的担忧。Carmen Estrades、María Inés Terra《商品价格、贸易和乌拉圭的贫困》一文就针对出口农产品和进口燃料的小国家——乌拉圭的食品价格上涨和国家贫困问题，从整体上运用一般均衡模型进行分析，结果表明物价上涨对乌拉圭的经济有着积极的作用。通过出口贸易增长所获得的利益被上涨的部分原油价格抵消，因此使得其极端贫困状况不断加剧。而在其他国家，食品价格上涨影响了现有的贫困人口，使他们变得更加贫困。这表明缓和价格冲击所带来的负面效应是重要的政策之一。

（二）贸易政策

EU Anti - dumping and Other Trade Defence Instruments（《欧盟的反倾销和其他贸易防御措施》）一书实时全面地分析和批判了欧盟针对反倾销、反补贴的贸易防御措施，同时，也考虑了欧盟贸易障碍调查规则下的法令措施。

《WTO 及其发展义务：全球贸易前景》一书合理探讨了 WTO 坚持长期发展的义务。他不仅强调了发展中国家一体化过程中的问题，还综合分析了阻止发展中国家在参与全球贸易中获取有益收获的相关因素，评价了 WTO 和争端解决机构"以发展为基础"方案的有效性，并强调了全球贸易的潜在利益对发展中国家的重要性。

Donaghy、Greg、Carroll、Michael K. 在《国家利益：加拿大外交政策与外交事务和国际贸易部，1909~2009》一书中集齐了 15 位历史学家和政治学家，讨论一个世纪以来关于加拿大的国家利益以及其外交和国际事务部追求国家利益的过程。《国家利益》同样提供了一个平台，讨论加拿大如何凭借独特的行政和政策历史在现在和未来的国际舞台中扮演角色。

Tito Belchior Silva Moreira、Fernando Antônio Ribeiro Soares 在其 *Rent-Seeking, Trade Policy and Economic Welfare*（《寻租，贸易政策与经济福利》）一文中研究了缘于国际贸易中政府干预的寻租行为是如何对福利产生影响的。其中涉及两个概念——合法关税与实际进口关税，构建了三种福利措施——合法关税、实际进口关税和存在寻租行为时的实际进口关税。最后，从它们对福利影响的角度比较了各种保护措施。最终得出，基于不受保护项目的贸易政策福利是趋于减少的。

第三节 国际贸易学学科的研究前景及展望

在经济学中，国际贸易问题都被经济学家当作其经济理论的重要组成部分进行研究和探讨。在资本主义原始积累时期，重商主义研究如何通过对外贸易带来财富；在资本主义经济大危机时期，凯恩斯主义研究如何通过对外贸易创造就业机会。英国古典学派的代表亚当·斯密和大卫·李嘉图研究自由贸易对各国经济发展的利益，德国历史学派的代表弗里德里希·李斯特研究保护贸易对经济相对落后国家的好处。马克思论证了对外贸易是阻止一国利润率下降的手段，列宁提出资本主义发展离不开国外市场。这些经济学家的理论与学说为国际贸易学奠定了理论基础。

国际贸易学学科是应用经济学学科的研究领域之一。国际主流经济学的发展已结合了数学、社会学、政治学等多个学科。国际贸易学学科要达到世界先进水平，必须进行充分的国内和国际合作研究，并且实现国际贸易学学科与其他学科之间不断交叉融合。随着经济全球化的逐步推进以及国际宏观环境的周期波动，各种新的贸易现象以及与贸易有关的问题引起了学术领域的广泛关注。

一、国际贸易学学科的研究前景

"十一五"（2006~2010 年）期间的各项数据表明，中国已发展成为一个名副其实的贸易大国，成为国际分工体系的重要一环，在世界贸易中的地位日益突出。但是中国对外贸易依然存在着一些不容忽视的潜在问题，如加工贸易仍是我国对外贸易稳定增长的助推器、贸易增长仍表现为粗放型、贸易条件未获得根本改善、贸易发展不平衡现象严重、出口经营秩序有待改进、外贸企业抗风险能力偏低、发展质量和效益仍有待提高等。十七届五中全会通过的《中共中央关于制定第十二个五年规划的建议》中系统地提出了"十二五"经济发展的主题、主线、目标和战略任务。未来，科学制定对外贸易发展战略和把握对外贸易发展方向有利于稳步提升我国开放型经济发展水平，构建我国在国际市场中新的竞争优势。

1. 建立科学的对外贸易管理体制和机制

进一步明确外贸发展的战略定位，从强调比较优势转向追求竞争优势，制定系统科学的有利于企业转型的经济考核指标，兼顾增长的质量和效益，改变贸易条件，追求贸易利益的最大化。出口是我国长期以来形成的竞争优势，对于缓解就业压力、支撑经济增长有积极作用。在我国面临巨额贸易顺差和高额外汇储备的压力下，进口在我国国民经济发展中的作用越来越明显，积极扩大进口、平衡贸易是必然选择。扩大进口亦可以缓解外贸顺差过大的压力。兼顾好出口和进口的关系，逐步实现贸易平衡，要以加快外贸转型升级和提高出口的质量与效益为主要目标实现积极的平衡。资源性产品将增加进口，企业提高进口自主权；制定有效政策鼓励企业加大对高新技术产品的进口，加快企业机器设备的折旧；鼓励促进加工贸易转型升级的产品进口；高度重视我国鼓励发展的战略性新兴产业的技术设备进口，通过引进高端技术装备等，逐步提高我国自主研发制造能力；配合扩大消费的政策，适当降低国内稀缺的高档消费产品的进口关税。

2. 加快对外贸易转型升级，努力提高出口产品竞争力

贸易结构是国内产业结构的外在反映，调整贸易结构的关键是优化国内的产业投资结构，努力加快国内产业结构的优化升级和重点产业的跨越式发展，为促进贸易结构升级和企业竞争优势的形成提供坚实基础。鼓励机电产品向深加工和中高端产品过渡，加强海外营销网点的建立，提高售后服务水平。增强企业的核心竞争力，加快培育具有核心竞争力和自有品牌的产品，建立有效的出口品牌政策支持体系，提高出口产品附加值。对出口名牌商品在质检、海关通关等方面给予便利，鼓励银行和保险公司对名牌出口企业提供融资和保险便利，以形成企业的国际竞争新优势。以加工贸易为突破口，推动对外贸易转型升级。鼓励发展配套产业，提高承接产业转移能力，发挥加工贸易的技术溢出效应，促进消化、吸收和自主创新。控制低层次加工贸易的规模，完善加工贸易管理模式。通过完善出口退税、金融服务、品牌认证等措施，提高劳动密集型加工贸易出口产品的质量、档次和附加值。充分利用信息平台，扩大采用国产原材料和零部件的规模，促进加工贸易水平提高。促进加工企业增大核心技术与关键零部件的进口。提高国际市场经营开拓能力，变中国的加工地位为生产经营地位。

3. 加快推进国内产业布局

"十二五"时期，外贸能否走出困境，继续维持作为制造业大国现有的竞争优势，关

键在于产业布局的调整。面对当前国外贸易保护升级及国内制造业成本上升的压力，外贸出口格局必须进行大幅度的结构性调整，即加快推进贸易布局的梯度转移，创造条件让东部沿海地区迅速向中高端制造业、附加值较高的领域发展，促使中西部地区积极主动地承接来自东部沿海的产业转移。要想实现这一目标，东西两地都应同时出台支持中高端产业发展的投资发展政策及支持西部产业转移承接地发展的鼓励政策。建议先在出口加工园区内试行，逐步扩大规模，政府不必具体落实项目。要着力研究相关扶持政策，改善投资环境，为企业转移和重新布局创造有利的外部环境。"十二五"时期，如能基本实现上述结构性变化，将有利于改变中国制造业的被动局面，使中国制造业的竞争优势至少维持10年。

4. 鼓励多种形式的海外投资，加快构建海外竞争优势

随着经济的发展，我国在国际上的影响力逐渐提高，我国有必要加强跨国公司的发展，开展援外和工程承包，构建海外主要市场的商业存在，包括银行、保险、仓储、运输、批发零售等产业价值链的延伸部分，逐步形成海外经营效益的盈利模式。随着人民币的不断升值，扩大海外多种形式的投资，推动和促进海外投资。

5. 采取多种措施应对贸易保护主义

未来我国将继续面临国外贸易保护主义的限制。采取有力措施确保对外贸易稳定发展，以创造稳定的外部环境，一是要深化与世界主要贸易伙伴国的经贸合作，通过经贸合作形成互利共赢的双边关系基础，特别是要加强同美欧的经贸合作，尽量避免贸易战，力争构建和谐的经贸关系；二是要投入必要的经费，加强对贸易摩擦高风险的监测预警，明确预警指标和模式，避免一种商品在同一市场短时间内的高速增长，根据市场反映及指标变化及时发布预警信号，提前采取预防措施，同时要加快中国应对贸易摩擦的专业人才队伍建设；三是建立和完善政府、企业和行业协会等中介组织三者分工合作的专业化的贸易摩擦应对机制及快速反应机制，切实维护企业的权益；四是依据WTO的有关规则，积极利用WTO的争端解决机制解决贸易摩擦，维护我国参与国际经济合作的合法权益。

二、国际贸易学学科的发展建议

目前，国际贸易仍处于较为快速发展时期。随着第三世界国家经济的快速崛起，出口国家之间的竞争日趋激烈。互联网在国际贸易中起着越来越重要的信息平台作用，国际贸易的形式趋向多样化，国际贸易国家间的政策趋向常规化和标准化。国际贸易形式、国际贸易政策、区域经济合作以及国际组织的作用将成为国际贸易学学科的研究重点。

随着以中国为主的亚洲第三国家的崛起，亚洲在国际贸易中的份额会逐渐提升。2011年5月和11月，第18次和第19次东盟首脑会议分别在印度尼西亚的雅加达和巴厘岛举行，分别发表了《全球大家庭中的东盟共同体联合声明》和《全球大家庭中的东盟共同体巴厘宣言》，这预示着东盟国家的合作在逐步加强。随着第三世界国家互联网经济和实体经济的发展，东盟国家的经济实力会得到较大的提升，中国从地缘上靠近东盟诸国，中

国也是第三世界崛起最快的国家，今后和东盟国家的贸易合作将会进一步增强。截止到 2011 年，世界经济已慢慢从 2008 年的经济危机阴影中走出来。中国的国际贸易得到快速发展，如贸易规模持续扩大，贸易大国地位确立；出口商品结构优化，国际竞争力显著增强；进口快速增长，贸易顺差有所回落；与新兴经济体贸易额上升，贸易伙伴趋向多元化；加工贸易比重回落，转型升级初见成效等。但是国际经济环境仍然复杂多变，世界经济增长的不稳定、不确定因素依然存在，一些经济热点问题持续显现，这或许将成为未来研究的热点。

未来，国际贸易形式、国际贸易政策、区域经济合作及国际组织的作用将成为国际贸易学学科的研究重点。笔者对国际贸易学学科发展提出以下三点建议：

（1）随着物流运输业和网络信息平台的快速发展，国际贸易将趋向多样化，也会出现更加平稳快速发展的态势。国家之间的竞争会日趋激烈，国家间的贸易政策将在共同遵守 WTO 规则的基础上趋向经常化和制度化。与国际贸易相关的跨学科研究，以现代物流和网络信息为基础的国际贸易理论、研究方法和政策建议的研究将成为国际贸易学学科研究的重点。

（2）国内研究的重点和热点问题主要集中于我国国际贸易未来的发展方向和国家政策的跟进。对中国国际贸易和 WTO 贸易规则的探讨及对中国国际贸易和网络时代的信息化相结合的探讨，是国家制定政策的需要。国内研究重点要和国际研究重点与热点相结合，如果两者关系处理不当，容易形成国内研究和国际研究的分化，造成国内研究和国际研究脱节，形成闭门造车的不利情形。如何将国际研究和国内研究有机结合将是本学科研究的重要战略任务。

（3）国际贸易学学科的研究成果在国际贸易实践中的操作问题。理论来自实践，要为实践服务。除了纯理论研究，有实用价值的科学研究成果应该被妥善应用到国际贸易的实践中，并从实践中进一步改进研究成果，使研究成果逐步完善。

第二章 国际贸易学学科 2011 年期刊论文精选

第一节

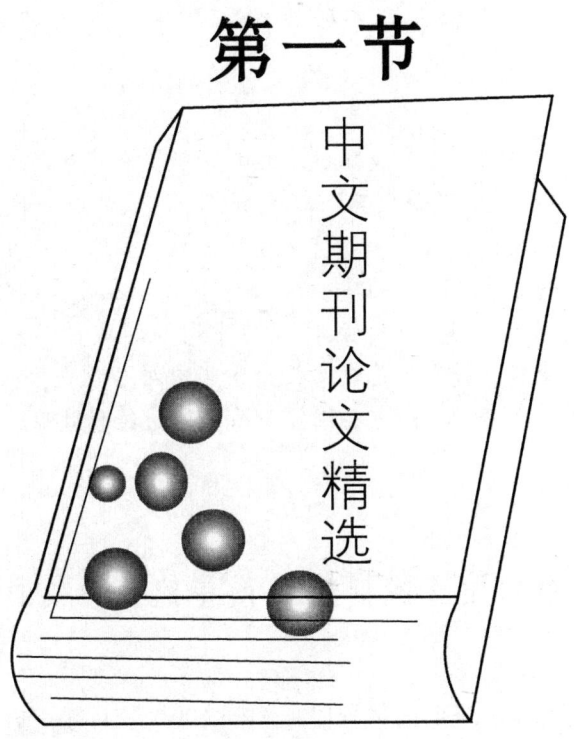

中文期刊论文精选

"俄白哈关税同盟"对中哈经贸关系的影响

方泗琤　任　华

(新疆财经大学国际经贸学院　乌鲁木齐　830012)

【摘　要】2009年11月27日,俄罗斯、白俄罗斯、哈萨克斯坦三国签署了《关税同盟海关法典》,标志着"俄白哈关税同盟"正式成立。"俄白哈关税同盟"是以俄罗斯为主导的欧亚经济共同体在关税同盟方面取得实质性进展的成果,而中国又是哈萨克斯坦的重要贸易伙伴,"俄白哈关税同盟"的建立势必对中国与其成员国的经贸关系产生影响。基于此,本文对"关税同盟"建立后,该同盟对中国与其成员国——哈萨克斯坦经贸关系所产生的影响进行了分析,并在此基础上提出中国应对"俄白哈关税同盟"的策略。

【关键词】"俄白哈关税同盟";中哈经贸关系;贸易转移效应

一、"俄白哈关税同盟"产生的背景及其内容

中亚国家区域经济合作的雏形最早可以追溯到1994年1月,哈萨克斯坦、吉尔吉斯斯坦、乌兹别克斯坦签署了在中亚建立统一经济空间的文件,这标志着中亚区域内部第一个区域性经济合作组织——"中亚联盟"成立。1998年3月由于塔吉克斯坦的加入,联盟更名为"中亚经济共同体"。2002年2月中亚经济共同体又更名为"中亚合作组织"。俄罗斯于2004年10月加入该组织,2005年10月中亚合作组织做出决定:将"中亚合作组织"并入"欧亚经济共同体"。2008年11月乌兹别克斯坦退出该组织。由于"欧亚经济共同体"在建立由所有成员国参加的关税同盟时收效甚微,欧亚经济共同体中的俄、白、哈三国自2006年8月起开始先行建立关税同盟。2009年11月27日俄、白、哈三国

---

* 原文发表于《中亚经济研究》2011年第4期。
作者简介:方泗琤(1986—),女,硕士研究生,研究方向为国际商务;任华(1959—),女,教授,研究方向为服务贸易。

签署了《关税同盟海关法典》,标志着"俄白哈关税同盟"正式成立。从 2010 年 1 月 1 日起,三国对外实行统一进口税率(部分商品有过渡期)。关税同盟的《海关法》于 2010 年 7 月 1 日生效,取消俄白之间的边境海关,2011 年 7 月 1 日取消俄哈之间的边境海关。

二、"俄白哈关税同盟"对中哈经贸关系的挑战

任何一个关税同盟的建立都会对同盟国外的国家产生较大的排外效应,"俄白哈关税同盟"也不例外。据哈方统计,2010 年中国已经成为"俄白哈关税同盟"成员国哈萨克斯坦的第二大贸易伙伴国,仅次于俄罗斯,而"俄白哈关税同盟"势必会对中国与哈萨克斯坦的经贸关系产生某些消极影响。

(一)"俄白哈关税同盟"贸易转移效应初现

贸易转移(Trade Diversion),是指形成关税同盟之后,由于取消了同盟成员国之间的关税但保留了对非同盟成员国的关税,从而发生同盟成员国的低效率(高成本)生产取代非同盟成员国的高效率(低成本)生产的情况,即在差别待遇影响下,某一同盟成员国把原来向非成员国的低成本进口转向向同盟成员国的高成本进口,以及由此而引发的进口成本增加的损失。

"俄白哈关税同盟"已于 2010 年 1 月 1 日对外实行统一进口税率(部分商品有过渡期),关税同盟对来自非成员国的进口货物在货物报关口岸将征收统一关税、增值税和消费税。据哈萨克斯坦统计署公布的统计数据,2010 年哈萨克斯坦与关税同盟成员国(俄罗斯、白俄罗斯)间贸易额达 164.77 亿美元,比上一年增长 28.1%,哈方出口 50.2 亿美元,同比增长 39.4%,进口 115.6 亿美元,增长 24.7%。其中,哈方对俄罗斯的贸易额为 158.2 亿美元,同比增长 27.2%。其中,出口 48.2 亿美元,同比增长 35.9%;进口 110 亿美元,同比增长 23.6%。哈方对白俄罗斯的贸易额为 6.57 亿美元,同比增长 55.7%。其中,出口 2 亿美元,增长 264%;进口 4.57 亿美元,增长 24.5%。2010 年哈中双边贸易额为 140.9 亿美元,在哈萨克斯坦外贸总额中的占比为 15.8%,比 2009 年增长 48.9%。虽然 2010 年哈中双边贸易额增速明显高于哈萨克斯坦与关税同盟成员国间的贸易额,但进一步分析可以看出:哈方对中国出口达 101.2 亿美元,同比增长高达 71.9%,在哈方出口总额中的占比为 17.1%;从中国进口 39.6 亿美元,同比增长 11.1%,导致哈方对中国的贸易顺差为 61.6 亿美元,同比增长 165.5%。

所以,贸易额很大程度上由于哈萨克斯坦对中国出口的大幅度增加而被拉高,而 2010 年中国对哈萨克斯坦的出口额首次低于俄罗斯对哈萨克斯坦的出口额,同时低于 2010 年白俄罗斯对哈萨克斯坦的出口额,表现出明显的贸易转移效应。

(二)"俄白哈关税同盟"导致中国出口市场压力增大

"俄白哈关税同盟"成立后,哈萨克斯坦上调了5044种商品的进口税率,占其进口商品总量的32%,哈萨克斯坦的平均关税水平已由入盟前的6.2%提高至10.6%。其中,涉及中方对哈方出口的大宗商品,包括纺织服装类商品、轻工商品和部分机电产品等,这使得中国商品出口到哈萨克斯坦的成本增加,这将不可避免地影响中国对哈萨克斯坦的出口。随着三国关税同盟的全面建成,哈萨克斯坦原来从中国进口的轻工产品、食品和家电等可能一部分要转由俄罗斯进口。

2005~2008年,哈萨克斯坦从中国进口的贸易额增长率一直高于哈萨克斯坦从俄罗斯进口的贸易额增长率,2009年由于受到美国金融海啸的影响,哈萨克斯坦与两国的进口贸易额都出现了急剧下滑而变为负增长,从中国进口的贸易额下跌幅度小于从俄罗斯进口的贸易额下跌幅度。自从2010年1月1日"俄白哈关税同盟"正式对外实行统一进口税率以来,这种态势发生了逆转,2010年哈萨克斯坦从俄罗斯进口的贸易额增长率强劲反弹,首次超过了其从中国进口的贸易额增长率。2010年哈萨克斯坦从俄罗斯进口的贸易额达110亿美元,同比增加23.6%,但从中国进口的贸易额仅为39.6亿美元,同比增长11.1%(见图1)。

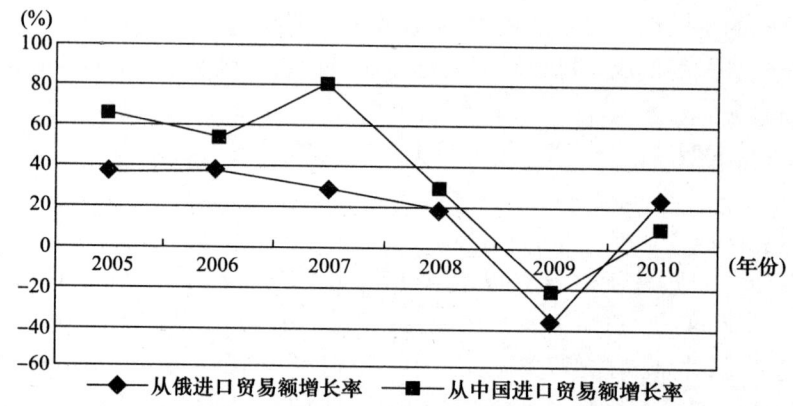

图1　2005~2010年哈萨克斯坦进口贸易额增长率

资料来源:由驻哈萨克斯坦参赞处网站得到。

(三)"俄白哈关税同盟"导致中国主要进口商品成本增加

一直以来中国从哈萨克斯坦进口的产品种类基本没有变化,主要是矿产品、贱金属、化学工业及其相关工业产品,具体包括原油、凝析油、废钢、废铁、铜、铝等。2010年7月13日,哈萨克斯坦政府通过决议,批准恢复征收原油出口税,原油出口税从2009年1月份的每吨0美元升至20美元;轻质成品油出口税为99.71美元/吨;重质油为66.47美元/吨。该政府决议自其公布之日起 30 天后生效。而原油对中国来说又属于刚性需求,这使得中国从哈萨克斯坦进口能源的成本增加,这对中国相当不利,势必会影响中国来自哈方的进口,从而影响中哈双边贸易。

(四)"俄白哈关税同盟"对新疆与哈萨克斯坦贸易造成不利影响

长期以来,哈萨克斯坦是中国在中亚最大的贸易伙伴,中哈贸易额平均占到中国与中亚五国贸易总额的 71.65%。而 1993 年至今,中国与中亚贸易额的近 80% 都是由新疆来完成的。随着关税同盟的全面建立,该关税同盟所具有的排外性以及新疆对外贸易严重依赖中亚国家和俄罗斯的现状势必会对新疆与哈萨克斯坦的贸易产生很大的负面影响。新疆一家企业代表反映:2010 年企业计划对哈萨克斯坦出口 3 万吨纯碱,受关税同盟影响,2010 年实际的出口量仅为 3000 吨。"俄白哈关税同盟"对第三国关税的提高,使哈萨克斯坦客户开始转向俄罗斯市场采购。新疆八钢国际贸易有限公司代表表示,关税提高后,同盟区特别是哈萨克斯坦的钢材产品进口商转向俄罗斯采购已成常态。不仅产品出口企业受挫,同时还殃及了工程承包领域。新疆三宝实业集团有限公司相关负责人反映:关税同盟的成立使用于建设的机械设备等出口费用上升,导致在哈方的工程项目承包成本大幅上升,以企业在哈萨克斯坦承建的 200 万吨水泥厂建设为例,今年的运行成本较原计划上升了 5% ~ 10%。

三、"俄白哈关税同盟"为中国带来的机遇

(一)"俄白哈关税同盟"致使部分产品关税下调

关税同盟成立后,哈萨克斯坦为保护本国生产企业的利益,对包括药品、塑料及其制品、医疗器械、铁路机车、客/货车厢等在内的 400 多种商品申请了 1 ~ 4 年的"过渡期"。除"过渡期"以外,哈萨克斯坦还对凡用于租赁业务进口的机械设备免关税,对凡外商投资项下进口的机械设备和原、辅料免关税,以缓解高关税对本国加工企业可能造成的冲击。考虑到关税同盟成员国的产业发展现状,三国共同下调了消费类电子商品的进口关税,特别是小型家电的进口关税,这为中国扩大该类商品的出口提供了新机遇。

(二)"俄白哈关税同盟"致使中国市场前景更加广阔

"俄白哈关税同盟"的成立,加之 2010 年世界经济的复苏,使得同盟国成员 GDP 和外贸实现增长。据哈方初步统计,2010 年哈方国内生产总值按当年价格计算总值达 1469 亿美元,与 2009 年相比,增长了 7%,外贸额达 889.8 亿美元,同比增长了 24.3%,其中,出口 592.2 亿美元,同比增长 37.1%,进口 297.6 亿美元,同比增长 4.8%。因为同

盟国之间取消了关税的限制，中国的出口就不仅仅是针对哈萨克斯坦，而是关税同盟形成的包括哈萨克斯坦、俄罗斯和白俄罗斯的一个拥有1.7亿人口、商品周转额达9000亿美元的统一经济体。中国与同盟区内成员国之间普遍都存在较高的贸易互补性，并且这种互补性由于各自产业结构的差异在短时间内无法改变。这无疑在给与同盟区内有密切经贸合作的中国企业带来挑战的同时，也带来了更为广阔的市场前景。

（三）"俄白哈关税同盟"为中国企业进入关税同盟国市场提供了便利

"俄白哈关税同盟"对外实行统一税率，对内免征进出口关税，这使得中国经由哈萨克斯坦中转到同盟国的商品会随着同盟国间关境的取消、通关手续的简化而变得便捷，越来越多的货物可以通过中哈边境进入关税同盟国，个人也可以携带比之前更多的货物入境等。新疆新康番茄制品厂在哈国投资生产番茄，企业代表反映：俄、白、哈未形成同盟前，在哈国生产的产品进入俄罗斯或白俄罗斯市场面临着通关、成本等诸多问题，而关税同盟运行后，该企业就能顺利进入俄罗斯与白俄罗斯市场。同时，以往在该领域处于竞争强势的企业反倒因此失去了竞争力，这也使得企业在同盟区内的市场迅速得以扩张。这在一定程度上推动了中国企业在中亚的海外投资。

四、中国应对"俄白哈关税同盟"的策略

面对"俄白哈关税同盟"的建立给中国和中国边疆地区带来正反两方面的影响，中国与中国企业应予以重视，采取积极的应对措施，正视挑战，把握机遇，尽可能减少不利影响，促使"俄白哈关税同盟"建立以后中国与同盟国之间的经贸关系顺利发展。

（一）积极推动上海合作组织框架下中国—中亚自由贸易区的建立，带动区域贸易的发展

关税同盟成员国俄罗斯和哈萨克斯坦都是上海合作组织的成员国，充分发挥上合组织在中国与俄罗斯和中亚国家经贸合作领域的作用是今后减少关税同盟对中国及其新疆地区经贸发展不利影响的有效路径。上合组织是目前中国与中亚国家多边协调机制的唯一平台，中国政府应充分利用这个平台，加强各个国家之间的磋商、谈判，使关税同盟间的协调措施朝着有利于全面带动区域贸易发展和投资扩大的方向发展。

（二）调整进出口结构，改变输出形式，促进中哈贸易水平提高

对于出口，由于"俄白哈关税同盟"的缔结产生了贸易转移效应，使得原本来自中国的部分进口商品因为关税导致的成本增加开始转向俄罗斯，致使中国和俄罗斯某些领域同质产品在哈萨克斯坦市场相互竞争；对于进口，哈萨克斯坦原油关税的恢复，致使中国

能源进口面临挑战。因此，中国企业在重视挑战的同时应充分利用带来的机遇，适时调整进出口贸易结构，提高出口产品的附加值，改变产品输出形式，加大对中亚国家的商品出口。同时，鼓励有条件的中国企业特别是新疆企业实施"走出去"战略，抓住关税同盟国之间消除关境的契机，借鉴已成功"走出去"企业的经验，比如在哈萨克斯坦开办一些产品售后服务办事处，通过劳务输出在境外进行农产品的种植等，进一步开拓俄罗斯、白俄罗斯市场。关税同盟建立以后，哈萨克斯坦海关有俄罗斯海关派驻的官员，这将使得中哈之间灰色清关的现状得到改变，为了应对由此带来的海关环境的变化，企业应及时了解并解读相关规定，前期做好充分准备，增加一些规定的通关文件，保证能够顺利地通过关税同盟成立以后海关环境变化的过渡期。

（三）以霍尔果斯口岸建设发展为契机，加快对哈贸易便利化的进程

霍尔果斯口岸位于新疆伊犁哈萨克自治州霍城县境内，与哈萨克斯坦隔河相望。霍尔果斯距伊犁州首府伊宁市约90公里，距乌鲁木齐市670公里，与哈方口岸仅15公里，是中国西部历史上最长、综合运量最大、自然环境最好、功能最为齐全的国家一类陆路公路口岸，同时也是新疆与中亚各国通商的重要口岸和新疆对外开放的一个重要窗口。精伊霍铁路、连霍高速铁路、312国道和中国至中亚天然气管道均汇集于此。抓住国家把霍尔果斯口岸规划和建设成为我国对外开放的世界一流国际物流中心的契机，创造良好的招商引资软环境，充分发挥中哈霍尔果斯国际边境合作中心作为中国撬动中亚区域巨大市场的杠杆作用，加快整个口岸投资硬件建设，继续不断地加强中哈边境海关联合监管，优化两国海关监管模式，促进双边经济发展，方便两国贸易往来，全面实现中哈海关间"统一单证"、"互认查验结果"、"边境合作业"的目标，加快中哈之间贸易便利化的进程。

参考文献

［1］保罗·克鲁格曼. 国际经济学 [M]. 北京：中国人民大学出版社，2006.
［2］2010年哈萨克斯坦对外贸易分析 [EB/OL]. 驻哈萨克斯坦使馆经商参处，2011-04-11.
［3］潘广云. 欧亚经济共同体经济一体化对中国的影响及中国的对策 [J]. 西伯利亚研究，2010 (6).
［4］秦放鸣. 中国与中亚国家区域经济合作研究 [M]. 北京：科学出版社，2010.
［5］国家统计署. 2005~2010年哈萨克海关统计年鉴 [Z].
［6］孙莉. 俄、白、哈关税同盟对中哈经贸的影响 [J]. 俄罗斯中亚东欧市场，2011 (1).

Influence of "Russia, Belarus, Kazakhstan Customs Union" on Economic and Trade Relationship between China and Kazakhstan

Fang Sicheng　Ren Hua

(Xinjiang University of Finance and Economics　Urumqi 830012)

Abstract: November 27, 2009 witnessed Russia, Belarus, and Kazakhstan sign the "Customs Union Customs Code", marking the establishment of "Russia, Belarus and Kazakhstan Customs Union". As an important result of substantive progress of customs union within the framework of Russia led European Economic Community, "Russia, Belarus and Kazakhstan Customs Union" is also an important trade partner of China, whose establishment is bound to affect economic and trade relations between China and its member states. Based on this, the paper analyzes the impact of the "Union" on economic and trade relations between China and Kazakhstan and advances strategies on how China deals with the "Union".

Key Words: "Russia, Belarus, Kazakhstan Customs Union"; Economic and Trade Relations between China and Kazakhstan; Trade Transfer Effect

外商直接投资与服务贸易国际竞争力*
——来自77个国家的经验证据

王恕立 刘军

(武汉理工大学经济学院 武汉 430070)

【摘 要】近年来,部分学者在FDI对服务贸易国际竞争力的影响效应方面进行了研究,结论却截然不同。为从一般意义上揭示两者间的关系,文章选取77个国家1980~2008年相关数据,并采取只考虑出口因素的lnRXA指数及同时考虑进出口因素的RC指数来衡量服务贸易国际竞争力,分别从总体、经济发展水平及服务业FDI限入水平三个层面进行了实证检验,结果表明:总体来看,FDI流入不会提高一国服务贸易国际竞争力,而不同经济发展水平及服务业FDI限入水平国家的FDI流入会产生不同的影响效应;除高限入水平国家外,服务业GDP不会提升服务贸易国际竞争力;服务出口及货物出口分别会对服务贸易国际竞争力产生显著的正向及负向影响效应。此外,服务贸易国际竞争力衡量指数选取的不同会造成FDI流入的影响效应产生较大差异。

【关键词】外商直接投资;服务贸易;国际竞争力

一、文献综述

外商直接投资能够通过引起一国生产要素的流动而改变资源禀赋状况,进而对服务贸易的发展及其国际竞争力产生影响。近年来,国内外学者对FDI流入在服务贸易国际竞争力方面的影响效应进行了大量的理论分析及实证研究,但研究结果却截然相反。国内部分学者认为,FDI流入能够提高服务贸易国际竞争力。郑吉昌等(2004)运用"钻石模型"

---

* 原文发表于《国际贸易问题》2011年第3期。
基金项目:受国家自然科学基金(70673075)的支持。
作者简介:王恕立,武汉理工大学经济学院教授、副院长;刘军,武汉理工大学经济学院博士。

对我国服务贸易国际竞争力的因素进行了研究，认为FDI流入能够提高我国服务贸易国际竞争力。范纯增等（2005）在对上海服务贸易国际竞争力的研究中，也提出通过外资来提高服务贸易国际竞争力的观点。万红先（2005）在对我国"入世"以来服务贸易国际竞争力变动的分析中，认为FDI流入能够提高我国服务贸易国际竞争力。贺卫等（2005）和赵景峰等（2006）对我国服务贸易国际竞争力的影响因素进行分析时，采用服务出口额来衡量我国服务贸易国际竞争力，实证检验后发现FDI流入与我国服务贸易国际竞争力呈正相关关系。丁平（2007）和史自立等（2007）也采取服务出口额衡量服务贸易国际竞争力，并对我国服务业各行业FDI流入与服务贸易国际竞争力进行了回归分析，发现FDI有利于我国服务贸易竞争力的提高。陈宪等（2008）对我国服务贸易国际竞争力的影响因素进行了实证分析，发现滞后一期的FDI对服务贸易总量及服务进出口都具有显著的正向效应。但另一部分学者的研究得出的结论完全相反。蒋瑛等（2004）最早提出了FDI流入并未使我国外贸竞争力得以真正提高的观点。庄惠明等（2009）和王森（2010）以服务出口额作为衡量服务贸易国际竞争力指标，并运用逐步回归法对服务贸易国际竞争力的影响因素进行了检验，发现FDI流入对我国服务贸易国际竞争力无显著影响。陈虹（2009）对中美服务贸易国际竞争力进行实证研究后，发现FDI流入对中美两国的以服务出口衡量的服务贸易国际竞争力具有负向效应。王新华（2010）对我国服务业FDI与服务进出口的关系进行实证检验后发现，服务业FDI的服务出口效应较弱，短期内FDI流入对服务出口具有较弱的正向影响，而长期内则表现为负向影响。龚惠等（2008）实证检验了FDI流入与以TC指数衡量的服务贸易国际竞争力之间的关系，发现FDI流入降低了我国服务贸易的出口竞争力。孙俊（2002）也采取TC指数衡量服务贸易国际竞争力，并利用12个发达国家和11个发展中国家的面板数据，实证检验了FDI与服务贸易国际竞争力的关系，发现FDI可以提高发达国家的服务贸易国际竞争力，却降低了发展中国家的服务贸易国际竞争力。李秉强（2008）在采用RCA指数衡量服务贸易国际竞争力的基础上，对亚洲发展中国家服务贸易国际竞争力的影响因素进行了实证分析，发现服务贸易竞争力与货物贸易及外商投资水平呈负相关关系。此外，程涛（2008）认为我国服务贸易开放度与服务业国际竞争力并不一定呈正相关关系。

  国外学者更多地关注服务贸易自由化所带来的影响效应，在FDI流入对服务贸易产生的影响方面关注较少。Srivastava S. 和 Sen R.（2004）实证分析了印度FDI流入对服务出口产生的影响，发现FDI流入对服务出口的影响只表现为短期的正向效应。Wong K. N.、Tang T. C. 和 Fausten D. K.（2009）对马来西亚和新加坡FDI与服务进出口关系进行了实证检验，结果显示新加坡FDI流入与服务贸易总量及服务进口之间存在双向因果关系，而马来西亚FDI流入与服务进口间的因果关系较弱。Feng Y.（2009）采用1991～2007年印度服务业相关数据，通过构建VAR模型对FDI对服务出口和产出的影响进行了实证检验，结果显示FDI与服务出口和产出存在长期协整关系，但FDI对服务出口和产出的影响不显著。而Pham Thi Hong Hanh 和 Tran Thi Anh Dao（2009）在对越南FDI与服务出口的分析中，发现FDI流入不会引起服务出口的增加，但会导致服务业GDP增加。Chakraborty C.

和 Nun-nenkamp（2006）对印度 FDI 流入在各个部门产生的效应进行研究后发现，FDI 流入对印度服务业产出只存在替代效应。

综上所述，可以看出，目前在 FDI 流入对东道国服务贸易及其竞争力的影响效应研究方面，国内外学者得出的结论截然不同，尤其是国内学者针对我国状况的相关研究，两种截然相反观点已造成了该领域的学术分歧。鉴于此，本文拟解决以下问题：①FDI 流入对东道国服务贸易国际竞争力是否存在影响，若存在影响，是正向影响效应还是负向影响效应；②FDI 流入对服务贸易国际竞争力是否会因一国的经济发展水平及服务业 FDI 限入水平的不同而产生不同的影响效应；③服务贸易国际竞争力衡量指数的选取是否是造成目前该领域学术分歧的主要原因之一，若分别采取只考虑出口因素或同时考虑进出口因素的指数来衡量服务贸易国际竞争力，FDI 流入是否会对其产生不同的影响效应。

二、指标选取及模型构建

（一）指标选取

关于服务贸易国际竞争力衡量指数的选取，国内学者大都采取贸易竞争力（TC）指数、显性比较优势（RCA）指数或服务出口额来衡量服务贸易国际竞争力①。但是，这三个衡量指数都具有一定缺陷：TC 指数和出口额只考虑到一国自身的贸易状况，没有涉及与国际层面的比较；RCA 指数虽然考虑到与国际层面的比较，但该指标具有较强的时间趋势，可能会对实证分析结果产生较大影响。美国学者 Vollrath（1991）在显性比较优势（RCA）指数的基础上，进一步提出了另外三种衡量一国贸易竞争力的指数：

第一，相对贸易优势（RTA）指数。相对贸易优势指数同时考虑到一国的出口和进口因素，其等于一国相对出口优势（RXA）减去相对进口优势（RMA），即：

$$RTA_{ij} = RXA_{ij} - RMA_{ij} = (x_{ij}/x_{it})/(x_{wj}/x_{wt}) - (m_{ij}/m_{it})/(m_{wj}/m_{wt}) \tag{1}$$

其中，x 和 m 分别代表出口和进口；i 代表国家；j 代表产品或产业；t 代表总贸易；w 代表世界。RXA 指数等同于 RCA 指数。与 RCA 指数相比，RTA 指数在衡量一国贸易竞争力方面更加合理，因为一国贸易竞争力同时体现在出口与进口两方面，RTA 指数是在 RCA 指数的基础上进一步考虑一国的进口因素而得出的。

第二，相对出口优势（lnRXA）指数。Vollrath（1991）提出的第二个用于衡量一国贸易竞争力的指数是取对数后的相对出口优势指数，即：

$$lnRXA_{ij} = lnRCA_{ij} \tag{2}$$

---

① $TC = (x_{ij} - m_{ij})/(x_{ij} + m_{ij})$；$RCA = (x_{ij}/x_{it})/(x_{wj}/x_{wt})$。其中，$x$ 和 m 分别代表出口和进口；i 代表国家；j 代表产品或产业；t 代表总贸易；w 代表世界。

其中，i 代表国家；j 代表产品或产业。lnRXA 指数是 RCA 指数的对数形式，对数形式的选取在一定程度上弥补了 RCA 指数较强时间趋势的缺陷。

第三，显性竞争力（RC）指数。显性竞争力指数是 Vollrath（1991）提出的第三个指数，该指数在同时考虑进出口因素的基础上，将 RXA 指数与 RMA 指数的比值取对数后得到，即：

$$RC_{ij} = \ln RXA_{ij}/RMA_{ij} = \ln RXA_{ij} - \ln RMA_{ij} \tag{3}$$

其中，i 代表国家；j 代表产品或产业。RC 指数不但同时考虑到出口和进口因素，而且对数形式的选取在一定程度上减弱了其时间趋势。可以看出，RTA、lnRXA 和 RC 都是在 RCA 的基础上进一步考虑不同的因素而得出。lnRXA 指数通过对数形式弥补了 RCA 指数较强时间趋势的缺陷。RTA 和 RC 指数同时考虑到一国的进出口因素，且 RC 指数的对数形式减弱了其时间趋势。在衡量一国贸易竞争力时，若只采取 lnRXA 指数，则忽略了进口因素对贸易竞争力的影响；但是，采取 RTA 和 RC 指数也存在一定缺陷，因为一国的贸易政策及其对贸易的干涉会对贸易尤其是进口带来较大影响，造成贸易竞争力的衡量发生偏差。

鉴于此，本文同时选用 lnRXA 指数和 RC 指数来衡量一国服务贸易的国际竞争力，在 lnRXA 指数只考虑服务出口因素来衡量服务贸易国际竞争力的基础上，进一步采取 RC 指数将服务进出口因素全部纳入对服务贸易国际竞争力进行再次衡量。通过 lnRXA 指数和 RC 指数的比较分析，能够大幅度地提高服务贸易国际竞争力衡量的准确性。

（二）模型构建

在指标确定的基础上，进一步构建计量经济模型，根据已有的研究成果，影响服务贸易国际竞争力的主要因素有货物出口、服务出口及服务业增加值，在选取这三个变量的同时，结合本文的研究目标，进一步选取 FDI 流入量作为模型的第四个解释变量。此外，对各解释变量取对数以消除可能存在的异方差。最终，构建如下的实证检验模型：

$$\ln RXA_{it} = \alpha_i + \beta_{1i}\ln FDI_{it} + \beta_{2i}\ln GDPS_{it} + \beta_{3i}\ln EXG_{it} + \beta_{4i}\ln EXS_{it} + \mu_{it} \tag{4}$$

$$\ln RC_{it} = r_i + \lambda_{1i}\ln FDI_{it} + \lambda_{2i}\ln GDPS_{it} + \lambda_{3i}\ln EXG_{it} + \lambda_{4i}\ln EXS_{it} + \mu_{it} \tag{5}$$

其中，i = 1，2，…，n 表示横截面单元（国家）；t = 1，2，…，N 表示时序期数；$\ln RXA_{it}$ 和 $\ln RC_{it}$ 表示 i 国 t 时期的服务贸易国际竞争力；$\ln FDI_{it}$ 和 $\ln EXG_{it}$ 表示 i 国 t 时期取对数后的 FDI 流入量和货物出口额；$\ln GDPS_{it}$ 和 $\ln EXS_{it}$ 表示 i 国 t 时期取对数后的服务业增加值和服务出口额；μ_{it} 为随机扰动项。

三、样本选取及数据说明

（一）样本选取

为了从一般意义上验证 FDI 流入对服务贸易国际竞争力的影响，本文选取不同地区的

77个国家作为实证检验样本。各个地区所涉及的国家数目分别为：欧洲 27 个，美洲 19 个，亚洲 15 个，非洲 14 个，大洋洲 2 个。同时，分别基于经济发展水平及服务业 FDI 限入水平视角将 77 个样本国家进行分类，以便分析不同经济发展水平及服务业 FDI 限入水平下的 FDI 流入对服务贸易国际竞争力的影响效应。

首先，基于经济发展水平视角的样本国家分类。在分类标准方面，中国科学院发布的《中国现代化报告 2009》中运用第二次现代化指数将世界 131 个国家分为发达国家、中等发达国家、初等发达国家和欠发达国家四类①，本文以此分类标准为参照，对样本国家进行分类。此外，由于冰岛、卡塔尔、特立尼达和多巴哥、毛里求斯四个国家对应的发展水平分类未公布，本文结合相关国际组织公布的数据及分类结果，将四个国家分别归类于发达国家、中等发达国家、初等发达国家及欠发达国家。具体分类结果如表 1 所示。

表1　不同经济发展水平的样本国家分类

发展水平	现代化指数 MI	国家数目	样本国家
发达国家	80 < MI	20	美国、瑞典、日本、丹麦、芬兰、挪威、澳大利亚、瑞士、韩国、加拿大、荷兰、德国、法国、比利时、新西兰、英国、奥地利、爱尔兰、以色列、冰岛
中等发达国家	50 < MI ≤ 80	19	意大利、西班牙、斯洛文尼亚、希腊、爱沙尼亚、捷克、沙特阿拉伯、葡萄牙、匈牙利、拉脱维亚、俄罗斯、立陶宛、斯洛伐克、波兰、阿根廷、乌拉圭、多米尼加、智利、卡塔尔
初等发达国家	30 < MI ≤ 50	24	巴西、马来西亚、委内瑞拉、罗马尼亚、墨西哥、哥斯达黎加、突尼斯、土耳其、秘鲁、蒙古国、南非、牙买加、哥伦比亚、中国、泰国、埃及、厄瓜多尔、萨尔瓦多、阿尔及利亚、巴拉圭、摩洛哥、玻利维亚、菲律宾、特立尼达和多巴哥
欠发达国家	MI ≤ 30	14	危地马拉、印度尼西亚、斯里兰卡、尼日利亚、加纳、印度、塞内加尔、巴基斯坦、肯尼亚、乌干达、坦桑尼亚、莫桑比克、埃塞俄比亚、毛里求斯

注：各发展水平下的样本国家按第二次现代化指数从高到低的顺序排列。

其次，基于服务业 FDI 限入水平视角的样本国家分类。本文根据 Golub（2009）研究得出的各国服务业 FDI 限入指数，将 77 个样本国家分为低限入水平国家、中低限入水平国家、中等限入水平国家、中高限入水平国家及高限入水平国家 5 类②。具体分类如表 2 所示。

---

① 第一次现代化是以工业化、城市化和民主化为典型特征的经典现代化；第二次现代化是以知识化、绿色化和全球化为典型特征的新现代化。
② 第二次现代化指数基于 2006 年相关数据得出，服务业 FDI 限入指数基于 2004～2005 年相关数据得出。

表 2 不同服务业 FDI 限入水平的样本国家分类

限入水平	限入指数 RI	国家数目	样本国家
低限入	0≤RI<0.1	7	拉脱维亚、英国、比利时、德国、意大利、荷兰、牙买加
中低限入	0.1≤RI<0.2	25	法国、阿根廷、玻利维亚、立陶宛、爱尔兰、危地马拉、乌干达、塞内加尔、捷克、丹麦、希腊、以色列、巴拉圭、瑞典、匈牙利、蒙古国、厄瓜多尔、尼日利亚、秘鲁、葡萄牙、斯洛伐克、芬兰、西班牙、新西兰、挪威
中等限入	0.2≤RI<0.3	22	罗马尼亚、瑞士、坦桑尼亚、智利、波兰、乌拉圭、美国、阿尔及利亚、特立尼达和多巴哥、萨尔瓦多、爱沙尼亚、哥伦比亚、南非、摩洛哥、日本、莫桑比克、土耳其、加拿大、澳大利亚、哥斯达黎加、埃及、斯洛文尼亚
中高限入	0.3≤RI<0.45	15	加纳、奥地利、韩国、多米尼加、俄罗斯、巴西、冰岛、毛里求斯、斯里兰卡、委内瑞拉、墨西哥、印度、巴基斯坦、肯尼亚、中国
高限入	0.45≤RI<1	8	泰国、突尼斯、马来西亚、卡塔尔、沙特阿拉伯、埃塞俄比亚、印度尼西亚、菲律宾

注：限制指数为"0"时，代表服务业对 FDI 流入无任何限制，服务市场完全开放；为"1"时，代表服务业对 FDI 流入完全限制。各限入水平下的样本国家按限入水平指数从低到高的顺序排列。

（二）数据说明

本文实证分析所需的各样本国家相关数据的时间区间为 1980~2008 年，且货币单位统一为亿美元。77 个样本国家及全世界的货物进出口及服务进出口相关数据均来自 WTO 统计数据库（WTO Statistics Database）。外商直接投资相关数据均来自联合国贸易和发展会议统计数据库（UNCTAD Statistics Database），由于考虑到实证模型中 FDI 的对数形式及本文较大的样本量，故排除 FDI 流入为负的样本数据。此外，除以色列和卡塔尔外，其他 75 个样本国家服务业增加值数据均来自世界银行数据库（WB Database）。由于世界银行未公布以色列和卡塔尔服务业增加值数据，本文根据世界银行对服务业范围的界定标准（ISIC Rev. 3，行业编码：G-Q），从联合国数据库（UN Data）收集按照 ISIC（Rev. 3）统计的两国行业编码分别为 G-H、I 和 J-P 的增加值数据（本币），但行业编码为 Q 的增加值数据相关国际组织均未公布，故本文直接采取行业编码 G-P 的两国服务行业增加值近似代替，最后进行加总得出两国以本币计量的服务业增加值。关于 1980~2008 年两国货币对美元的汇率，本文采取如下计算方法：分别从联合国数据库收集两国 1980~2008 年以本币和美元计价的现价 GDP 数据，然后相除得出两国各年的平均汇率。

四、实证检验及结果分析

由于本文共涉及 20 次面板模型实证检验,为保证检验过程的一致性,均采取以下检验方法:采用 Hausman 检验确定模型效应是变截距固定效应还是随机效应;在固定效应模型检验过程中,采取截面加权(Cross - section Weights)方式消除较大截面可能带来的截面异方差现象;在随机效应模型检验过程中,随机效应的权重均选取 Swamy - Arora 加权法;稳健标准误的计算方法均采取一般法(Ordinary),即认为模型不存在个体间和时间上的异方差以及时间上的序列相关性。实证分析借助计量软件 EViews 6.0 完成。

(一)基于总体层面的检验

首先对 77 个样本国家 FDI 流入影响服务贸易国际竞争力的效应进行总体性检验。估计结果如表 3(第 2~3 列)所示,可以看出,采用 lnRXA 和 RC 作为因变量的两个面板模型的决定系数都较高,分别达到 0.989 和 0.942。同时,检验结果显示不论是采取 lnRXA 指数还是 RC 指数来衡量服务贸易国际竞争力,服务业 GDP 和货物出口对服务贸易国际竞争力均呈现负向影响效应,且影响十分显著;服务出口对服务贸易国际竞争力则呈现出显著的正向影响效应。此外,关于 FDI 流入对服务贸易国际竞争力的影响,采用 lnRXA 指数衡量的服务贸易国际竞争力呈现出显著的负向效应;采用 RC 指数衡量的服务贸易国际竞争力虽然呈现出正向效应,但 P 值为 0.082,未通过 5% 的显著性水平检验,故正向影响效应不显著。因此,FDI 流入不会提高一国服务贸易的国际竞争力。

(二)基于经济发展水平层面的检验

表 3(第 4~11 列)给出了不同经济发展水平国家 FDI 流入对服务贸易国际竞争力影响的估计结果。Hausman 检验结果显示模型效应均为固定效应,且各模型的拟合优度均较高,最低的修正决定系数也达到 0.927。

根据检验结果,各经济发展水平国家的服务出口对采取 lnRXA 指数和 RC 指数衡量的服务贸易国际竞争力均呈现显著的正向影响效应,而货物出口均表现为显著的负向影响效应。在服务业 GDP 对服务贸易国际竞争力的影响方面,除中等发达国家和初等发达国家以 RC 指数衡量的服务贸易国际竞争力表现为不显著的正向影响外,其他不同经济发展水平模型的估计结果均表现为负向影响效应,说明不同经济发展水平国家的服务业 GDP 增长都不会提高其服务贸易国际竞争力。此外,关于 FDI 流入对服务贸易国际竞争力的影响,不同经济发展水平国家呈现出不同的影响效应。发达国家 FDI 流入分别对采用 lnRXA 指数和 RC 指数衡量的服务贸易国际竞争力呈现出显著的负向影响效应和不显著的正向影响效应;欠发达国家则都表现为显著的负向影响效应;中等发达国家 FDI 流入分别对采用

lnRXA 指数和 RC 指数衡量的服务贸易国际竞争力分别表现出不显著的和显著的正向影响效应；初等发达国家 FDI 流入降低了采用 lnRXA 指数衡量的服务贸易国际竞争力，却提高了采用 RC 指数衡量的服务贸易国际竞争力，且影响均十分显著。出现此现象的原因主要是中等发达国家和初等发达国家对服务贸易的干涉，尤其是对服务进口的限制，导致服务出口相对于进口具有一定的"比较优势"，进而体现出服务贸易国际竞争力的提高。比如，20 世纪 90 年代以前，中国对服务进口采取的政策干扰措施，使得衡量服务贸易国际竞争力的 lnRXA 指数和 RC 指数呈现出截然不同的趋势：根据本文数据整理结果，若采取 lnRXA 进行衡量，1982～2008 年，中国服务贸易不具备竞争优势；但采取 RC 指数衡量的中国服务贸易国际竞争力，1982～1991 年，中国服务贸易体现出一定的竞争优势，并在 1986 年竞争优势达到最大，RC 值为 0.833，而 1992～2008 年，中国服务贸易则处于竞争劣势状态。总之，FDI 流入不利于发达国家和欠发达国家服务贸易国际竞争力的提升，而对于中等发达国家和初等发达国家，由于政府政策对进口的影响，使得 FDI 流入能够通过出口相对进口增加的方式对服务贸易国际竞争力产生正向影响效应。

表3 基于总体层面及经济发展水平层面的面板估计结果

因变量	所有国家		发达国家		中等发达国家		初等发达国家		欠发达国家	
	lnRXA	RC	lnRXA	RC	lnRXA	RC	lnRXA	RC	lnRXA	RC
Hausman 检验	404.44 (0.000)	31.583 (0.000)	407.135 (0.000)	55.441 (0.000)	67.474 (0.000)	55.840 (0.000)	46.760 (0.000)	15.633 (0.004)	68.393 (0.000)	14.105 (0.007)
常数项	1.600 (0.000)	1.215 (0.000)	1.965 (0.000)	1.608 (0.000)	1.390 (0.000)	1.108 (0.000)	1.434 (0.000)	0.764 (0.000)	1.493 (0.000)	1.189 (0.000)
lnFDI	-0.004 (0.004)	0.005 (0.082)	-0.007 (0.001)	0.002 (0.660)	0.004 (0.184)	0.044 (0.000)	-0.007 (0.003)	0.020 (0.000)	-0.009 (0.003)	-0.037 (0.000)
lnGDPS	-0.085 (0.000)	-0.091 (0.000)	-0.175 (0.000)	-0.210 (0.000)	-0.021 (0.110)	0.008 (0.8485)	-0.036 (0.001)	0.042 (0.1195)	-0.115 (0.000)	-0.139 (0.000)
lnEXS	0.756 (0.000)	0.546 (0.000)	0.778 (0.000)	0.402 (0.000)	0.660 (0.000)	0.400 (0.000)	0.744 (0.000)	0.508 (0.000)	0.799 (0.000)	0.729 (0.000)
lnEXG	-0.758 (0.000)	-0.528 (0.000)	-0.702 (0.000)	-0.332 (0.000)	-0.722 (0.000)	-0.513 (0.000)	-0.785 (0.000)	-0.565 (0.000)	-0.762 (0.000)	-0.622 (0.000)
F 统计量	2019.71 (0.000)	372.949 (0.000)	1649.75 (0.000)	300.113 (0.000)	1425.10 (0.000)	237.144 (0.000)	2180.44 (0.000)	420.242 (0.000)	2262.56 (0.000)	295.751 (0.000)
修正 R^2	0.989	0.942	0.985	0.944	0.987	0.927	0.989	0.948	0.992	0.941
模型效应	固定	固定	固定	固定	固定	固定	固定	固定	固定	固定
总样本数	1837	1837	494	494	408	408	617	617	318	318

注：括号内为检验的 P 值；模型固定或随机效应选择依据 Hausman 检验结果是否通过 5% 显著性水平检验，即若 P > 0.05，则选择随机效应，否则选择固定效应。

(三) 基于服务业 FDI 限入水平层面的检验

不同服务业 FDI 限入水平国家的 FDI 流入对服务贸易国际竞争力影响的估计结果如表 4 所示。可以看出，以 lnRXA 指数衡量的服务贸易国际竞争力的 Hausman 检验结果均显示模型效应为固定效应，且修正决定系数都在 0.98 以上；以 RC 指数衡量的服务贸易国际竞争力的 Hausman 检验结果却呈现出不同的模型效应，中低限入水平国家和中高限入水平国家的面板估计模型应选择固定效应，其他限入水平国家的面板估计模型效应则为随机效应。

表 4　基于服务业 FDI 限入水平层面的面板估计结果

因变量	低限入水平		中低限入水平		中等限入水平		中高限入水平		高限入水平	
	lnRXA	RC	lnRXA	RC	lnRXA	RC	lnRXA	RC	lnRXA	RC
Hausman 检验	11.089 (0.026)	1.179 (0.882)	176.351 (0.000)	25.952 (0.000)	80.379 (0.000)	6.300 (0.178)	153.492 (0.000)	9.580 (0.048)	96.130 (0.000)	5.562 (0.234)
常数项	1.667 (0.000)	1.115 (0.000)	1.602 (0.000)	1.198 (0.000)	1.320 (0.000)	0.769 (0.000)	1.628 (0.000)	1.508 (0.000)	1.672 (0.000)	0.697 (0.002)
lnFDI	-0.005 (0.372)	0.002 (0.803)	-0.012 (0.000)	0.005 (0.430)	0.002 (0.404)	0.008 (0.340)	-0.002 (0.562)	0.013 (0.098)	0.017 (0.002)	0.005 (0.707)
lnGDPS	-0.140 (0.000)	-0.104 (0.0514)	-0.092 (0.000)	-0.089 (0.003)	-0.029 (0.010)	0.008 (0.843)	-0.046 (0.000)	-0.140 (0.000)	-0.058 (0.027)	0.197 (0.007)
lnEXS	0.672 (0.000)	0.183 (0.001)	0.794 (0.000)	0.539 (0.000)	0.637 (0.000)	0.489 (0.000)	0.805 (0.000)	0.544 (0.000)	0.802 (0.000)	0.714 (0.000)
lnEXG	-0.613 (0.000)	-0.185 (0.000)	-0.775 (0.000)	-0.537 (0.000)	-0.685 (0.000)	-0.493 (0.000)	-0.847 (0.000)	-0.536 (0.000)	-0.851 (0.000)	-0.883 (0.000)
F 统计量	1632.67 (0.000)	17.275 (0.000)	1577.92 (0.000)	286.013 (0.000)	1820.56 (0.000)	726.12 (0.000)	2075.34 (0.000)	312.607 (0.000)	1901.13 (0.000)	128.800 (0.000)
修正 R^2	0.992	0.322	0.987	0.931	0.988	0.349	0.989	0.933	0.992	0.758
模型效应	固定	随机	固定	固定	固定	随机	固定	固定	固定	随机
总样本数	138	138	595	595	535	535	405	405	164	164

注：括号内为检验的 P 值；模型固定或随机效应选择依据 Hausman 检验结果是否通过 5% 显著性水平检验，即若 P > 0.05，则选择随机效应，否则选择固定效应。

由检验结果可知，同基于总体层面及经济发展水平层面的检验结果一样，不同服务业 FDI 限入水平国家的服务出口和货物出口对以 lnRXA 指数和 RC 指数衡量的服务贸易国际竞争力均呈现出显著的正向影响效应和负向影响效应。在服务业 GDP 对服务贸易国际竞争力的影响方面，中等限入水平国家和高限入水平国家以 RC 指数衡量的服务贸易国际竞争力分别呈现出不显著及显著的正向影响效应,其他不同限入水平面板模型的估计结果均呈现出显著的负向影响效应。高限入水平国家呈现出异常现象的原因可能在于,较高的FDI限入措施势必会影响外来服务的流入,服务出口相对于进口的增加致使服务业GDP的增加对以RC指数衡量的服务贸易国际竞争力呈现出显著的正向效应。此外,在FDI流入方面,除中低限入水平国家及高限入水平国家FDI流入对以lnRXA指数衡量的服务贸易国际竞争力分别呈现出显著的正向和负向影响效应外,其他不同限入水平面板模型的估计结果均表明FDI流入对服务贸易国际竞争力的影响不显著。在中低限入水平国家,由于其对FDI流入限制较低,致使大量外资涌入服务业,服务外资流入的增加不但已无法促进其服务出口进一步的增加,而且越发激烈的外资服务市场竞争对服务出口的进一步增加起到负向作用。但是,高限入水平国家的服务业发展相对滞后,外资流入会提升低限入水平、中低限入水平、中等限入水平及中高限入水平国家的服务贸易国际竞争力,而高限入水平国家由于服务业发展水平的相对滞后,FDI流入能够通过进一步增加服务出口的方式对服务贸易国际竞争力产生正向效应。

五、主要结论

本文针对目前在FDI流入影响服务贸易国际竞争力的研究领域所产生的学术分歧,从一般意义上进行了进一步验证。主要结论如下:

(1) FDI流入对服务贸易国际竞争力的影响。①基于总体层面的面板模型估计结果显示,FDI流入不会提高一国服务贸易的国际竞争力。②从经济发展水平层面来看,FDI流入不利于发达国家和欠发达国家服务贸易国际竞争力的提高;但是,由于中等发达国家和初等发达国家贸易政策对进口的限制,导致FDI流入能够通过出口相对进口增加的方式对服务贸易国际竞争力产生正向影响效应。③从服务业FDI限入水平层面来看,FDI流入不会提升低限入水平、中低限入水平、中等限入水平及中高限入水平国家的服务贸易国际竞争力,而高限入水平国家由于服务业自身发展水平的相对滞后,FDI流入能够通过增加服务出口的方式对服务贸易国际竞争力产生正向影响效应。

(2) 其他因素对服务贸易国际竞争力的影响。①在服务业GDP对服务贸易国际竞争力的影响方面,除高限入水平国家的FDI流入会以促进出口的方式对服务贸易国际竞争力产生显著的正向效应外,其他基于总体层面、经济发展层面及服务业FDI限入水平层面的面板模型估计结果都显示,一国服务业GDP的增加不会提升其服务贸易国际竞争力。②在货物与服务出口对服务贸易国际竞争力的影响方面,与FDI流入和服务业GDP不同的是,基于三个层面的面板模型估计结果均显示,无论是采取只考虑出口因素的lnRXA指数,还是采取同时考虑进出口因素的RC指数来衡量服务贸易国际竞争力,货物出口对一国服务贸易国际竞争力均产生显著的负向影响效应,而服务出口则呈现出显著的正向影响效应。

（3）服务贸易国际竞争力衡量指数带来的影响。服务出口与货物出口的影响效应不会受到服务贸易国际竞争力衡量指数的影响，服务业 GDP 的影响效应也只是在高限入水平国家受到服务贸易国际竞争力衡量指数的影响，而 FDI 流入的影响效应受服务贸易国际竞争力衡量指数的影响较大，这也是造成目前该研究领域产生学术分歧的主要原因之一。

参考文献

［1］程涛，邓一星．我国服务贸易适度开放问题之研究——基于承诺开放度的分析［J］．国际贸易问题，2008（12）.

［2］陈虹，林留利．中美服务贸易竞争力的实证与比较分析［J］．国际贸易问题，2009（12）.

［3］陈宪，殷凤．服务贸易：国际特征及中国竞争力［J］．财贸经济，2008（1）.

［4］丁平．中国服务贸易国际竞争力的影响因素分析［J］．世界经济研究，2007（9）.

［5］范纯增，于光．服务贸易国际竞争力发展研究［J］．国际贸易问题，2005（2）.

［6］龚慧，马赛男，张莉萍．FDI 影响我国服务贸易竞争力的实证研究［J］．中国集体经济，2008（9）.

［7］贺卫，伍星，高崇．我国服务贸易竞争力影响因素的实证分析［J］．国际贸易问题，2005（2）.

［8］蒋瑛，谭新生．利用外商直接投资与中国外贸竞争力［J］．世界经济，2004（7）.

［9］李秉强．亚洲发展中成员国服务贸易竞争力及其影响因素分析［J］．国际贸易问题，2008（10）.

［10］梁东黎．服务业在国民经济中的比重问题研究［J］．产业经济研究，2009（2）.

［11］孙俊．跨国投资与服务贸易比较优势［J］．国际贸易问题，2002（9）.

［12］史自立，谢婧怡．中国服务贸易竞争力影响因素分析及提升对策［J］．经济与管理研究，2007（4）.

［13］万红先．入世以来我国服务贸易国际竞争力变动分析［J］．国际贸易问题，2005（5）.

［14］王新华．中国服务业外商直接投资与服务贸易的关系［J］．世界贸易组织动态与研究，2010（1）.

［15］郑吉昌，夏晴．服务贸易国际竞争力的相关因素探讨［J］．国际贸易问题，2004（12）.

［16］赵景峰，陈策．中国服务贸易：总量和结构分析［J］．世界经济，2006（8）.

［17］庄惠明，黄建忠，陈洁．基于"钻石模型"的中国服务贸易竞争力实证分析［J］．财贸经济，2009（3）.

［18］中国科学院中国现代化研究中心．中国现代化报告 2009——文化现代化研究［M］．北京：北京大学出版社，2009.

［19］Chakraborty C., Nunnenkamp. Economic Reforms, Foreign Direct Investment and Its Economic Effects in India［J］. Kiel Working Paper, No.1272, 2006.

［20］Feng Y., FDI in India and Its Economic Effects on Service Industry［J］. International Journal of Trade and Global Markets 2, 2009（2）：179 – 193.

［21］Golub S. S. Openness to Foreign Direct Investment in Services: An International Comparative Analysis［J］. The World Economy 32, 2009（8）：1245 – 1268.

[22] Wong K. N., Tang T. C., Fausten D. K. Foreign Direct Investment and Services Trade: Evidence from Malaysia and Singapore [J]. Global Economic Review 38, 2009 (3): 265-276.

Foreign Direct Investment and International Competitiveness of Trade in
——Services: Evidence from 77 Countries

Wang Shuli Liu Jun

(School of Economics Wu Han University of Technology Wuhan 430070)

Abstract: In recent years, the effect of FDI on international competitiveness of trade in services has been studied by many scholars, but the results are totally different. In order to research the effects in a general sense, this paper chooses a panel of 77 countries over 1980-2008, and selects lnRXA and RC indexes as the measures of international competitiveness of trade in services, then empirical analysis is taken based on all sample countries, levels of economic development and FDI restrictions in services. The results show that: FDI inflows have no positively aggregate effects on competitiveness of service trade, but have different effects on countries with different levels of economic development and FDI restrictions in services; GDP increases in services also have no positive effects on competitiveness of service trade, but country with high level of FDI restrictions in services is an except; exports of services and goods respectively have significantly positive and negative effects. Besides, different index measuring international competitiveness of service trade will cause significant difference in effects of FDI inflows.

Key Words: Foreign Direct Investment; Trade in Services; International Competitiveness

基于中国经验证据的应对反倾销能力测度指标研究*

刘爱东　赵金玲

（中南大学商学院　长沙　410083）

【摘　要】 本文首先从三个维度提出了 14 个测度应对反倾销能力的初始变量指标，构建了应对反倾销能力测度模型。然后基于 135 份有效样本采集的数据运用因子分析方法对初始指标进行了筛选，确立了最终测度指标，并对模型进行了拟合度检验。实证结果表明，所设计的指标具有良好信度和效度，测度模型具有较好拟合优度。最后，采取主成分分析方法应用该指标展开了算例研究。算例结果说明，所提出的指标与测算方法可以较好地测度应对反倾销能力水平，有助于挖掘影响应对反倾销能力的瓶颈因素，提升应对反倾销能力。

【关键词】 WTO 反倾销；测度指标；指标测算；评估

一、引　言

由 WTO 统计数据可知，1995～2009 年的 15 年间，全球进口国总共提起反倾销指控案件 3865 起，其中针对我国的高达 746 起，占据总体份额的 19.3%。在这 15 年中，国外对华发起反倾销案件数占全球发起反倾销调查案件的比重，由 1995 年的 12.73% 上升到 2008 年的 35.1%，增长了 22.37%。

---

* 原文发表于《国际贸易问题》2011 年第 7 期。

基金项目：国家自然科学基金资助项目"企业应对反倾销会计联动机制研究"（70772039）、2010 年湖南省哲学社会科学基金重点项目"应对反倾销的成本防护能力评价体系研究"（2010ZDB51）和 2009～2010 年中南大学研究生学位论文创新选题基金项目阶段性研究成果。

作者简介：刘爱东，中南大学商学院教授、博士生导师；赵金玲，中南大学商学院会计学专业博士，现任湖南商学院会计学院讲师。

2009年这一比重有所下降，但这一年国外对华发起反倾销调查案件达到75起，是过去的15年中国外对华提起反倾销调查案件数最多的年份。这说明国外对我国反倾销势头未减，我国已成为遭受反倾销指控受害最大的国家。历年我国企业应对反倾销诉讼案件显示，我国企业未参加应诉的情况占了相当大比例，应诉信心不足和应诉失败的案件也并不鲜见，这与应对反倾销能力紧密相关。有学者通过研究国际反倾销运作情况和我国企业历次应诉获胜的经验，认为应对反倾销，除了企业作为应对主体必须提高自身应对能力外，政府与行业协会给予的支持力度也至关重要。然而，实地调研发现，大多数企业在常态下对应对反倾销能力没有全面的了解。因此，从这几个层面入手，构建测度应对反倾销能力的指标，尝试对其进行实际测算，设计提高应对反倾销能力的策略方案迫在眉睫。

二、应对反倾销能力测度初始指标选取与测度模型构建

应对反倾销涉及"多元利益相关方"，如应诉企业、调查当局、行业协会、涉案产品上下游等。为了提高应对成效，仅依靠企业自身能力的提升是不够的。在我国，基本形成了以企业为应对主体，行业协会协调，政府支持的"三位一体"应对机制。因此，考核我国应对反倾销能力水平就不能单一从企业视角来衡量，必须考虑行业协会等中介组织与政府的支持力度。通过对现有文献类属性分析发现，针对反倾销背景下，企业、行业协会与政府如何应对的研究并不鲜见。冯巧根（2004）认为，应诉反倾销，企业应规范会计基础工作，实行差异化和价格战略，同时政府需要通过会计标准体系的国际化来维护我国企业的利益。潘煜双（2004）认为，我国企业要达到一定的市场经济地位，必须有符合国际惯例的会计记录。而周友梅（2003）提出反倾销会计保护机制包括：出口企业反倾销会计保护机制、行业协会反倾销会计保护机制、政府机关反倾销会计保护机制和中介机构反倾销会计保护机制。会计这个支持系统在国际反倾销诉讼中，无论是应诉环节还是申诉环节都必不可少。孙铮、刘浩（2005）指出，应诉反倾销贸易救济是一个系统工程，应当在企业管理方式、出口策略、政府和行业协会的引导与配合等决策与宏观层面，多方面协同行动才会不断促使中国国际贸易健康、快速发展。冯巨章（2006）研究发现，在反倾销联合应诉过程中，商会等行业组织的良好发展是保障协商解决联合应诉困境与提高应诉力度的关键所在。林珏（2008）建议我国出口企业可以通过规范企业经营管理制度和市场竞争行为，减少反倾销风险；还可以依靠完善会计制度，建立反倾销应诉部门，加强反倾销应诉人才的培训，调整企业产品结构与经营战略，运用进口国法律据理力争，重视问卷调查填写工作，积极申请市场经济地位等方式积极应对。刘爱东、陈林荣（2010）着重从完善我国战略支持体系和整体性竞争制度安排入手对应对反倾销进行研究，构建了政府、行业协会等中介机构、企业"三体联动"的应对反倾销联合机制，并通过来自实践的数据进行实证检验。以上的相关研究启发了本文的研究构想，并为筛选应对反倾销能

力测度初始指标提供了理论支持。

笔者所在课题组在扎根理论①指导下，在全国范围内邀请了来自反倾销涉案企业的管理和财务高管、有关政府部门中参与应对反倾销实务的人员，以及行业协会工作者21人就如何应对反倾销和应对能力的测度问题进行了深度访谈。并经由三位博士生对访谈笔记、录音数据，采用开放式、关联式、核心式登录处理。访谈发现，实务工作者们对构建应对反倾销企业、政府、行业协会"三体联动"机制基本达成了一致，认为在应对反倾销时三者必须协调配合，发挥集成效应，提高应对反倾销能力水平与成效。大部分受访对象表示强有力的举证是应对反倾销获胜的关键性因素。企业作为应对反倾销主体，面对反倾销时快速的响应能力和自身高水平的成本会计管理水平是能够从容应对反倾销诉讼的基础。政府和行业协会等中介组织提供的支持能够提高应对反倾销能力水平。比如行业协会是企业自愿加入的、非营利的、用以增进共同利益的自律性的社团法人，具有自律、协调、互助、服务、交流、调解和制衡等属性。在面临应对反倾销时可以协助企业建立反倾销会计信息系统，协助企业填写调查问卷和应对反倾销调查机构现场会计核查、协调行业内产品制定合理的出口价格等，这些行为能够大大提升微观层面企业应对反倾销的能力。受访对象中95.6%以上实务工作者认为企业应对反倾销快速响应能力和企业产品成本会计管理水平，在某种程度上表明了应对反倾销能力水平；近八成的人认为可以从政府与行业对应对反倾销的重视程度、相关法律法规的健全程度，以及发布的与反倾销相关的信息的完整程度等方面对政府与行业协会的支持力度进行测度。本文在相关研究成果基础上，结合访谈意见，选取了测度反倾销应对能力的初始指标，具体如表1所示。

表1 应对反倾销能力测度初始变量指标

维度	系数	指标变量
F_1 企业产品成本会计管理水平 CBGL	CBGL1	企业会计处理与会计准则符合程度
	CBGL2	企业会计处理遵守相关法律一致性
	CBGL3	会计记录的完整性
	CBGL4	会计附件的有效性
F_2 企业快速响应能力 KSXY	KSXY1	企业高管对应对反倾销重视程度
	KSXY2	企业应对反倾销人员能力水平
	KSXY3	企业与政府、行业协会等沟通能力
	KSXY4	企业对国际反倾销动态与贸易规则了解程度
	KSXY5	国际贸易惯例、反倾销法律框架和反倾销会计标准等多维信息系统建设
F_3 政府、行业协会支持力度 ZFHY	ZFHY1	政府、行业协会等对应对反倾销重视程度
	ZFHY2	相关法律法规健全度
	ZFHY3	发布与反倾销相关信息的完整程度
	ZFHY4	制定企业产品出口规则
	ZFHY5	反倾销预警体系参与度

---

① 扎根理论是 Barney Glaser 和 Anselm Strauss 两位学者共同发展的质性研究方法，是在系统收集资料的基础上寻找反映社会现象的核心概念，并通过概念间的联系建构相关的理论。

表1中从三个维度层面对应对反倾销能力测度初始指标进行了设计与划分。本研究认为可以将企业产品成本会计管理水平、企业应对反倾销快速响应能力,以及政府、行业协会的支持力度三个维度作为潜变量,将各潜变量维度具体测度指标作为观测变量对以企业为主体的应对反倾销能力(YDNL)进行测度。基于这一构想可设计应对反倾销能力测度模型如图1所示。

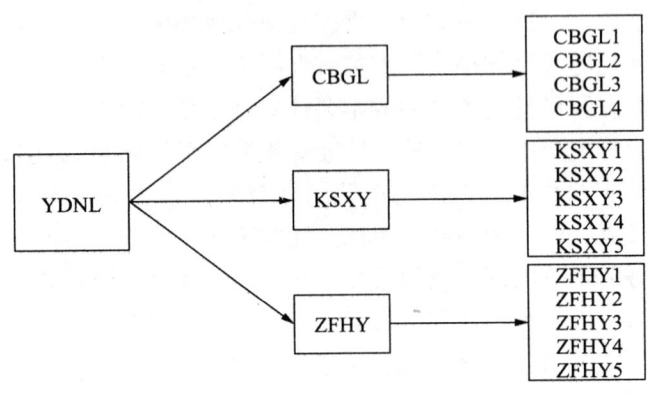

图1　应对反倾销能力测度模型

三、应对反倾销能力测度指标筛选

根据研究问题的属性与相关资料获取难易程度,本文采用了问卷调查方法对测度指标进行筛选。具体研究方案如下。

(一)问卷设计

在明确了研究目的的前提下,本研究将专家学者们的观点运用类属分析法进行整理,通过专家访谈、电话采访与面谈的方式进行了信息收集,构建了初始评价指标,形成了初始问卷。本研究问卷分为两个部分,一是被调查对象基本情况,二是所设计的初始评价指标题项。研究采用李克特(Likert)5点尺度,5分表示完全同意、4分表示同意、3分表示中性评价、2分表示不同意、1分表示完全不同意,请被调查者对每个题项能否测量我国应对反倾销能力表明个人意见,选择相应分值。

(二)样本选择与调查方法

本研究选取了涉案企业反倾销应诉人员、政府部门中参与了应对反倾销的公务员和行业协会参与应对反倾销的工作者填答问卷。为优化样本来源结构，本研究还把科研单位相关研究者也作为调查对象。问卷发放形式有三种：一是邮寄，二是电子邮件形式，三是实地发放。为增强问卷有效性，避免正式调查问卷中可能存在的一些疏忽和遗漏，影响调研结果，问卷正式发放前，在请教有关专家、相关单位的基础上经过多次修改和反馈，开展了预测试和先导测试，进而强化了问卷清晰度和指标合理性，最后编制成正式的调查问卷。

（三）初始问卷预测及先导性测试

问卷正式发放前，笔者邀请了4位专家、4位具有5年以上反倾销应诉经验的人员开展了预测试。预测试的目的是让被调查者从各自专业领域角度对测试内容、题项选择、问卷格式、指标设计合理性等进行检验。总体上，8位被测试者都能够分别独立完成问卷，并提出了修改意见。笔者在综合分析反馈意见的基础上，对初始问卷进行了修正。预测试之后，笔者对修改后的问卷进行了先导测试，选取了3家涉案企业、2家行业协会、3个有关政府部门作为抽样单位发放了61份问卷。测试对象能够认真清晰地完成问卷，并提出修改意见。笔者综合各个修改意见，对问卷题项进行了调整、修改，使其更加易于选择观察。本研究采用内部一致性Cronbach'α系数对先导测试的61份问卷进行了初步信度分析，检验结果表明除指标ZFHY4制定企业产品出口规则的内部一致性Cronbach'α系数为0.29，低于0.45的标准没有通过检验外，其他各指标变量Cronbach'α值分布在0.7035～0.8379。采用Cuieford观点来判定，Cronbach'α大于0.7为高等信度。因此，可以判定先导测试中所采用的问卷能够满足信度要求。经过预测试和先导测试的筛选，笔者删除了指标ZFHY4，保留了剩余13个指标变量用以测度应对反倾销能力，并对问卷中部分题项的表述做了进一步修正和调整。

（四）数据处理与结果分析

本研究对商务部、中国钢铁协会、中国五矿集团、中联重科、衡阳钢铁厂、长沙纺织厂、永州跃进、岳阳纸厂、中南大学等有关政府部门、行业协会、涉案企业人员以及国内多所高校中从事相关理论研究的教授和副教授、讲师和博士研究生等共发放问卷362份，最终回收问卷148份，剔除缺添项太多、极端性反应严重以及矛盾明显的问卷，有效问卷135份，有效问卷回收率37.29%，满足调查研究中样本回收率不低于20%的要求。

（1）数据处理技术方法。本研究对回收的问卷数据采用SPSS15.0、Excel2003、LISREL8.54软件进行处理分析，运用因子分析方法对所收集数据的信度、效度进行检验，通过实证研究最终确定测度应对反倾销能力的指标。

（2）调查样本结构分析。通过对调查样本的结构性分析可知，调查样本的年龄主要集中在45岁以下，所占比例为93%，说明以中青年为主；同时被调查对象中具有5年以上工作经验的占52%。被调查对象来自于国有企业、民营企业、政府主管部门和学校、科研机构等企事业单位，其中来自实务部门的调查对象占总体样本近70%，剩余调查样本来自科研机构与高校，这样的配置比例提高了信息获取的全面性。总体上调查对象的基本分布统计情况表明问卷填写的质量可以得到保证。

（3）信度与效度检验。本研究采用因子分析方法对测度指标进行信度、效度检验。因子分析之前，首先要对样本数据进行 KMO 样本检验和 Bartlett 球体检验，KMO 检验用于比较观测相关系数与偏相关系数值的指标。Kaise 指出：KMO 值小于 0.5 时，不适合进行因子分析。Bartlett 球型检验用于检验相关矩阵是否是一个单位矩阵，若 Bartlett 球型检验值达到显著水平，说明各指标间具有相关性，数据适合做因子分析。本研究样本 KMO 值与 Bartlett 球体检验数据结果如表 2 所示。

表 2 KMO 与 Bartlett 检验数据结果

Kaiser – Meyer – Olkin Measure of Sampling Asequacy	0.807
Bartlett's Test of Approx Chi – Square	911.481
Sphericity df	78
Si.	0.000

表 2 检验数据结果表明：KMO 值为 0.807，大于 0.5，符合要求；Bartlett 球体检验显著性水平为 0.000，小于 0.001，说明数据具有相关性。因此，这组数据很适合做因子分析。信度是测量结果具有一致性或稳定性的程度。信度分析是为了验证各个测量指标的可靠性，也就是不同测量者使用同一测量工具测量时所得结果的一致性水平，反映相同条件下重复测量结果的近似度。本研究采用 SPSS15.0 软件生成这一系数，检验指标信度。一般情况下，如果内部一致性系数大于 0.7，则认为问卷的信度很高；内部一致性系数介于 0.5 和 0.7 之间，问卷就在可以接受的范围。如果某一因子这一信度值比较低，说明调查对象对这一问题看法差异性较大。此外，还运用 LISREL8.54 软件对观测变量信度检验值（R^2）与潜变量组合信度检验值（CR）进行数据分析。开展验证性因子分析时，由于需采用 LISREL8.54 默认的极大似然估计法（ML）进行参数估计，所以首先要检验数据是否符合多变量正态分布假定。检验结果显示，13 个观测变量的 Skewness 系数绝对值介于 0.00~0.89，均小于 1，Kurtosis 系数的绝对值介于 0.00~0.95，均小于 1，故符合正态分布的假设。因此，可利用 LISREL8.54 软件进行验证性因子分析，各具体检验值如表 3 所示。

表 3 问卷信度检验值

潜变量	Cronbach' α 值	CR	观测变量	删除观测变量后 Cronbach' α 值	R^2
CBGL	0.870	0.6803	CBGL1	0.850	0.55
			CBGL2	0.830	0.65
			CBGL3	0.816	0.72
			CBGL4	0.840	0.59

续表

潜变量	Cronbach'α 值	CR	观测变量	删除观测变量后 Cronbach'α 值	R^2
ZFHY	0.848	0.6511	ZFHY1	0.796	0.64
			ZFHY2	0.803	0.60
			ZFHY3	0.789	0.67
			ZFHY4	0.837	0.75
KSXY	0.886	0.6770	KSXY1	0.861	0.67
			KSXY2	0.836	0.86
			KSXY3	0.843	0.75
			KSXY4	0.885	0.79
			KSXY5	0.877	0.76
量表总体 Cronbach'α 值：0.880					

表 3 显示各潜变量维度内部一致性系数分别达到 0.870、0.848、0.886，全部超过 0.70 的标准；总体量表内部一致性系数为 0.880，远超过 0.70 的标准；在各潜变量维度内分别删除选定观测变量后内部一致性系数全部小于未删除前各潜变量内部一致性系数，说明各潜变量内部各指标存在的重要性与必要性；此外，R^2 作为观测变量信度检验值用来评价观测变量在潜变量上的因子载荷及每个载荷统计是否具有显著性。如果 R^2 小于 0.5 必须删除，说明这一观测变量不符合信度要求。由表 3 可知正式问卷中各观测变量 R^2 均大于 0.5，表明观测变量信度达到要求。此外，表 3 显示各潜变量的组合信度检验值 CR 均大于 0.6 临界值，表明模型通过了组合信度检验。通过数据内部一致性、观测变量信度与潜变量组合信度检验，表明问卷信度较高。效度通常包括聚合效度与辨别效度。聚合效度指测度同一潜变量的不同测度题项，即观测变量间的相关程度；区别效度指潜变量概念维度间的差异程度。聚合效度主要通过探索性因子分析来检验。本研究采用 SPSS 15.0 软件运用最大方差法对原始数据的方差矩阵进行正交旋转，得出各因子在各测量潜变量上的因子载荷值，如表 4 所示。

表 4 正交旋转因子负荷矩阵

观测变量	公因子		
	F_1	F_2	F_3
CBGL1	0.034	0.814	-0.115
CBGL2	0.019	0.857	-0.018
CBGL3	0.062	0.880	0.010
CBGL4	-0.083	0.836	-0.036
KSXY1	0.841	0.063	0.022

续表

观测变量	公因子		
	F_1	F_2	F_3
KSXY2	0.911	0.003	-0.016
KSXY3	0.893	0.002	0.086
KSXY4	0.728	0.042	-0.021
KSXY5	0.777	-0.083	-0.130
ZFHY1	-0.043	-0.147	0.837
ZFHY2	-0.073	-0.006	0.835
ZFHY3	0.006	0.029	0.863
ZFHY4	0.048	-0.040	0.776

表4中所示各观测变量在相应公因子上的因子载荷在0.728~0.911,均高于Bentler和Wu提出的临界值0.45,符合要求,说明一半以上方差由此相对应潜变量捕获,测量具有较好聚合效度。此外,通过验证性因子分析获取的各因子(观测变量)标准化估计值与潜变量平均提取方差(AVE)也可判别问卷的聚合效度水平,具体数据如表5所示。

表5 验证性因子分析结果

潜变量	潜变量平均提取方差AVE	观测变量	观测变量标准化估计值	观测变量标准误差	T值
CBGL	0.6283	CBGL1	0.74	0.45	9.52
		CBGL2	0.81	0.35	10.73
		CBGL3	0.85	0.28	11.55
		CBGL4	0.77	0.41	9.97
KSXY	0.6288	KSXY1	0.82	0.33	11.36
		KSXY2	0.93	0.14	13.74
		KSXY3	0.87	0.25	12.34
		KSXY4	0.62	0.61	7.78
		KSXY5	0.68	0.54	8.64
ZFHY	0.5894	ZFHY1	0.80	0.36	10.36
		ZFHY2	0.77	0.40	9.95
		ZFHY3	0.82	0.33	10.76
		ZFHY4	0.67	0.55	8.24

表5分析结果显示,各观测变量标准化估计值在0.60以上,而且T值分布于7.78~13.74区间,在$p<0.001$水平上显著,全部通过了T检验;各潜变量平均提取方差也均大于0.5可接受水平。结合探索性因子分析结果,说明各变量具有较充分的聚合效度。

关于区别效度的检验可以观察潜变量与观测变量的交叉载荷系数矩阵（Bassellier, 2004）。如表5所示，各观测变量对应的公因子上载荷系数均高于在其他非公因子上的载荷系数，这表明该测量模型具有较好的区别效度。综合以上分析，说明本研究问卷具有较好的信度与效度。此外，由表5可知各指标标准误差在0.07~0.34，误差较小，无重大误差，可以进一步对该模型进行拟合检验。

（4）模型拟合度评价。通常模型检验的常用指数很多，一般研究主要采纳 χ^2、df、RMSEA、AGFI、CFI、NFI、NNFI、IFI、GFI等指标，本文也选用了以上指标进行模型拟合度评价。χ^2 使用频率非常高，它与自由度的比值一起说明模型正确性的概率，通常这一比值越接近1.0，就表示协方差矩阵和估计协方差矩阵间的相似度越大，模型拟合性越好，小于2视为理想结果，大于2小于5为可以接受。标准化残差均方根指数SRMR值低于0.08时表示模型拟合度佳；近似误差的均方差根RMSEA值小于0.05表示模型拟合度非常好，在0.05~0.08表示拟合度较好，0.08~0.10表示拟合度一般；拟合优度指数GFI、调整拟合优度指数AGFI、规范拟合指数NFI、非规范拟合指数NNFI一般要求大于0.9；比较拟合参数CFI越接近1.0表示拟合程度越好。本研究采用LISREL8.54软件采用最大似然估计方法进行了拟合度评价，各指标具体数值及参考值如表6所示。

表6　结构方程模型拟合指数

指数名称	模型估计	参考标准及来源
χ^2（卡方检验值）	67.77	
df（自由度）	62	
χ^2/df	1.0937	<2（Carrmines & McIver, 1981）
SRMR（残差均方根）	0.052	<0.08（Hu & Bentler, 1999）
GFI（拟合优度指数）	0.93	>0.90（Bentler, 1983）
AGFI（调整后的拟合优度指数）	0.90	>0.90（Hu & Bentler, 1999）
RMSEA（近似误差均方根）	0.015	<0.05（Browne & Curleck, 1993）
NFI（标准拟合度指数）	0.94	>0.90（Bentler & Bonett, 1980）
NNFI（非正规拟合指数）	0.99	>0.90（Bentler & Bonett, 1980）
CFI（比较拟合指数）	0.99	>0.95（Bentler, 1988）
IFI（增量拟合指数）	0.99	>0.90（Hu & Bentler, 1999）

由表6可看出：本研究中测度模型 χ^2 与df比值为1.0937，大于1小于2，说明模型具有较好的拟合度；SRMR为0.052，小于0.08的参考值；RMSEA为0.015，远远低于0.08的要求，说明模型拟合较好；NNFI与NFI都大于0.90，说明模型拟合较好；而CFI和IFI接近于1，说明模型拟合非常好；GFI大于0.9的标准，符合要求，也表明了良好的拟合度；AGFI为0.90，与参考值恰好相等，表明模型拟合度可以接受。综上，各个指标表明理论模型与数据适配程度较好，测度指标模型可接受。

四、指标测算方法与应用

本研究选取主成分分析方法对应对反倾销能力测度指标进行赋权,并构造测度函数。主成分分析法是利用降维的思想,将多指标转化为少数几个综合指标的多元统计分析方法。一般是把 p 个原始变量 X_1, X_2, $\cdots$, X_p 的总方差分解成 p 个相互独立的变量 Y_1, Y_2, $\cdots$, Y_p 的方差之和 $\sum_{i=1}^{p} \lambda_i$,λ_i 表示第 i 个主成分。然后,通过因子得分系数矩阵,构造出各个主成分因子表达式:$F_i = \alpha_{1i} X_1 + \alpha_{2i} X_2 + \cdots + \alpha_{pi} X_p$(i = 1, 2, $\cdots$, p)。其中 α 代表各公因子得分系数,X 代表原始变量(测度指标具体得分值)。该方法在测度应对反倾销能力指标之间存在较高相关性时能消除指标间的信息重叠,而且可以根据各主成分因子方差贡献率占所有累计方差贡献率的比重生成非人为的权重系数 θ_i(i = 1, 2, $\cdots$, p),最后汇总可构造综合得分函数:$F = \theta_1 F_1 + \theta_2 F_2 + \cdots + \theta_p F_p$。

本文应用 SPSS15.0 统计软件进行主成分分析,使用方差最大正交旋转策略,抽取特征值大于 1 的因子,共获得了 3 个公共因子,因子提取结果如表 7 所示。

表 7 因子提取结果

Component	Initial Eigenvalues			Extraction Sums of Squared Loadings			Rotation Sums of Squared Loadings		
	Total	% of Variance	Cumula-tive(%)	Total	% of Variance	Cumula-tive(%)	Total	% of Variance	Cumula-tive(%)
1	3.518	27.061	27.061	3.518	27.061	27.061	3.491	26.855	26.855
2	3.083	23.712	50.774	3.083	23.712	50.774	2.907	22.362	49.218
3	2.584	19.879	70.652	2.584	19.879	70.652	2.787	21.435	70.652
4	0.682	5.245	75.897						
5	0.520	4.002	79.899						
6	0.499	3.842	83.741						
7	0.446	3.430	87.171						
8	0.360	2.769	89.940						
9	0.338	2.599	92.538						
10	0.303	2.328	94.866						
11	0.260	1.997	96.863						
12	0.244	1.873	98.736						
13	0.164	1.264	100.00						

Extraction Method: Principal Component Analysis.

由表 7 可知旋转结果中三个公共因子的特征值均大于 2.7,方差累计贡献率达到了 70.652%,说明因子提取的总体效果较为理想。同时通过方差贡献率可获取 3 个主成分权重分别为 0.38、0.34、0.28。此外,SPSS15.0 统计软件在调用 Factor Analyze 过程中生成的因子得分系数表如表 8 所示。

表 8 因子得分系数矩阵

观测变量	Component		
	F_1	F_2	F_3
CBGL1	0.005	0.278	-0.016
CBGL2	0.001	0.297	0.021
CBGL3	0.013	0.305	0.032
CBGL4	-0.028	0.289	0.013
KSXY1	0.241	0.019	0.017
KSXY2	0.261	-0.004	0.002
KSXY3	0.257	-0.001	0.039
KSXY4	0.208	0.010	0.001
KSXY5	0.222	-0.037	-0.043
ZFHY1	-0.004	-0.025	0.298
ZFHY2	-0.014	0.024	0.302
ZFHY3	0.009	0.037	0.313
ZFHY4	0.021	0.010	0.280

因此,根据表 8 主成分因子得分系数矩阵,各主成分因子表达式为:

$F_1 = 0.005X_1 + 0.001X_2 + 0.013X_3 - 0.028X_4 + 0.241X_5 + 0.261X_6 + 0.257X_7 + 0.208X_8 + 0.222X_9 - 0.004X_{10} - 0.014X_{11} + 0.009X_{12} + 0.021X_{13}$

$F_2 = 0.278X_1 + 0.297X_2 + 0.305X_3 + 0.289X_4 + 0.019X_5 - 0.004X_6 - 0.001X_7 + 0.10X_8 - 0.037X_9 - 0.025X_{10} + 0.024X_{11} + 0.037X_{12} + 0.010X_{13}$

$F_3 = -0.016X_1 + 0.021X_2 + 0.032X_3 + 0.013X_4 + 0.017X_5 + 0.002X_6 + 0.039X_7 + 0.001X_8 - 0.043X_9 + 0.298X_{10} + 0.302X_{11} + 0.313X_{12} + 0.280X_{13}$

最终构建测度应对反倾销能力水平的综合函数为:$F = 0.38F_1 + 0.34F_2 + 0.28F_3$。

为验证与更加明确本研究设计的指标体系与测算方法,本文展开算例研究。采用这一指标对某大型钢铁出口企业进行了应对反倾销能力的测度。为保证测度结果的公平性,邀请该企业曾经参与过应诉反倾销实务的三位高管和两位财务人员、该企业所在地曾支持其应对反倾销的政府部门(商务局)中的两位相关人员,以及钢铁协会曾协助该企业应诉反倾销的两位工作者分别按照测度指标进行打分(本指标体系采取 Likert 7 点尺度,最大分值为 7 分,按主成分分析方法和各主成分权重计算满分为 8.713)。然后,运用主成分分析方法与已计算出的各主成分权重参数（0.38、0.34、0.28）对每人的测度结果进行计算。最后，对测算结果汇总并取其均值为该企业应对反倾销能力水平的最终结果。由于篇幅所限，主成分表达式具体运算过程不再赘述，被测对象测算得分及应对反倾销能力最终得分如表 9 所示。

表 9 被测对象测算得分及应对反倾销能力最终得分

被测对象	F_1 得分	F_2 得分	F_3 得分	F
1	3.165	2.610	4.244	3.278
2	3.371	3.561	2.127	3.087
3	2.797	3.251	3.051	3.022
4	3.273	3.194	3.581	3.332
5	3.448	3.245	2.784	3.193
6	4.131	2.267	3.426	3.210
7	2.179	3.211	2.845	2.716
8	3.017	2.408	2.217	2.586
9	2.142	3.094	3.314	2.794
最终得分	3.024			

经测算该企业应对反倾销能力综合得分为 3.024，这一分数占满分的 34.71%，没有达到 60% 的及格线，说明该企业应对反倾销能力位于中下水平，有待提高。另外，企业应对反倾销的应诉率与胜诉率虽然不能够完全说明应对反倾销的能力，但也可以部分反应这一水平。该企业在过去 10 年中受到反倾销调查的案件达到 27 起，其中参与应诉的比例为 51.3%，但胜诉率不足 30%。参考这一现实状况，应该说我们通过指标测度的结果还是比较客观的。企业通过运用所设计指标进行测度，不仅宏观上能够了解应对反倾销的能力水平，而且通过对指标的分值判断也能够从微观领域挖掘影响企业应对反倾销能力的因素，从而为提升这一能力的策略方案与机制提供了导向性支持。

五、结　论

应对反倾销不仅关系到企业发展，而且关系到国家产业经济安全。从 WTO 公布的数据看，我国近些年是遭受反倾销最多、受害最大的国家。为此，通过反倾销应对能力的评估，提升反倾销应对能力，既能够保障国家利益、维护产业安全，又有助于企业发展。本文从文献研究入手，结合对反倾销涉案企业高层管理人员与财务人员、行业协会参与应诉反倾销的工作者以及相关政府部门公务员开展的深入访谈分析结果，选取了应对反倾销初始测量指标，进而设计了调查问卷。然后，经由问卷预测试与先导性测试，删除了1个指标，保留了其他13个指标，并通过因子分析对获取的数据进行了实证研究。实证结果表明该测度指标具有较高的信度和效度，测度模型可以接受。最后，对指标测算方法进行了阐述，并结合具体企业应用本指标展开了算例研究。算例结果说明，所提出的指标与测算方法可以较好地测度应对反倾销能力水平，有助于挖掘影响应对反倾销能力的瓶颈因素，提升应对反倾销能力。

由于本文只是对应对反倾销能力测度的探索性研究，因此尚存在不足之处。由于调查难度与经费限制，收集的样本量有限，会导致样本代表性受到一定限制，这也是本研究缺憾之处。因此，通过扩大样本量检验本指标体系的科学性也是我们下一步工作的内容之一。

参考文献

[1] 冯巧根：《反倾销应诉中的财务使命及其战略》，《山西财经大学学报》2004年第6期。

[2] 冯巨章：《反倾销联合应诉博弈分析》，《数量经济技术经济研究》2006年第6期。

[3] 林珏：《加入WTO以来国外对华反倾销特点、原因及对策》，《世界经济研究》2008年第4期。

[4] 刘爱东、曾志：《欧盟对华出口产品反倾销调查的统计分析》，《国际商务——对外经济贸易大学学报》2009年第1期。

[5] 刘爱东、陈林荣：《"三体联动"应对反倾销成效影响因素的实证研究》，《国际贸易问题》2010年第2期。

[6] 潘煜双：《反倾销应诉的关键——解读市场经济地位的会计标准》，《国际贸易问题》2004年第10期。

[7] 孙铮、刘浩：《反倾销会计研究中的若干问题辨析》，《会计研究》2005年第1期。

[8] 周友梅：《试论反倾销会计的若干问题》，《当代财经》2003年第11期。

[9] Bassellier G., Benbasat I., (2004) "Business Competence of Information Technology Professionals: Conceptual Development and Influence on IT – business Relationship", MIS Quarterly 28 (4): 673 – 694.

[10] Churchill Jr., G. A., J. P. Peter, (1984) "Research Design Effects on the Reliability of Rating Scales: A Meta – analysis", Journal of Marketing Research (21): 48 – 63.

[11] Kaiser H. F., (1974) "An Index of Factorial Simplicity", Psychometric (39): 673 – 694.

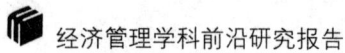
经济管理学科前沿研究报告

Measure Index in Ability of Response to Antidumping Based on China's Experimental Evidence

Liu Aidong Zhao Jinling

(School of Business Middle and Southern University Changsha 410083)

Abstract: According to the characteristics of research objectives and questions, this paper refers 14 initial variable indexes to estimate anti-dumping measure ability from three dimensions through in-depth interviews and questionnaires, then constructs the responses of anti-dumping ability measure indexes model. The paper selects collected data using factor analysis and establishes the final measurement indicators, and does fit test to the model. The empirical results show that the design of indicators has good reliability and validity, and the model has better goodness of fit. Finally, it starts the computational experiments applying the principal component analysis method. The simulation results show that the pro-posed indicators and measurement methods can better estimate the level of responses of anti-dumping, which is convenient to mining bottlenecks to deal with anti-dumping and enhance the capacity to respond to anti-dumping.

Key Words: Response to Anti-dumping Capacity; Measurement Index; Indicator Calculation; Estimation

为后危机时代中国贸易自由化立法*

陈利强[1]　屠新泉[2]

(1. 浙江工业大学法学院　杭州　310014；2. 对外经贸大学中国WTO研究院　北京　100029)

【摘　要】 如何进行政策及法律制度创新，促进"双向调整"，提升产业国际竞争力已经成为后危机时代中国推进贸易自由化的强国进程的重大课题。但是，由于"制度建构主义"立法范式存在三大瑕疵，以现行《对外贸易法》为主体框架的贸易自由化立法在实践中缺乏针对性、可操作性和有效性。因此，允许私人渐进参与贸易自由化立法和重构贸易自由化立法的政策框架并加强政策协调应当成为立法范式改革的两大方向，而构建符合国情的、统一协调的、科学的贸易调整政策并将其法律化应当成为当下国家相关职能部门最为重要和紧迫的工作。重构中国特色贸易救济法律体系、构建中国专向性补贴管理制度及建立中国贸易调整援助制度不仅可以弥补现行贸易自由化立法中的不足，而且可以为中国贸易自由化的强国进程提供制度保障。

【关键词】 中国贸易自由化；立法范式；贸易调整政策；立法构想

一、命题的缘起

经济全球化和贸易自由化是当代中国外向型经济发展面临的时代主题，而当下中国正处在推进贸易自由化的进程中。自2001年加入WTO以来，中国积极推行自由贸易协定战

---

* 原文发表于《国际贸易问题》2011年第6期。
基金项目：国家社会科学研究青年基金项目"经济全球化下的国际贸易体制理论问题研究——基于美国与WTO双层博弈的政治经济分析"（项目批准号：08CGJ006）、浙江省科技厅软科学项目"提升浙江产业国际竞争力的法律制度创新研究"（项目批准号：2010C35007）与教育部人文社会科学研究青年基金项目"构建中国特色贸易调整援助制度研究"（项目批准号：10YJC820010）的阶段性研究成果。
作者简介：陈利强，浙江工业大学法学院教授；屠新泉，对外经济贸易大学中国WTO研究院院长。

略,逐步参与、推进双边、区域与多边贸易自由化,先后与智利、巴基斯坦、新西兰及新加坡等国家签署了双边自由贸易区协定,与东盟共同建立中国—东盟自由贸易区以及推动WTO多哈回合谈判。截至2010年,中国"入世"承诺已经全部履行完毕,但第三次WTO对华贸易政策评审结果证明,中国真正融入多边贸易体制尚需时日。欧美等各成员方针对中国经济发展政策提出1508个问题的客观事实说明中国与WTO体制之间可能存在许多不兼容之处,经济全球化时代的中国贸易政策在相关政策缺失的情况下承载了太多的功能①,因此自然难免为各成员方所诟病。由于贸易自由化的配套政策或支撑政策②或缺失或分割,当下中国贸易自由化面临现实困境:出口贸易中的贸易摩擦不断加剧;日趋激烈的进口竞争使国内相关重点产业的安全问题日益突出,产业损害形势趋于严峻,贸易自由化引致的结构调整(Structural Adjustment)任务显得尤为重要和紧迫。但是,解决出口贸易摩擦、进口产业损害及结构调整等核心问题的根本出路在于"双向调整",即加快调整出口贸易结构与进口贸易结构,而落脚点在于在贸易自由化进程中促进产业转型升级,提升传统优势产业、培育战略性新兴产业的国际竞争力。因此,如何进行政策及法律制度创新,促进"双向调整",提升产业国际竞争力已经成为后危机时代中国推进贸易自由化之强国进程的重大课题③。

但遗憾的是,以1994年《对外贸易法》为主体框架的"贸易自由化立法"(或称"涉外经贸立法")已经时过境迁。由于立法范式存在重大瑕疵,以2004年新修订的《对外贸易法》为主体框架的贸易自由化立法在实践中缺乏针对性和有效性④。具体而言,新《对外贸易法》实施贸易救济严重不足⑤,缺乏促进结构调整的法律制度,所以无法有效应对贸易自由化引致的贸易摩擦、产业损害及结构调整等问题。因此,如何为后危机时代中国贸易自由化立法值得国家商务主管部门深入研究。本文主要在借鉴美国、日本等发达经济体有关贸易自由化的立法经验的基础之上,深入剖析当下中国贸易自由化的立法范式,在改革立法范式的基础之上,重构中国贸易自由化立法的政策框架,提出后危机时代中国贸易自由化的立法构想,试图为中国贸易自由化的强国道路提供制度保障。

---

① 程永如:《WTO"大考"的启示》,《财经国家周刊》2010年第14期,第55页。
② 这些配套政策或支撑政策主要是指涉外财税政策、涉外金融政策、外汇管理与汇率政策、与贸易有关的知识产权政策、与贸易有关的环境和气候政策、与贸易有关的产业和区域政策及发展政策等。参见课题组:《后危机时代中国外贸政策的战略性调整与体制机制创新》,《国际贸易》2010年第3期,第6—8页。
③ 2009年商务部重大课题《后危机时代中国外贸发展战略研究报告》明确提出后危机时代中国"外贸发展战略",规划了中国推进贸易强国进程的"路线图"以及实现贸易强国目标的"时间表"。但考察美国和日本的贸易强国史可以发现,这个宏伟的外贸发展战略忽略了两个重要命题:第一,没有提及实现贸易强国的路径依赖,即如何实现"贸易自由化强国"。贸易强国与贸易自由化强国是两个不同的概念,后者包含了实现贸易强国的路径依赖,即贸易自由化。美国和日本的经验表明积极推进贸易自由化应当是中国实现从贸易大国向贸易强国转变的必由之路。第二,没有提及加强政策协调并将其法律化或制度化的思路和方法,即如何在加强政策协调的基础上进行制度创新,为推动贸易自由化提供制度保障。因此,这个外贸发展战略的提法以及它的理论性和科学性是值得进一步商榷的。有关中国外贸发展战略的演变史、调整的必要性和紧迫性、内涵和定位、指导思想、原则、发展目标及任务等具体内容,参见课题组:《后危机时代中国外贸发展战略之抉择》,《国际贸易》2010年第1期与课题组:《后危机时代中国外贸政策的战略性调整与体制机制创新》,《国际贸易》2010年第3期。
④ 王申宁:《关于后危机时代外贸政策创新的思考》,《国际贸易》2010年第2期,第9页。
⑤ 李京:《我国贸易救济困境分析及对策》,《国际经济合作》2009年第10期,第89页。

二、当下中国贸易自由化的立法范式及其改革

自 1994 年以来，中国贸易自由化的立法实践一直是由政府推动的，强制性制度变迁成为中国对外贸易法制建设的主要特色，因此我们将这种现象称为"贸易自由化立法中的父爱主义"或"涉外经贸立法中的父爱主义"。这种"法律父爱主义"① 的主要特点是中国政府自主对国内私人（主要指自然人、企业和行业组织）参与国际经济过程或活动进行强制立法干预，而不是由国内私人主动要求并加以推动。因此，贸易制度的建立和发展在很大程度上是"自上而下"由政府推动的，国内私人对贸易自由化的立法参与是很有限的。由于中国不存在美式宪政博弈②，中国贸易自由化立法或贸易制度变迁主要是通过"主权机制"③ 实现的，从 1997 年开始并于 2001 年"入世"后逐步完善的中国特色贸易救济法律体系建设就是一个经典范例。在中国特色社会主义市场经济体制下，由于没有类似贸易制度生成的"本土资源"，中国主要学习、借鉴美国等发达经济体的贸易制度和 WTO 规则，在涉外经贸立法或贸易自由化立法方面实行"制度建构主义"。

（一）"制度建构主义"立法范式的主要缺陷

2004 年《对外贸易法》模仿、借鉴了美国、欧盟和 WTO 的一些主要贸易制度，所以从表面上看这些制度很先进，其构成的法律体系很完备，但实践证明它们并没有发挥预设的功能和应有的价值。究其原因，主要是因为这种"制度建构主义"立法范式存在以下三大缺陷：

第一，从国内私人与中央政府之间的纵向关系角度看，由于进行法律制度借鉴或移植时缺乏对制度生成逻辑的深入研究，同时国内私人参与贸易自由化立法的程度有限，所以导致贸易制度的可操作性不强和有效性不足。2004 年全面修订的《对外贸易法》建立了许多新颖的贸易制度，如贸易壁垒调查、幼稚产业促进、服务贸易救济、贸易转移救济、规避贸易救济及与贸易有关的知识产权调查与救济措施等，但这些制度并没有被实践验证为行之有效，其中大部分制度至今尚未被付诸实践。比较典型的例子就是 2005 年修订实施的《对外贸易壁垒调查规则》，该规则表明中国正式建立了对外贸易壁垒调查制度。但迄今为止，除了 2004 年江苏省紫菜协会请求商务部对日本进口限制措施进行贸易壁垒调

---

① 孙笑侠、郭春镇：《法律父爱主义在中国的适用》，《中国社会科学》2006 年第 1 期，第 48 页。
② 有关美国贸易自由化的宪政博弈命题的详细论述，参见陈利强：《美国贸易调整援助制度研究》，人民出版社 2010 年版，第 1—18 页。
③ 是指通过主权让渡，缔结国际贸易条约或协定，然后将条约权利和义务转化为国内法上的权利和义务。2004 年《对外贸易法》的全面修订的主要原因之一是为了履行《中华人民共和国加入议定书》和《中国加入工作组报告书》所承载的条约权利和义务。

查案件之外，尚无其他国内企业或行业利用该制度保障自身的合法权益。由此可见，对外贸易壁垒调查制度在实践中并不奏效①。究其原因，主要是由于该规则为国内企业或行业创设了某种贸易权利，而它们对此并不知情，这是政府推动型或主导型涉外经贸立法的主要缺陷。从法治层面看，可以将该制度的效率低下归因于制度生成的理论逻辑混乱及制度的性质界定不清等因素，当然在中国法治不健全的大背景下，国内私人权利意识淡薄也是一个重要原因。因此，到底如何进行贸易自由化立法以及为谁立法这一课题值得国家商务主管部门高度关注和深入研究。

第二，从中央政府部门之间的横向关系角度看，政府各部门之间绩效的差异和协调的不足，导致贸易政策、产业政策乃至发展政策的目标各不相同②，政策之间或脱离或分割，结果造成贸易自由化的配套政策或支撑政策缺失，单一的贸易政策及以《对外贸易法》为主体架构的法律体系无法有效应对中国贸易自由化进程中的贸易摩擦、产业损害、结构调整及受损产业国际竞争力的提升等问题。具有代表性的例子就是在2010年5月结束的WTO对华第三次贸易政策审议中，欧美等各成员针对中国经济发展政策提出了1508个问题。值得一提的是，2009～2011年国家实施的10大工业产业调整与振兴规划没有将贸易政策与产业政策有机结合，因此在实践中该规划的作用和功效值得怀疑。

第三，由于中国历来没有将"政策法律化"的法治传统和宪政基础，结果造成贸易政策、产业政策与相应的法律制度之间互不兼容，导致法律制度的性质模糊不清，最后影响其作用和功能的发挥。为了应对WTO对华贸易政策评审以及履行国内相应的法律、法规应当符合WTO规则的"入世"承诺，2004年《对外贸易法》在一定程度上实现了"贸易政策法律化"③，但贸易制度的强制性变迁在很大程度上是行使"主权机制"的结果。该法没有根据经济学和法理学原理，结合中国贸易自由化的具体实践，引入科学的立法模式或立法体例④，将促进贸易自由化与应对贸易自由化分别进行立法，因此这些贸易制度很难付诸实践并取得成效。

综上所述，中国应当改革"制度建构主义"的立法范式，在一定程度上修补立法范式的不足。唯有对立法范式进行改革，才能真正实现贸易自由化的立法创新，从而真正发

---

① 温树英、姚俊峰：《WTO体制下我国贸易壁垒调查制度的有效性分析》，《山西大学学报》（哲学社会科学版）2009年第5期，第111页。

② 程永如：《WTO"大考"的启示》，《财经国家周刊》2010年第14期，第55页。

③ 国内有学者认为美国是将"贸易政策法律化"的典型国家，这种提法具有一定的合理性。也有学者从《美国宪法》切入，在对美国贸易政策及制定体制与《美国宪法》之间的关系进行深入考察之后，主张"立法性贸易政策"的提法，并认为这种提法更具科学性。参见徐泉：《国家经济主权论》，人民出版社2006年版，第188-189页与陈利强：《美国贸易调整援助制度研究》，人民出版社2010年版，第19页。

④ 美国自1934年以来逐步形成了推动贸易自由化的"四位一体"制度架构（贸易自由化拓展或促进机制、贸易自由化公平保障机制、贸易自由化临时或紧急保护机制与贸易自由化补偿机制），对促进贸易自由化与应对贸易自由化分别进行立法，美国贸易自由化的立法模式或立法体例主要体现在这四个机制上面。遗憾的是，中国在借鉴美国立法经验时，断章取义，只模仿、移植了贸易制度本身，如贸易壁垒调查、对外贸易促进等，没有深入研究这些制度所依托的立法范式和立法体例。有关美国推动贸易自由化的"四位一体"制度架构的详尽论述，参见陈利强：《美国贸易调整援助制度研究》，人民出版社2010年版，第18-25页。

挥贸易制度的预设功能和应有价值。

(二)"制度建构主义"立法范式的改革方向

"制度建构主义"立法范式是由中国特色社会主义市场经济体制决定的,所以立法范式改革应当是渐进式改良而非根本性变革,并且这种改良应当坚持以下两个方向。

1. 允许私人渐进参与贸易自由化立法

从经济学理论上讲,国内私人是贸易自由化进程中的直接主体,是贸易自由化的受益者/赢家或受损者/输家,应该比政府更加了解贸易自由化进程中的各种形式的贸易壁垒、产业损害与结构调整等问题。因此,从法理层面讲,政府应当正视这一客观事实,为国内私人建立表达利益诉求的合法渠道①,而最佳方案之一就是允许私人直接或间接参与贸易自由化立法,尤其是贸易救济立法。在中国与世界主要经济体的经贸关系日趋紧密、相互依赖程度不断加深的宏观背景下,允许国内私人渐进参与贸易自由化立法应当是大势所趋。私人驱动型贸易自由化立法的突出优点在于它可以弥补政府推动型或主导型贸易自由化立法的缺陷,切实提高贸易制度的针对性、可操作性与有效性,满足国内私人利用制度以保障权益的现实需求,从而确保中国贸易自由化的有序、健康发展。因此,允许私人渐进参与贸易自由化立法应当是后危机时代中国"制度建构主义"立法范式改革的重点方向,但问题在于如何让国内私人"渐进参与"。本文认为首先应当深入研究 WTO 体制下国内私人的地位、作用及相应的权利②,然后建立相应的制度和机制,允许私人在一定程度上和一定范围内逐渐参与立法。在 2004 年《对外贸易法》修订时,尽管商务部在全社会广泛征求意见并吸纳了一些建议,但"征求意见"与"参与立法"毕竟不同,前者并非私人反映利益诉求的制度化通道。因此,国家商务主管部门应当在更加深入立足国情的基础之上,探索建立私人渐进参与贸易自由化立法的制度和机制。

2. 重构贸易自由化立法的政策框架并加强政策协调

在经济全球化纵深发展的背景下,重构中国贸易自由化立法的政策架构,加强政策之间的相互协调应当是发展趋势。具体而言,分以下三步走:首先,应当逐步消除贸易政策的额外功能,让其回归本位,即贸易自由化。其次,应当逐步重构以贸易政策为本位,以产业政策、涉外财税政策、涉外金融政策、外汇管理与汇率政策、与贸易有关的知识产权政策等为配套政策或支持政策的贸易自由化立法的政策框架。最后,在贸易自由化进程中加强政策协调,并且在政策协调的基础上开展贸易自由化立法。为此,有必要在国务院层面设立一个政策协调委员会,负责各种政策之间的协调和配合。

---

① 韩立余:《切莫放弃应有权利——加入 WTO 后如何加强与完善国内产业保护制度》,《国际贸易》2002 年第 9 期,第 42 页。

② 2001 年中国"入世"表明中国正式融入多边贸易自由化。但遗憾的是,国内学界和政府主管部门只重视"政府'入世'",而忽视了"私人'入世'"。近十年来,对 WTO 体制下国内私人权利的研究相当缺乏,只有极少数学者曾经关注过此命题。参见韩立余:《论 WTO 下的企业权利》,《法学家》2001 年第 3 期与杨国华:《浅议世贸组织对企业的影响》,《国际贸易问题》2001 年第 1 期。

为了有效应对贸易自由化引致的贸易摩擦和产业损害,积极促进对进口竞争的结构调整,加快恢复、提升传统产业或新兴产业的国际竞争力,当下最为重要和紧迫的工作是对贸易政策与产业政策等进行协调,制定一个符合国情的、统一协调的、科学的贸易调整政策(Trade Adjustment Policy)[①]并将其法律化或制度化[②]。美国《1962 年贸易拓展法》首次建立并逐步发展而来的贸易调整援助(Trade Ad‐justment Assistance,TAA)制度[③]就是贸易政策、产业政策与劳工市场政策交叉和结合的产物,属于贸易调整政策措施或工具范畴。日本的做法是将贸易政策与产业政策融合,援助衰退产业的结构调整,提升其国际竞争力。那么,中国应当如何在学习、借鉴美国和日本经验的基础之上,坚持"制度建构主义"立法范式的改革方向,制定符合国情的、统一协调的、科学的贸易调整政策并将其法律化或制度化?这是一个相对复杂的立法技术或立法构想问题。

三、后危机时代中国贸易自由化的立法构想

在贸易自由化进程中促进"双向调整",提升产业国际竞争力已经成为后危机时代中国推进"贸易自由化强国"的一项重大任务。为此,应当树立在市场开放中不断提升产业国际竞争力的新型"产业安全观"[④],构建中国贸易调整政策(至少国家相关职能部门要对这一政策形成共识)并将其法律化[⑤]。具体而言,后危机时代中国贸易自由化的立法

[①] 贸易调整政策主要是指促进贸易自由化引致的结构调整的各种措施,往往是一国政策协调的产物,尤其是贸易政策与产业政策交叉和结合的结果。美国分别针对衰退产业的结构调整与新兴产业的结构调整制定了不同的调整政策。中国应当在推动贸易自由化进程中分别针对传统优势产业与战略性新兴产业的结构调整制定科学的调整政策及措施。

[②] 国内有学者提出"产业政策法"的概念,从表面上看,这种提法具有一定的合理性,但深入研究之后会发现,这种提法的科学性值得商榷。本文倾向于"产业政策法律化"的提法。参见王先林:《产业政策法初论》,《中国法学》2003 年第 3 期;王健:《产业政策法若干问题研究》,《法律科学》2002 年第 1 期与丁道勤:《我国产业政策法律化研究——以软件产业与集成电路产业发展立法为视角》,《中国软科学》2007 年第 8 期。

[③] 美国 TAA 制度旨在为因贸易自由化或生产转移而受损的工人、企业及农民等提供联邦政府援助,促进衰退产业或处于比较劣势的产业对进口竞争的积极调整,同时补偿他们因贸易自由化而遭受的利益损失,从而实现社会整体福利的增加,使受损者或输家支持贸易自由化。

[④] 中国商务主管部门一直使用"产业安全"的表述,但学界对此存在不同看法。从学理层面看,这个表述本身并不是十分严谨的和科学的。事实上,产业安全归根结底是一国产业国际竞争力的强弱问题。因此,为了提升中国产业的国际竞争力,同时也为了论证的便利及维护国家商务主管部门工作的权威性,本文采纳"产业安全"表述。但是,为了维护产业安全,是否需要制定一部统一的《中国产业安全法》值得进一步研究。《中国产业安全法》的基本思路和立法体例的详解,参见张勇:《论扩大开放与维护产业安全的协调机制——〈中国产业安全法〉立法研究》,《国际贸易》2007 年第 8 期。

[⑤] 从理论上讲,贸易调整政策的法律化,即贸易调整政策措施或工具主要有以下三个:保障措施、补贴与 TAA。参见 Richard S. Gottlieb, Debra P. Steger and Darrel H. Pearson: "Current and Possible, Future International Rules Relating to Trade Adjustment Policies‐Subsidies, Safeguards, Trade Adjustment Assistance: A View From Canada", Canada‐United States Law Journal, vol. 14, 1988, p. 127.

重点应当是在新《对外贸易法》的基础之上，重构中国特色贸易救济法律体系、构建中国专向补贴管理制度以及构建中国 TAA 制度。

（一）重构中国特色贸易救济法律体系

自 1997 年颁布《中华人民共和国反倾销和反补贴条例》至今，中国已经逐步建立了以"二反一保"为主体的贸易救济法律体系。该体系是由国家商务主管部门根据 WTO 规则确立并完善的，而非像美国一样在贸易自由化进程中由国内私人驱动而形成，所以在实践中造成实施贸易救济严重不足的问题，同时其有效性备受质疑。因此，为了提高该体系对救济产业损害、恢复或提升产业国际竞争力的功效，应当在更加立足国情的基础之上，对该体系进行以下三个方面的创新。

1. 建立中国贸易救济援助制度

美国《1984 年贸易与关税法》创立了贸易救济援助制度，同时在美国国际贸易委员会设置了贸易救济援助办公室（Trade Remedy Assistance Office，TRAO），旨在为遭受损害的企业或行业申请反倾销、反补贴及保障措施救济提供咨询意见或技术支持，维护其自身的合法权益。因此，美国企业或行业对贸易救济非常了解，经常将其视为与外国同行开展竞争的重要工具。相比之下，中国国内产业和企业，特别是中小企业对"二反一保"知之甚少，权利意识淡薄，更谈不上在国际化经营的过程中有效利用它们，捍卫自身的合法权益。因此，中国应当制定"贸易救济援助实施办法"，建立贸易救济援助制度，提高"二反一保"的使用效率，切实发挥其救济产业损害的功能和作用。当然，紧密联系产业，针对中小企业加强贸易救济措施的宣传是构建该制度的必不可少的首要步骤。2007 年出台的《商务部关于产业联系机制工作的实施意见》建立了联系产业机制，强化了商务主管部门与产业、企业的联系和互动，有助于加强对产业进行贸易救济法的宣传、培训及咨询，提高行业、企业维护自身权益的能力。但是，这种联系产业机制是松散的，没有实现"制度化"，所以建立以提供"二反一保"咨询意见和技术支撑为核心内容的贸易救济援助制度不仅是必要的而且是迫切的。特别要注意的是，国家商务主管部门在构建该项制度过程中，应当让国内私人充分、全面地参与立法，为自己创设权利。当然，构建中国贸易救济援助制度应当符合 WTO 规则。

2. 构建"二元贸易诉权"机制

由于对美国贸易救济法的生成逻辑缺乏了解，以及对 WTO 体制下中国贸易救济权的研究不够深入，国内学界对贸易救济的划分存在歧见并对对外贸易壁垒调查制度的定位产生了误解[1]。从学理层面看，这是中国实施贸易救济严重不足的主要原因之一。国内有学者将贸易救济分成进口救济与出口救济两部分，将"二反一保"视为进口救济措施[2]。还

---

[1] 有关对外贸易壁垒调查制度的理论基础、性质界定及实体法和程序法规则等内容的详解，参见陈利强：《中国对外贸易壁垒调查制度研究》，浙江大学硕士学位论文，2005 年。

[2] 翁国民：《贸易救济体系研究》，法律出版社 2007 年版，第 50 页。

有学者在此基础之上,将对外贸易壁垒调查制度视为出口救济措施①。在对美国贸易保护主义的宪政成因进行深入研究之后,本文主张进口救济一元论,不支持进口救济和出口救济二元论观点。在进口救济一元论的前提下,澄清歧见或消除误解的主要方法就是对WTO体制下中国贸易救济权的基本原理进行深入研究,引入诉权理论②,创立"二元贸易诉权"机制("国家贸易诉权"和"私人贸易诉权")③,将WTO争端解决机制下成员方诉成员方的权利称为"国家贸易诉权"。由于国内私人在WTO争端解决机制中不具有主体资格,无法实现对其他成员方的诉权,所以中国必须建立相应的制度中介,为"私人贸易诉权"的实现提供制度保障。因此,不应将对外贸易壁垒调查制度视为出口救济措施,应将其视为国内私人行使WTO争端解决体制下"私人贸易诉权"的制度桥梁及实现"贸易诉权"的有效方式④。构建"二元贸易诉权"机制应该是合理的和科学的,主要优点在于:第一,有助于发挥对外贸易壁垒调查制度的应有功能和作用,实现企业或行业在《WTO协定》下的权益,把多边规则直接变成企业或行业的国际竞争力⑤。第二,有助于中国政府与国内私人形成互动,积极利用WTO争端解决机制维护中国自身的合法权益⑥,妥善处理与其他成员方之间的贸易摩擦。当然,允许国内私人深入参与"二元贸易诉权"机制的构建是至关重要的。

3. 改革保障措施制度

WTO《保障措施协定》至今尚未要求成员方在实施保障措施时要求申请者提交强制性的产业调整计划,而将此问题留给成员方国内法或域内法解决。纵观美国逃避条款或201条款的发展和变迁,现代保障措施的发展趋势已从单纯的进口救济走向进口救济与提升产业国际竞争力并举,旨在驱使企业或产业通过调整提高自身竞争力。《中华人民共和国保障措施条例》没有将"促进产业结构调整"作为立法目的之一,因此并不要求提交强制性的产业调整计划。在当下中国加快产业结构调整的大背景下,有必要改革保障措施制度,将要求提交强制性的产业调整计划作为获得进口救济的前提条件,促进受损产业对进口竞争的积极调整。具体而言,要求将产业结构调整作为采取保障措施的书面申请的内容之一,规定企业或行业在提出救济申请的同时或至少应当要求它们在提出实施保障措施的申请后的特定时间内提交产业调整计划。此外,应当增加救济后的监督规则,重视产业调整的实际效果。如果企业或行业在获得相应的保障措施救济后未进行积极的自我调整以适应新的进口竞争,应修正或取消所给予的救济。这种改革的目的在于强调保障措施目标和功能二元论,即贸易保护和结构调整,好处在于一方面可以弥补新《对外贸易法》脱离产业政策、缺乏促进结构调整的法律制度的不足,另一方面可以充分实现保障措施的目

---

① 赵生祥:《论我国贸易救济的范围和制度构建》,《中国法学》2007年第3期,第150页。
②④ 徐泉:《WTO争端解决机制下私人诉权之审视》,《现代法学》2007年第3期。
③ 有关"贸易诉权"以及"国家贸易诉权"和"私人贸易诉权"的具体讨论,参见陈利强:《试论GATT/WTO协定之私人执行——一个美国法的视角》,《现代法学》2008年第4期。
⑤ 傅东辉:《选择正确的贸易救济政策是对产业竞争力的基本保障》,《国际贸易》2007年第3期,第63页。
⑥ 杨益:《积极利用WTO争端解决机制维护合法权益》,《国际贸易》2009年第10期,第32页。

标和功能,即在强调贸易保护的同时,推动受损产业开展结构调整,提升国际竞争力。

(二) 构建中国专向性补贴管理制度

从2006年对中国铜版纸提起"双反合并"调查至今,美国对中国出口产品发起的反补贴调查案件已接近30起,特别在2008年全球金融危机爆发、不断蔓延的背景下,美国商务部对中国出口产品提起的"双反合并"调查案件几乎接踵而至。美国双管齐下,积极实施经典的"双轨制反补贴机制"或"双轨制反补贴措施"①,灵活使用"国际反补贴措施"与"国内反补贴措施"两种程序,矛头直指中国的补贴政策,对中国的专向性补贴形成了高压态势。在反补贴调查实践中,美国商务部在对专向性补贴认定、"双重征税"及"非市场经济地位"判定等方面涉嫌违反WTO规则,因此中国政府先后两次将美国商务部的"不当行为"诉至WTO争端解决机制。可以预见,随着中美经贸关系的日益深化,特别在奥巴马政府积极实施"国家出口行动"计划的背景下,美国对中国出口产品实施"双反合并"调查的案件会进一步增加。因此,除了不断完善"四体联动"(政府、行业组织、企业与中介机构)贸易摩擦应对机制之外,中国应当将贸易政策与产业政策战略性结合,灵活、有效、合法地使用补贴政策及措施。为此,有必要制定"专向性补贴管理条例",建立一项管理专向性补贴的制度。这个"条例"的优势在于:第一,规范国内各级政府使用补贴的行为,摆脱当前补贴形式各异、层出不穷的无序格局;第二,在一定程度上缓解贸易摩擦,提高专向补贴的使用效率,从而真正发挥其促进产业结构调整的作用,提升接受补贴产业的国际竞争力;第三,在WTO《补贴与反补贴措施协定》第8条规定的部分专向性补贴已经成为可诉性补贴的背景下,这个"条例"将有助于为未来中国TAA项目的援助措施提供制度支撑,避免可能引起的反补贴争端。

(三) 建立中国贸易调整援助制度

重构中国特色贸易救济法律体系的目标在于摆脱实施贸易救济严重不足的困局以及积极应对贸易摩擦、重拾受损产业的国际竞争力。构建中国专向性补贴管理制度可以确保在WTO体制下未来中国TAA项目的合法性以及促进产业结构调整的有效性。但是,为了应对贸易自由化引致的产业损害和结构调整问题,提升受损产业的国际竞争力,构建一项行之有效的TAA制度显得至关重要。但迄今为止,中国尚未制定符合国情的TAA制度,促进对进口竞争的结构调整,帮助受损产业提升国际竞争力。构建中国TAA制度本身就是一项复杂的系统工程,并且又是一项政府推动型或主导型涉外经贸立法工程,因此国家商务主管部门一方面应当深入立足中国国情,在全国范围内开展深入、广泛、持久的产业结构与产业国际竞争力调研(至少国家商务主管部门要分行业、分地区进行调研);另一方面要允许私人积极参与制度构建。只有满足上述两个条件,中国TAA制度才有可能富有

---

① 有关补贴专向性、三种法定补贴类型及专向性补贴的具体探讨,参见陈利强:《〈补贴与反补贴措施协定〉之专向性问题初探》,《西北大学学报》(哲学社会科学版)2008年第3期。

生命力，而不至于重蹈"实施贸易救济严重不足"的覆辙，陷入"贸易自由化立法中的父爱主义"的轮回之中。有鉴于此，应当根据中国推动贸易自由化的进程，逐步推进TAA立法工程。从1962年创立至今，美国TAA制度已历经近50年的变迁，因此构建中国TAA制度不可能一蹴而就，但首先应当对该制度的几个基础性、根本性的问题进行深入研究，开展立法论证和规划，提出制度设计的主要设想①。在这一过程当中，国家商务主管部门可以以中国贸易自由化进程中的产业损害和结构调整为中心，尝试建立"二反一保"制度与TAA制度的联动机制，更好地帮助受损产业恢复、提升国际竞争力。

四、结　语

毋庸置疑，当下中国已经成为世界贸易大国，但离贸易强国目标还很远。要成为贸易强国，中国必须走贸易自由化的强国道路，坚定不移地实施双边、区域与多边自由贸易协定战略。在积极推进贸易自由化的进程中，应当主动借鉴美国和日本贸易自由化的立法经验，紧密结合中国贸易自由化的具体实践，与时俱进，改革贸易自由化的立法范式。允许私人渐进参与贸易自由化立法和重构贸易自由化立法的政策框架并加强政策协调应当成为立法范式改革的两大方向。只有坚持这两大改革方向，构建符合国情的、统一协调的、科学的贸易调整政策并将其法律化才具有可能性。作为三大立法构想，重构中国特色贸易救济法律体系、构建中国专向性补贴管理制度及建立中国贸易调整援助制度不仅可以弥补以现行《对外贸易法》为主体框架的贸易自由化立法的缺陷，更为关键的是它们可以积极、有效地应对中国贸易自由化引致的贸易摩擦、产业损害和结构调整等问题，为促进"双向调整"，提升产业国际竞争力发挥重要作用，从而为后危机时代中国推进贸易自由化的强国进程提供制度保障。

参考文献

[1] 陈利强：《美国贸易调整援助制度研究》，人民出版社2010年版，第172－173页、第128－132页。

[2] 陈立虎、杨向东：《中国保障措施立法及其发展趋向》，《时代法学》2006年第2期。

[3] 黄东黎、工振民：《中华人民共和国对外贸易法：条文精释及国际规则》，法律出版社2004年版。

---

① 有关建立中国TAA制度的主要设想的学理讨论，参见陈利强：《美国贸易调整援助制度研究》，人民出版社2010年版，第180－186页。

To Legislate for China's Trade Liberalization in Post – Crisis Era

Chen Liqiang[1] Tu Xinquan[2]

(1. Zhejiang University of Technology Law School Hangzhou 310014; 2. University of International Business and Economics WTO Institute Beijing 100029)

Abstract: How to innovate on the policy and legal system to promote "import&export adjustments" and to enhance industrial international competitiveness has become a major issue of China' process of pushing forward trade liber alization to the direction of a stronger country. However, Foreign Trade Act asthe present framework for trade liberalization legislation lacks pertinency, workability and feasibility in practice due to three defects of the legislative paradigm of "institutional constructivism". Therefore, allowing private parties to participate in trade liberalization legislation in a progressive way and restructuring policy frame work for trade liberalization legislation, intensifying policy coordination should be two directions for legislative paradigm reform. Establishing a uniform, coordinate, scientific trade adjustment policy conforming to national conditions and rendering it "legalized" be a top priority for corresponding agency of our country. Reconstructing trade remedy institutions with Chinese characteristics, establishing China's specific subsidy regulation institution and trade adjustment assistance institution not only remedy defects in the present trade liberalization legislation, but also provide China's process of trade liberalization toward a stronger country with institutional guarantee.

Key Words: China's Trade Liberalization; Legislative Paradigm; Trade Adjustment Policy; Legislative Propositions

国际贸易壁垒对全球生产网络的影响*
——以中加自行车贸易为例

高菠阳[1]　刘卫东[2]　Glen Norcliffe[3]　杜超[4]

(1. 中国科学院地理科学与资源研究所　中国科学院区域可持续发展分析与模拟重点实验室　北京　100101；2. 中国科学院研究生院　北京　100049；3. 约克大学　多伦多　M3J 1L2；4. 中山大学地理科学与规划学院　广州　510275)

【摘　要】 全球生产网络的组织模式和空间特征具有复杂性。国际贸易壁垒作为经济全球化进程中的重要因素，对全球生产网络产生了极为重要的影响。本文以中加自行车贸易为例，结合对我国5个地区23家企业的调研资料，探讨了国际贸易壁垒如何影响了全球生产网络的组织模式和空间特征。研究结果显示，近年来关税、反倾销等壁垒对国际贸易影响显著。在国际贸易壁垒的作用下，第三方机构成为全球生产网络的核心组成部分之一，其介入为国际贸易提供了良好的平台和保障。全球生产网络各要素间的流动性也随着第三方机构的介入而不断增强，制造商的关注点逐渐由低成本控制向产品质量管理和劳动力管理等新方向转变。全球生产网络的空间组织形态呈现出新的特点。

【关键词】 贸易壁垒；全球生产网络；组织模式；空间特征；中国；加拿大

一、引　言

20世纪80年代以来，全球经济空间重组呈现了两个显著的特点，即跨国生产网络的

---

* 原文发表于《地理学报》2011年第4期。

基金项目：中国科学院知识创新工程（KZCX2 - YW - 345）[Foundation：Knowledge Innovation Program of the Chinese Academy of Sciences, No. KZCX2 - YW - 345]。

作者简介：高菠阳（1984—），吉林长春人，中国地理学会会员（S110007732M），主要从事经济地理与区域发展研究，E - mail：gaoby.06s@igsnrr.ac.cn。

加速形成和区域经济集团的激增[1]。新国际劳动分工理论已不能充分阐释全球生产组织的最新变化机制与动力。产业经济、经济地理等学科将国际劳动分工的演变形态和组织机制纳入了新的分析框架下，衍生出了价值链、全球价值链、全球商品链等概念[2-6]。其中，全球生产网络（Global Production Networks，GPNs）综合了价值链、商品链的内涵，辅以网络、镶嵌、空间等视角，在更广泛的体系下解释了当今世界生产组织的新变化，成为目前全球化与区域发展研究的主要分析框架[6-9]。

1997年Borru最先提出了"生产网络"的概念[10]。随后，以Henderson等[9]、Coe等[11]、Ernst等[12]、Dicken[13]为代表的曼彻斯特学派及以恩斯特为代表的管理学派相继提出了全球生产网络的研究框架。其中，曼彻斯特学派的研究框架在经济地理学界被广泛接受和应用。全球生产网络指通过一系列（正式的和非正式的）制度，将网络中不同等级层次的参与者进行平行整合，从而形成的跨国企业中各功能环节部门相互联系、互相协作的一种全球生产组织治理模式[7,9,11-13]。全球生产网络以企业、制度、关系、空间为主要考察维度，以技术、时间为外在影响要素，围绕价值（Value）、权力（Power）、嵌入（Embeddedness）3个主要内容进行研究[7,9]。其研究框架所应包含的主要议题有：①生产网络中的企业在全球化和地方化影响下呈现怎样的组织模式；②全球生产网络中各成员间权力如何分配；③劳动力的重要性以及生产网络中价值的产生和传递过程；④政府部门以及非政府组织等如何影响生产网络中企业的经营战略，从而对生产链产生影响；⑤生产网络中的企业和各类机构、部门对科技进步、价值附加、经济繁荣等做出了怎样的贡献[9]。

目前，国内外经济地理学者针对全球生产网络的研究主要集中于3个方面：①文化制度和社会嵌入与跨国经济活动的整合[14-18]。Dicken认为全球生产网络的组织、路径依赖及其嵌入的实质都不能够脱离当地的制度环境而单独讨论[13]。Liu和Dicken以中国汽车产业为例，揭示了中国政府如何利用制度力量使得国外投资者"被动嵌入"国家经济体系中并为中国国民经济发展做出贡献，研究就提出的"被动嵌入"概念展开了对地方文化、政治和制度环境如何影响全球生产网络的讨论[19]。Depner和Bathelt对上海汽车产业集群的研究揭示了大众汽车公司在投资国如何适应未知的制度和文化，克服经营问题[18]。Hess和Coe以电信产业为例，强调权力和镶嵌在塑造全国生产网络组织和空间性时发挥了核心作用[20]。②全球生产网络价值分配和空间竞争。李健、宁越敏等以计算机产业全球生产网络为例，探讨了全球生产网络的一般组织框架，并以价值链—微笑曲线为对象，对计算机产业全球生产网络的价值分配及空间竞争进行了研究，并得出了网络中各企业组织及其权力分配的关系[7]。③新技术应用及知识进步与全球生产网络的关系。刘卫东等以北京星网工业园为例，从全球生产联系的角度探讨了信息技术广泛应用对地方企业集群及全球生产网络产生的影响[21]。童昕、王缉慈分析了信息技术产业全球网络与地方网络的关系，着重阐述了全球—本地网络中的知识流动、积累和创新，并认为硅谷—新竹—东莞的PC产业全球生产网络已初步形成[22]。

这些研究揭示了全球生产网络的复杂性，并从不同层面论证了全球生产网络中利益、价值、权力的分配模式。但值得注意的是，现有对全球生产网络的研究具有两个特点：

①多以贸易自由化为根本前提。全球生产网络以跨国贸易作为纽带，然而地球并不是平的，国际壁垒的存在使得贸易并不单纯是买卖双方的交易。种类繁多的贸易壁垒改变着国际贸易的交易模式，对全球生产网络产生着深远的影响。②强调生产环节，侧重于以零部件供应商为主的网络研究。然而，广义上，全球生产网络不仅包含零件供应商—制造商这一生产环节，还涵盖制造商—贸易商—销售商这一贸易环节。本文以中加自行车贸易为例，意图通过理论构建和案例分析，揭示在国际贸易壁垒广泛存在的宏观背景下，全球生产网络尤其是贸易网络呈现出怎样的组织模式和空间特征，从而进一步完善对全球生产网络的研究。

二、国际贸易壁垒发展历程及特点

国际贸易自重商主义时代（15世纪至18世纪中叶）开始大量出现，为保护本国工业，当时各国都有对外国商品的进口设置高关税以达到反倾销目的的做法，但真正采取法律手段对国际贸易加以限制到20世纪末才兴起。20世纪50~60年代，发达国家纷纷削减贸易壁垒，呈现贸易自由化倾向，极大带动了世界经济的发展。贸易自由化的发展一方面促进了国际贸易的扩张和经济全球化的进程，另一方面也加剧了各国之间经济贸易的竞争。由此，在20世纪70~80年代的世界性经济危机过程中，贸易保护主义重新抬头，众多新名义的贸易壁垒成为了发达国家维护自身经济利益的新的保护手段。

国际贸易壁垒的发展历程分为传统贸易壁垒和新贸易壁垒两个阶段（见表1）。传统贸易壁垒主要从商品数量和价格上进行限制，主要体现在商业利益上，所采取的多为边境措施；新贸易壁垒更多强调对于人类健康、安全以及环境的影响，体现的是社会利益和环境利益，其采取的措施不仅包括边境措施，还涉及国家政策、法规等内容。

国际贸易壁垒的发展主要呈现出以下3个特点：①贸易壁垒种类多样，以反倾销影响最为广泛。1979年东京多边贸易谈判结束后，工业化国家的工业产品平均关税降到6.3%。关税的降低削弱了关税壁垒贸易保护的作用。随后，反倾销措施凭借其合法性和有效性，成为影响最深刻、使用最广泛的贸易壁垒形式之一[23]。②全球贸易壁垒针对地区相对集中，发展中国家是主要目标国。1995~2008年，全球遭受反倾销立案的国家和地区共有50多个，主要集中在中国、韩国、美国、中国台湾地区和印度等地。其中，中国是遭受倾销指控最多的国家，占WTO总数的16%，被采取反倾销措施案件数占WTO总数的18%，是受贸易壁垒影响最严重的国家[24]。③贸易壁垒针对商品较为集中。主要针对竞争较为激烈，价格差距较大的传统工业门类。1995~2008年，反倾销涉及的产品主要集中在低价金属及其制品、化工及塑料、橡胶、机电、纺织等主要门类。其中，低价金属及其制品居首位，主要针对产品为钢材及钢铁制品，占涉案总数的37.29%，化工产品和塑料橡胶制品分别占涉案总数的21.65%和13.13%，列第二、第三位[24]。这些商品门类是竞争较为激烈的传统工业门类，同时也是发展中国家具有出口优势的行业。反倾销在这些行业的高度集中势必会削弱发展中国家在国际分工中的地位，恶化贸易条件，为出口带来不利影响。

表1 贸易壁垒类型及特点

	壁垒类型	检测主体	保护对象	涵盖内容	衡量标准
第一阶段：传统壁垒	关税壁垒	最终产品	最终产品	高关税	绝对值
	非关税壁垒	最终产品	最终产品	配额、许可证、反倾销等	绝对值
第二阶段：新贸易壁垒	技术壁垒	技术环节	最终产品	安全标准、卫生标准、包装标识、包装技术要求	绝对值
	环境壁垒	生态环境	产品生命周期	环境技术标准、环境管理体系标准、绿色补贴等	相对值
	社会责任壁垒	生产者	对生产者及其劳动条件的保障	社会保障、就业环境、职业安全等	相对值
	道德壁垒	动物	对动物康乐生存状态的保障	生理福利、环境福利、卫生福利、行为福利等	相对值

国际贸易壁垒影响力的不断扩大对原有以自由贸易为基础的全球生产网络理论提出了新的挑战。同时，新贸易壁垒对技术、生态环境和社会责任的关注，极大地推动了一批第三方机构的出现和发展，对全球生产网络的空间组织模式产生了新的影响。

三、国际贸易壁垒影响下的全球生产网络特征和空间组织模式

全球生产网络的存在源于地区间的贸易。经济活动跨越国境的地理扩张和国际上分散经济活动之间的多元贸易都受到贸易壁垒的深刻影响。国际贸易壁垒使得全球生产网络呈现出新的组织模式和空间特征。现有研究普遍认为：①理论意义上，全球生产网络的组织模式比 Gereffi 提出的"生产者驱动"和"消费者驱动"的生产网络构成模式更为灵活多变，这种生产网络不仅存在于跨国范围的制造商、贸易商、经销商三者之间，而且也广泛存在于同一地区甚至同一部门内部[9]。②方法上，企业的生产网络包含研发、设计、生产和市场销售4个部分，这4个部分在全球和地方范围内的组织模式是值得研究的重要命题。但对于贸易壁垒影响下的全球生产网络组织模式和空间特征究竟呈现出怎样的特点这一研究命题，仍没有定论。本文认为贸易壁垒影响下的全球生产网络组织模式和空间特征主要体现在如下3个方面：

（1）第三方机构成为全球生产网络中的核心组成部分之一。在国际贸易壁垒影响下，生产网络由传统的以制造商和销售商为价值创造核心的网络结构，向由制造商、零售商和第三方机构三者独立、协作，又相互制约的模式转化（见图1）。其中，制造商指成品生产部门，其主体包括国内及海外的分公司、外包商或产品的上游供应商等；零售商指商品销售的终端机构，其相关层级包括销售代理商、制造企业内部采购零件或贴牌产品的产品采购部门等；第三方机构指独立于制造商和销售商之外，并与生产网络构成有直接联系的机构。贸易壁垒下的生产网络结构与传统自由贸易体系下的全球生产网络体系主要有如下两个方面的区别：第一，基于贸易自由化背景的传统意义下的全球生产网络主要关注与某产品生产与服务直接相关的一组企业间的生产网络关系，制造商和销售商为网络体系中价值创造的核心部门。中介机构或第三方机构仅以"贸易商"的形式被提及，并认为其属于辅助支撑机构，不是创造价值的核心单元。然而在贸易壁垒的影响下，全球生产网络中的主体包括制造商、销售商和第三方机构3个部分。第三方机构由始至终贯穿贸易过程中的各个环节。生产网络3个主体间呈现双向、"一对多"或"多对一"的网络化合作模式。相互间建立起了一级合作关系，同时，这3个主体下的附属机构间也存在着二级合作关系（见图1）。第二，传统意义上生产网络中的"中介机构"多特指贸易代理商。贸易壁垒影响下的全球生产网络中，第三方机构呈现出多元化的特点，包括贸易代理商、质量监管公司（部门）、银行、征信公司、展销会等多元机构。这些机构为贸易壁垒影响下的经济活动提供了信息传递、信誉担保、产品质量检测等重要服务：①反倾销及关税壁垒政策要求卖方对商品离岸价格（Free On Board，FOB）进行论证，贸易代理商（Trade Agency）可为企业提供详尽专业的离岸价论证文书，简化企业需要经历的关税手续。②技术壁

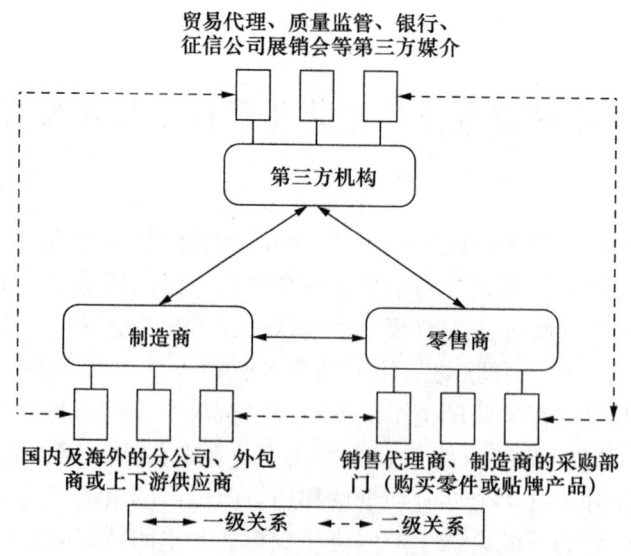

图1　贸易壁垒影响下全球生产网络组织的新模式

垒要求出口产品达到一定的质量标准。近年来中国每年约有400亿美元的出口受到国外各种形式的技术性贸易壁垒限制。为促进国际贸易,诸多国际权威认证机构(如德国的TUV、瑞士的SGS、英国的Intertek、法国的BVQI等)介入国际贸易过程,辅助制造商和零售商进行产品质量检验、认证。③展销会、征信公司、银行等第三方机构为国际贸易提供了媒介。展销会为制造商和销售商之间的合作交流搭建了平台;征信公司为贸易双方提供信用状况评价以保障双方权益;银行则能够在贸易进行时提供货款担保服务,保证贸易的正常进行。

(2)生产网络流动性较强,产品质量和劳动力成为企业管理的重点关注对象。全球生产网络组织新模式下,第三方机构的大量介入使得生产网络的流动性增强。展销会为买卖双方提供了接触媒介,贸易代理商的介入加速了商业信息的传播和流动,银行、征信公司为贸易提供了信用担保,质量认证机构为产品质量提供保障。在这些第三方机构的保障下,生产网络中不仅制造商与零售商间可进行贸易,制造商的分公司、外包商或上下游供应商与零售商、销售代理商和制造商的产品采购部门也可以通过第三方机构的协助建立贸易联系。当贸易代理商在交易中起到主导作用时,其往往会通过信息渠道寻找交易成本最低的合作伙伴而非固定合作伙伴,如低价买入或高价卖出,以获得最大利润。这也直接导致了生产网络的不稳定性。同时,为了应对国际贸易壁垒的要求,贸易中的产品形式也会根据反倾销或贸易壁垒要求的不同而在零部件和成品之间来回转换,以寻求最小壁垒。如当自行车整车出口受到反倾销限制时,制造商就会采用零部件出口或全散件组装(Completely Knock Down,CKD)出口以降低关税。

由于技术壁垒、环境壁垒和社会责任壁垒愈加严格,国际贸易在一定程度上已经打破了原有的单纯的成本比较优势,转而对产品质量、劳动力工作生存环境有所要求。这也使得制造业企业在生产过程中,将管理重心逐渐向质量控制和劳动力保障转移。

(3)国际贸易壁垒影响下产业空间组织新模式。在制造商—零售商—第三方机构这三者的"网络组织"模式下,由于产品质量和劳动力工作生存环境逐渐成为企业新的管理重点,国际产业空间组织模式也呈现出新的变化,主要体现为如下3点:①非资源密集型行业的制造业企业倾向于向劳动力成本较低的地区转移。这些地区可以是消费水平较低的地区,也可以是劳动法管理相对松散的地区。②第三方机构向金融中心、服务业中心积聚,并不主动选择与制造商或零售商邻近。③当一个地区的产业形成一定规模后,地方政府、行业协会和企业往往愿意三方联合,加速产业集群的形成壮大。政府协助解决社会责任实施问题,推行质量认证体系的完善以增强当地产品竞争力,行业协会协助稳定产品价格标准,抵制恶性竞争,保护产业的不断发展壮大。

四、案例研究：中国与加拿大自行车贸易

（一）案例选取背景

自行车制造业是中国历史较为悠久的传统制造业，同时也隶属于贸易壁垒关注最为集中的金属及其制品行业。在自行车出口贸易所遭受的众多贸易壁垒中，以加拿大反倾销政策最为严苛。因此，以中加自行车贸易为案例进行研究，可以在一定程度上揭示制造业全球生产网络在国际贸易壁垒影响下所具有的普遍特征。2008年中国自行车年产量达8762.5万辆，出口5658.5万辆，出口额达25.5亿美元，占世界自行车贸易量的近80%。在出口贸易量快速增长的过程中，国外对中国自行车出口设置贸易壁垒的状况也频频发生。1993年10月欧共体做出仲裁，对来自中国的自行车统一征收30.6%的反倾销税，2005年7月又将反倾销税提高至48.5%。随后，加拿大自行车企业（Raleigh Industries Canada 和 Procycle Group Inc.）要求国际贸易法庭对从中国进口的普通自行车及车架征收的关税从原来的13%上调至48%。经调查后，加拿大国际贸易法庭做出了有害裁定，对原产于中国大陆和中国台湾地区的自行车整车将征收反倾销关税，具体内容为：对直径16英寸以上，离岸价格（FOB）225加元以下的整车，将根据出口商提供的生产成本和其他相关信息，由加拿大边境服务署（CBSA）计算出正常价格，对低于正常价的整车征收相应的反倾销税，理论上税率最高可达64%。这一裁定对我国自行车出口加拿大产生了严重的打击。与此同时，一系列新贸易壁垒也对自行车出口产生了严重影响，如SA8000社会责任标准（Social Accountability）等。

天津市，浙江省宁波市、杭州市、江苏省昆山市、太仓市、常州市和广东省深圳市、佛山市是中国自行车生产企业主要集群地区，2008年，上述地区自行车生产量占全国总量的87%。2008年我国对加拿大自行车出口额为6164万美元，主要出口省份为广东省、江苏省、浙江省、上海市和天津市。当年，与加拿大有自行车整车出口贸易关系的企业共计59家，其中37家为自行车生产企业，22家为贸易公司。作者于2009年10～11月选取天津市，江苏省昆山市、太仓市、常州市和广东省深圳市5个地区为案例区进行调研，深入访谈自行车整车生产企业8家，零部件生产企业12家，贸易代理商2家，自行车行业协会1家共计23个单位，获取了大量的一手资料和数据以进行案例分析。

（二）中加自行车生产网络模式和空间组织特征

（1）第三方机构在中加自行车生产网络中的作用至关重要。据受访的20家生产企业和1家贸易代理公司介绍，中加自行车贸易过程主要由5个步骤构成，即寻找合作伙伴—下生产预估单—打样品确定产品数量、类型—生产—制造商发货、采购商收货。第三方机

构在贸易过程中所起的作用至关重要（见图2）。

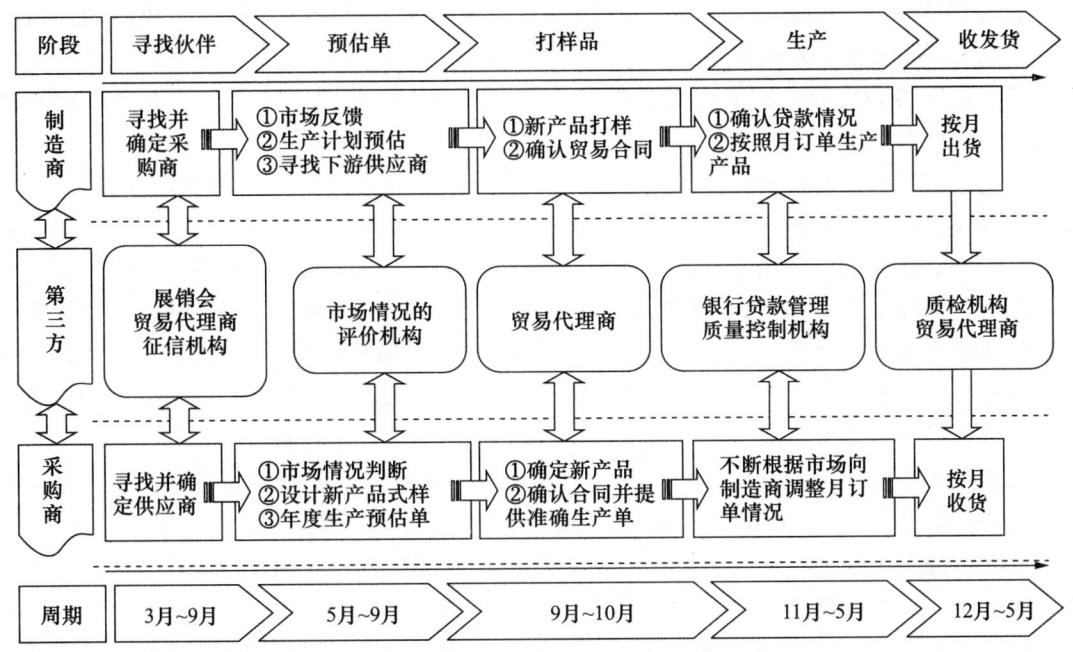

图2 中加自行车贸易过程及周期

首先，贸易代理商贯穿贸易过程的始终，促成了双方贸易的顺利进行。除少数实力雄厚、出口量较大的大型企业外，81.1%的厂商都选择通过贸易代理商完成出口贸易。贸易代理商的介入分为两种类型。一种类型是由贸易代理商建立桥梁，促使买卖双方认识并提供系列服务保证贸易顺利进行。这种类型占到了总数的73%。另一种类型是买卖双方已建立合作关系，但由于中加自行车整车贸易受到反倾销的严格限制，产品出口海关时需要提供大量文书进行离岸价格的论证，为了方便交易，制造商会主动寻找贸易代理商协助完成出口过程。例如调研中一位公司的总经理特别协理谈到："要想低关税出口，那就要提供整车 Normal Value（正常价值）的论证材料交给加拿大政府报批，论证材料都像一本书一样厚，程序也非常烦琐。更麻烦的是，当加拿大政府批了，我们的产品到了海关开始报税，加拿大海关人员又会说某个零部件或者某个产品和当时申报的不一样，需要提高关税，我们就又需要再写新的报告，给他们解释这个零部件和我们申请的那种是同一类型的，价格相同的。这个过程又非常烦琐，这样一来，我们的仓储费用上去了，货品还不能够按时到达，客户也会抱怨。还不如全都代理给贸易公司来做，虽然有些中介费用，但是毕竟他们更懂一些。"

其次，征信机构、质量认证机构、质量控制部门、银行部门等在特定环节为贸易顺利进行提供信用保障。例如一位企业总经理提到："即使与销售商是第一次合作，我们也不会担心信用问题。第一，我们会找些同行问问这家公司和其他公司贸易时信用怎么样，或者我们也可以找征信公司给我们出征信报告。第二，合同确定了，你要做什么样的样品，怎么样设计,我都满足你的要求,但是生产前你要付给银行30%的货款抵押,出货前要把其余的70%付齐,我们才会出货,所以不太用担心货款的问题。第三,我们的产品都会经过ITS,Intertek Test的质量认证,没有风险。"

(2) 第三方机构介入致使企业合作关系和产品式样极为灵活,制造商和采购商对产品质量和劳动力环境更为重视。

首先,由于第三方机构的介入,企业间的合作关系极为灵活。调研中发现近2年内,100%的企业都更换过贸易伙伴。每家整车企业的同一零部件的供应商都有3~5家,企业会根据市场情况和供应商表现选择合作对象。其次,制造商出口产品式样也极为灵活。例如,加拿大反倾销法案仅对16英寸以上和225加元以下的整车征收高关税。所有厂商都根据反倾销法案对产品形式进行了调整。如天津富士达集团仅出口16英寸以下的童车;昆山耀马车业仅出口价格在225加元以上的电动自行车;其他所有出口16英寸以上,225加元以下自行车的整车厂商也都采取了全散件组装(CKD)出口的模式。

由于技术壁垒的存在,众多制造商和采购商都开始对产品质量更为重视。一位台资企业的副总经理说:"我们的QC(Quality Control,质量控制)都是从日本挖来的高级人才,薪水很高。日本人在细节、质量的控制方面做得非常好,他们过来之后我们的加拿大客户都非常高兴,因为产品质量水平有所提高,所以很多之前发给台湾厂商的订单也转到了我们大陆这边来。"另一位企业总经理说:"我们和捷安特(Giant)合作很多年了,质量非常重要,直接和我们的货款挂钩。一批产品到达了,捷安特会根据产品的质量情况和到货时间给每次交易评级,分为A、B、C、D四等。A等级的交易可以马上拿到全部货款,并得到更多的订单;B等级30天之后可以拿到货款;C等级是60天之后到账,并会对下次交易有所影响;D等级捷安特将仅支付部分货款,并终止交易。"

同时,劳动力的生存、工作环境也较以往得到了更大的重视。许多企业提到,与沃尔玛等大型连锁经销商进行贸易合作时,合同中对生产企业员工的工作、生活环境也会有相应要求,如员工保险的落实情况,食宿标准、加班时间限制以及加班费的发放标准等。

(3) 生产企业布局市场指向和劳动力指向明显,第三方机构向金融、服务中心集聚

受国际贸易壁垒影响,在第三方机构的介入下,中国自行车生产网络布局呈现出新特点。

第一,生产企业布局的市场指向性和劳动力指向性明显。改革开放初期,深圳市作为首批沿海开放城市,率先接受了来自台湾等发达地区的自行车产业转移。20世纪80年代初,深圳市在"三来一补"的基础上,通过给外资品牌代工、贴牌并大量出口,建立了一批自行车行业的领先企业。但由于当时大部分厂房、土地都租赁给工厂,生产技术上也都采用了来料加工的形式,许多外资企业并未扎根落户在深圳。20世纪90年代初,台湾捷安特自行车厂落户江苏昆山,带动了数十家中、下游配套协作台商相继搬迁,通过两岸垂直分工的方式形成了江苏自行车产业集群。由此,引发了珠三角自行车产业向长三角地区的转移。天津市的自行车生产集群历史悠久,早期从国有企业衍生而来,依靠国内市场不断成长,主要面向内地市场。20世纪90年代初中国国有企业普遍出现经营困难现象,天津地区以国企为基础的自行车产业集群也受到了极大的冲击。随着国企改制的不断进

行,大量民营中小企业和手工作坊加入到了技术门槛不高的自行车产业中来,使得天津市延续了自行车产业集群的地位。21世纪以来,珠三角、长三角地区劳动力成本明显提升,土地资源也较为紧张,诸多自行车企业开始在天津设厂,并不断扩大天津分厂的产能以适应国内、外市场。天津市政府为鼓励自行车产业发展也提供了诸多优惠政策,并建立了"中华自行车王国"等工业园区以壮大自行车产业。2007年,中国台湾建大集团、巨大集团(Giant)分别以总投资2亿美元和8000万美元落户天津静海,为天津市自行车产业集群的发展注入了新的活力。未来10年内,深圳市自行车产业集群的自行车产能将主要面向国际市场发展中高档产品生产,产量处于稳定或精减的状态;苏州市自行车产业集群将处于稳定状态,主营中档产品;天津市在自行车产业方面将进一步壮大,在产品质量和档次方面会取得逐步的提升,并辐射国内、国外的广大市场(见表2)。

表2 中国自行车产业生产集群基本分布情况及发展现状

内容	深圳	苏州	天津
地理区位	珠三角经济圈	长三角经济圈	环渤海经济圈
区内集群	龙岗区、宝安区	昆山市、太仓市陆渡镇	武清区、北辰区、王庆坨镇
区内自行车企业数量	约200个	约300个	约1100个
自行车年产量	约1000万辆	约1200万辆	约4000万辆
自行车行业从业人数	10万余人	7万余人	18万余人
领先企业及品牌	保安、仲正、美利达等	捷安特、禧玛诺、永久、好孩子等	富士达、飞鸽、科林、金轮等
产品定位	中高档产品	中高档产品	低档产品
面向市场	主营出口市场	出口、内地市场	内销市场为主,出口市场为辅
未来发展趋势	呈下降趋势	相当稳定	呈上升趋势

资料来源:笔者根据调研资料整理。

第二,第三方机构区位选择向金融、服务业中心集聚。贸易代理商方面,2008年中国进行加拿大自行车出口的22家贸易公司中,有15家位于广东省,4家位于浙江省,2家位于天津市,1家位于北京市。调研中发现,天津、江苏等地生产的面向出口市场的自行车,60%以上会通过深圳的贸易公司出口海外。认证公司方面,自行车出口的主要认证公司——英国Intertek天祥集团仅在广州和上海设有中国市场部。征信公司、银行机构等第三方也都集聚于金融中心。

五、结 论

全球生产网络的组织模式和空间特征具有复杂性。生产网络的存在以国际贸易为基本前提,其组织模式在不同的贸易环境下会产生不同的特点。世界各国间国际贸易壁垒由来已久，随着全球化进程的不断推进，国家间竞争力的不断增强，在传统的关税壁垒和反倾销壁垒仍然极大地影响着国际贸易的情况下，新的贸易壁垒形式如技术壁垒、环境壁垒、社会责任壁垒等又带来了新的贸易压力。同时，贸易壁垒影响力的不断扩大也为传统基于贸易自由化的全球生产网络的研究提出了新的挑战。

在新自由主义背景下，传统全球生产网络研究重点关注于生产企业和销售企业间的供应链关系，已经不能完全解释国际贸易的现实情况。本文以中加自行车贸易为例剖析了中国自行车产业集群构成特点和中加自行车贸易的各个环节，提出了贸易壁垒环境下全球生产网络的组织模式和空间特点。文章认为，在国际贸易壁垒影响下，全球生产网络呈现出制造商、销售商和第三方机构三足鼎立、相互关联的"网络模式"。第三方机构由始至终贯穿着贸易过程中的各个环节，为生产者和销售者提供了信息传递、信誉担保、产品质量检测等重要服务。在第三方机构自身创造了生产价值的同时，也促进了生产网络中各主体单元价值的再创造。在第三方机构的作用下，生产网络各要素间的流动性不断增强，使全球生产网络的空间分布呈现出新的特点。同时，由于新贸易壁垒技术转向、环境转向和社会责任转向的出现，生产企业管理的关注点逐渐由低成本控制向产品质量管理和劳动力管理等新方向转变。在此背景下，产业空间组织也呈现出新的特征。生产企业布局的市场指向性和劳动力指向性明显，第三方机构向金融中心和服务业中心集聚，生产网络呈现垂直分离的特点。

经济全球化进程促进了国际资本的流动，推动了全球生产网络的构建，也重塑了价值链、产业链的空间组织模式。但全球生产网络是复杂的系统，贸易过程和生产过程也不单纯受到贸易壁垒的影响。寻找更多对全球生产网络起到决定作用的关键因素，并深入研究其如何对产业的组织模式和空间格局产生影响，是未来应予以重视并设法回答的问题。

参考文献

［1］Dicken P. Global Shift: Reshaping the Global Economic Map in the 21st Century. 4th ed. London: Sage, 2003.

［2］Porter M. E. Competitive Strategy: Techniques for Analyzing Industries and Competitors. New York: Free Press, 1980.

［3］Porter M. E. Competitive Advantage: Creating and Sustaining Superior Performance. New York: Free Press, 1985.

［4］Gereffi G. The organisation of buyer – driven global commodity chains: How US retailers shape overseas Production Networks//Gereffi G., Korzeniewics M. Commodity Chains and Global Development. Westport: Praeger, 1994: 95 – 122.

［5］Gereffi G. Global production systems and third world development//Stallings B. Global Change, Regional Response: The New International Context of Development. New York: Cambridge University Press, 1995.

［6］Gereffi G. International trade and industrial upgrading in the apparel commodity chain. Journal of International Economics, 1999 (48): 37 – 70.

［7］Dicken P., Kelly P., Olds K. et al. Chains and networks, territories and scales: Towards an analytical framework for the global economy. Global Networks, 2001 (1): 89 – 112.

[8] Li Jian, Ning Yuemin, Wang Mingfeng. Global production networks of computer industry and its development in mainland China. Acta Geographica Sinica, 2008, 63 (4): 437 – 448.

[9] Dicken P., Thrift N. The organization of production and the production of organization: Why business enterprises matter in the study of geographical industrialization. Transactions of the Institute of British Geographers, New Series, 1992, 17 (3): 279 – 291.

[10] Henderson J., Dicken P., Hess M. et al. Global production networks and the analysis of economic development. Review of International Political Economy, 2002 (3): 436 – 464.

[11] Borrus M. Left for dead: Asian production networks and the revival of US electronics//The China Circle: Economics and Electronics in the PRC, Hong Kong and Taiwan, Washington, DC: Brookings Institution, 1997.

[12] Coe N., Hess M., Yeung H. et al. Globalizing regional development: A global production networks perspective. Transactions of the Institute of British Geographers, 2004 (29): 468 – 484.

[13] Ernst D., Kim L. Global production networks, knowledge diffusion, and local capability formation. Research Policy, 2002, (31): 1417 – 1429.

[14] Dicken P. Tangled webs: Transnational production networks and regional integration. Spatial Aspects Concerning: Spatial Aspects Concerning Economic Structures, 2005 (4).

[15] Coe N., Lee Y. The strategic localization of transnational retailers: The case of Samsung – Tesco in South Korea. Economic Geography, 2006, 82 (1): 61 – 88.

[16] Hess M. "Spatial" relationships? Towards a reconceptualization of embeddedness. Progress in Human Geography, 2004, 28 (2): 165 – 186.

[17] Wrigley N., Currah A. Globalizing retail and the "new economy": The organizational challenge of e – commerce for the retail TNCs. Geoforum, 2006, 37 (3): 340 – 351.

[18] Wrigley N., Coe N., Currah A. Globalizing retail: Conceptualizing the distribution – based transnational corporation (TNC). Progress in Human Geography, 2005, 29 (4): 437 – 457.

[19] Heiner Depner, Harald Bathlt. Exporting the German model: The establishment of a new automobile industry cluster in Shanghai. Economic Geography, 2005 (81): 53 – 81.

[20] Liu Weidong, Dicken P. Transnational corporations and "obligated embeddedness": Foreign direct investment in China's automobile industry. Environment and Planning A, 2006, 38 (4): 168 – 182.

[21] Hess M., Coe N. Making connections: Global production networks, standards, and embeddedness in the mobile – telecommunications industry. Environment and Planning A, 2006, 38 (7): 1205 – 1227.

[22] Liu Weidong, Peter Dicken, Henry Yeung. The impacts of new information and communication technologies on the spatial organization of firms: A case study of the Xingwang Industrial Park in Beijing. Geographical Research, 2004, 23 (6): 833 – 844.

[23] Tong Xin, Wang Jici. An analysis on the global productive network of the information technology industry. Science and Technology Review, 1999 (9): 14 – 16.

[24] Xia Youfu. Technical trade barriers and contemporary international trade. China Industrial Economy, 2001 (5): 14 – 20.

[25] www.wto.org/english.

Trade Barriers and the Global Production Network: A Case Study of Bicycle Trade between China and Canada

Gao Boyang[1]　Liu Weidong[2]　Glen Norcliffe[3]　Du Chao[4]

(1. Key Laboratory of Regional Sustainable Development Modeling　Institute of Geographic Sciences and Natural Resources Research　CAS Beijing 100101, China; 2. Graduate University of Chinese Academy of Sciences Beijing 100049　China; 3. York University Toronto M3J 1L2　Canada; 4. School of Geography and Planning, Sun Yat-sen University Guangzhou 510275　China)

Abstract: In previous researches, the framework of global production network was established based on free trade and neo-liberalism. However, the globe is not flat. Trade barriers broadly exist and deeply influence the economic globalization. In this article, we explore the issue of trade barriers and its impacts on global production networks. We try to sketch a theoretical interpretation of the trading arrangements under trade barriers, and illustrate the argument with material gathered during our recent investigations into the production networks that connect the bicycle industry in China with Canada. Our research shows that: (1) With trade barriers, the traditional network pattern organized by producers and distributors has changed. Third parties, including trade agency, trade show, bank, and so on, took active part in the trading process and became one of the important poles of the global production networks. (2) Originally, the very metaphor of a network seems to allow more flexibility than a chain, although even so, the breaking of connections in a network often viewed as unfortunate in previous research. However, in our research, we found that the production networks linkage are very flexible. The linkages amongst the very actors in the trading systems are frequently negotiated and switched. At the same time, quality control and labor welfare have become more important than cost control. (3) The spatial organization of the global production network shows differently in two aspects. On one hand, the producers are more labor-oriented and market-oriented than before. On the other hand, the third parties intend to gather along financial clusters and services clusters.

Key Words: Trade Barriers; Global Production Network; Organization; Spatial Distribution; China; Canada

国际贸易及国际分工新解*
——基于经济虚拟化的视角

张国庆

(兰州大学经济学院　兰州　730000)

【摘　要】 为解释国际贸易的起源、机制及其福利效果等问题,贸易理论的发展先后经过绝对优势理论、相对优势理论、资源禀赋理论以及新贸易理论等几个阶段。不同的理论对其所处时期的国际分工均做出了比较合理的解释,正是客观经济环境以及国际分工体系的不断演变使国际贸易理论不断发展。当前,世界经济发展及国际分工进入了一个新阶段,最主要的特征就是虚拟经济已经取代实体经济,成为美英等发达国家的主要经济活动,这一改变对国际分工格局带来了深远影响。本质上,当前的国际分工体系是美国凭借其发达的虚拟经济将其他国家变成了其金融殖民地,这一特征反映了美国经济的"寄生性"。

【关键词】 国际分工；经济虚拟化；理论；本质

经济全球化是世界经济所发生的最重要的变化之一,经济的全球化实际上是虚拟经济的全球化。以美元发行为发动机、以美国债务经济的国际循环为载体的经济运行方式深刻地改变了美国的经济运行方式和盈利模式,并直接影响了今天的国际贸易分工体系。建立在分工学说或资源禀赋学说基础上的传统国际贸易理论对于工业经济时代及其以前的国际贸易格局有较强的解释力,20世纪中期在国际贸易领域所出现的一些新现象对传统国际贸易理论提出了挑战,20世纪七八十年代所兴起的新贸易理论对此做出了解释。在后工业经济时代,或者说虚拟经济时代,要解释当前的国际分工格局,我们还必须站在虚拟经济理论的视角来考察。

---

* 原文发表于《中央财经大学学报》2011年第7期。
作者简介：张国庆,男,江苏丰县人,兰州大学经济学院副教授,经济学博士,主要研究方向为虚拟经济理论和宏观经济。

一、传统的国际分工及理论回顾

要理解国际分工,我们必须首先从回顾国际贸易理论开始。国际贸易理论涉及三个相互联系的基础性问题:①贸易发生的原因问题,即是什么促成了国家间的贸易往来;②各国贸易商品的流向问题,即解释或预测国际贸易的格局;③贸易发生的福利(利益)效果问题,即国际贸易理论必须能够说明贸易对一国经济福利的影响,并进而为各国的贸易政策选择提供理论依据。

(一)古典贸易理论

古典贸易理论先后经过了绝对优势理论、相对优势理论和资源禀赋理论三个阶段。其中,绝对优势理论是对国际贸易现象的第一次系统解释,而相对优势理论长期以来一直是解释国际贸易现象的标准理论,资源禀赋理论则是对前二者的进一步深化。

(1)斯密的绝对优势理论诞生于英国。工业革命使资本主义的生产能力大大扩张,英国成为当时的世界工厂,需要在全世界范围内为其产品寻求销路。当时的贸易模式是英国向其海外殖民地和其他国家输出工业制成品,并输入农产品和其他工业原材料。国际贸易的发展彻底改变了当时世界政治经济格局,英国逐渐取代荷兰,成为"日不落"帝国。因此,自由贸易对于英国的重要性是不言而喻的。针对这种现象,亚当·斯密在1776年出版的《国富论》中系统阐述了其对国际贸易的理解。分工理论是斯密学说的重要组成部分,在其国际贸易理论中他也是从国际分工开始论述的。斯密认为,由于劳动技术水平和劳动生产率的不同,各国存在着绝对成本的差异。各国应该按照绝对成本的差异生产自己有优势的产品,并通过国际交换获得分工的利益。斯密又进一步将绝对优势分成了两类:一类是自然优势,包括矿产、土地等自然资源,它们属于客观条件;另一类是获得性优势,即工业发展所需要的条件,包括资金、技术、劳动力的熟练程度等,它们属于主观方面的因素。其中,自然条件是形成绝对优势的基础,而获得性优势可以弥补一国在自然资源上的不足,这两种优势的结合就形成了一国在商品生产上的绝对优势。斯密认为,贸易可以增加贸易双方的国民福利。因此,不应对贸易加以限制,而应实行自由贸易。这一观点是斯密自由放任思想在贸易领域的体现。

(2)李嘉图相对优势理论。李嘉图继承和发展了斯密的贸易理论,提出了相对优势学说。李嘉图相对优势理论的基本观点是:在两个国家生产两种商品的情况下,即使一国在两种商品生产上均占绝对优势,另一国在两种商品生产上均处于绝对劣势,通过贸易分工和交换,即优势国专门生产优势较大的那种商品,劣势国专门生产劣势较小的那种商品,两国仍然可以通过交换从中获益。原因在于这两个国家生产同一种产品的机会成本不一样,产品在两国市场上的相对价格是不同的,是相对价格而不是绝对价格决定了国际贸易及其流向①。与斯密的绝对优势学说对贸易的解释相比，李嘉图的相对优势贸易理论较好地解释了国际贸易的实际情况。因为，在资本主义的早期，各国的经济发展水平差异较大，像英国这样工业较发达的国家，在大部分工业品生产上的绝对优势是明显的，但这并不意味着国际贸易的格局是英国向其他国家提供商品的单向流动，贸易仍然是双向的。李嘉图的相对优势理论对这种现象给予了较为符合实际的解释，并在此后相当长的一段时期里成了解释国际贸易发生的原因和福利效果的基本理论。但是，李嘉图的贸易理论并没有清楚地解释不同的国家之间为什么会存在机会成本的差别，也没能预测国际贸易的发展格局。

（3）赫克歇尔—俄林资源禀赋理论。1933年，瑞典经济学家俄林（Bertil Ohlin）在他出版的《区际贸易与国际贸易》一书中吸收了他的老师赫克歇尔（E. F. Hecksher）贸易理论的相关观点，建立了要素禀赋理论。俄林认为，各贸易国产品生产的机会成本差异或比较优势差别在于它们的生产要素禀赋不同，即各国生产要素的数量或比例存在着差别，一国生产的产品成本的差异取决于其国内各种生产要素禀赋的相对丰裕度。这个观点将国际贸易发生的原因由机会成本差异引申到各国要素禀赋差异的基础上。根据要素禀赋理论，国际贸易的分布格局应该是：各国应该出口那些密集使用它们相对丰裕的生产要素所生产的产品，而进口那些密集使用它们相对稀缺的生产要素所生产的产品。因为，如果一国某种生产要素的供给比较充足，其价格就会比较低，因而生产时密集使用这种要素的产品成本也会比较低，产品在国际市场上也就会有较强的竞争力。最终的贸易格局将是，每个国家出口用本国相对丰裕而廉价的生产要素生产的产品，进口用本国相对稀缺因而价格昂贵的生产要素生产的产品②。资源禀赋理论进一步推进和丰富了相对比较优势理论的研究，拓宽了国际贸易理论的研究视野。

（二）新贸易理论

"二战"结束后，国际贸易的实际发展状况使古典贸易理论遇到了两个挑战：一是"列昂惕夫悖论"，二是行业内贸易的广泛发展。根据资源禀赋理论，贸易应该在资源差异较大的那些国家之间进行，比如在发达国家和发展中国家之间发生。20世纪50年代初，美国经济学家列昂惕夫用他所创立的投入产出分析方法，对美国的进出口商品结构进行了验证，结果却得出了与要素禀赋理论完全相反的结论。美国是一个资金较为充裕的国家，而劳动力成本较为昂贵，按照要素禀赋理论，美国应该出口资本密集型产品，进口劳动密集型产品。实际验证的结果却正好与此相反，美国出口的商品是劳动密集型产品而进口的则是资本密集型产品，这就是所谓的"列昂惕夫悖论"③。在此期间，国际贸易领域还出现了另外一个引人注目的现象，即行业内贸易（Intra-industry）大量增加。根据比较优势理论，不同国家应该进口自己具有比较劣势产业的产品而出口自己具有比较优势的

---

① 大卫·李嘉图：政治经济学及赋税原理［M］．北京：商务印书馆，1962．
② 贝蒂尔·俄林：区际贸易与国际贸易［M］．北京：华夏出版社，2008：372-402．
③ Leontief, Wassily. Studies in the Structure of the American Economy［M］．New York：Oxford University Press, 1953：231-243．

产品，即国际贸易应该是一种行业间的贸易，而不应该是同时进口和出口同一行业产品的行业内贸易。但实际上，从20世纪五六十年代开始，以美国和西欧国家为典型代表的经济发达国家，他们之间工业制成品的行业内贸易的绝对值和增长速度远远超过了行业间的贸易，并成为主要的贸易方式。1973年，行业内贸易占到了美国总贸易额的60%。欧洲国家的相关数据分别是：英国为76.8%、瑞典为67.5%和前联邦德国为59.2%①。许多学者对这种现象都提出了自己的解释，但都没有摆脱传统贸易理论的束缚。比如Balassa（1966）从关税减让和经济一体化的角度对此问题进行了探讨②，Grubel和Loyd（1975）从人力资本、研究与开发和规模经济等角度探讨了行业内贸易③。美国经济学家保罗·克鲁格曼于1979年发表了《报酬递增、垄断竞争与国际贸易》一文，他突破了古典贸易学说关于完全竞争、技术一定与规模报酬不变的假设，并用规模经济和不完全竞争解释了行业内贸易的发生机理，从微观层面的供给角度对国际贸易竞争理论做出了开创性的研究，是新贸易理论的奠基之作。克鲁格曼认为古典贸易和分工理论关于企业规模收益不变或规模收益递减的假定是不符合实际情况的，对于现代企业，特别是那些在国际贸易中占有重要地位的制造业，扩大企业规模，享受规模收益递增的好处是企业降低成本和增加国际竞争力的一个重要途径。进一步地，克鲁格曼把以规模报酬递增为基础的分工与贸易同以要素禀赋为基础的分工和贸易区别开来，使两者都能解释国际贸易的发生和发展。克鲁格曼认为只要存在规模收益递增，产业的市场结构就不可能是完全竞争的，产业的产品或多或少是由具有垄断能力的企业来控制的，因此，现实世界中各产业的市场结构通常是垄断竞争的，而不是古典贸易理论所说的完全竞争的。根据垄断竞争的市场结构，克鲁格曼提出了以内部规模收益递增为基础的产业内贸易理论，即新贸易理论。

新贸易理论认为，由于规模收益递增的存在，即使两个国家有完全相同的要素禀赋，由规模经济所导致的机会成本差异仍然会推动两国间贸易的发生，规模经济的存在会阻止任何一个国家生产所有的产品，因此可以将规模经济视为贸易发生的一个独立原因。据此可以认为，行业间贸易发生是由于要素禀赋差异造成的，而行业内贸易发生的原因则是规模收益递增效应的存在。这样，克鲁格曼就把以要素禀赋为基础的分工与贸易同以规模经济为基础的分工与贸易区分开来，在一定程度上解决了比较优势学说和要素禀赋学说所面临的理论困境④。

从根本上说，克鲁格曼的新贸易理论是古典贸易理论在新假设条件下的进一步发挥、深化或延伸发展，使完全竞争、规模报酬不变延伸至不完全竞争和规模经济，从而解释了

---

① Rayment P. Intra－industry Specialization and the Foreign Trade of Industrial Countries [J]. Unpublished manuscript, 1984（8）.

② Balassa B. Tariff Reductions and Trade in Manufactures among the Industrial Countries [J]. American Economic Review, 1966（56）: 466－473.

③ Grubel H., P. J. Loyd. Intra－industry Trade [M]. London: Macmillan, 1975: 82－96.

④ Paul R. Krugman. Increasing returns, monopolistic competition, and international trade [J]. Journal of International Economics, 1979, 9（4）: 469－479.

传统贸易理论所不能解释的行业内贸易现象。从新贸易理论的分析框架和分析视角方面来看，它与古典贸易理论是一脉相承的，只是改变了一些假设条件而已。即比较优势在古典贸易理论中是相对劳动生产率差异带来的；赫克歇尔—俄林理论中贸易是由要素禀赋差异带来的；而在克鲁格曼的新贸易理论中贸易主要是规模经济带来的，它仍属于广义比较优势，其分析范畴和方法并没有超出古典贸易理论。

二、新时期国际分工体系的形成

古典贸易理论和新贸易理论较好地解释了工业经济时代的国际贸易分工，在工业经济时期，国家之间的经贸往来主要是实际的商品和服务的交易，并且以前者为主。发达国家和发展中国家的经贸往来主要是发达国家往发展中国家输出工业制成品，并从发展中国家输入原材料，而发达国家之间的贸易主要是工业制成品之间的交易，即行业内交易，对此，新贸易理论给出了较好的解释。从 20 世纪 70 年代开始，以美国为典型代表的发达国家开始了后工业化进程，即以服务业为核心的第三产业部门在国民经济中的重要性持续上升，就业人数和在国内生产总值中的比例不断增加。对于美国来说，其去工业化首先表现在美国传统工业地区的衰落，美国传统上制造业比较发达的五大湖地区出现了工业生产的持续衰落。在世界市场上，20 世纪 60 年代美国损失了 16% 的市场份额，70 年代则损失了 23%。从国内市场来看，美国制成品的国内市场份额下降得更多。20 世纪 60 年代中期以来，国外进口在美国所占市场份额呈逐渐上升趋势。到 1981 年，美国市场销售的 26% 的汽车，25% 的钢材，60% 的电视机、收音机和录音机，27% 的金属铸造机床，35% 的纺织机械以及 53% 的数控机床，43% 的计算机，均来自国外进口。而在 20 年前，所有这些产品各自在美国市场所占份额不超过 10%。在 1970~1980 年，来自发展中国家的进口增长了近十倍，以不变美元价格计算，从 36 亿美元增加到了 300 亿美元。美国产品在国际市场份额的下降主要集中在资本密集型和进行大规模生产的行业，比如汽车、钢铁和机械等行业。从 1963 年到 1980 年，在世界市场上，美国的汽车销售下降了近 1/3，工业机床销售也下降了 1/3，农业机械下降了 40%，交通机械下降了 50%，金属铸造机械下降了 55%①。美国产品在国内和国际市场份额的下降所导致的一个直接后果就是美国传统工业城市的衰落，特别是美国东北部和中西部的工业带出现了整体性的萧条，工作岗位大量损失，其失业率大大高于全国平均水平，并出现了城市"空心化"现象。1956 年，《财富》美国 500 强大企业有 140 家总部设在纽约，到 1976 年只剩下了 84 家②。1971 年，美国的国民生产总值首次突破了万亿美元大关，也正是从这一年起，美国一改自 1893 年以来的

---

① Rbert B. Reich. The Next American Frontier [M]. Crown Publishers, 1st Edition, 1983 (5): 121 – 122.
② 爱德华·波尔斯坦. 美国经济前景 [M]. 南京：译林出版社，1992 (2)：196.

贸易顺差，首次出现了13亿美元的贸易逆差，这意味着美国人所使用的商品和服务首次超过了其自身的生产，成了一个商品和服务的净进口国。1984年美国的商品和服务的贸易逆差突破了千亿美元大关，达到1091亿美元，占美国当年GDP的2.8%，1999年达到2651亿美元，2006年更是达到了创纪录的7533亿美元，占当年GDP的5.7%。到20世纪70年代中期，其他发达国家可以在钢铁、汽车、轮胎、石化、电子乃至高科技领域同美国竞争。以汽车行业为例，1950年美国汽车产量占世界总产量的3/4，进口汽车只占美国汽车市场的0.3%，到1960年美国汽车产量仍占世界的1/2，随后，进口汽车占美国汽车市场的份额逐渐扩大，一直从1959年的10%扩大到1980年的27%。而日本的汽车工业发展则经历了一个相反的过程，1960年日本共出口了38809辆汽车，仅相当于美国一条汽车生产线两班倒生产8周的产量。到1980年，日本共生产了1100万辆汽车，超过美国汽车总产量的近20%，其中出口了600万辆，单向美国就出口了230万辆。日本还在电子领域同美国展开了激烈的竞争，1979年日本向美国出口了260亿美元的商品和服务，美国最多向日本出口了175亿美元的商品①。除了日本在20世纪六七十年代强劲的出口增长外，西欧国家的贸易出口也大幅增长。此外，新兴工业国家，如"亚洲四小龙"、墨西哥、巴西等国也开始向世界输出工业制成品，结果造成世界主要生产部门生产能力的过剩，包括汽车、钢铁、电子等产业在内，利润率大幅下降。1963～1966年，平均资产收益率为15.5%，1967～1970年下降到12.7%，1971～1974年下降到10.1%，1975～1978年下降到9.7%。某些行业利润下降得更是惊人，从20世纪60年代到70年代，汽车行业利润下降了65%，收音机和电视机行业的利润下降了70%，农用机械行业下降了51%，电力设备行业下降了49%，钢铁行业下降了39%②。20世纪90年代末期，美国工业制成品的贸易逆差达到780亿美元，几乎是70年代后期逆差的3倍。在20世纪70年代末到90年代初的10多年的时间里，美国所有商品贸易的逆差集中在工业制成品上。与此同时，美国的工业生产能力利用率也出现了下降，而工业生产能力利用率是衡量一国经济健康程度的一项重要指标。1967年，美国总工业生产能力利用率为87%，1970年为81.3%，1980年为80.8%，1990年为82.4%，2000年为81.85%，2002年下降为74.8%，2007年为81%③。美国工业生产能力较低的利用率说明了美国大量工业生产能力的闲置。国际产业竞争使美国公司利润和利润率均出现了大幅下降，在此情况下，美国企业就出现了寻求其他盈利机会的强烈动机。

美国企业的生产日益走向全球化，生产全球化导致美国经济的去工业化，去工业化则导致美国制造业的衰落，美国的制造业在不断地被国外生产所取代，而不是得到加强。从总体来看，在美国的去工业化过程中，先前具有优势的传统产业走向衰落。这些产业大都具有较长的历史，技术比较成熟，且在美国发展较早。这些产业的生产资本遵循一种转移

---

① 杨仕文：美国非工业化研究［M］. 南昌：江西人民出版社，2009（1）：58.
② Barry Bluestone. Deindustrialization and Unemployment in America［J］. Review of Black Political Economy，1988，17（2）：29-44.
③ Economic Report of the President，2009（1）.

路径：先转移到国内的落后地区进行生产，而后就逐步撤离美国本土，转移到其他行业或者国外进行生产。多年来，制造业一直被视为经济发展的发动机。就在20世纪70年代左右，制造业作为美国经济繁荣的动力开始减弱。就海外投资而言，美国20世纪五六十年代的重点投资区域是欧洲，70年代投资于第三世界，到80年代，美国跨国公司从其海外生产投资中获得其总利润的1/3。美国在海外的投资主要投资于生产领域，由于劳动力成本较高等方面的原因，国外在美国的投资主要集中于非生产领域，各类债券、股票和金融衍生品是其主要投资领域。

当前，美国的贸易逆差占全球贸易逆差总额的2/3，也就是说美国是当今世界上主要的商品和劳务消费国。正是美国庞大的消费需求刺激了世界经济的增长，所以也可以说美国的消费起到了全球经济发展火车头的作用。20世纪70年代，特别是90年代以来，随着全球化的进一步发展和深化，在贸易领域，世界分工逐渐形成了这样一种格局，即德国和日本向世界提供中间投入品和高端消费品，中东地区、南美国家以及俄罗斯向世界输出能源和原材料，亚洲和拉美国家则凭借丰富的劳动力成为世界工厂，向全世界输出日常消费品和初级工业制成品，并以此作为解决国内就业和实现城市化、工业化的重要手段。美国经常项目的巨额逆差，使得亚洲、欧洲国家，甚至拉美国家都出现了经常性项目的顺差，这就是当前国际分工的现状。

三、当代"新国际分工体系"的本质

当前，美国消费其他国家生产的"新国际分工体系"实质上是以美元为本位货币的国际金融体系在生产领域的一个反映。当今世界金融体系扭曲的主要表现是美元储蓄不足，联邦政府财政赤字庞大，居民储蓄几乎可以忽略不计。同时，美国可以从世界其他国家获得几乎无限制的美元信贷。美国在国际市场上大量借债，意味着对美贸易顺差的国家在向美国转移实际资源。20世纪90年代初，随着"冷战"的结束，以美国为首的西方资本主义经济体系与以苏联为首的东欧社会主义经济体系出现了融合，主要表现就是经济全球化以前所未有的速度向前推进，形成了以美元为主要载体的全球经济的重新整合。美国作为世界上唯一的超级大国，凭借美元的国际本位货币地位从全世界获取资源和日常消费品①，并通过巨额的经常性贸易赤字和财政赤字向世界输出流动性。事实上，去工业化或者说后工业经济在美国的表现最为明显，这与美国的国际经济地位及美元的国际本位货币有直接的关系。美国通过金融全球化，将世界变成了它的金融殖民地，实现了全球财富向美国的转移。这一分工格局的内在基础就是美元的国际本位货币地位。而且，这种分工格

---

① 美国人口规模约占世界总人口的6%，却消耗了世界35%的资源。资料来源：国际能源署（http://www.iea.org）。

局有其内在的稳定性,其稳定性建立在美元的国际本位货币基础上,因为,至少在短期内还没有其他货币能够替代美元成为新的国际本位货币。

既然当前的国际分工格局是建立在美元的本位货币基础之上的,我们就得考察某种货币的国际化是由哪些指标决定的。具体说来,衡量某种货币国际化的程度可以通过三个指标,即作为国际贸易结算手段、国际投资支付手段以及国际储备手段的使用程度。虽然美国当前的国民生产总值只占世界总量的25%左右,但美元作为国际本位货币,其在国际贸易结算中所占比例在2/3以上,美元占各国官方外汇储备的份额也在65%左右,国际金融市场的外汇交易大多仍以美元为主。其中,国际大宗商品交易基本完全以美元计价。欧元从其诞生之初,就一直谋求成为国际本位货币之一,而且欧元区的经济总量与美国相当。但是,要成为国际本位货币,欧元与美元相比有一个天然的劣势,即欧元是一种超主权国家的货币,具有内在的不稳定性。在经济虚拟化时代,货币本质上是一种信用货币,人们的信心对其稳定性有决定性影响。特别是在经济发生不确定性的时期,欧元的避险功能要低于美元。这也是欧元很难取代美元或与其平分秋色的根本原因,并决定了当前的这种分工格局至少在短期内还会持续下去。决定当前国际分工格局的另一重要因素是美国发达的金融体系和资本市场。美国自20世纪70年代末就开始了持续性的商品和服务贸易逆差,2008年美国全年逆差达到6800多亿美元,占其当年GDP的4.8%。2004年以来,美国新债年均发行量达4000多亿美元,其中外国投资者购买比重达94%。所以,外国投资者对美国的生存至关重要。美国的个人储蓄率从1992年的7.3%下降到2005年的1.4%,家庭债务占个人可支配收入的比例在2007年底达到创纪录的138%,而这一数字在10年前为90%。美国联邦政府的财政赤字2009年达到创纪录的1.42万亿美元,相当于美国当年GDP的10%。美国凭借美元的国际货币地位通过发行美元向其他国家购买了大量资源和消费品,而中国、日本和中东国家等主要对美贸易顺差国又用手中的美元去购买美元债券以及其他各种金融产品,美元最终又回流到了美国,也正是这一机制支撑了美国多年债务经济的循环。经过此次金融危机的冲击,美元地位的长期衰落是一个无法避免的趋势,但是,我们看到,美国的主要贸易顺差国仍在继续增持美国国债和其他机构债券,这其中的原因就在于美国的债券市场仍然具有强大的国际竞争力,其他国家和地区无法提供类似的资产。美国金融市场无论是在深度和广度上,还是在流动性上都要优于欧元区国家和日本,这使美国能够源源不断地从国外吸收资金,弥补"双赤字"造成的缺口,支撑经济持续增长。

所以,从根本上说,当前的国际分工格局是由美元的国际本位货币地位所决定的,正是美元的国际本位货币地位使美国债务经济得以持续运转,凭借美元的国际本位货币地位,美国可以畅通无阻地消费其他国家生产的商品和服务。而这种分工格局无论是古典贸易理论,还是新贸易理论都无法给出恰当解释。事实上,这并不是一种真正的国际分工,因为,所谓的国际分工应该是国家之间相互交换实际产品,而美国现在是用没有任何价值基础的美元去换取其他国家实实在在的商品和劳务。因此,这种"新国际分工体系"实际反映的是一种经济运行方式的转变,事实上也体现了美国经济的"寄生性"。即美国凭借其发达的金融体系从世界上其他国家源源不断地汲取各种资源和商品,使其高度虚拟化了的经济得以持续运转。

参考文献

[1] 大卫·李嘉图. 政治经济学及赋税原理 [M]. 北京：商务印书馆, 1962.
[2] 贝蒂尔·俄林. 区际贸易与国际贸易 [M]. 北京：华夏出版社, 2008.
[3] 杨仕文. 美国非工业化研究 [M]. 南昌：江西人民出版社, 2009.
[4] Paul R. Krugman. Increasing Returns, Monopolistic Competition, and International Trade [J]. Journal of International Economics, 1979, 9 (4): 469 – 479.
[5] Balassa B. Tariff Reductions and Trade in Manufactures among the Industrial Countries [J]. American Economic Review, 1966 (56): 466 – 473.
[6] Richard H. Clarida and Susan Hickok. U. S. Manufacturing and the Deindustrialization Debate [J], The World Economy, 1993, 16 (2): 173 – 192.

A New Explanation for International Trade and Division
——A View from Economic Virtualization

Zhang Guoqing

(Lanzhou University School of Economics Lanzhou 730000)

Abstract: To explain the origin, mechanism and welfare effects of international trade, economists have presented absolute advantage theory, relative advantage theory, resources endowment theory and the new trade theory, etc. Different theories had provided reasonable explanation according to their periods, and the change of the objective economic environment promoted the development of trade theory. At present, the world economy and international division has entered a new stage, the most important characteristic is fictitious economy has replaced real ones and become the main economic activities in American, British and other developed economies. The change has brought profound influence to the international division pattern. The essence of current international division is American depends on its developed fictitious economy and makes other countries became its financial colonies. This feature reflects the parasitic character of American economy.

Key Words: International Division; Economy Virtualization; Theory; Essence

碳贸易价格风险变动趋势与我国 CDM 发展策略

王家玮　伊藤敏子

（对外贸易大学国际经济贸易学院　北京　100029）

【摘　要】 本文构建并拟合了包含分布转换的 Markov – GARCH 模型，计算了基于该模型的风险价值（VaR），对国际碳贸易市场价格风险变动趋势进行了分析。研究结果表明：碳贸易市场价格在均值、方差、峰度、波动聚集性以及分布形式方面都具有机制转换的特性；欧盟推出的 EU ETS 改革措施将促使未来碳贸易市场价格波动风险进一步降低。我国应当适时提高 CDM 合同最低限价；减少向 CDM 合同国际买方支付的风险溢价；暂停上马 HFC – 23 和 N2O 分解类项目；加快国内碳贸易和碳金融市场的发展，争夺国际碳贸易市场定价权。

【关键词】 碳贸易；碳排放权；机制转换；Markov – GARCH 模型

一、引　言

国际碳贸易是指以碳排放权为标的物开展的国际贸易。它起源于《京都议定书》（*Kyoto Protocol*）所做出的三种国际碳贸易机制安排。其中的清洁发展机制（Clean Development Mechanism，CDM）与发展中国家密切相关。它的基本思想是：允许发达国家通过帮助发展中国家实施具有减排效果的项目获得"经核证的减排量"（Certified Emission Re-

---

* 原文发表于《国际贸易问题》2011 年第 10 期。
　基金项目：得到国家社会科学基金（项目编号：08BJY155）、北京市教育委员会共建项目基金以及对外经济贸易大学研究生科研创新基金（A201004004）的资助。
　作者简介：王家玮，对外经济贸易大学国际经济贸易学院；伊藤敏子，对外经济贸易大学国际经济贸易学院。

ductions，CERs），用于抵消本国的一部分减排指标①。除京都机制外，全球最具影响力的碳贸易机制是"欧盟排放交易机制"（EU Emission Trading Scheme，EU ETS）②。该机制下交易的基础碳排放权产品称为"欧盟排放配额"（European Union Allowances，EUAs）。EU ETS允许欧盟成员国用CERs抵消部分减排指标，从而使得欧盟成为CERs最大需求方，也使得EUAs和CERs在交易量、交易价格等方面都具有密切的联系。

我国在现阶段不承担减排义务，因此作为CDM项目卖方参与CERs一级市场交易成为了我国参与国际碳贸易的唯一途径。目前，我国已经成为全球最大的CERs供给国。尽管如此，我国CDM发展仍然面临诸多问题，CDM合同价格风险管理便是其中之一。在实践中，CDM项目不仅投资巨大，而且周期较长，加之碳贸易市场受到政策、经济、气候变化以及技术等因素的综合影响，碳排放权价格表现出独特的波动规律和风险特性。我国企业在参与CDM项目过程中，普遍感到难以把握国际碳贸易市场价格走势，为了尽可能降低风险，倾向于在合同中采用固定价格的定价方式。一方面，这种做法虽然锁定了会计利润，但是如果未来碳贸易市场价格上升，企业仍将遭受经济利润意义上的损失；另一方面，对固定价格的偏好导致我国企业不得不在合同谈判中为国际买方提供额外溢价以换取固定价格合同，削弱了议价能力，而要改变这种不利局面，则必须掌握市场价格波动规律和风险变动趋势，具备管理价格风险的能力。

目前的碳贸易市场定价机制与其他大宗商品市场类似，即二级市场执行价格发现功能，一级市场以二级市场价格为定价基准。由于欧盟几乎垄断了CERs的需求，二级市场上CERs价格成为EUAs价格的跟随者（Maria Mansanet – Bataller et al.，2010）。而在一级市场，CDM合同标的虽然为CERs，但是合同价格却普遍以欧洲碳交易所EUAs期货价格为参照标准：通常固定价格合同以EUAs期货当前价格为参照价格；浮动价格合同则与EUAs期货未来价格直接挂钩（如规定合同价格为EUAs期货价格的一定比例）。由此可见，研究国际碳贸易市场价格风险管理，关键在于掌握EUAs期货价格波动规律和风险变动趋势。

近年来，研究者们已经采用各种不同方法对EUAs期货价格波动性进行了实证研究。第一类方法是采用带"跳跃"的扩散过程来描述EUAs期货价格生成机制，如Yang等（2008）、Tuthill（2008）、Seifert等（2008）、Daskalakis等（2009）等；第二类方法是将EUAs期货价格分解为一个均值部分、一个GARCH部分和一个描述"跳跃性"的泊松过程，如Gronwald和Ketterer（2009）引用Chan和Maheu（2002）的Au – toregressive Jump – Intensity – GARCH模型进行的研究；第三类方法是令GARCH模型的扰动项服从某种混合分布，以反映EUAs期货价格中的厚尾性、集聚性和跳跃性，如Paolella和Taschini（2008）、Sanin和Violante（2009）；第四类方法是引用Markov机制转换模型来描述EUAs期货价格经常发生跳跃的特点，如Benz和Trück（2009）。综合上述文献可以看出，EU-

---

① 发展中国家在2012年以前不承担强制性减排任务，因此可以将手中的CERs出售给发达国家。
② 本文研究的国际碳贸易市场特指EU ETS和CDM市场。

As 期货价格波动过程表现出厚尾性、集聚性、跳跃性的特点,其中"跳跃性"的存在几乎已经在研究者中达成共识。但是现有文献对 EUAs 期货价格"跳跃性"的理解仅限于均值或方差发生结构性突变。鉴于影响碳贸易价格的因素十分复杂,尤其是国际政治和政府政策的影响异常突出(Conrad, Rittler and Rotfu B, 2010), EUAs 期货价格中隐含的机制转换可能远比均值、方差的跳跃复杂。本文将构建包含分布转换的 Markov – GARCH 模型,全面刻画 EUAs 期货价格过程在均值、方差、峰度、波动聚集性及分布形式方面存在的机制转换特性,并计算基于该模型的风险价值(VaR),结合市场发展动态,对国际碳贸易市场价格风险变动趋势进行分析,对我国 CDM 发展提出相关政策建议。

本文之后部分的结构安排如下:第二部分构建并拟合 Markov – GARCH 模型,并基于该模型计算 VaR 值;第三部分对国际碳贸易市场价格风险变动趋势进行分析;第四部分提出我国今后发展 CDM 的策略。

二、碳贸易价格动态性和风险测度

(一) Markov – GARCH 模型

Markov 机制转换模型的基本思想是:在模型中引入 Markov 链,对系统处于不同"状态"的概率进行推断。Dueker (1997) 构建了一个两种状态下标准化残差在自由度不同的 t 分布之间转换的马尔科夫机制转换 GARCH 模型(简称为 GARCH – DF 模型)。借鉴 Dueker (1997) 的方法构建残差在正态分布和 t 分布之间转换的 GARCH (1, 1) 模型,称为 Markov – GARCH 模型。

假设收益率序列 $\{r_t\}$ 是一个 Markov 过程;Ω_t 为 t 时刻信息集;存在两种状态,并且在状态 $S_t \in \{0, 1\}$ 时服从正态分布,在状态 $S_t = 0$ 时服从自由度为 n 的 t 分布,存在转换概率:

$$p_{ij} = P(S_t = i \mid S_{t-1} = j), \text{其中 } i, j \in \{0, 1\} \tag{1}$$

均值方程为:

$$r_t = \mu(S_t) + u_t(S_t) = \mu(S_t) + u_t(S_t, S_{t-1}) \tag{2}$$

请注意,在数值意义上,$u_t(S_t) = u_t(S_t, S_{t-1})$,但是在分布意义上,$u_t(S_t) \neq u_t(S_t, S_{t-1})$。方差方程为:

$$u_t(S_t, S_{t-1}) = \sqrt{g(S_t)}\varepsilon_t(S_t) = \sqrt{g(S_t)}\varepsilon_t(S_t, S_{t-1}), \text{其中}, g(S_t = 0) = 1, g(S_t = 1) = n/(n-2) \tag{3}$$

请注意,在数值意义上,$\varepsilon_t(S_t) = \varepsilon_t(S_t, S_{t-1})$,但是在分布意义上,$\varepsilon_t(S_t) \neq \varepsilon_t(S_t, S_{t-1})$;$\varepsilon_t(S_t, S_{t-1}) = \sqrt{h_t(S_{t-1})}v_t(S_t)$,其中 $v_t(S_t = 0) \sim N(0, 1)$, $v_t(S_t = 1) \sim t(0, 1, n)$ \tag{4}

$$h_t(S_{t-1}) = \gamma + \alpha[\varepsilon_{t-1}(S_{t-1}, S_{t-2})]^2 + \beta \hat{h}_{t-1} = \gamma + \alpha[\varepsilon_{t-1}(S_{t-1})]^2 + \beta \hat{h}_{t-1}, \text{其中} \hat{h}_t = \sum_{S_{t-1}} P(S_{t-1} | \Omega_t) h_t(S_{t-1}) \quad (5)$$

将式（3）代入式（5）得到：

$$h_t(S_{t-1} = 0) = \gamma + \alpha[u_{t-1}(S_{t-1} = 0)]^2 + \beta \hat{h}_{t-1}$$
$$h_t(S_{t-1} = 1) = \gamma + \alpha(1 - 2/n)[u_{t-1}(S_{t-1} = 1)]^2 + \beta \hat{h}_{t-1} \quad (6)$$

Markov – GARCH 模型根据信息集来推断状态变量取值的概率，即过滤概率：

$$P(S_t = i | \Omega_t) = \frac{\sum_{j=0}^{1} P(S_t = i | S_{t-1} = j) P(S_{t-1} = j | \Omega_{t-1}) f(r_t | S_t = i, S_{t-1} = j, \Omega_{t-1})}{f(r_t | \Omega_{t-1})} \quad (7)$$

$$f(r_t | S_t = 0, S_{t-1} = j, \Omega_{t-1}) = \frac{1}{\sqrt{2\pi h_t(S_{t-1} = j)}} \exp\left\{-\frac{[r_t - \mu(S_t = 0)]^2}{2h_t(S_{t-1} = j)}\right\} \quad (8)$$

$$f(r_t | S_t = 1, S_{t-1} = j, \Omega_{t-1}) = \frac{\Gamma[(n+1)/2]}{\sqrt{\pi n}\Gamma(n/2)\sqrt{h_t(S_{t-1} = j)}} \left\{1 + \frac{[r_t - \mu(S_t = 1)]^2}{nh_t(S_{t-1} = j)}\right\}^{-(n+1)/2}, j = 0, 1 \quad (9)$$

$$f(r_t | \Omega_{t-1}) = \sum_{i=0}^{1} \sum_{j=0}^{1} P(S_t = i | S_{t-1} = j) P(S_{t-1} = j | \Omega_{t-1}) f(r_t | S_t = i, S_{t-1} = j, \Omega_{t-1}) \quad (10)$$

估计 Markov – GARCH 模型的对数似然函数为：

$$L = \log f(r_1, r_2, \cdots, r_T | r_0) = \sum_{t=1}^{T} \log f(r_t | \Omega_{t-1}) \quad (11)$$

最后，为了充分利用样本信息，根据 Kim（1994）给出的算法计算平滑概率①：

$$P(S_{t-1} = j | \Omega_T) = \sum_{i=0}^{1} \frac{P(S_t = i | \Omega_T) P(S_{t-1} = j | \Omega_{t-1}) P(S_t = i | S_{t-1} = j)}{\sum_{j=0}^{1} P(S_t = i | S_{t-1} = j) P(S_{t-1} = j | \Omega_{t-1})} \quad (12)$$

（二）基于 Markov – GARCH 模型的 VaR 的计算方法

多头 VaR 是一个负值，负号代表损失；空头 VaR 是一个正值，正号表示损失。签订固定价格 CDM 合同的中方企业应当计算空头 VaR；签订浮动价格 CDM 合同的中方企业应当计算多头 VaR。

$$\sum_{i=0}^{1}\sum_{j=0}^{1} P(S_t = i, S_{t-1} = j | \Omega_{t-1}) \times \int_{-\infty}^{VaR_t(\alpha)} f(r_t | S_t = i, S_{t-1} = j, \Omega_{t-1}) dr_t = \alpha \quad (13)$$

根据上述模型得到持有一期 VaR 预测值之后，须要将其与实际损失进行对比，如果实际损失超过 VaR 预测值，则称为"预测失败"；预测失败的次数与样本量之比即为实际失败率。构造下述检验统计量检验"实际失败率与 a 值没有差别"的原假设的过程就是

---

① 平滑概率是基于整个样本信息集 Ω_T 估计的 t 时刻状态概率，因此它更加充分地利用了样本信息。

返回检验,其中 T 为样本量,T_1 为失败次数。

$$LR = -2\ln[(1-\alpha)^{T-T_1}\alpha^{T_1}] + 2\ln[(1-T_1/T)^{T-T_1}(T_1/T)^{T_1}] \sim \chi^2(1) \quad (14)$$

(三)实证分析

1. 样本选择和描述性统计分析

本文样本数据选取法国 Bluenext 交易所网站(http://www.bluenext.fr)提供的 EUAs 主力期货①合约收盘价,样本期为 2008 年 4 月 21 日至 2010 年 11 月 29 日。按照式 $100 \times \ln(P_t/P_{t-1})$ 将原始价格序列整理为对数收益率序列。为了直观判断样本数据是否存在机制转换,将其粗略地分为表 1 所示的五个子样本。描述性统计分析表明子样本 1、3、5 的均值为正值,标准差和极差较小,峰度接近于 3,JB 统计量值不能拒绝服从正态分布的原假设;而子样本 2、4 的均值为负值,标准差和极差较大,峰度明显大于 3,JB 统计量值在 10% 水平下拒绝了服从正态分布的原假设。可见样本隐含一定程度机制转换的特性。

表 1 样本描述性统计分析

子样本	子样本期	样本量	均值	标准差	极差	峰度	JB 检验
1	4/22/2008~6/30/2008	49	0.275	1.373	6.330	2.959	0.928
2	7/1/2008~3/31/2009	192	-0.434	3.443	19.93	3.473	4.784*
3	4/1/2009~10/30/2009	150	0.170	22.42	11.22	2.795	0.274
4	11/1/2009~12/31/2009	42	-0.346	2.311	12.76	5.843	24.49**
5	1/1/2010~11/30/2010	234	0.084	1.635	9.556	3.129	0.556

注:"*"表示在 10% 的水平下显著;"**"表示在 5% 的水平下显著。

2. Markov-GARCH 模型估计结果及 VaR 预测值

利用样本数据对上文构建的 Markov-GARCH 模型进行拟合,同时也分别拟合残差服从正态分布和 t 分布的 GARCH 模型用于比较分析。如表 2 所示,三个模型中只有 Markov-GARCH 模型的所有参数均能够在 5% 的水平下通过检验,并且其 AIC 值最小,因此该模型能够较好地描述碳排放权价格的波动特性;转换概率 p_{00} 和 $p_{11} = 1 - p_{01}$ 的值分别为 0.987 和 0.967,说明两种状态都具有很强的持续性;在状态 1 时收益率服从自由度为 6.213 的 t 分布,从而可求出峰度为 5.71,ARCH 项系数为状态 0 时的 0.678 倍。由此可见,碳贸易市场价格在均值、方差、峰度、波动聚集性以及分布形式方面都发生了机制转换。

---

① 主力期货合约即当期交易量最大的期货合约。

表2 模型参数估计结果

参数	$\mu(S_t=0)$	$\mu(S_t=1)$	γ	α	β	n	p_{00}	p_{01}	AIC
正态分布 GARCH	-0.018 (0.074)	n.a.	0.098 (0.059)	0.095** (0.026)	0.889** (0.032)	n.a.	n.a.	n.a.	4.398
t分布 GARCH	0.023 (0.069)	n.a.	0.098* (0.057)	0.102** (0.026)	0.883** (0.030)	11.56** (4.27)	n.a.	n.a.	4.389
Markor - GARCH	0.192** (0.004)	-0.305** (0.003)	0.107** (0.002)	0.082** (0.003)	0.874** (0.003)	6.213** (0.023)	0.987** (0.004)	0.033** (0.000)	4.388

注:"*"表示在10%的水平下显著;"**"表示在5%的水平下显著;"n.a."表示模型不含该数。

根据式(12)计算出状态1的平滑概率如图1所示(状态0的平滑概率等于1减去状态1的平滑概率,因此这里省略状态0的平滑概率图)。在模型参数估计的基础上,分别计算多头方和空头方在a等于5%和1%时持有一期的VaR预测值,如图2所示。对于计算的持有一期VaR值进行返回检验,表3表明至少在5%的水平上多、空双方在a等于5%和1%时持有一期VaR的实际失败率与a没有显著差别,基于Markov-GARCH模型计算的持有一期VaR在统计上是有效的。

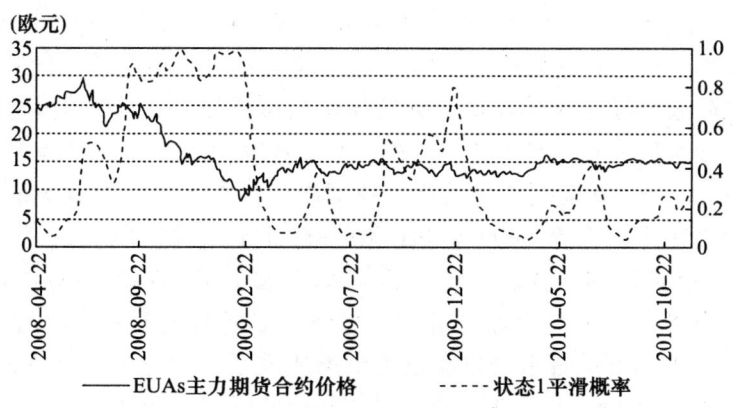

图1 状态1平滑概率和EUAs主力期货合约价格折线图

表3 VaR返回检验

a	样本量	期望值	多头方VaR			空头方VaR		
			失败次数	相对误差	LR统计量	失败次数	相对误差	LR统计量
5%	666	34	37	3	0.418	34	3	0.418
1%	666	7	5	2	0.457	9	2	0.748

注:"*"表示在10%的水平下显著;"**"表示在5%的水平下显著。

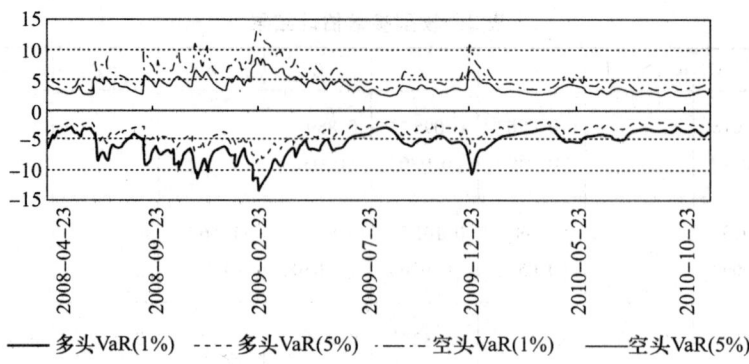

图2 持有一期 VaR 预测值

三、碳贸易价格风险变动趋势分析

（一）历史价格风险趋势分析

从表1、图1和图2可以看出，状态1平滑概率和 VaR 的变动趋势与表1中描述性统计分析的结论基本一致。碳贸易价格风险变化呈现出较为明显的阶段性：①2008年7月之前，金融危机尚未传导至实体经济，碳贸易价格缓慢攀升，VaR 绝对值较小；②2008年下半年开始，金融危机波及实体经济，碳贸易市场需求下降，而发展中国家初级 CERs 供给量却逆市上升，导致碳贸易市场价格迅速下跌，状态1的平滑概率维持在0.8以上，VaR 绝对值大幅度上升，直至2009年初市场一直处于高风险状态；③2009年上半年，EUAs 价格触底后小幅反弹，状态1的平滑概率大大下降，VaR 绝对值也呈下降趋势；④一方面，2009年8月之后，全球经济明显好转，市场对能源和碳排放权的需求增加，另一方面，2009年底召开的哥本哈根会议给市场造成了一定冲击，这些因素反映在碳贸易市场价格上，表现为2009年下半年碳贸易市场价格波动性增加，状态1平滑概率再度超过0.5，VaR 绝对值增大，但是与2008年下半年相比，无论状态1平滑概率还是 VaR 绝对值都有所下降；⑤2010年之后，经济形势进一步企稳，市场价格一直处于横向波动状态，状态1平滑概率始终未能超过0.5的水平，VaR 值波动也日趋平稳。

总体而言，市场在价格下跌阶段以状态1为主，风险变动呈现出上升趋势；在价格反弹或横盘整理阶段以状态0为主，风险变动呈现出下降或横向波动趋势。此外，随着金融危机的影响逐渐消退以及市场参与者日趋理性，碳贸易市场价格波动风险呈现出逐年递减的趋势。

(二) 未来价格风险变动趋势分析

2010年底坎昆会议前后,欧盟公布了一系列针对 EU ETS 第三承诺期的改革措施,可能在未来对碳贸易市场风险变动趋势构成一定的影响。

(1) 在排放限额确定方式方面,总排放限额将在欧盟层面直接设定;确定排放配额的方式是以第二期平均年排放配额量为基线,每年以 1.74% 的线性速度递减。这将使排放限额和配额的确定更加透明和公平。

(2) 在排放限额数量方面,第三期允许的总排放限额为 20.39 亿吨二氧化碳,与第二期近似,但是更多行业和温室气体将被纳入强制减排体系;欧盟甚至提出"2020年温室气体排放总量在1990年基础上的减排从20%升高至30%"的议案,一旦获得通过将大大提升市场需求。

(3) 在配额分配方式方面,将从以免费分配为主、拍卖为辅,转化为以拍卖为主、免费分配为辅,拍卖的排放配额将大于50%,并且会持续增加,这将使市场力量发挥更大的作用。

(4) 在 EU ETS 与 CDM 的链接方面,将允许成员国以 CERs 抵消减排指标的 20% 左右,并且第二承诺期未使用的 CERs 在第三承诺期继续有效;欧盟和 CDM 执行理事会拟不再接受来自工业尾气类(HFC-23 和 N2O)清洁发展机制项目产生的 CERs。该政策一旦实施将大大改善 CERs 供过于求的矛盾。

国际碳贸易市场的改革措施在短期内可能难以对市场造成重大冲击,2012年以前价格将以横盘整理为主;根据对历史价格风险趋势的分析,持有一期的 VaR 值的波动也将保持稳定。但是在长期,改革措施将促使市场透明度增加,需求扩大,风险降低。随着时间接近2012年底,改革措施的效力将开始显现,届时碳贸易市场价格走势可能出现长期温和上涨行情,市场价格风险有望继续降低。

四、我国的 CDM 发展策略

国际碳贸易市场政策调整和风险变动趋势,为我国 CDM 发展带来了新的机遇。我国应积极采取措施,促进 CDM 健康发展。

第一,政府应适时提高 CDM 合同最低限价。由于初级 CERs 市场供大于求的矛盾十分突出,为防止企业之间展开恶性竞争,我国对 CDM 合同价格实行最低限价政策。鉴于欧盟政策调整有望刺激未来碳贸易市场价格上升,并且价格波动风险呈下降趋势,我国应适时提高 CDM 合同最低限价,以促使我国一级市场 CERs 与国际碳贸易市场价格保持同比例上升。

第二,减少向 CDM 合同国际买方支付的风险溢价。我国的 CDM 合同多采用固定价格，由国际买方完全承担价格波动风险，为此我国企业向国际买方支付了高额的风险溢价。鉴于未来碳贸易市场价格风险趋缓，我国企业应当在谈判中压低风险溢价水平。此外，我国政府应鼓励企业在加深对国际碳贸易市场了解的基础上采用浮动价格合同，提高议价能力；允许并鼓励企业进入欧洲碳交易所进行套期保值交易。企业应利用 Markov – GARCH 模型计算的 VaR 构建最优套期保值比例的模型，对冲 CDM 合同价格风险。

第三，暂停上马 HFC – 23 和 N2O 分解两类项目。在我国目前的初级 CERs 中，有 1/3 以上来自 HFC – 23 和 N2O 分解项目。可见欧盟拟禁止上述两类 CDM 项目的议案使我国 CDM 发展面临巨大风险。另外，HFC – 23 和 N2O 项目产生的减排是否具有经济价值、是否反而引致了不良环境后果始终存在争议，它们也一直不是我国鼓励的 CDM 优先发展领域。我国政府应立即在审批环节限制 HFC – 23 和 N2O 分解类项目，鼓励真正具有环境效益和经济价值的 CDM 项目的发展。

第四，加快国内碳贸易和碳金融市场的发展，争夺国际碳贸易市场话语权。长期以来，困扰我国 CDM 发展的问题之一就是国内碳贸易二级市场缺失。这不仅导致企业缺乏风险管理工具，而且使我国丧失了碳贸易市场定价权。未来碳贸易市场价格上升以及风险趋缓的预期为我国发展国内碳贸易二级市场提供了契机。我国可借鉴印度 CDM 发展经验，适当发展单边项目，鼓励国内金融机构参与项目开发，进行碳金融创新，在此基础上尽快建立国内碳贸易二级市场，为争夺国际碳贸易市场定价权打下坚实的基础。

参考文献

[1] Benz E. and Trück S., (2009) "Modeling the Price Dynamics of CO_2 Emission Allowances", Energy Economics 31: 4 – 15.

[2] Chan W. H. and Maheu J. M., (2002) "Conditional Jump Dynamics in Stock Market Returns", Journal of Business & Economic Statistics 20, 377 – 389.

[3] Christian Conrad, Daniel Rittler and Waldemar Rotfuβ, (2010) "Modeling and Explaining the Dynamics of European Union Allowance Prices at High – Frequency", Working Paper.

[4] Daskalaiks G., Psychoyios D., Markellos R. N., (2009) "Modeling CO_2 Emission Allowance Prices and Derivatives: Evidence from the European Trading Scheme", Journal of Banking & Finance 33 (7): 1230 – 1241.

[5] Dueker M., (1997) "Markov Switching in GARCH Processes and Mean – Reverting Stock – Market Volatility", Journal of Business and Economic Statistics 15, 26 – 43.

[6] Jan Seifert, Marliese Uhrig – Homburg, Michael Wagner, (2008) "Dynamic Behavior of CO_2 Spot Prices", Journal of Environmental Economics and Management 56, 180 – 194.

[7] Kim C. J., (1994) "Dynamic Linear Models With Markov Switching", Journal of Econometrics 64, 1 – 22.

[8] Marc Gronwald and Janina Ketterer, (2009) "Evaluating Emission Trading as a Policy Tool – Evidence from Conditional Jump Models", CESIFO Working Paper No. 2682.

[9] María Eugenia Sanin and Francesco Violante, (2009) "Understanding Volatility Dynamics in the EU – ETS Market: Lessons from the Future", Working Paper.

[10] Maria Mansanet – Bataller, Julien Chevallier et al., (2010) "The EUA – s CER Spread: Compliance Strategies and Arbitrage in the European Carbon Market", Mission Climat Working Paper.

[11] Paolella M. and Taschini L., (2008) "An Econometric Analysis of Emission Trading Allowances", Journal of Banking and Finance 32, 2022 – 2032.

[12] Tuthill L., (2008) "Investment in Electricity Generation under Emission Price Uncertainty: The Plant – Type Decision", Oxford Institute for Energy Studies Working Paper EV 39.

[13] Yang M., Blyth W., Bradley R. et al., (2008) "Evaluating the Power Investment Options with Uncertainty in Climate Policy", Energy Economics 30, 1933 – 1950.

Risk Changing Trend of Carbon Trade Price and Developing Strategies of Chinese CDM

Wang Jiawei   Yiteng Minzi

(University of International Business and Economics
School of International Economics and Trade Beijing 100029)

Abstract: This paper constructs a Markov – GARCH model containing distribution switching and compute VaR to study the trend of price risk. It is proved that there exits regime – switching in the mean, variance, kurtosis, clustering and even distribution in the market price of carbon emissions. More importantly, some reform policies will be implemented by EU. They will help lower the risk of the price of the carbon market. Chinese government should put up the price floor, prohibit HFC – 23 and N_2O CDM projects and develop domestic carbon finance market to win the pricing right for the international carbon market. China firms in CDM projects should lower the risk premium paid to foreign buyers in fixed price CDM contracts or sign floating price contracts.

Key Words: Carbon Trade; Carbon Emission Rights; Regime – switching; Markov – GARCH Model

中、日、韩、美与东盟贸易关联效应的实证分析*

李 红 方冬莉

（广西大学商学院 南宁 530004）

【摘　要】 借鉴空间经济分析的概念，利用2001年1月至2010年12月共120个月份中国、日本、韩国、美国与东盟的贸易序列分层进行计量分析，结果发现：中、日、韩、美与东盟的贸易总额之间及四国对东盟的进口与出口之间存在显著的关联效应，整体的协调推进与局部的竞争关系网状并存。东亚区域贸易自由化在时空上动态扩展的关联效应说明自由贸易其实并不自由，积极与多边区域贸易协定互动发展是必然的政策选择。

【关键词】 东盟；中、日、韩、美；区域贸易自由化；关联效应

一、引言：矛盾现象及研究回顾

进入21世纪以来，东亚各国加快与区域内外经济体的贸易自由化进程，自贸区蓬勃发展。以东盟为例，从20世纪末启动的东盟"10+1"，"10+3"东盟十国加中国、日本、韩国，到2005年12月启动的"10+6"东亚峰会，东盟加中、日、韩及印度、澳大利亚、新西兰；从2002年11月签署《中国与东盟全面经济合作框架协议》到2003年10月签署《东盟与日本全面经济伙伴关系框架协议》，再到2005年12月签署《东盟与韩国自由贸易协定框架协议》，东盟与周边国家的贸易自由化进程全面展开且不断推进。在加快与周边国家经济一体化进程的同时，东盟与美国等非东亚国家的经贸合作也在升级。2006年8月，美国与东盟签署《贸易和投资框架协议》，加速重返东南亚的亚洲行动计

---

* 原文发表于《当代财经》2011年第12期。

基金项目：系国家自然科学基金项目"自由贸易与跨境通道对地缘经济区的重塑"（41161024）、教育部人文社科基金项目"基于C-P模型的多中心跨境合作机理研究"（10YJA790089）阶段性成果。

作者简介：李红，广西大学教授，管理学博士；方冬莉，广西大学东南亚研究中心实习研究员。

划，并进而与部分东盟国家推动跨太平洋战略伙伴协定。而继中国与东盟《货物贸易协议》和《争端解决机制协议》2005 年生效之后，2007 年韩国与东盟《货物贸易协议》和《争端解决机制协议》生效；2008 年《日本与东盟全面经济伙伴协议》完成签署并生效。可见，中国与东盟的合作触发了一系列的仿效与"竞赛"，开放型的东亚自由贸易"多米诺效应"（Domino Effects）①（Baldwin，1993）的传导、关联效应凸显。

表现在数据方面，根据东盟秘书处的统计，2009 年中、日、韩、美与东盟的贸易额占东盟对外贸易额的 36.7%。其中东盟与中国（内地）的贸易额跃居首位，占 11.6%；与日本的贸易占 10.5%，日本在欧盟之后成为东盟的第三大对外贸易伙伴；东盟与美国的贸易额占 9.7%，与韩国的贸易额占 4.9%，美、韩作为东盟的第四及第五大贸易伙伴。② 但对比东盟 2001 年的统计数据，当前除中国与韩国占东盟贸易的份额上升之外，美国与日本所占比重皆下降。

从上述信息似乎可以得出 21 世纪头 10 年中、日、韩、美与东盟贸易只有竞争关系的结论。但是，这 10 年间东亚区域各方的贸易相互之间在整体发展上到底存在怎样的数量关系？对于这一问题，国内学术界有零星实证分析。其中，王卓（2009）从实证角度采用 1980～2007 年的数据分析了中、日、韩与东盟自由贸易区对中、日、韩及东盟的新、马、泰、菲和印尼等的贸易效应；钟海涛等（2010）论述了东盟与周边国家签订自贸协定（FTA）或经济伙伴协定（EPA）的新进展及其对协议参与方的作用和影响；李红等（2011）初步检验了中国—东盟贸易及其与美、日、韩贸易的协整关系。在国外，该问题较受关注，但实证研究主要集中于 R. Baldwin 等。基于垄断竞争贸易等理论模型以及 Baldwin（1993）关于 20 世纪 90 年代初美洲和欧洲区域贸易自由化的"多米诺式扩展"等研究，Baldwin（2005，2007）以 1997 年亚洲金融危机后亚洲东亚区域贸易协定的"面碗式"（Spaghetti/Noodlebowl）扩散为例，根据 2000 年数据对东亚不同区域自由贸易协议的排斥指数（Exclusion Indices）即竞争关系的对比，得出中国与东盟的自由贸易协定不可能像中、日、韩等东北亚三国间的自贸协定那样会触发区域性"多米诺效应"的结论。不过，Baldwin 等（2010）又引入"传染指数"（Contagion Index）对 1976～2005 年 113 个国家之间发生的 10 万余个贸易协议观察值进行计量分析，认为区域自由贸易协定具有传染性，进一步拓展了关于自贸协定多米诺效应的研究，但没有对东亚区域贸易协定进行分析，也没有运用较为及时的长期月度数据进行实证检验。

为避免歧义，同时考虑到东亚区域合作的开放性，我们借鉴空间经济学分析产业空间关联的概念，视贸易为跨国合作与时空关联的产业，将区域贸易协定的"多米诺骨牌效应"、"面碗效应"、"传染效应"等均视为更广意义上的关联效应（Correlation Effects 或 Linkages），并集中对过去 10 年贸易自由化进程中的中、日、韩、美及东盟之间的贸易关

---

① 即局部国家间的贸易壁垒降低会触发原本反对自由贸易的第三方国家贸易壁垒的降低，进而产生像多米诺骨牌传动那样的一系列自由贸易协定，使参与区域贸易自由化的范围扩大。
② 东盟秘书处网站，http://www.aseansec.org/stat/Table20.pdf。

系进行计量分析,研究这些贸易时间序列所隐藏的关联效应,以便从总体上认识和把握东亚区域贸易自由化的基本态势和整体效应,推进我国的自由贸易区战略。

二、数据与模型框架

(一) 数据选取与变量设定

本文采用中国(C)海关、日本(J)财务省关税局、韩国(K)外交通商部以及美国(U)普查局与东盟(A)五方相互之间以美元计算的贸易总额(T)、出口额(X)和进口额(M)数据①,分步建立数据库并进行分析:首先,构建图1所示的区域贸易进出口流量10年截面数据图,以便为研究各方贸易网状关联变化提供初步认识和分析框架。图1中显示五方之间的贸易强度在时空上具有一定的关联性,例如,伴随着中国与东盟贸易的快速增长,中美、中日、中韩以及韩国—东盟等双向贸易亦迅速攀升。其次,为全面分析区域贸易在自由化进程中的相互关联效应,进一步细化图1的数据。因上述五方双向贸易变量有20组之多,不便于计量分析,故选取2001年1月至2010年12月共120个月份中、日、韩、美及东盟五方相互之间的10个贸易总额时间序列(变量分别记为CAT,CJT,CKT,CUT,JAT,KAT,KJT,UAT,UJT,UKT),分析其间存在的数量关联。进而,为重点分析东盟与周边国家发展自由贸易的关联效应,聚焦于东盟,选取上述120个月份中、日、韩、美四国对东盟的8个进出口时间序列(见图2,变量分别记为CAX,CAM,JAX,JAM,KAX,KAM,UAX,UAM)进行协整分析。图2初步显示出各贸易序列在10年间有基本相似的波动趋势。为消除数据中可能存在的异方差性并平滑数据,对上述18个变量同时取自然对数,分别用lnCAT,lnCJT,lnCKT,lnCUT,lnJAT,lnKAT,lnKJT,lnUAT,lnUJT,lnUKT 和 lnCAX,lnCAM,lnJAX,lnJAM,lnKAX,lnKAM,lnUAX,lnUAM 表示。因自然对数的单调性,故取对数并不影响研究的结论。

(二) 框架模型构建

在图1所示区域贸易流网状框架的基础上,对中、日、韩、美与东盟五方相互间的10个贸易总额时间序列,以及中、日、韩、美对东盟的8个月度进出口时间序列进行相关系数及平稳性检验分析,结果显示:①除美日贸易与其他贸易的相关系数偏低之外,其他各组变量间的相关系数均在0.9之上,且随着时间的推移,年度内的相关系数有所提升,这说明变量间存在强相关性和稳定的数量关系。②各时间序列经一阶差分后并未全部

---

① 除日本方面公布的数据计算单位为本币之外,其余各方的数据单位均为美元。日方数据计算单位原为日元,本文按 X - RATES 网站(http://x - rates.com/)公布的日元兑美元月均汇率分月折算成美元。

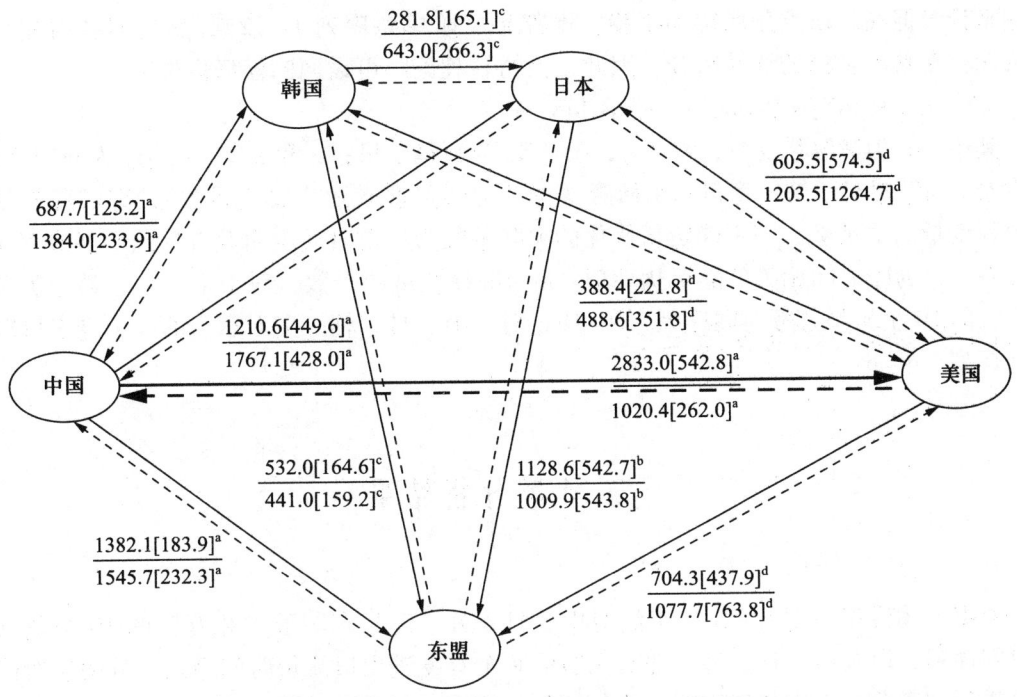

图 1　2001 年和 2010 年中、日、韩、美及东盟相互进出口流量（单位：亿美元）

注：①划线"———"上方的数据为出口来源地对实线箭头所指向目标市场的出口额，"[ ]"内数据为 2001 年数值；划线"———"下方的数据为该出口来源地从目标市场的进口额，即虚线箭头的对应值。②a 为中方数据；b 为日方数据（按汇率计算）；c 为韩方数据；d 为美方数据。③粗线表示 2010 年双方贸易的强度大。

资料来源：中华人民共和国海关总署、日本关税局、韩国外交通商部与韩国国际贸易协会、美国普查局。

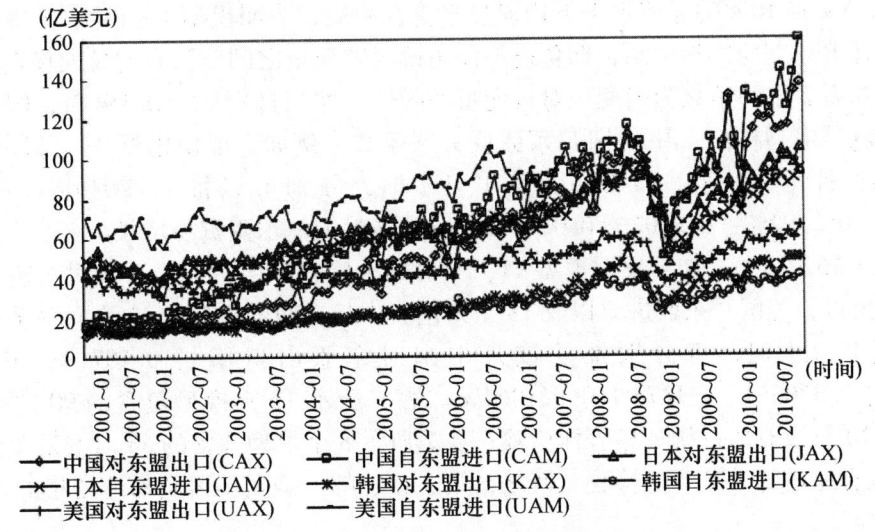

图 2　中、日、韩、美四国对东盟的月度进出口贸易波动（2001 - 01 ~ 2010 - 12）

资料来源：同图 1。

达到平稳,但在二阶差分后都为平稳,即都是二阶单整序列 I(2),这说明各组变量之间可能存在某种平稳的线性组合。因此,由协整理论,可设回归模型框架为:

$$\ln Y = \alpha + \beta_1 \ln X_1 + \beta_2 \ln X_2 + \cdots + \beta_n \ln X_n + v_t$$

其中,Y 为被解释变量;X, X_1, …, X_n 为解释变量;α 和 β_1, …, β_n 为回归系数;β 的大小和符号显示解释变量与被解释变量的关联强度或称"关联系数",即解释变量对被解释变量的贡献度,当不同贸易伙伴的关联系数为负数时,说明双方反向发展或存在竞争关系;v_t 为跟时间相关的随机扰动项。n 为解释变量的个数,对于中、日、韩、美及东盟五方的 10 个贸易总额时间序列,n = 10;对于中、日、韩、美对东盟的 8 个进出口时间序列模型,n = 8。

三、计量分析结果

根据上述模型,用 E - G 二步法对中、日、韩、美与东盟五方相互间的 10 个贸易总额时间序列,以及中、日、韩、美对东盟的 8 个月度进出口流量时间序列,分两层对网状结构进行回归分析。为节约模型构建与铺叙的篇幅,所建立的模型及相关显著性检验分别用表 1 和表 2 集中显示。

在表 1 和表 2 中,各模型的拟合优度以及调整后的拟合优度达到 0.9 以上,拟合效果好;引入自回归项后,自相关得以消除(D - W 统计量接近 2);解释变量在 95% 水平下的显著性检验多得以通过。进一步对模型残差做平稳性检验(表格从略),各模型残差序列在 1%、5% 和 10% 的显著水平下均通过平稳性检验,表明模型 1~模型 18 中的变量之间具有统计上显著的协整关系,即各模型能正确反映变量之间所具有的长期稳定关联。

表 1 和表 2 中的系数为因变量对自变量的弹性,即当自变量变动 1% 时,因变量的变动幅度也就是模型框架 1 中的回归系数或关联系数。例如,根据模型 2,当月中国—东盟、中韩、日本—东盟、韩日贸易增长 1% 时,分别可以推动该月中日贸易增长 0.3173%、0.2592%、0.2602% 和 0.1462%;而当韩国—东盟贸易增长 1%,该月中日贸易将减少 0.1629%。又如,根据模型 11,当月的中国自东盟进口、日本对东盟出口、韩国对东盟出口、美国自东盟进口以及 18 个月前日本从东盟的进口和 12 个月前美国对东盟的出口增长 1% 时,将分别推动该月中国对东盟出口增长 0.1871%、0.2152%、0.1967%、0.3706%、0.1274% 和 0.1064%。表 1 所示 10 个模型蕴含的 90 对变量关系中,只有 20 对没有通过统计显著性检验;表 2 所示 8 个模型蕴含的 58 对变量关系中,只有 12 对没有通过统计显著性检验。概之,中、日、韩、美及东盟贸易流变量的近 80% 具有关联效应。

表1 中、日、韩、美及东盟相互间月度贸易计理模型

序号 X\Y	模型1 lnCAT	模型2 lnCJT	模型3 lnCKT	模型4 lnCUT	模型5 lnJAT	模型6 lnKAT	模型7 lnKJT	模型8 lnUAT	模型9 lnUJT	模型10 lnUKT
α	−0.8939 (−3.0918)	1.1576 (9.4238)						0.9750 (3.5642)		0.8985 (2.5805)
lnCAT	—	K=0 0.3173 (4.6253)	K=0 0.3500 (5.0531)	K=0 0.4485 (5.6842)	K=0 0.1833 (2.2470)	K=6 0.1022 (3.0028)	K=0 −0.2771 (−4.0664)	K=0 0.1936 (2.2590)	K=−9 −0.0887 (−2.4293)	K=−4 −0.1601 (−3.9548)
lnCJT	K=0 0.6028 (7.7886)	—	K=0 0.4907 (7.2486)	K=−12 0.3219 (4.4248)	K=0 0.2652 (3.4168)	K=0 −0.2631 (−3.1612)	K=0 0.3738 (5.1637)	K=0 −0.3384 (−4.2998)	K=0 0.3438 (5.1670)	K=0 −0.2769 (−3.3972)
lnCKT	K=0 0.4541 (5.4850)	K=0 0.2592 (3.2198)	—	K=−2 0.1433 (2.8361)	K=0 −0.3648 (−4.2644)	K=0 0.3853 (4.2367)	K=−11 0.0744 (2.3967)	K=0 0.1940 (2.1967)	K=0 −0.3603 (−4.9551)	K=0 0.4075 (4.7998)
lnCUT	K=−1 0.1081 (3.5483)			—	K=−1 0.0568 (2.0315)			K=−6 −0.0825 (−2.9097)	K=−6 0.0593 (2.2460)	
lnJAT		K=0 0.2602 (4.4810)	K=−9 −0.1425 (−3.5508)	K=0 −0.3669 (−3.8094)	—		K=0 0.2522 (3.4699)	K=0 0.2647 (3.3039)	K=0 0.2434 (3.3686)	K=−1 0.2073 (2.7066)
lnKAT	K=0 0.2104 (3.5777)	K=0 −0.1629 (−2.8929)	K=0 0.2253 (4.1726)		K=0 0.1575 (2.2857)	—	K=0 0.3720 (5.5090)	K=0 0.0975 (2.4867)	K=−12 −0.1064 (−2.2059)	K=−9
lnKJT	K=0 −0.1885 (−2.2747)	K=0 0.1462 (2.2566)			K=0 0.2854 (3.7219)	K=0 0.5277 (6.6018)	—	K=0 −0.1764 (−2.2824)	K=0 0.1663 (2.5894)	K=0 0.1941 (2.1648)
lnUAT	K=0 0.2754 (2.9139)		K=−1 0.1271 (3.1226)	K=0 0.5210 (4.4194)	K=0 0.3224 (5.4517)	K=0 0.1817 (2.9263)	K=−10 −0.1439 (−3.2955)	—	K=0 0.2613 (3.6777)	
lnUJT	K=0 −0.2785 (−3.3392)		K=0 −0.3203 (−5.3426)	K=−12 −0.2214 (−3.1098)				K=0 0.4894 (6.6803)	—	K=0 0.3407 (4.0304)
lnUKT			K=0 0.2936 (4.9660)	K=−3 0.2961 (3.2163)	K=−3 0.1633 (3.4293)		K=0 0.2907 (4.2826)	K=0 0.1921 (2.7254)	K=0 0.2409 (3.8176)	—

续表

序号 X\Y	模型1 lnCAT	模型2 lnCJT	模型3 lnCKT	模型4 lnCUT	模型5 lnJAT	模型6 lnKAT	模型7 lnKJT	模型8 lnUAT	模型9 lnUJT	模型10 lnUKT
AR（1）	0.4164 (4.5966)		0.6010 (6.2758)	-0.2388 (-2.4042)	0.4759 (5.0443)	0.6566 (6.8880)	0.5079 (5.0748)	0.4917 (5.3621)	0.5005 (5.9550)	0.3178 (3.3661)
AR（2）			0.3335 (3.4908)		0.2856 (2.9874)	0.2723 (2.8250)	0.3288 (3.4157)			0.3104 (3.3200)
AR（4）								0.4980 (5.9620)		
AR（12）		0.5962 (7.7708)								
R^2	0.9957	0.9884	0.9962	0.9772	0.9792	0.9838	0.9739	0.9520	0.9386	0.9219
$\bar{R}^2$	0.9954	0.9877	0.9959	0.9755	0.9774	0.9829	0.9717	0.9470	0.9323	0.9159
D-W	2.0475	1.6116	2.0197	2.0107	1.9826	2.1097	2.0456	2.1043	2.0417	2.0086

注：①K表示解释变量的滞后期数。②括号内数值为通过95%显著性检验的T统计量；无数据的空格表示变量间关系在统计上不显著。③AR为自回归项，其后括号内的值为滞后期。

资料来源：根据图2数据计算。

表2 中、日、韩、美对东盟月度出口与进口贸易计量模型

序号 X\Y	模型11 lnCAX	模型12 lnCAM	模型13 lnJAX	模型14 lnJAM	模型15 lnKAX	模型16 lnKAM	模型17 lnUAX	模型18 lnUAM
α								2.7704 (8.5069)
lnCAX	—	K=0 0.4954 (7.5381)	K=-3 0.2721 (4.9085)	K=0 0.1173 (2.5031)	K=0 0.4253 (9.2635)		K=0 -0.1179 (-2.2161)	
lnCAM	K=0 0.1871 (2.6004)	—	K=0 0.2506 (5.1516)	K=0 -0.1280 (-2.0778)	K=-3 -0.1977 (-3.8878)	K=0 0.2570 (5.0100)	K=0 -0.1095 (-2.2124)	K=0 0.1604 (4.0728)
lnJAX	K=0 0.2152 (2.5475)	K=0 0.3853 (4.1032)	—	K=0 0.1751 (2.7901)	K=0 0.2776 (3.3531)	K=0 -0.2730 (-2.9849)	K=0 0.4058 (6.2093)	
lnJAM	K=-18 0.1274 (2.7097)	K=0 -0.4026 (-3.0569)	K=0 0.5627 (6.7581)	—		K=0 0.3030 (3.3447)		K=0 0.4841 (7.6172)

续表

序号 X\Y	模型11 lnCAX	模型12 lnCAM	模型13 lnJAX	模型14 lnJAM	模型15 lnKAX	模型16 lnKAM	模型17 lnUAX	模型18 lnUAM
lnKAX	K=0 0.1967 (2.3048)		K=0 0.1559 (2.4333)		—	K=0 0.3685 (4.6318)	K=0 0.2547 (3.2613)	K=−2 −0.1089 (−2.4897)
lnKAM		K=0 0.3321 (4.1904)	K=−6 −0.1991 (−4.0219)	K=0 0.2677 (4.7868)	K=0 0.3933 (4.9374)	—	K=0 0.1935 (2.9354)	
lnUAX	K=−12 0.1064 (2.0809)		K=−1 0.1940 (2.5671)		K=0 0.2926 (2.7715)	K=0 0.1985 (2.1896)	—	K=−6 −0.1961 (−3.9993)
lnUAM	K=0 0.3706 (3.6669)	K=0 0.2925 (2.5186)	K=−3 −0.2885 (−3.2211)	K=0 0.6026 (11.8392)	K=0 −0.2540 (−4.4315)		K=0 0.3624 (8.0661)	—
AR(1)	0.1781 (2.6638)	0.3033 (3.3961)		0.3912 (4.1469)		0.4800 (5.6256)		0.7501 (11.1643)
AR(2)		0.3171 (3.2811)	0.3720 (5.1735)	0.3400 (3.6813)				
AR(4)		0.2714 (2.9359)						
AR(12)	0.7192 (12.2368)		0.5066 (8.2378)		0.2439 (2.6357)			0.1665 (2.4703)
R^2	0.9822	0.9846	0.9560	0.9606	0.9693	0.9601	0.8886	0.9160
$\bar{R}^2$	0.9807	0.9837	0.9522	0.9585	0.9674	0.9584	0.8837	0.9107
D−W	1.8318	2.0343	2.0507	2.0102	1.8659	2.1958	1.7117	1.9416

注：①K表示解释变量的滞后期数。②括号内数值为通过95%显著性检验的T统计量；无数据的空格表示变量间关系在统计上不显著。③AR为自回归项，其后括号内的值为滞后期。

资料来源：根据图2数据计算。

四、结论与建议

(一) 东亚贸易自由化在时空上的关联效应显著

以上不同层面的初步计量分析都显示出一致的结论：时空上呈现出较强的关联效应。具体而言：

(1) 动态扩散。从纵向即关联效应产生的时滞角度看，整体而言，2001~2010年东亚区域贸易在时区内约1/3的贸易流受前期若干月份其他经济体之间贸易流的影响，但更多的是受区内本地及其他经济体之间当月贸易流的影响。考虑到区域内频频签署和实施的自由贸易协定，因此，这个结论说明区内某两方之间的贸易自由化行动中，约2/3措施于当月就会对本区域其他经济体产生显著效应。

(2) 网状关联。从横向或空间维度看，中、日、韩、美及东盟构成开放的东亚区域贸易，各方之间进出口基本上具有显著的关联效应——相互推进或相互竞争，其中呈竞争关系的贸易流变量数约占1/4。而且表1与表2各横行自变量还显示，不只是中国对外的贸易流对区内部分其他经济体之间的贸易流形成竞争，日、韩、美及东盟各方的贸易流同样给区内不同经济体带来竞争。不过，竞争虽存在但不是主流，区内双向贸易更多呈正关联效应，即整体的协调推进与局部的竞争网状共存。总之，自由贸易其实并不自由——东亚的自由贸易政策在时空上具有显著的传导、关联效应，在制定和实施区域贸易自由化政策时不能不从整体上考虑与区内外其他经济体的互动。

(二) 强关联效应可从东北亚与东南亚同时整合

(1) 强效动力。就贸易关联效应的强度而论，在中、日、韩、美及东盟五方构成的贸易网络之中，中国与东盟成为区域贸易强关联的重要纽带和扩散动力。表1显示，中日、中韩、中国—东盟等贸易是关联效应较强且较集中的3个贸易变量，对其他多个贸易流的关联效应系数达到0.3以上或-0.2以下，强协进与强竞争并存。而这3个变量之间的相互关联效应更高，显示出东盟与中、日、韩"10+3"推进贸易自由化的初步成果，这与Baldwin (2005) 认为中国—东盟或东北亚与东南亚贸易自由化不能触发强效应的结论不同。原因主要是中国与东盟在过去10年间推进了东南亚与东北亚间的合作，使"10+3"合作产生被新贸易理论及空间经济分析称为"本地市场效应"的规模经济，即强关联的大市场让"10+3"贸易集中，联动协进。当然，东亚贸易关联效应除集中体现在东北亚和东南亚的上述变量上外，美国—东盟贸易对中美、日本—东盟贸易，美日贸易对美国—东盟贸易等也有较强的影响。这与亚太三角贸易模式（Triangular Trade Pattern），即日本与亚洲"四小龙"提供资本品或中间产品—东盟国家及中国生产部件或中间品与成品—返销日本以及"四小龙"或销往美国与世界其他市场或者东北亚—东南亚—欧美之间市场的三角互补关系等事实相符合。这也与表1与表2所示东盟与周边国家的贸易自由化对东亚区域已产生强关联效应的证据一致。例如，东盟对美国及日本的出口与美、日方从中国及日本的进口等，对区内其他贸易流的正关联效应十分明显。

(2) 优化竞争。毋庸讳言，如引言所述及表1和表2所示，当前东亚区域的竞争性双边贸易仍多，强竞争关系涉及东亚各方及其与美国的贸易。竞争本是好事，能让资源配置优化，但贸易伙伴之间此消彼长的竞争无助于社会福利的最大化。基于区域贸易的整体关联性分析，Baldwin (2005, 2007) 告诫东亚国家应实施多边自由贸易，避免以自我为轴心但却易于产生边缘化效应的"轴—辐"式双边主义（Hub - and - spoke Bilateralisrr)

或"面碗式"贸易协定整合多边及重叠的区域自由贸易协定,有助于东亚各方缓和差异或竞争性的关税、标准等。因此,未来若能整合陆续成立的中国—东盟、韩国—东盟和日本—东盟等自贸区,落实《2020中日韩合作展望》举措,在东盟与中、日、韩"10+3"合作机制基础上推动东南亚与东北亚整合和"东亚共同体"进程,则区域贸易自由化可在东亚产生更优的网状关联效应。而不论是东南亚还是东北亚的区域整合,都跟中国的参与及贡献有关。

(三) 中国的贡献跟参与区域合作的深广度相关

自与东盟签署《全面经济合作框架协议》后,中国先后与东盟在2004年落实《早期收获计划》,2005年实施《货物贸易协议》和《争端解决机制协议》,2007年实施《服务贸易协定》,2009年签署《投资协议》,2009年10月与日、韩确立建设东亚共同体的长远目标,这些深化区域合作的措施,成为贸易关联效应产生的重要动力。事实上,根据东盟方面的统计数据计算,2001~2009年中国—东盟贸易增长对东盟地区贸易的贡献率达到33.8个百分点。而从模型1~模型10的结果看,中国—东盟贸易对区内各方之间的贸易流均有显著影响,其中对日韩、美日和美韩等贸易的效应为竞争性的,但对其余贸易流的正效应更为明显,特别是对中美贸易,关联系数达到0.4485。此外,中日贸易产生的效应也不容小视,特别是对中国—东盟贸易的影响,关联系数达到0.6028,即中日贸易增加1%时,会促进中国—东盟贸易增长0.6028%;对中韩、中美、日本—东盟、韩日、美日等贸易流的正效应也很显著。中韩贸易除了与日本—东盟及美日贸易产生竞争之外,对其他贸易流都产生促进作用。中美贸易对区内其他贸易流的效应有待增强。再从模型10~模型18看,中国从东盟的进口不仅可促进本国对东盟的出口,也促进日本对东盟的出口以及韩国与美国从东盟的进口;中国对东盟的出口,除促进本国从东盟的进口之外,还促进日本对东盟的出口与进口以及韩国对东盟的出口。不过,各个产生网状、多边强关联效应的贸易流都是通过双向合作实现的,中国所做出的贡献与周边经济体的配合、合作密不可分。因此,尽管自由贸易其实并不自由,但积极参与区域贸易自由化并与周边形成多边互动发展格局,致力于合作构筑多边贸易体制,是东亚各方发挥自身影响与贡献的必然政策选择。

参考文献

[1] 张超. 自由贸易的形成及其在东亚的发展趋势 [J]. 当代财经, 2004 (7): 101-104.
[2] R. Baldwin. A Domino Theory of Regionalism [R]. NBER Working Paper, No. 4465, 1993.
[3] 王卓. 中国加入中日韩东盟自由贸易区的贸易效应实证分析——以1980~2007年为例 [J]. 特区经济, 2009 (7): 17-20.
[4] 钟海涛, 衷波. 东盟FTA战略的新进展及影响 [J]. 国际贸易, 2010 (1): 19-24.
[5] 李红, 方冬莉. 2010~2011年中国—东盟货物贸易数量分析与预测 (年度系列报告之八) [J]. 东南亚纵横, 2011 (3): 3-8.
[6] R. Baldwin. Asian Regionalism: Promises and Pitfalls [A] //Ahn Choong-Young et al. (eds).

East Asian EconomicRegionalism: Feasibilities and Challenges [J]. Netherlands: Springer, 2005: 157 – 174.

[7] R. Baldwin. Managing the Noodle Bowl: The Fragility of East Asian Regionalism [R]. ADB Working Paper Series on Regional Economic Integration, No. 7, 2007.

[8] R. Baldwin, D. Jaimovich. Are Free Trade Agreements Contagious? [R]. NBER Working Paper, 2010.

[9] M. Fujita, S. Kumagai, K. Nishikimi. Economic Integration in East Asia: Perspectives from Spatial and Neoclassical E – cononucs [M]. UK: Edward Elgar Publishing Limited, 2008: 26 – 27.

[10] Yukon Huang, A. M Bocchi (eds). Reshaping Economic Geography in East Asia [Z]. The World Bank, 2009: 6 – 7.

[11] M. Kawai, G. Wignaraja. Regionalism as an Engine of Multilateralism: A Case for a Single East Asian FTA. ADB [R]. Working Paper Series on Regional Economic Integration, 2008.

[12] 唐晓云. 多元主体与世界贸易体制的法治前景 [J]. 江西财经大学学报, 2010 (1): 99 – 103.

Empirical Analysis of China Japan, South Korea, the United States and ASEAN Trade Correlation Effect

Li Hong   Fang Dongli

(Guangxi University   Business School Nanning 530004)

Abstract: Using the concept of spatial economic analysis and trade sequence of China, Japan, South Korea, the United States and ASEAN in a total of 120 months from January 2001 to December 2010, we found that, the total trade between China, Japan, South Korea, the United States and ASEAN and the import and export of the four countries to ASEAN have significant correlationeffects, the overall coordinate promotion and local competition co – exist in the form of network. The dynamic extended correlation effects of East Asianregional trade liberalization in time and space have shown that, free trade is not free, interacting actively with the multilateral development of regional tradeagreements is an inevitable policy choice.

Key Words: ASEAN; China, Japan, South Korea, the United States; Regional Trade Liberalization; Correlation Effects

后危机时代中国与东盟的外贸发展趋势及贸易政策选择

张建中

(中南财经政法大学工商管理学院　武汉　430073)

【摘　要】 从双边货物贸易量、贸易差额、外贸依存度、双边货物贸易商品结构和产业内贸易对危机前后中国与东盟的外贸发展现状进行了对比分析;并深入探讨了后危机时代中国与东盟外贸的发展趋势,即区域整体产业链分工将进一步细化、电子产品产业内贸易将加速发展、加工贸易生产基地将转向东盟发展、服务贸易将成为中国—东盟区域经济合作新的经济增长点;基于外贸发展趋势进一步探讨了在后危机时代中国对东盟贸易政策的选择,即实施适度宽松的对外贸易政策、均衡实施出口导向战略和进口替代战略、以稳定外需转变外贸发展方式、建立 CAFTA 为融通的贸易综合管理体系。

【关键词】 后危机时代;中国—东盟自由贸易区;对外贸易;贸易政策;转变外贸发展方式

一、问题的提出

2007 年,由美国次贷危机所引发的全球性金融危机直接导致了全球信贷市场与资本市场的剧烈动荡,世界各国的实体经济纷纷陷入衰退。随着经济全球化和区域经济一体化进程的不断深入,中国的实体经济也受到了严重的影响。

中国和东盟长期以来都保持着非常紧密的经贸合作关系,自 20 世纪 90 年代以来至此

---

* 原文发表于《国际贸易问题》2011 年第 5 期。
基金项目:系国家社科基金项目资助"新形势下中国—东盟区域经济合作研究"(10XJY035)和教育部人文社会科学研究项目基金资助"贸易、投资与环境协同发展的机制研究"(09YJC790055)成果之一。
作者简介:张建中,中南财经政法大学工商管理学院。

次金融危机爆发前,中国与东盟对外贸易一直高速增长,双边贸易从 1991 年的 83.9998 亿美元迅速扩大至 2007 年的 2026.24676 亿美元①,以年均 25.53% 的增速高速发展。然而,最近发端于美国的次贷危机而引发的全球性金融危机对中国—东盟的对外贸易产生了深远的影响,2008 年双边贸易仅增 14.08%、2009 年双边贸易负增长 7.98%。因此,在后危机时代,中国能否以推进区域经济合作的方式确保中国经济的平稳增长、如何恰当选择贸易政策加强区域经济合作来应对此次金融危机对中国—东盟对外贸易的影响,这是本文研究的出发点和目的所在。

二、文献回顾

对于贸易政策,一直缺乏明确和统一的界定。Cohen(1968)认为,贸易政策是一种混合体,"它是一个国家试图影响外部经济环境的那些行动的总称","是一个国家整体政策的组成部分,服务于共同的政策目标"。Pastor(1980)认为贸易政策是指"政府试图影响国际经济环境的全部行为,或者是直接影响国际经济环境,或者是调整经济以适应外部环境"。约翰·H. 杰克逊(2001)在其权威之作中勾勒出了国际贸易体系的主要内容,包括贸易政策目标、贸易政策的框架和主要的政策工具、贸易政策的决策机制、贸易政策的监督反馈机制和绩效评估机制等。Brander 和 Spencer(1981,1984)、Krugman(1984)等提出了战略性贸易政策,强调政府适度干预贸易对于本国企业和产业发展的作用。Dutt 和 Mitra(2002)研究了政府主义将如何影响贸易政策的制定。Gawande 等(2006)的研究表明对外游说对贸易政策的制定产生深远的影响,即关税与非关税措施与对外游说是负相关的关系。Krebs 等(2005)实证研究了贸易政策与工人个人收入面临风险之间的关系。Blonigen(2008)认为决策者个人能力和他们所在行业的国际贸易特点以及个人的退休决策都将影响对贸易政策选择的偏好。

国内学者魏浩、张二震(2004)对我国出口政策和进口政策对经济发展的作用进行重新认识,提出由外向型经济向内外互补型经济转变;构建资源安全贸易体系的外贸政策新思路。佟家栋、林力(2009)研究了金融危机与中国对外贸易政策和产业政策,认为我国采取的政策可能在短期内过于急迫,从而急于求成;可能在长期内力度又过大,这些偏误的出现,可能对我国经济的持续增长产生负面、增加其波动性的影响。谢娟娟(2009)认为,在后危机时代我国对外贸易政策选择的导向是贸易政策中性化趋势中的适度保护政策;扩大内需、以进促出,保持经济可持续和稳定发展;优化对外贸易结构,减少贸易摩擦;建立开放经济下的内外统一的贸易综合管理体系。高明(2010)通过多阶段的博弈决策分析表明,由于贸易保护的结果存在于任意两方的博弈中,在国际经济危机

---

① 资料来源:《中国统计年鉴》(2008)。

的背景下，中、美、欧三方"僵持"的博弈局面将直接导致各国采取贸易保护政策。

而关于中国对东盟对外贸易政策的研究，唐文琳、范祚军（2005）对中国与东盟自由贸易区成员国的经济政策协调进行了深入研究，其中包括投资政策与贸易政策。余玆（2006）通过深入研究中国和东盟贸易与直接投资的关系及政策，指出中国应加强国际贸易与国际直接投资政策之间的协调，积极推进贸易和投资自由化，实行适度的贸易和投资保护政策。保建云（2009）从比较优势与政策选择角度探讨了中国与东盟经济增长和进出口贸易的发展。此外，曹云华（1977）等学者在相关著作的研究中从不同角度涉及中国对东盟对外贸易政策的选择问题。

从上述文献来看，主要是集中研究国别贸易政策对进出口商品结构、规模、双边贸易关系以及对各国经济发展的影响等，而在后危机时代具体研究中国对东盟贸易政策问题的论文和著作相对较少。在后危机时代，笔者深入研究中国与东盟外贸发展趋势及贸易政策选择问题，目的在于促进我国继续转变外贸发展方式以及推进中国与东盟经贸关系。

三、危机前后中国与东盟外贸发展现状的对比分析

1. 双边货物贸易量呈倒"U"型发展趋势

1991~2009年中国—东盟双边贸易呈倒"U"型发展趋势（见图1）。其中1991~2001年中国—东盟的对外贸易量以年均17.35%的速度逐年平稳增长；2002~2007年中国—东盟的对外贸易量以年均29.89%的速度高速增长。高速增长的原因在于2001年11月在文莱举行的第5次东盟"10+1"领导人会议上，各国一致同意在今后10年内建立中国—东盟自由贸易区。2007年金融危机导致2008年1月到2010年5月中国—东盟月度进出口贸易额剧烈波动（见图2），表现出前高后低的发展趋势，其增幅同比迅速下降。其中，2008年中国与东盟双边贸易增幅同比下降12.4%；2009年中国与东盟双边贸易增幅同比下降11.2%。2010年，中国与东盟双边贸易额达2927.8亿美元，同比增长37.5%。其中，中国自东盟进口1545.6亿美元，增长44.8%；对东盟出口1382.2亿美元，增长30.1%①。

2. 贸易差额呈"U"形发展趋势

1991~2009年中国与东盟进出口贸易差额呈现出两阶段发展特征（见图3）：①1991~1997年中国与东盟贸易差额较小，进出口基本保持平衡状态。②1997~2008年中国一直处于贸易逆差，呈典型的"U"形发展趋势，且2004年贸易逆差达最大值，为200.6801亿美元。但自2004年以来，中国对东盟贸易逆差逐年缩小，其原因在于中国—东盟自由贸易区的组建为中国出口产品提供了新兴市场；值得注意的是，受此次金融危机

---

① 黄瑞. 海关总署：2010年中国自东盟进口增长44.8% [EB/OL]. 中新网，http://www.tianjinwe.com/rollnews/.

的影响，2009年中国对东盟进出口贸易自1998年以来首度出现贸易顺差，贸易顺差为0.67034亿美元；2010年中国对东盟贸易逆差为163.4亿美元，同比增长30.7倍，东盟位列欧盟、美国、日本之后，成为中国第四大贸易伙伴。

3. 外贸依存度呈倒"U"形发展趋势

外贸依存度反映一国经济发展对对外贸易的依赖程度。一般来说，一国外贸依存度直接受经济发展水平、自然资源拥有状况、对外贸易政策、国内外市场容量等因素的影响。长期以来，我国与东盟各国间的经济相互依存关系，特别是对外贸易的依存关系日益加深。1991~2009年中国—东盟外贸依存度呈前升后降发展趋势（见图4），自1997年东南亚金融危机以来，中国—东盟对外贸易依存度不断提高，2007年外贸依存度达6.17%的最高值，但受此次金融危机的影响，中国—东盟对外贸易依存度有所下降，其中2008年和2009年分别为5.34%和4.33%。

4. 双边货物贸易商品结构趋同

中国与东盟国家对外贸易商品结构相似度较高，其原因在于中国与马来西亚、泰国等东盟经济发展第二层次国家产业结构和进出口商品结构相似。在中国和东盟5国①的前10位商品构成中，HS两位税目的85章（电器）、84章（机械）和27章（矿物燃料）均为各国商品构成的前3位，这三章商品构成的总和在各国均达到50%~60%，此外，相同商品还包括90章（光学仪器）、87章（车辆）、72章（钢铁）、39章（塑料制品）和29章（有机化学品）。除印度尼西亚外，中国和其他东盟4国的商品结构相似度②较高，中新商品结构相似度为0.95，中马为0.97，中泰为0.92，中菲为0.95，只有中国与印度尼西亚商品结构相似度较低，为0.45。

相似度较高的对外贸易商品结构导致中国与东盟双边货物贸易商品结构③趋同，中国和东盟5国双边贸易的重要商品还有15章（动植物油）、26章（矿砂）、40章（橡胶）、44章（木制品）、73章（钢铁制品）、74章（铜制品）和89章（船舶），这些都是东盟5国具有比较优势的商品。在中国从东盟5国进口商品构成中，2004年后呈上升趋势的有85章、40章、90章和74章；在中国向东盟5国出口商品构成中，2004年后呈上升趋势的有85章、72章、73章、89章和90章。2007年金融危机后中国和东盟5国双边贸易商品构成继续呈现这一发展趋势，且趋同的发展态势越来越强。

5. 产业内贸易程度较低

产业内贸易也称为水平贸易或双向贸易，指一个国家在出口的同时又进口某种同类产品。这里的同类产品是指按国际贸易标准分类（SITC）至少前3位数相同的产品，即至少属于同类同章同组的商品。中国和东盟5国的出口商品结构比较相似，但产业内贸易指数④

---

① 本文中所指的东盟5国为新加坡、马来西亚、泰国、印度尼西亚和菲律宾。
② 各国商品结构相似度为各国HS两位商品构成的相关系数。
③ 中国和东盟5国双边贸易商品构成的计算为中国和东盟5国各章双边贸易额与中国和东盟5国双边贸易总额之比。
④ 本文中产业内贸易指数根据Grubel和Lloyd（1975）最先提出的产业内贸易指数（IIT）计算方法计算得出。

差异较大（见表1）。2000~2009年，中国和东盟的双边产业内贸易指数变化不大，在0.60左右徘徊，双边产业内贸易指数均低于各国世界产业内贸易指数。只有中新的ITT稍高于中国，平均值为0.69。中泰和中印的ITT在0.50左右，而中马和中菲的ITT低于0.30。这说明中国和东盟5国的双边产业内贸易程度较低。受此次金融危机的影响，与2007年相比，2008年中新、中泰、中马、中菲的双边产业内贸易指数均有所上升，说明双边贸易依赖性在不断增强。

四、后危机时代中国与东盟外贸发展趋势的分析

1. 区域整体产业链分工将进一步细化

随着CAFTA的正式运作，后危机时代中国与东盟外贸的发展趋势之一是区域整体产业链分工将进一步细化。即纵向产业内贸易为主的产业将密切合作，并促进产业链不同环节生产分工的形成。相对而言，中国在机电产品、高新技术产品、能源和矿产勘探与开采、水电设计与建造等产业的生产技术较东盟国家具有比较优势，这一技术优势正好与东盟各国的资源禀赋以及需求偏好形成优势互补，有利于形成更为细化的产业链内分工。除此以外，即便是中国与东盟各具竞争力的出口产业也将在后危机时代形成更为细化的产业链分工。以纺织品为例，同印度尼西亚的企业相比，中国纺织服装企业具有劳动力素质高，管理先进；国内配套能力强，辅料供应及外协工种配合好、产业链完整，设备采购、维护成本三低；各项与出口相关的配套手续简洁便利效率高的比较优势。印度尼西亚则拥有丰富的自然资源和廉价劳动力，是中国纺织企业采取"走出去"战略的较好投资场所之一。如果把纺织中间产品的生产通过对东盟直接投资和中间产品进口的方式放给东盟各国去生产，中国则集中力量生产服装制成品，然后出口欧美各国以及东盟各国，将形成合作共赢的产业链内分工格局。这样把生产的不同环节集中于不同的国家可以形成规模经济，同时在国际市场上也可以避免由于出口类似产品而引起的恶性竞争。

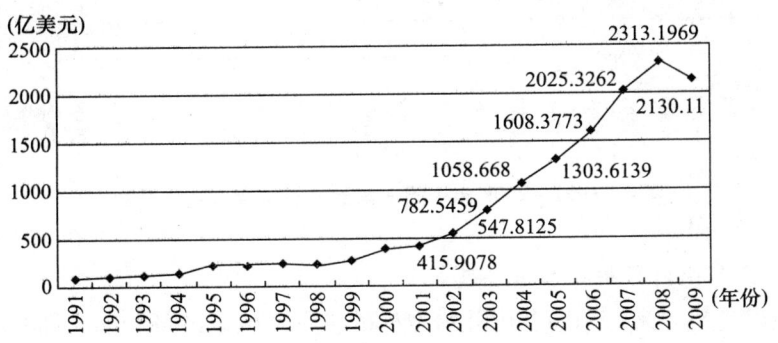

图1 1991~2009年中国—东盟对外贸易变化趋势

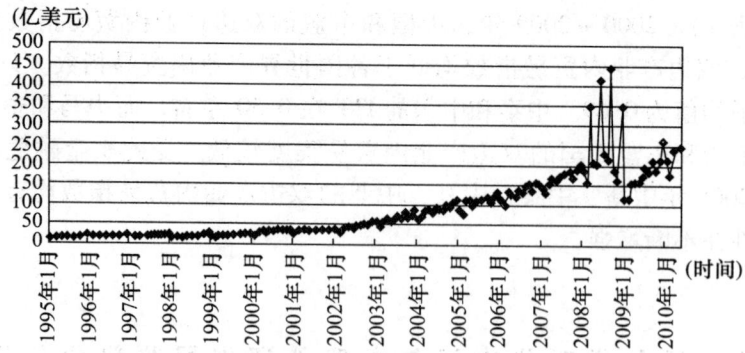

图2 1995年1月至2010年5月中国—东盟月度进出口变化趋势

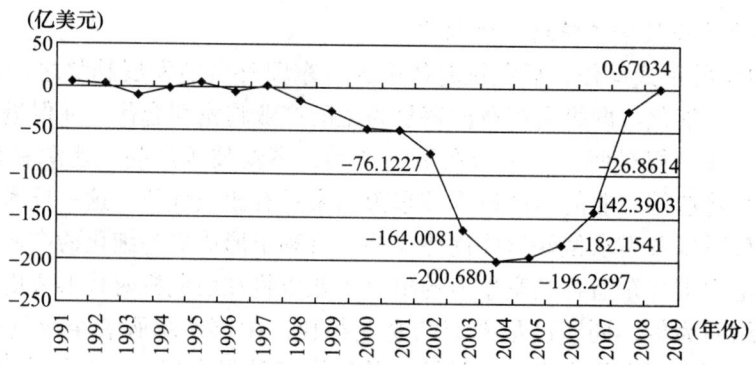

图3 1991~2009年中国对东盟贸易差额

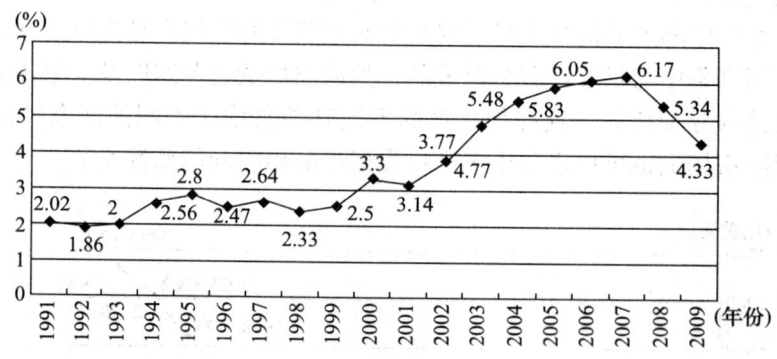

图4 1991~2009年中国—东盟外贸依存度变化趋势

2. 电子产品产业内贸易将加速发展

东南亚金融危机以来，东盟各国凭借宽松的投资环境以及部分国家拥有讲英语的廉价劳动力等优势吸引了大量来自日本、美国以及欧洲的国际知名电子企业，东盟电子产业集

表1 2000~2009年中国和东盟5国的双边产业内贸易指数

年份	2000	2001	2002	2003	2004	2005	2006	2007	2008	2009
中国—东盟	0.57	0.61	0.61	0.56	0.57	0.59	0.59	0.61	0.61	0.62
中—新	0.71	0.67	0.69	0.68	0.71	0.73	0.66	0.68	0.70	0.69
中—马	0.11	0.14	0.16	0.14	0.13	0.13	0.12	0.14	0.14	0.15
中—泰	0.51	0.50	0.54	0.47	0.47	0.50	0.49	0.50	0.51	0.50
中—印	0.33	0.42	0.43	0.48	0.50	0.53	0.48	0.51	0.50	0.49
中—菲	0.47	0.38	0.32	0.31	0.35	0.30	0.29	0.33	0.35	0.36

注：各国产业内贸易指数的计算为各国HS二位商品的产业内贸易指数的加权平均，权重为国HS二位商品构成。

群发展加速了中国—东盟电子产品产业内贸易，成为中国—东盟双边贸易新的亮点和增长点，如最近几年中国与东盟成员国菲律宾双边贸易的增长依赖于两国电子产品贸易增长。因为菲律宾引进了英特尔、得克萨斯、东芝、富士等企业，这些企业在菲律宾的生产形式主要以装配、检测为主。中国与菲律宾之间的电子产品贸易与中国同发达国家之间的相关产品贸易类似，集中于生产链的不同环节上的产品以及品质存在较大差异的产品之间的贸易。因此中国应该积极扩大对东盟的电子产品进口额，并且注重提升本国产品的品质和提高生产能力，加强与东盟的贸易合作，这将有利于减少在电子产品方面对发达国家的依赖。

3. 中国加工贸易生产基地将转向东盟发展

中国是贸易大国，但并不是贸易强国，在国际化的分工合作中，中国企业经常处于加工者的身份，这样不会使中国成为一个真正的贸易强国。邓宁的"国际生产折衷理论"认为，技术是开展对外投资的重要因素，中国的技术虽然还不能与发达国家大规模、专业化、标准化程度高的技术相比，但经过几十年的经济建设，已建立了规模庞大、门类齐全的产业基础，特别是在机电、仪器仪表、医药、食品加工等行业，通过近几年引进外资和技术改造，其经营管理和生产技术水平均已达到世界先进水平，这些成熟的技术为中国加工贸易生产向国外转移创造了条件。而从东盟各国近年的进口产品结构来看，对机电、仪器仪表、医药、食品等产品具有极大的市场需求，因此这将为中国加工贸易生产基地转向东盟发展提供了可能。

4. 服务贸易将成为中国—东盟区域经济合作新的经济增长点

2007年1月，中国与东盟签署了《服务贸易协议》，宣布相互开放服务贸易市场。2008年中国与东盟服务贸易进出口总额达到了233.6亿美元，同比增长30.4%，目前东盟已经成为中国的第5大服务贸易出口市场和进口的来源地①。东盟在海运、航运和金融服务等领域的对话合作，已经成为中国服务贸易的重要组成部分。首先，双方服务贸易的

---

① 中国与东盟贸易结构不断优化，服务贸易发展迅速 [EB/OL]. 中国发展门户网，http://www.china.com.cn/news/txt/2010-01/08/content_19204489.htm.

需求将不断增加。从中国和东盟成员经济发展的角度讲，都面临产业结构调整的艰巨任务，发展服务业、扩大服务业的对外开放，成为必然选择。这无疑会给包括对方在内的外国服务提供者带来机遇，携地缘、文化和现实的合作基础等优势的双方必然会给对方更多的便利。其次，服务贸易合作发展的余地和空间巨大。中国与东盟双方在服务贸易发展中的差异性和互补性，决定了双方的合作空间多于竞争领域。最后，政策促进与限制的调整余地较大。目前，东盟成员内部的服务贸易政策差异较大。例如各国对外资出资比例的上限规定不同，印度尼西亚为95%，泰国为49%，菲律宾为40%，马来西亚为25%。这样的外资政策差异无疑为中国与东盟成员间的服务贸易制度建设增加了难度，因此，东盟成员应该进一步进行政策调整，以便扩大与中国的服务贸易投资与合作。

五、后危机时代中国对东盟贸易的政策选择

1. 实施适度宽松的对外贸易政策

中国对外贸易的迅猛增长和经济地位的不断提升，加速了中国与东盟各国经贸关系的发展，为中国—东盟自由贸易区的如期建立奠定了基础。尽管长期以来中国对东盟贸易处于贸易逆差，但从目前中国对东盟贸易逆差的短期经济效应和长期经济效应来看，在中国—东盟自由贸易区正式建立初期（2010~2020年），实施适度宽松的对外贸易政策是继续推进中国—东盟自由贸易区健康发展的重要举措。其原因在于，中国和越南等东盟新成员一轨正常产品实现零关税为2015年，二轨正常产品关税削减到5%可延至2018年1月1日。在敏感产品实施零关税时间未定的情况下，2009年中国对越南等东盟新成员进出口总额为256.4125亿美元，占中国对东盟的12.04%，说明中国对越南等东盟新成员的经贸往来，需要适度宽松的对外贸易政策。另外，中国对东盟的贸易逆差用于平衡对欧美贸易顺差有利于中国实现贸易平衡。目前，中国与传统贸易对象欧美国家存在巨额的贸易顺差，而与东亚（东盟、日本、韩国等）进口来源国则表现为逆差，用与东亚国家的贸易逆差平衡与欧美国家的贸易顺差，可以缓解中国与欧美之间的贸易摩擦和减少对人民币升值的压力。

2. 均衡实施出口导向战略和进口替代战略

长期以来，中国在对外贸易中一贯实施"重"出口导向战略和"轻"进口替代战略，导致了与欧美国家大量的贸易顺差，这无疑加剧了与欧美国家的贸易摩擦和人民币升值的压力。在后危机时代，中国应另辟蹊径，以东盟市场为突破口，均衡实施出口导向战略和进口替代战略扩大内需，从而摆脱经济发展过度依赖外需的被动局面。具体而言，应加大财税政策支持力度，提高部分技术含量和附加值高的机电产品出口退税率，适当扩大中央外贸发展基金规模；稳步推进加工贸易转型升级，将部分劳动密集型产品和技术含量较高、环保节能的产品从限制类目录中剔除；对广西、云南两省与东盟的货物贸易进行人民

币结算试点；扩大国内有需求的产品进口，重点增加战略性资源等产品进口；加强和改善中国与东盟双边经贸关系，妥善处理进出口产品质量安全问题，积极营造友好的东南亚国际贸易环境。

3. 以稳定外需转变外贸发展方式

扩大内需是中国应对国际金融危机、促进经济发展的长期战略方针，而稳定外需对增加就业、促进企业发展，进而拉动国内消费具有重要作用，也为调整经济结构、转变经济发展方式创造有利条件。诚然，从东盟市场本身的容量来看，其对中国稳定外需具有一定的局限性，但加强中国与东盟经贸合作不仅可以促进中国企业以东盟市场为跳板实施国际化经营战略，也可以使中国出口商品以东盟市场为基地打入国际市场。因此，要进一步加大政策支持力度，转变外贸发展方式，调整出口结构，重点促进优势产品、劳动密集型产品和高新技术产品出口，努力保持中国出口产品在东盟市场的份额。

4. 建立中国—东盟自由贸易区互为融通的贸易综合管理体系

中国"入世"后虽然已将国内贸易与国际贸易管理体系融合，但仍存在外经贸管理措施的单一性、国内贸易与国际贸易做法的差异性、市场化措施和金融融资方式"内外有别"等问题。CAFTA 是中国参与的第一个真正意义上的区域经济一体化组织，应以此为契机推动 CAFTA 从根本上建立区内经济一体化的综合管理体系，通过发展贸易市场多元化、发展南南合作等方式摆脱长期以来过于依赖发达国家等传统市场的被动局面，为后危机时代实现国民经济的平稳增长和可持续发展提供保障。

参考文献

［1］谢娟娟：《后危机时代我国对外贸易政策取向探索》，《国际经济合作》2009 年第 12 期；《东亚经济合作》，《国际贸易问题》2011 年第 5 期。

［2］保建云：《中国与东盟经济增长和进出口贸易发展：比较优势与政策选择》，《亚太经济》2009 年第 5 期。

［3］高明：《经济危机背景下的贸易保护趋势及中国贸易政策的选择》，《郑州大学学报》（哲学社会科学版）2010 年第 2 期。

［4］唐文琳、范祚军：《中国—东盟双边贸易结构分析与政策建议》，《中国流通经济》2005 年第 7 期。

［5］佟家栋、林力：《金融危机与中国对外贸易政策和产业政策的思考》，《南开学报》（哲学社会科学版）2009 年第 6 期。

［6］魏浩、张二震：《对我国现行外贸政策的反思与重新定位》，《国际贸易问题》2004 年第 11 期。

［7］《世界贸易体制——国际经济关系的法律与政策》，张乃根译，复旦大学出版社 2001 年版。

［8］资树荣、曾伟：《中国—东盟自由贸易区产业内贸易的实证研究》，《国际商务——对外经济贸易大学学报》2007 年第 4 期。

［9］Brander, James A. and Barbara J. Spencer. "Tariffs and the Extraction of Foreign Monopoly Rents Under Potential Entry", Canadian Journal of Economics, 1981 (14): 371 – 389.

［10］Brander, James A. and Barbara J. Spencer. "Export Subsidies and International Market Share Rivalry", Journal of International Economics, Forthcoming, 1984.

Development Trends of Sino – ASEAN Foreign Trade and Trade Policy Selection in Post – Crisis Era

Zhang Jianzhong

(Zhongnan University of Economics and Law College of Business Administration Wuhan 430073)

Abstract: This paper comparatively analyses the situation of Sino – ASEAN foreign trade from the volume of bilateral trade of goods, the foreign trade balance, the ratio of dependence on foreign trade, the bilateral commodity structure of goods and the intra – industry trade before and after financial crisis. And it explores the development trends of Sino – ASEAN foreign trade in the post – crisis era. That is, the overall regional industrial chain division will be refined further, the intra – industry trade of electronic products will achieve accelerated development, the production base of China's processing trade will migrate to the ASEAN, the services trade will become a new economic growth point of regional economic cooperation between China and ASEAN. Based on the development trends of the foreign trade, it analyses the trade policy selection of China in post – crisis era. That is, enforcing the moderate – easy trade policy, evenly enforcing the export – oriented strategy and the import substitution strategy, transferring the development mode of foreign trade through stabilizing external demands and establishing the synthetic management system of trade on CAFTA.

Key Words: Post – crisis Era; CAFTA; Foreign Trade; Trade Policy; Transforming Foreign Trade Developmental Pattern

基于产品技术含量分类的中澳两国贸易关系研究*

谢 锐 赖明勇

(湖南大学经济与贸易学院 长沙 410012)

【摘 要】基于产品技术含量分类,计算中澳两国之间贸易结合度、贸易竞争互补指数、贸易竞争压力指数、工业制成品出口贸易的技术水平和产业内贸易指数,深入探讨了两国之间的贸易关系。中澳两国贸易关系越来越紧密,贸易互补性大于贸易竞争性,且互补性上升趋势明显,两国贸易竞争压力存在不对称性,中国对澳大利亚大于澳大利亚对中国的贸易竞争压力。在初级产品方面,两国贸易竞争性较强,且澳大利亚对中国的贸易竞争压力很大,中澳两国由于工业制成品技术水平层次存在差异,中国对澳大利亚工业制成品出口没有形成真正的贸易竞争压力,中澳双边工业制成品贸易技术结构不断优化,两国的工业制成品垂直分工合作水平上升。因此,中澳自由贸易区的建立,有利于充分发挥各自的比较优势、资源互补以及工业制成品规模经济效益的形成,从而促进两国产业结构的调整与升级,同时要注意澳大利亚初级产品对中国相关产业的影响。

【关键词】贸易互补性;贸易竞争压力;出口技术水平

一、引 言

自 1972 年中国和澳大利亚建交以来,双边经贸合作长期稳定且快速发展,特别是进入 21 世纪以来,双边贸易年均增长达到 24.3%,并在 2002 年双边贸易总额首次突破了

---

* 原文发表于《国际贸易问题》2011 年第 5 期。

基金项目:国家社会科学基金重大招标项目"贯彻落实科学发展观与完善开放型经济体系"(07&ZD017)和湖南省社会科学重点项目"自由贸易区战略与多双边经贸合作研究"(08GZDZ09)阶段性成果。

作者简介:谢锐,湖南大学经济与贸易学院,湖南大学中澳经济政策研究中心;赖明勇,湖南大学。

100亿美元，2005年4月澳大利亚承认中国完全市场经济地位，2009年中澳贸易总额达到600.84亿美元，同比略增0.7%，其中中国对澳大利亚出口206.46亿美元，同比下降7.2%（同期中国出口总额下降16%），进口394.39亿美元，同比增长5.4%（同期中国进口总额下降11.2%）。2009年，澳大利亚已经成为中国第7大进口来源国和第8大出口目的地，中国已连续3年为澳大利亚第一大贸易伙伴。随着两国经贸关系的发展，进一步展开合作的意愿逐渐增强。2003年中澳两国签署了《中国和澳大利亚贸易与经济框架》，根据该框架协议两国开展了自由贸易区建设的可行性研究，并于2005年4月18日启动谈判。随着中澳两国经贸往来的快速发展和中澳自由贸易区谈判的深入，许多学者对两国贸易关系进行了研究，主要集中在中澳贸易的竞争性与互补性方面。何好俊（2008）的研究结果表明，中澳两国有竞争力的产业重叠度不大，贸易互补性较强且逐年上升；凌振春（2006）的研究表明，中澳农产品双边贸易的互补性较强。以上都是基于传统的分类且主要集中在农产品方面的研究。由于澳大利亚国内的产业结构呈哑铃形，即上游资源产业和下游高科技产业、服务业发达，中间的加工制造业规模较小（冯宗宪，2007），在初级产品和资源类产品方面有极强的比较优势，而随着中国工业化进程的推进，中国在工业制成品出口方面慢慢取得了比较优势，形成了中国从澳大利亚进口初级产品和原材料，中国向澳大利亚出口工业制成品的典型南北贸易模式，只是中国扮演了发达国家的角色，澳大利亚扮演了发展中国家的角色（冯宗宪，2007）。在这种贸易模式下，应用可以反映中澳两国贸易特征的产品分类方式来进一步研究中澳两国贸易关系是非常必要的。

目前，产品的主要分类有传统的分类方式，如SITC等，这些分类没有充分考虑产品的生产方式和资源密集度等，为此，Pavitt（1984）提出了通过区分资源密集型、劳动密集型、规模密集型、技术密集型进行产品分类的方法，但由于有些产品既属于规模密集型也属于技术密集型，因此，产品会出现重复；OECD（1994）按照技术密集度把制成品分为高、中、中低、低技术含量制成品，但没有考虑到发展中国家的具体情况，用于研究中澳两国的贸易关系并不合适。笔者采用Lall（2000）提出的充分考虑了发展中国家的状况和生产方式以及研发投入的贸易产品分类方法，有利于深入研究中澳两国贸易关系的变迁。

二、中澳两国的双边贸易关系

1. 贸易产品分类与数据来源

Lall（2000）分类方式，首先把SITCREV.2 3位数分类水平所有数据归为初级产品（PP）和制成品，再把制成品分为资源性产品（RB）、低技术产品（LT）、中技术产品（MT）、高技术产品（HT），最后把资源性产品（RB）分为农业加工产品（RB1）和其他资源性产品（RB2）两小类，低技术产品（LT）分为纺织服装产品（LT1）和其他低技术产品（LT2）两小类，中技术产品（MT）分为汽车工业产品（MT1）、中技术加工产品（MT2）和工程机械产品（MT3）三小类，高技术产品（HT）分为电子电力产品（HT1）和其他高技术产品（HT2）两小类，共10小类，同时考虑到杨汝岱（2008）的分类标准，把初级产品和资源性产品归纳为资源密集型产品。

笔者数据主要有来源为UNComtrade Database按SITC REV.2 3位码分类的1987~2008年全世界160个国家对世界的进出口数据、中国与澳大利亚双边进出口等贸易数据以及来源为IMF数据库的1987~2008年世界160个国家人均GDP（PPP），美国CPI数据。笔者以美国2000年CPI为基准年对人均GDP（PPP）进行调整以消除通货膨胀的影响，样本期间为1987~2008年。

2. 中澳两国双边贸易额大幅度增长，中国对澳大利亚贸易产品结构变化较大

中澳两国贸易总额由1987年的16.20亿美元增至2008年的596.82亿美元，年均增长19%，进入21世纪，双边贸易总额年均增长率高达27.7%，出口年均增长率为26.3%，进口年均增长28.5%，至2008年中国对澳大利亚出口为222.47亿美元，进口为374.35亿美元，中国对澳大利亚贸易逆差为151.88亿美元。从2008年来看，澳大利亚向中国出口的主要是资源密集型产品，中国向澳大利亚的出口以工业制成品为主，中国拥有比较优势的产品是纺织服装产品（LT1）、其他低技术产品（LT2）、工程机械产品（MT3）和电子电力产品（HT1），澳大利亚在其他资源性产品（RB2）、初级产品（PP）方面拥有比较优势。在样本期间内，从进出口技术结构来看，中国对澳大利亚的出口结构变化较大，1987年中国对澳大利亚出口低技术产品（LT）占69%，中高技术产品（MT和HT）占13.2%，而在2008年低技术产品（LT）只占39%，而中高技术产品（MT和HT）占48%，中国对澳大利亚出口技术结构出现明显的改善；中国从澳大利亚进口以资源密集型产品为主的格局没有变化，但资源密集型产品比例由1987年的88.12%升至2008年的96.34%，而增长最快的是其他资源性产品（RB2），主要原因是中国对澳大利亚铁矿石等资源产品的依赖增大和铁矿石等资源性产品价格快速上涨。

3. 中澳两国贸易关系越来越紧密，澳大利亚对中国市场的依赖程度高于中国对澳大利亚市场的依赖程度

一般应用贸易结合度指数来分析两国在贸易方面的密切程度及其变化，其计算公式为：

$$TCD_{ij} = (X_{ij}/X_i)/(M_j/M_w) \quad (1)$$

其中，TCD_{ij}表示i国对j国的贸易结合度，X_{ij}、X_i、M_j、M_w分别表示i国对j国的出口额、i国总出口额、j国进口总额和世界进口总额。若$TCD_{ij}>1$，表明i、j两国在贸易方面联系紧密，且i国对j国市场的依赖程度较高，反之若$TCD_{ij}<1$，表明i、j两国在贸易方面联系松散，且i国对j国市场的依赖程度较低。根据历史贸易数据，计算1987~2008年中国对澳大利亚和澳大利亚对中国的贸易结合度指数，表明，澳大利亚对中国的贸易结合度一直高于中国对澳大利亚的贸易结合度，中国对澳大利亚和澳大利亚对中国的贸易结合度上升趋势都很明显，澳大利亚对中国的贸易结合度指数在1992年开始大

于 1，2008 年高达 2.50，高于同期日本对中国、东盟对中国的贸易结合度，中国对澳大利亚的贸易结合度在 1998 年开始大于 1，2008 年取值为 1.21，高于同期中国对印度的贸易结合度。通过对 1987~2008 年中澳两国贸易结合度分析可以看出，中国与澳大利亚双边贸易关系已经非常紧密，且澳大利亚对中国市场的依赖程度要明显高于中国对澳大利亚市场的依赖程度。

三、中澳两国出口贸易竞争互补和贸易竞争压力的分析

类似樊纲（2006）提出的贸易竞争互补指数与贸易竞争压力指数，提出按 Lall（2000）分类的贸易竞争互补指数与贸易竞争压力指数。将贸易竞争互补指数定义为：

$$CCI_{ij} = \frac{2 \times \sum_{a=1}^{m} \min(X_{ia}, X_{ja})}{\sum_{a=1}^{m}(X_{ia} + X_{ja})} \tag{2}$$

其中，CCI_{ij} 表示 i 国与 j 国的贸易竞争互补指数，m 代表产品种类，可以包含所有产品也可以只包含部分产品（如高技术产品）。当 CCI_{ij} 表示 i、j 两国总体的贸易竞争互补指数时，m 表示按 SITC REV.2 3 位码分类的所有 239 类产品；当 CCI_{ij} 表示 i、j 两国按 Lall 分类的某类产品的贸易竞争互补指数时，m 表示的是这类产品按 SITC REV.2 3 位码分类的种类数。X_{ia} 和 X_{ja} 分别为 i 国和 j 国 a 产品的出口额。贸易竞争互补指数反映的是 i 国与 j 国的竞争互补程度，取值为 [0, 1]，且取值越大竞争性越强，0 表示完全互补，1 表示完全竞争。

（2）但上述指标不能很好地反应 i、j 两国由于贸易规模相差太大造成的贸易竞争压力非对称性，而中澳两国贸易规模存在很大的差距，因此，采用樊纲定义的贸易竞争压力指数来反映中澳两国贸易竞争压力的非对称性，其具体公式为：

$$CSI_{ij} = \frac{\sum_{a=1}^{m} \min(X_{ia}, X_{ja})}{\sum_{a=1}^{m}(X_{ja})} \tag{3}$$

（3）式（3）中，CSI_{ij} 表示 i 国对 j 国的贸易竞争压力指数，取值为 [0, 1]，该指数越大，说明 i 对 j 贸易竞争压力越大。应用式（2）、式（3）分别计算 1987~2008 年中国与澳大利亚贸易竞争互补指数和中对澳以及澳对中贸易竞争压力指数，并进一步计算按 Lall（2000）产品技术分类的结果。

（4）图 1 显示，中国与澳大利亚贸易竞争性总体不强，互补性大于竞争性，且在样本期间内，两国总体竞争性在减弱，互补性增强的趋势非常明显，至 2008 年两国贸易竞争互补指数仅为 0.075。从竞争压力方面来看，中国对澳大利亚与澳大利亚对中国的贸易

竞争压力存在明显的非对称性，中国对澳大利亚贸易竞争压力大于澳大利亚对中国的贸易竞争压力，且在样本期间内，澳大利亚对中国贸易竞争压力减小趋势明显，2008年澳大利亚对中国贸易竞争压力指数降至0.043，而中国对澳大利亚贸易竞争压力经历了1987～1995年大幅度上升、1995～2003年相对平稳和2003～2008年下降三个阶段。从总体来看，中澳两国贸易互补大于竞争，且近年来中国对澳大利亚和澳大利亚对中国贸易竞争压力都在减小。

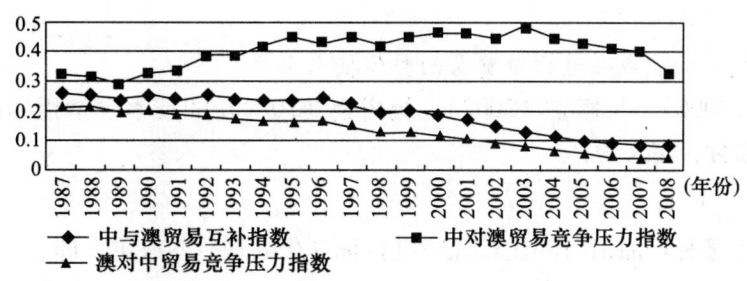

图1　1987～2008年中国与澳大利亚的贸易竞争互补程度与相对竞争压力

（5）进一步计算按Lall（2000）分类的1987～2008年中澳两国贸易竞争互补性指数和相互间的贸易竞争压力指数可得，中国与澳大利亚在初级产品（PP）方面竞争性较强，互补性较弱，且在1987～2003年竞争互补指数有上升趋势，但在2003年后指数开始下降，其他9类产品都是贸易互补大于贸易竞争，且在样本期间内，贸易竞争互补指数一直在下降。从相互间贸易竞争压力来看，随着中国对外开放，市场经济体制改革，工业化进程的推进以及加入世贸组织等重大经济变革引起的我国经济结构与产业结构升级以及工业制成品[①]贸易规模的扩大，导致了在样本期间内，中国对澳大利亚在低技术产品（包括纺织服装产品（LT1）、其他低技术产品（LT2））、中技术产品（包括汽车工业产品（MT1）、中技术加工产品（MT2）、工程机械产品（MT3））和高技术产品（包括电子电力产品（HT1）、其他高技术产品（HT2））方面的贸易竞争压力都在增大，在资源密集型产品（包括初级产品（PP）、农业加工产品（RB1）、其他资源性产品（RB2））方面的贸易竞争压力在减弱；澳大利亚对中国在初级产品（PP）'方面的贸易竞争压力较大，贸易竞争压力指数由1987年的0.35升至2001年的0.61，2001年后开始下降，但至2008年仍然高达0.49，其他产品澳大利亚对中国贸易竞争压力都较小且在样本期间内减弱趋势明显。

（6）以上分析表明，中澳两国总体贸易互补性很强，中国面临着澳大利亚在初级产品出口方面很大的贸易竞争压力，而中国在工业制成品方面对澳大利亚竞争压力很大，但

---

① 工业制成品包括所有的低技术产品（LT）、中技术产品（MT）和高技术产品（HT）。

如果中国工业制成品出口贸易整体技术水平与澳大利亚工业制成品出口贸易整体技术水平存在差距,那么中国工业制成品贸易就不会对澳大利亚出口工业制成品构成真正的压力,中澳两国通过在产业内垂直分工来获得利益。

四、中澳两国工业制成品进出口技术水平的比较分析

1. 中澳两国工业制成品进出口贸易的整体技术水平

结合樊纲(2006)、杜修立(2007)、祝树金(2009)的技术含量指标提出的计算产品技术含量的指标,定义为:

$$TC_a = \sum_{i=1}^{n} w_{ia} Y_i \tag{4}$$

其中,w_{ia}为某种产品出口的比较优势进行标准化处理后的权重,即:

$$w_{ia} = RCA_{ia} / \sum_{i=1}^{n} RCA_{ia} \tag{5}$$

其中,RCA_{ia}即为i国a产品的显示性比较优势指数。一国工业制成品出口贸易的整体技术水平则为:

$$ETC = \sum_{a=1}^{m} TC_a \times \frac{x_{ia}}{X_i} \tag{6}$$

其中,ETC为一国工业制成品出口贸易的整体技术水平,m为工业制成品产品数量。X_{ia}为i国a产品出口额,X_i为i国工业制成品总出口额。

运用同样的方式可以定义一国工业制成品进口贸易的整体技术水平为:

$$MTC = \sum_{a=1}^{m} TC_a \times \frac{M_{ia}}{M_i} \tag{7}$$

其中,M_{ia}为i国a产品进口额,M_i为i国工业制成品进口总额。

双边工业制成品出口贸易的整体技术水平可以定义为:

$$ETC_{ij} = \sum_{a=1}^{m} TC_a \times \frac{X_{ija}}{X_{ij}} \tag{8}$$

其中,ETC_{ij}、X_{ija}、X_{ij}分别表示i国对j国工业制成品出口贸易的整体技术水平、i国对j国a产品的出口额、i国对j国工业制成品总出口额。

双边工业制成品进口贸易的整体技术水平可以定义为:

$$MTC_{ij} = \sum_{a=1}^{m} TC_a \times \frac{M_{ija}}{M_{ij}} \tag{9}$$

其中,MTC_{ij}、M_{ija}、M_{ij}分别表示i国对j国工业制成品进口贸易的整体技术水平、i国从j国a产品的进口额、i国对j国工业制成品进口总额。

计算结果可以得到以下结论:第一,在样本期间内,整个世界工业制成品出口、中国工业制成品出口以及澳大利亚工业制成品出口贸易的整体技术水平呈"U"型走势,在

1987~1993年呈微弱的下降趋势，1993~2008年出口贸易的整体技术水平一直呈上升趋势。世界工业制成品出口贸易的整体技术水平呈现上述走势的原因是在20世纪80年代至20世纪90年代，大量原来在高收入发达国家生产的工业制成品由于技术成熟、产业周期以及劳动力成本等原因转移至中国和东盟等新兴发展经济体生产，从而导致按式（6）计算的许多工业制成品的技术含量有所降低，1993年后，随着新兴发展中国家人均GDP提高和发达国家在计算机等高技术产品方面重新获得优势，世界工业制成品出口贸易的整体技术水平开始提高。发达国家把大量低技术产品转移至中国生产导致其在1987~1993年出口贸易的整体技术水平有下降的趋势，但随着中国工业化进程的推进、加工贸易的发展，其出口的中高技术产品份额开始增大，低技术产品份额降低，而澳大利亚在1987~1993年出口贸易的整体技术水平下降的主要原因是部分产品技术含量指标（TC_a）的降低。

第二，样本期间内，中国工业制成品出口贸易的整体技术水平一直低于世界平均水平和澳大利亚的水平，但有向世界平均水平缓慢收敛的趋势。澳大利亚工业制成品出口贸易的整体技术水平一直围绕世界平均水平窄幅震荡且在2003年后一直高于世界平均水平。

第三，在样本期间内，中国对澳大利亚工业制成品出口方面的整体技术水平一直低于中国从澳大利亚进口工业制成品的整体技术水平和澳大利亚从世界进口工业制成品的整体技术水平，但中国对澳大利亚工业制成品出口的整体技术水平有向澳大利亚从世界进口工业制成品的整体技术水平收敛的趋势，同时注意到中国对澳大利亚工业制成品出口的整体技术水平低于中国对世界工业制成品出口的整体技术水平。

以上结论表明，中国与澳大利亚在工业制成品出口方面的整体技术水平存在差距，中国工业制成品出口的整体技术水平一直低于澳大利亚工业制成品出口的整体技术水平，说明中国工业制成品出口并没有对澳大利亚工业制成品出口形成真正的贸易竞争压力。中澳双边工业制成品进出口的整体技术水平的特征表明，可以通过改善中国对澳大利亚出口的技术结构来提高中国对澳大利亚工业制成品出口的整体技术水平。但中国对澳大利亚工业制成品出口的技术水平偏低还与中国工业制成品出口的整体技术水平偏低有关，因此，中国要提高对澳大利亚工业制成品出口的整体技术水平，必须加强双边合作减少澳大利亚对中国高技术产品贸易的限制，同时加大研发投入来提高我国工业制成品产品出口的整体技术水平。

2. 中澳两国进出口贸易的技术结构高度

为了表示每种产品技术含量的相对高度，笔者采用杜修立（2007）提出的技术高度指数：

$$TCI_a = (TC_a - TC_{min})/(TC_{max} - TC_{min}) \tag{10}$$

TCI_a表示产品a的技术高度指数，TC_a、TC_{max}、TC_{min}分别表示产品a的技术含量以及相应期所有产品的技术含量的最大值和最小值。因此一国工业制成品出口贸易的技术高度可以定义为各工业制成品技术高度指数的加权和，权数为该国各工业制成品的出口份额，具体定义如下：

$$\mathrm{ETCI} = \sum_{a=1}^{m} \mathrm{TCI}_a \times \frac{X_{ia}}{X_i} \times 100 \tag{11}$$

ETCI 表示一国工业制成品的技术高度，可以用来反映一国工业制成品出口的技术水平相对于其他国家是否存在提高或升级。同理可以把一国工业制成品进口贸易的技术高度定义为：

$$\mathrm{MTCI} = \sum_{a=1}^{m} \mathrm{TCI}_a \times \frac{M_{ia}}{M_i} \times 100 \tag{12}$$

双边工业制成品出口贸易的技术高度可以定义为：

$$\mathrm{ETCI}_{ij} = \sum_{a=1}^{m} \mathrm{TCI}_a \times \frac{X_{ija}}{X_{ij}} \times 100 \tag{13}$$

双边工业制成品进口贸易的技术高度可以定义为：

$$\mathrm{MTCI}_{ij} = \sum_{a=1}^{m} \mathrm{TCI}_a \times \frac{M_{ija}}{M_{ij}} \times 100 \tag{14}$$

笔者计算了1987~2008年世界工业制成品出口、中国工业制成品进出口、澳大利亚工业制成品进出口、中澳两国工业制成品贸易的技术结构高度指数，主要结论如下：

第一，在样本期间内，世界工业制成品出口贸易的技术结构高度整体保持平稳，中国出口贸易技术结构高度低于世界平均水平，但有缓慢提高的趋势，而澳大利亚出口贸易技术结构高度波动很小。世界工业制成品出口贸易的技术结构高度，从1987年的66.7下降到1996年的51.3，这与许多原来在发达国家生产的产品转移到新兴经济体生产有关，1996年以后世界出口贸易技术结构高度围绕53上下做微弱波动。在样本期间内，中国工业制成品出口技术结构高度总体呈现缓慢上升且向世界工业制成品出口贸易技术结构高度收敛的趋势，至2008年中国工业制成品出口技术结构高度虽然达到56.1，但与世界制成品出口平均水平60.4还有一定的差距。中国工业制成品技术高度并不是平稳上升，而是经历了1987年到1995年的缓慢下降，然后从1995年开始重拾升势。澳大利亚工业制成品出口技术结构高度与世界工业制成品出口技术结构高度走势相似且围绕世界工业制成品出口贸易技术结构高度水平窄幅波动。

第二，在样本期间内，中国对澳大利亚工业制成品出口贸易技术结构高度一直呈缓慢上升趋势，而澳大利亚对中国工业制成品出口贸易技术结构呈"U"型走势。澳大利亚对中国的工业制成品出口技术结构高度在1987~1997年一直呈下降趋势，1997~2008年呈震荡上升趋势。

以上的结论表明，在样本期间内，中国工业制成品出口贸易技术结构出现缓慢的升级且有向世界工业制成品出口贸易技术结构缓慢收敛的趋势。中国对澳大利亚工业制成品出口贸易技术结构改善，澳大利亚对中国工业制成品出口贸易结构在1997年后也出现改善，因此，中澳两国双边贸易快速增长并没有造成双方工业制成品技术结构的恶化，进一步加强双方的合作水平有利于提高中澳双边进出口技术结构水平。

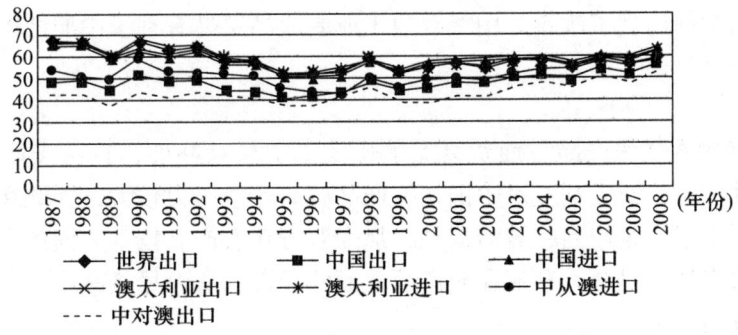

图 2 1987～2008 年中澳两国工业制成品进出口
贸易的技术结构高度指数

五、主要结论与政策建议

1. 主要结论

（1）研究结果表明，在样本期间内，中国对澳大利亚出口由以低技术产品为主转变为以中高技术为主，澳大利亚对中国出口一直以资源密集型产品为主。中澳两国贸易关系越来越紧密，但澳大利亚对中国市场的依赖程度高于中国对澳大利亚市场的依赖程度。从贸易竞争互补性来看，中澳两国贸易互补性大于竞争性，且互补性加强竞争性减弱的趋势明显，但中澳两国在初级产品（PP）方面的贸易竞争较强，不过从 2003 年开始有减弱的趋势，其余类别产品中澳两国之间竞争较弱，互补较强。从贸易竞争压力来看，中澳两国之间的贸易竞争压力存在严重的不对称性。总体而言，中澳两国之间的贸易竞争压力不大，但中国对澳大利亚的贸易竞争压力大于澳大利亚对中国的贸易竞争压力，且样本期间内澳大利亚对中国的贸易竞争压力减小的趋势明显，中国对澳大利亚的贸易竞争压力指数上升后，2003 年开始下降且指数值一直低于 0.5，中国初级产品出口面临着澳大利亚较大的贸易竞争压力，但在中国加入 WTO 以后这种压力开始减小，而澳大利亚的 7 类工业制成品都面临着中国工业制成品方面的很大的贸易竞争压力，而且没有减弱的趋势。

（2）中国工业制成品出口的整体技术水平一直低于澳大利亚工业制成品出口的整体技术水平，而且收敛趋势不明显，说明中国工业制成品出口与澳大利亚工业制成品出口的整体技术水平不在一个层次上，中国工业制成品出口对澳大利亚工业制成品出口没有形成真实的竞争压力。计算中澳双边进出口贸易的技术结构高度可以发现，中国对澳大利亚工业制成品出口贸易技术结构高度一直呈缓慢上升趋势，而澳大利亚对中国工业制成品出口贸易技术结构高度在 1997 年后呈上升走势。因此，近年来中国对澳大利亚和澳大利亚对中国出口技术结构都出现了改善,中澳双边工业制成品贸易有利于中澳两国工业制成品出口的技术结构升级。

2. 政策建议

(1) 中澳两国在初级产品方面贸易竞争性大于贸易互补性,且由于澳大利亚的资源禀赋和自然条件优越,澳大利亚对中国初级产品贸易竞争压力较大,因此在自由贸易区谈判中中国应特别重视初级产品领域的谈判,加强双方在农产品技术方面的合作的同时,通过自由贸易区协定加大对澳大利亚在矿产品方面的投资,从而尽量减小澳大利亚初级产品对中国经济造成的冲击。

(2) 从工业制成品方面来看,中国工业制成品出口并没有对澳大利亚工业制成品形成真正的压力,同时注意到,不但中国对澳大利亚工业制成品的出口整体技术水平低于澳大利亚工业制成品进口的整体技术水平,而且中国工业制成品出口的整体技术水平也低于澳大利亚工业制成品进口的整体技术水平,说明不能只通过改善与澳大利亚的贸易关系,还要加大科技投入,加快产业结构升级转型,从而提高中国工业制成品出口的技术结构来实现中国对澳大利亚出口的技术结构的提高。

从总体看,中澳两国贸易关系越来越紧密,贸易互补性大于竞争性,中国对澳大利亚工业制成品出口没有形成真正的压力,中澳两国双边工业制成品进出口技术结构改善。这些说明,建立中澳两国自由贸易区可以进一步通过产业间贸易充分发挥各自的比较优势,以及加强双方在高技术工业制成品方面的技术合作来促进中国产业结构的调整与升级。

参考文献

［1］杜修立、王维国:《中国出口贸易的技术结构及其变迁:1980~2003》,《经济研究》2007年第7期。

［2］樊纲、关志雄、姚枝仲:《国际贸易结构分析:贸易品的技术分布》,《经济研究》2006年第8期。

［3］冯宗宪、于璐遥:《非对称的中国澳大利亚反倾销格局和中国市场经济地位谈判》,《山西师大学报》(社会科学版)2007年第5期。

［4］关志雄:《从美国市场看"中国制造"的实力——以信息技术产品为中心》,《国际经济评论》2002年第4期。

［5］何好俊、祝树金:《中澳产业国际竞争力与贸易互性分析》,《国际经贸探索》2008年第12期。

［6］凌振春:《中澳农产品贸易互补性与竞争性分析》,《上海经济研究》2006年第11期。

［7］王恕立、吴亚芳:《我国高新技术产品产业内贸易的实证研究》,《国际商务——对外经济贸易大学学报》2008年第6期。

［8］杨汝岱、朱诗娥:《中国对外贸易结构与竞争力研究:1978~2006》,《财贸经济》2008年第2期。

［9］祝树金、陈艳、谢锐:《"龙象之争"与"龙象共舞"——基于出口技术结构的中印贸易关系分析》,《统计研究》2009年第26卷第4期。

Research on Sino – Australia Trade Relationship Based on Product Technique Content Classification

Xie Rui   Lai Mingyong

(Hunan University   College of Econornics and Trade Changsha   410012)

Abstract: Based on the product technique content classification, this paper calculates China – Australia indications such as the degree of trade combination, trade competitiveness complementarities index, and trade competitive stress index, the technical level of export trade in industrial manufactured goods and intra – industry trade index. On the basis, it discusses trade relations between the two countries in depth. The results show that China – Australian bilateral trade relations become closer and closer, and trade complementarily, showing an obvious increasing trend, is greater than trade competition. However, their trade competitive pressure is asymmetric: China's trade competitive pressure on Australia is greater than the pressure it gets from Australia. The competitiveness between the two countries on the primary products trade is strong, while Australia exerts great trade competitive pressure on China. Owing to technical differences on industrial manufactured goods between China and Australian, the exports of China's industrial manufactured goods haven't posed real trade competitive pressure on Australia. In fact, technological structure of China – Australian bilateral trade on industrial manufactured products is being optimized. The level of cooperation and vertical division of industrial manufactured goods between the two countries rises. Therefore, the establishment of China – Australia FTA is helpful to make full use of their comparative advantages and resource complementarily and it is beneficial to form the scale economies of industrial manufactured products so as to promote the adjustment and upgrading of their industrial structures. However, attention should also be paid to the effects of Australia primary products on China's relevant industries.

Key Words: Trade Complementarities; Trade Competitive Stress Index; Export Technical Level

日本应对国际贸易摩擦的经验和教训及其对中国的启示

戴 龙

(中国政法大学国际法学院 北京 100088)

【摘 要】日本在20世纪70年代成为世界第二经济大国后,和美国的贸易摩擦日益激化。在 GATT 时代,日美贸易摩擦多以日本应诉美国的反托拉斯诉讼及双边政府间谈判的方式解决;在 WTO 时代,日本转而运用 WTO 多边争端解决机制来应对日美贸易冲突,并取得了一定的成功。在应对与美国的贸易摩擦的过程中,日本形成了"官(政府)产(产业界)学(学界)"三位一体的协调应对机制,有效地遏制了美国肆意发动的单边主义贸易保护行为。目前,中国面临的国际贸易环境和日本经济崛起时极为相似,研究日本应对国际贸易摩擦和解决争端的对策机制,对于我们具有重要的借鉴意义。

【关键词】贸易摩擦;WTO 多边争端解决机制;反托拉斯法

一、前 言

在发展中国家的经济发展过程中,由于其成本优势以及产业结构的持续提升,其巨大的出口贸易必然冲击到现存的国际经济体系,导致现有国际贸易体制的局部失衡。

在这一过程中,随着国内生产成本的上升,发达国家的相关产业为求生存不得不将生产向发展中国家转移,从而导致了国内产业空洞化,加剧了发达国家资本或技术输出以及

---

* 原文发表于《当代亚太》2011 年第 4 期。

基金项目:本文为 2009 年国家社科基金重大转重点项目"应对国际贸易摩擦和争端的协调机制研究"(09AZD014)以及 2010 年度教育部人文社会科学研究青年基金项目"反垄断法域外管辖制度研究"(10YJC820018)的阶段性成果。

作者简介:戴龙,中国政法大学国际法学院副教授。

社会就业等经济社会问题。在经济全球化的背景下，任何因国际贸易产生的国内经济、社会问题都有可能转化为贸易摩擦和争端问题，处理不当还有可能会酿成重大的政治或外交问题。尽管 GATT/WTO 在一定程度上构筑起了多边贸易争端与解决机制，但是，国际贸易中的失衡问题仍然可能导致贸易双方国家之间的政治和经济冲突。近年来，随着中国经济的快速发展，对外贸易总额的不断攀升，中国已经成为国际贸易摩擦和争端的主要承受国。中国作为当今国际经济体系中的一员，其面临的各类贸易冲突具有复杂的原因和历史必然性，因此，加快研究应对国际贸易摩擦和争端的对策机制已成当务之急。

日本经济从 20 世纪 50 年代中期开始起飞，在短短的 30 年间，从"二战"后的一片废墟迅速崛起为世界第二经济大国，取得了举世瞩目的成就。与此同时，日本的经济发展对当时的国际经济贸易体制造成了很大的冲击，被称为国际经济秩序的"破坏者"。日本经济的快速复苏以及强劲崛起，自然引起了当时资本主义世界的"老大"——美国的高度重视，日美贸易摩擦和冲突随之显现。日美贸易摩擦从纤维产业开始，逐步扩大到钢铁、汽车、化学制品、机械设备、半导体、信息产品等高科技产业，日美经济关系也从战后美国将日本作为对抗社会主义阵营的"桥头堡"演变为日美之间的竞争和摩擦。从 70 年代起，日美贸易摩擦开始激化，到 90 年代达到高峰。其后，随着日本"泡沫经济"的崩溃和亚洲金融危机的爆发，日美贸易摩擦开始步入低潮，进入 21 世纪以来则基本趋于平静。与此同时，中国开始取代日本成为对美贸易的最大出超国，中美之间的各种潜在冲突日益显现，近年来更有急速扩大的趋势。目前，中国面临的对外贸易问题和日本在 20 世纪七八十年代所面临的外贸形势极为相似，分析日本应对国际贸易摩擦和争端的策略，对于解决中国目前所面临的贸易冲突问题具有重要的借鉴意义。

目前，中国学者已经对日本应对国际贸易摩擦的经验进行了较详尽的研究。已有研究大多是针对日美贸易摩擦的原因及历史的定性研究和描述，或者从国际关系的角度进行的体制性比较研究，而针对日本应对贸易摩擦和争端的具体案例研究则比较少。本文旨在通过对日美贸易摩擦具体案例进行深入分析，探讨日本应对贸易摩擦和争端的策略变化以及"官（政府）产（产业界）学（学界）"三位一体的协调应对机制。最后，探讨日本应对贸易摩擦的经验与教训及其对中国的启示。

二、日美贸易摩擦和争端的历史回顾

"二战"结束后，国际上以美、苏为核心的东西方两大阵营之间的冷战态势已然成形。1950 年朝鲜战争的爆发改变了美国的对日战略，日本成为美国对抗与围堵社会主义国家的桥头堡，获得了发展经济的绝佳机会。由于战后的日本在军事、政治上对美国高度依赖（从 20 世纪 50 年代起，日本的对外贸易以对美贸易为主），因而，日本的对外贸易摩擦基本集中在与美国的贸易上。从日美贸易摩擦的产生及演变历史来看，产生摩擦的领域和日本经济发展不同阶段占主导地位的产业密切相关,并随着日本产业结构的调整而不断变化。20世纪五六十年代,纤维产业成为日本的主导产业,其生产的廉价纤维产品大量出口到美国,对美国国内纤维产业造成了巨大冲击。1968~1971年,日美之间终于爆发了"纤维战争"。1974年,美国修订了《贸易法》,导入了著名的"301条款"。为应对美国对外贸易政策的变化,日本政府修订产业发展战略,鼓励企业加大对美直接投资,并且将已经成熟的纤维等低端产业向其他亚洲国家转移。这一时期,日美围绕家电、汽车及钢铁产品展开了一系列双边谈判,日本被迫在众多领域承诺对美实施"自愿出口限制"。①

进入80年代后,日本以机械制造、半导体、信息产品为代表的资本技术密集型产品再次冲击美国国内市场,日美贸易摩擦从个别产业发展到全方位的综合冲突。1988年,美国通过了《综合贸易与竞争法》,导入了"超级301条款",该条款被认为是专门针对日本"量身打造"的。② 由于美国对日贸易逆差不断扩大,美国国内兴起了"日本异质论"、"日本修正主义"等妖魔化日本资本主义模式的各种言论。③ 在里根政府时期,美国启动了与日本之间的由政府主导的"市场导向型个别领域谈判"(MOSS),要求日本在医药、医疗器材、木材、电器和电气通信等领域降低关税,扩大对美国产品的进口。由于个别领域谈判并没有如期带来美国对日出口的大量增加,美国认为其产品无法打开日本市场的原因在于后者封闭的市场结构。为此,1989~1990年,布什政府启动了要求日本改变其经济制度、社会习惯以及加强反垄断法实施等措施在内的"日美结构性问题谈判"(SII)。在美国的压力下日本放松了对金融证券市场的管制,长期维持超低的存款利率,鼓励日本民间对美投资。随着1985年"广场协议"后日元的大幅升值,日本民间资本大量投资美国政府债券,使得日本在经济上更加依赖美国,这被认为是导致日本经济在20世纪90年代后急速衰退的重要原因之一。④

1993年,克林顿政府上台后,对日本实行了更为严厉的"结果重视型"贸易政策。⑤ 根据美国的要求,日美启动了"双边贸易框架对话",谈判结果是美国要求日本在政府采

---

① 日美"纤维战争"起因于美国新执政的尼克松政府为了兑现选前承诺,要求同日本签订纤维出口限制协定。当谈判破裂后,尼克松政府威胁将对日本适用"与敌国贸易法",最后,日本政府非公开地以美军返还冲绳为条件,双方签署了"日美纤维协议"。参见松崎正博:《日美摩擦の政治经济学》,八千代出版社1988年版,第10页。

② "自愿出口限制"是美国通过外交施压要求对美出口国自己采取措施限制对美产品出口,从而避开了当时已经成立但是启动条件过高的关贸总协定(GATT)保障措施。由于"自愿出口限制"让出口国自己采取限制措施,并不违反GATT的相关条款,因此成为GATT体制下的一项灰色措施。在WTO体制下,《保障措施协定》第11条明确禁止成员方采取"自愿出口限制"措施。

③ 和普通"301条款"相比,"超级301条款"将原先的贸易报复权由总统转到贸易代表署(USTR),从而使贸易的谈判者与报复的执法者合二为一,这不仅增加了对贸易谈判对手的压力,而且减少了政府其他部门对贸易代表署采取报复措施的干扰。参见入江昭、ロバート·A·ワンプラー编:《日米戦後関係史1951~2001》(日本语版),讲谈社インターナショナル2001年版,第276页。

④ 关于美国政府与日本政府进行的"市场导向型个别领域谈判"(MOSS)、"日美结构性问题谈判"(SII)和"美日双边贸易框架对话"的内容,参见贺平、周英华:《日美贸易摩擦中三大谈判机制的对比研究》,第74—81页。

⑤ 例如,到1998年末,日本拥有美国政府债券的21.5%,共2926亿美元,成为拥有美国政府债券最多的国家,但是由于"广场协议"后日元升值,致使日本拥有的美国资产价值大幅缩水。参见安藤润、塚原康博、得田雅章、永富隆司、松本保美、鑓田亨:《平成不况》,文真堂2010年版,第32—52页。

购、汽车及零配件以及保险等领域提出具体的进口数量目标,而且必须完成这些目标。美国对日本的强硬态度引起日本政府和民间的强烈抵制,并导致1994年2月11日克林顿总统和细川首相的首脑会谈破裂,日美政府谈判陷入僵局。随后,美国宣布启动"超级301条款",拟对日本实施经济制裁。克林顿政府对日贸易的强硬立场在日本激起了强烈反响,日美关系跌入谷底。此后,新上任的日本羽田政府采取妥协立场,与美国达成一系列的双边协议。后来的日本桥本政府、小渊政府以及森田政府继续维持双边政府谈判,日美双边关系也得以不断恢复和发展。

1995年1月1日,WTO多边贸易协定正式生效后,日本政府有意摆脱其在双边谈判中的被动地位,拒绝或者拖延美国提出的双边贸易谈判要求,转而利用多边贸易争端解决机制来应对美国的贸易保护主义单边行为。但是,自20世纪90年代中期以来,多重原因导致日本经济陷于停滞,进入了所谓"失去的20年"。虽然日本仍然保持着巨大的对美贸易顺差,但日美贸易摩擦逐渐步入低潮。1997年爆发的亚洲金融危机加快了日本经济的衰退,为了防止日本经济萧条对地区和全球经济造成冲击,美国调整了对日贸易政策,由过去的打压转变为防范日本经济衰退,减缓其对亚洲及全球经济复苏的负面影响。

进入21世纪以来,日美之间除了在农产品方面偶尔发生一些摩擦外,双边贸易摩擦已基本进入平静期。"9·11"事件后,美国的战略重点转向在全球范围内防范、围堵恐怖主义,处理经济贸易摩擦退居次要战略地位。为了应对中国经济崛起以及全球范围内反恐的需要,日美关系在小泉首相执政时曾经历过一段"蜜月期",日本在美国全球战略中的地位重新得到巩固。美国对日战略从20世纪80年代中后期的"Japan Bashing",经历了90年代的"Japan Passing"和"Japan Nothing",在21世纪重新回归到"Japan Still Something"。与此同时,随着中国经济的快速发展,中国已取代日本成为对美贸易的最大顺差国,中美之间的潜在贸易摩擦开始演变为现实的冲突。进入21世纪以来,中国已经成为和美国发生贸易摩擦的最主要国家。①

三、日本应对日美贸易摩擦的策略及相关案例研究

日美贸易摩擦和争端的解决途径主要有两条:一是由民间主导,通过国内诉讼程序解决;二是由政府主导,通过双边政府谈判或多边争端解决机制来解决。前者主要表现为日本企业应诉美国反托拉斯诉讼的行为,但在这一过程中,日本政府和学界也参与其中,并发挥了重要的作用;后者在GATT时代表现为美国单方面施压迫使日本妥协的双边谈判方

---

① 在1991年对美贸易出口国顺序中,日本仍然占据第一位,之后就逐步被加拿大、墨西哥和中国超越,到2004年时居第四位。从1999年开始,中国超越日本成为对美贸易顺差最大的国家,2009年日本对美国贸易顺差只有448亿美元,而中国对美贸易顺差达到2268亿美元。参见日本贸易振兴机构:《JETRO贸易投资白皮书》,2010年,第115页。

式，在 WTO 时代则转化为通过多边争端解决机制来解决双边贸易冲突。以下结合具体案例，分析日本在不同历史时期应对日美贸易摩擦和争端的策略及成果。

（一）应对美国国内诉讼：日本的官民协调应对机制

在日美贸易摩擦日益尖锐时期，美国国内生产商或个人依据反托拉斯法对日本企业提起了多起反托拉斯诉讼，比较具有代表性的案例是"日美彩电诉讼案"和"雪蟹进口卡特尔案"，这些案件集中体现了日本官民协调应对美国国内诉讼的特点。

1. 日美彩电诉讼案

日美彩电诉讼案始于 1970 年，由美国两家家电企业 National Union Electric 和 Zenith Radio Corp. 分别提起诉讼，被美国宾夕法尼亚州地方法院合并审理。该案中，原告起诉日本家电企业在日本国内达成维持高价格的价格协议，获得垄断利益，并以此为基础向美国市场廉价倾销彩电产品，致使原告遭受重大经济损失。原告依据美国反托拉斯法的三倍赔偿原则，要求法院判处被告支付总额高达 12.6 亿美元的损害赔偿。

该案历经初审、再审和终审，历时长达 16 年之久。初审时宾夕法尼亚州法院判决原告败诉，原告不服提起上诉。美国联邦上诉法院再审时改判原告获胜，但是，日本家电厂商不服判决，再次向美国联邦最高法院提起上诉。1986 年，美国联邦最高法院做出终审判决，裁定原告败诉。这是日本应对美国提起的反托拉斯诉讼并取得全面胜利的一个经典案例。

该案中日本之所以最终获得了胜利，与日本的应对策略不无关系。针对美国两家原告企业提出的三项举证——日本家电企业在国内从事家电产品的价格协议、日本企业达成出口卡特尔协议、日本企业在美国市场进行以驱逐竞争者为目的的廉价销售行为，应日本企业的要求，日本公正交易委员会以及上智大学松下满雄教授代表日本政府以及民间出具了意见书。日本公正交易委员会在意见书中表明，日本国内家电市场竞争激烈，根本不存在垄断协议，原告的指控没有事实依据。松下教授进一步指出，日美彩电产品的价格差源于两国的社会结构差异，而且如果日本企业达成出口卡特尔协议，只会提高日本出口彩电产品的价格，这反而会加强美国家电产品的竞争力。美国联邦最高法院最后认定，原告指控日本家电企业在国内达成维持高价格的垄断协议属于日本国内法管辖的范围，美国法院无法查知并且也无权管辖。至于原告认为被告达成出口卡特尔协议，联邦最高法院采纳了松下教授的说法，认为出口卡特尔会提高美国市场上的日本产家电产品价格，应该对原告的销售有利，原告指控出口卡特尔行为对其国内销售造成损害的诉讼请求不成立。针对原告指控日本企业长期进行以驱逐竞争者为目的的廉价销售行为，联邦最高法院认为，日本家电企业以低于成本的价格在长达 20 年的时间内从事廉价销售是不可能的，而且原告企业当时在美国市场上仍然保有 40% 左右的份额，这并不能说明被告实施了掠夺性的廉价销售策略。最终，联邦最高法院裁定原告败诉，这一判决宣示了这起旷日持久的彩电诉讼案终于以日本企业获得全面胜利而告终。

日美彩电诉讼案爆发之初，正值美国国内兴起贸易保护主义潮流之时，从议会到民间对日本产品的大量进口出现了强烈的反对声浪。该案从州法院的初审到上诉法院的改判再到联邦最高法院的终裁,胜负几度易手,反映了原被告双方在司法诉讼过程中的激烈争夺。但是美国联邦最高法院最终做出有利于日本企业的判决,这一方面说明在三权分立的政治结构下美国司法机构的中立性和公正性,另一方面也说明,日本公正交易委员会以及日本国际经济法学的权威专家所提交的意见书起到了非常重要的作用。整个诉讼过程实际上是日本"官(政府)、产(企业界)、学(学界)"三位一体,协调一致,共同应对美国司法诉讼的最佳案例。

2. 雪蟹进口卡特尔案

在日美贸易摩擦异常尖锐的20世纪80年代,除了美国企业或者个人直接向法院提起针对日本产品的诉讼之外,美国司法部依据反托拉斯法对日本企业发起调查和起诉的案例也不在少数,其中一个具有代表性的案例就是"雪蟹进口卡特尔案"。

该案起因于日本水产省为了防止进口市场的过度竞争,对日本进口海产品的商社进行行政指导。依据水产省的行政指导,日本成立了海产品进口协会,下设雪蟹进口委员会,专门负责协调美国雪蟹的进口价格以及企业间信息交流。美国雪蟹主要来源于阿拉斯加州和华盛顿州,两州的渔民捕捞雪蟹后先出售给美国加工企业,再向日本商社出口。该两州的美国渔民组成了相应的渔业协会,当该协会得知日本海产品协会在进口雪蟹过程中进行信息交流和价格协调的事实后,向美国司法部提起申诉,要求其采取相应的法律措施。美国司法部经过两年调查并收集到足够的证据后,决定对日本商社和海产品进口协会提起反托拉斯的刑事诉讼。

为了应对美国司法部提起的刑事诉讼,日本通产省、外务省、水产省以及公正交易委员会成立了专门的应对小组,负责和美国司法部交涉,要求其停止提起刑事诉讼。日本政府方面的理由是,日本海产品进口协会属于政府行政指导下成立的组织,其所从事的进口产品价格调整及信息交流主要是为了防止销售商囤积进口产品、抬高价格的不法行为。与此同时,松下满雄教授在日本商社的邀请下也向美国司法部出具了关于抗议提起刑事起诉的意见书。他指出,日本海产品协会进行的信息交流本身并不违反日本反垄断法,而且海产品协会依据日本水产省的行政指导设立,享有监督管理日本海产品市场的行政权力。美国政府在提起反托拉斯诉讼前,应当考虑到该境外行为在其所在国是否违法,美国法院对其是否具有管辖权等因素。最后,美国司法部决定终止刑事起诉,于1982年和日本商社之间签署了相当于和解的"同意判决"。根据该判决,美国司法部命令日本商社在参加海产品进口协会的相关会议时不得进行雪蟹进口价格的信息交流,并且要向美国司法部报告该协会相关会议内容。日本商社向美国司法部汇报时不得相互协商,并且在美国司法部官员有疑问时要配合回答相关问题。

雪蟹进口卡特尔案是日本不同政府部门之间相互配合,结合反垄断法学者的理论论证,成功阻止美国发起的反托拉斯诉讼的一起经典案例。其中,日本政府承担了证明进口信息交流及价格协调行为合法性的辩护,学者则以美国反托拉斯法的"政府行为免责"原则以及反托拉斯法的域外管辖权限为依据,从理论上论证了日本的行为不适用美国反托拉斯法。日本政府、企业和学者的协同作战终于避免了一场可能会对日本企业产生严重不利后果的司法诉讼。

（二）日美半导体争端案：双边谈判解决冲突的得与失

在日美双边政府谈判过程中，围绕某一具体产业而进行的谈判是一个重要内容。其中，围绕汽车产业和半导体产业的谈判最具代表性。本文以日美半导体争端为例，来分析评价日美双方在半导体谈判中的攻守与得失。

日美半导体争端最初起源于20世纪70年代美国半导体协会（ASI）依据美国《贸易法》"301条款"对日本企业的指控。ASI认为，日本通产省通过各种产业政策手段保护日本半导体产业的发展，诱导日本半导体生产形成了寡头型产业结构，人为地促进了其国际竞争力的提升。这种产业结构使得日本半导体企业之间相互依存，导致外国半导体产品很难打进日本市场。为此，ASI向美国政府提出申请，要求日本政府开放国内市场，采取扩大外国产品进口的相关措施。

为了解决这一争端，日美开始了第一次半导体问题谈判。1986年7月，日美之间达成第一次半导体协议。协议的主要内容有三项：第一，日本半导体企业和美国政府之间签订"停止协议"，即日本企业保证对美出口的半导体产品不低于日本国内价格，美国政府停止对日半导体产品的反倾销调查；第二，为了防止日本企业经由第三国对美国倾销半导体产品，日本政府实施对第三国半导体产品出口的价格管制，保证日本产廉价半导体产品不通过第三国流向美国市场；第三，向外国产半导体产品开放日本国内市场。为了实施协议，日本政府设立了专门针对外国产品的检查机关，对进口外国半导体产品进行质量检测，对合格产品进行宣传，动员本国用户使用外国半导体产品。事实上，除了以上三项内容外，日美半导体协议中还包含一个后来引发争议的"密约"，即日本政府承诺努力使外国产半导体产品达到其国内市场20%的份额。协议签署不久，美国政府就以日本政府没有遵守约定为由，依据"301条款"对日本产电脑、电动工具以及彩电征收100%的惩罚性关税。对此，日本政府否认当初曾经做出承诺，称其只是政府的意向表示。至于日本半导体产品销往第三国后是否会从该国流向美国市场，日本政府认为这已经超出了政府控制的范围。

第一次半导体协议于1991年期满后，日美之间又进行了第二次半导体谈判。这一次，日本政府接受第一次谈判的教训，在协议中只规定日本政府期待外国产半导体产品达到国内市场20%的份额，并不做出保证。协议删除了日本政府实施针对第三国半导体产品出口的管制规定，但规定当美国政府实施对日本半导体产品的反倾销调查时，日本政府和企业应当配合调查。协议还明确规定日美双方尊重GATT第12条的规定，即当美国政府认为日本半导体产品廉价销往第三国时，可以要求该国政府实施反倾销调查，以此来防止日本企业通过第三国向美国市场廉价倾销半导体产品。

20世纪七八十年代，日本半导体产业的快速发展，对美国半导体产业形成了巨大冲击。日美通过双边政府间谈判来解决分歧，但是双方在谈判中的地位显然是不对等的。在半导体产品竞争中,日本处于攻势,美国处于守势;而在双边政府谈判中则恰恰相反,美国政府处于攻势,日本政府则处于守势。因此,双边政府谈判更多是美国单方面要求日本做出让步,迫使日本政府做出承诺,之后又以日本政府没有履行承诺为由加以制裁。第一次日美半导体协议中,美国获胜,迫使日本政府做出了若干承诺,而日本政府则因在谈判中的妥协和让步遭到国内各界的广泛批评。在第二次日美半导体协议中,日本政府吸取了教训,坚决拒绝做出明确保证。但是,日美第二次半导体协议仍然遭到日本学界的批评,认为日本政府和美国签订协议本身就是自设陷阱,与其因违反协议而被惩罚还不如索性拒绝签约而被惩罚更具有正当性。因而,可以认为,在围绕具体产业进行的双边政府谈判中,日本失多得少。正是有了这两次半导体谈判的经验和教训,日本政府在之后的日美贸易争端中态度逐渐趋于稳健,坚决拒绝做出对自己产生约束性义务的承诺。

(三) 日美胶片争端案:多边争端解决机制下日本的首场胜利

日美胶片争端案是日美贸易摩擦最激烈时期的产物,也是日本第一次在多边贸易体制下应对日美贸易冲突并获得重大胜利的一个经典案例。日美胶片争端爆发之初,美国柯达公司处于全球胶片和相纸行业的领先地位,在世界各国都占有很高的市场份额。但是,柯达公司在进入日本市场时受到本土企业富士胶片的强有力竞争,长期以来只占据日本很低的市场份额。1995 年,柯达公司向美国贸易代表署(USTR)提交了长达 300 页的报告,指控富士胶片在日本政府的援助下垄断了日本相片纸的流通,妨碍了柯达公司进入日本市场,要求 USTR 发动针对富士胶片和日本政府进行不公正交易的调查。同年 12 月,USTR 向日本通产省提出双边协商要求,在遭到拒绝后将争议提交 WTO 争端解决机构。在美国提交的指控报告中,美方指责日本政府在贸易自由化、流通对策、大规模零售店规制以及促进销售对策等方面的政府法规妨碍了贸易自由化,阻碍了外国企业进入日本市场,对外国企业在日本市场的竞争造成了不利影响。美国起诉的对象包括日本通产省以及公正交易委员会制定的相关规范性文件,既有法律问题,也有事实问题,涵盖了 WTO 体制下违反诉讼以及非违反诉讼等各个领域,已经超越了胶片争端本身涉及的法律问题,触及日本法律、经济、社会等诸方面。

为了应对美国政府的起诉,日本成立了以外务省、通产省和公正交易委员会为主的应诉队伍。本来,在应对美国申诉的立场上,上述三个政府机构之间基于其自身的政策方向,存在一定的立场差别,但是在协同作战的立场上三机构高度统一,很快就制定了分工负责和协调一致的作战策略。具体而言,通产省的政府代表负责处理和 WTO 违反起诉及非违反起诉的相关证据收集及抗辩,公正交易委员会的代表负责处理该案中和竞争有关的相关问题,外务省则负责整体贸易政策的协调和立场阐述。经过精心准备,在提交 WTO 专家组的抗辩报告以及口头辩论上,日本政府代表团针对美国代表的指控逐条反驳,并适时寻机驳斥美国代表在日本法律规章的翻译中的理解性错误,体现出日本政府各相关机构协调一致以及审慎细密的应诉特点。

1997 年 11 月,WTO 专家组向日美双方提交了中间报告,1998 年 2 月正式公布了专家组最终报告书。虽然在关于政府"措施"的认定、非违反起诉的对象以及依据GATT/WTO可能获得的利益等方面专家组报告支持了美国的立场,但是,在关系到构成违反或非违反起诉的问题上,诸如日本政府实施的流通促进对策、大型零售店规制、有奖销售等方面的措施是否构成对外国企业的竞争限制,以及美国依据GATT/WTO可以合理获得的利益是否受损等方面,专家组报告书认为美国没有足够的证据予以证明。也就是说,美国将日本民间企业实施的流通限制行为视为日本政府措施推动的结果,但是无法证明这些措施对外国企业构成竞争上的限制并致其遭受损害。因此,专家组报告相当于全面否定了美国的主张。专家组报告公布后,美国没有上诉。该起日美经济关系史上第一次通过WTO多边争端解决机制处理的案件以日本的全胜而告终。

胶片争端案在日美贸易摩擦史上具有转折意义。美国的败诉遏制了其对日本其他产业提起类似申诉的意图,扭转了双边谈判中美国单方施压迫使日本让步的不对称谈判格局。事实上,在日美胶片争端案之后,围绕航空、保险以及钢铁出口等问题展开的日美谈判中,美国政府的对日贸易立场大为缓和,对日单边主义贸易行为受到很大限制。20世纪90年代中后期,日美之间的贸易摩擦和争端渐趋减少,进入了相对平静期。

(四)日美贸易摩擦的后续发展和评价

日美贸易摩擦从低端的纤维产业发展到钢铁、汽车、化工、半导体等技术含量高的产业,从个别领域的贸易摩擦发展到全面的经济摩擦,经历了一个从产生到激化,最后又归于平静的过程。日美贸易摩擦主要通过应诉美国反托拉斯诉讼、双边政府间谈判以及运用多边争端解决机制三种方式解决,不同的解决方式在不同时期的成效有所不同。相比较而言,由于美国三权分立的政治体制以及法院在司法审判中的独立性和公正性,美国政府依据反托拉斯法提起的司法诉讼并没有获胜的把握。在GATT时期,日美主要通过双边政府间谈判来解决摩擦,这一时期正是日本经济快速发展时期,日美双边政府间谈判主要体现为美国的主动进攻和日本的被动应对,谈判的结果也多以日本的妥协而告终。自WTO取代GATT以来,日本政府经过精心准备,加之政府各部门间的密切配合,在日美胶片争端案中取得了多边框架下解决日美贸易争端的首次胜利,扭转了对美贸易摩擦中被动应对的不利地位。

自日美胶片争端案之后,日本政府运用WTO多边争端解决机制来处理贸易摩擦和争端的信心大增,运用多边争端解决机制提起多起申诉,并且获得了很大程度的胜利。据统计,截至2005年,在日本作为申诉方提起的11起案件中,有7起被立案,其中6起获胜;而在同期作为被诉方的11起案件中,只有4起被立案,其中败诉的有3起。从诉讼对象国来看,截至2005年3月底,日本作为申诉方提起的11起争端解决案件中有8起针对美国,而日本作为被诉方的11起案件中也有6起是由美国发起的。从案件发生的产业领域来看,日本获胜的案件大多集中在日本产品具有强大竞争力的钢铁以及汽车制造业,而败诉的案件则主要发生在日本实施高度保护的农产品及其加工制造领域。[①] 这在一定程度上表明，贸易保护行为多发生在本国竞争力较弱而又需要政策保护的产业领域，而当实施贸易保护的国家的贸易保护主义行为被起诉时，则大多会因其保护主义措施的不当性而败诉。在 WTO 多边自由贸易原则下，因本国产品竞争力较强而遭遇外国的贸易保护主义时，针对外国贸易保护主义行为提起的诉讼，获胜的几率较高。这体现出 WTO 争端解决机制的公正性。总体而言，日本在多边贸易体制下应对贸易摩擦的诉讼胜多败少。

四、日本应对贸易摩擦的经验对中国的启示

随着经济和对外贸易的快速发展，中国从 2000 年起取代日本成为对美国贸易的最大顺差国，中美之间各种潜在的摩擦和冲突也开始显现。从目前中国应对多边贸易框架下的争端案例来看，自"入世"以来到 2011 年 5 月底，中国在 WTO 多边争端解决机制下作为被起诉方的案件有 21 起，作为起诉方的案件有 8 起。[②] 在中国作为起诉方提起的 8 起案件中，有 6 起针对美国，其余的 2 起针对欧盟；在中国作为被起诉方的 21 起案件中，美国提起 11 起，欧盟 4 起，墨西哥 3 起，加拿大 2 起，危地马拉 1 起。由此可见，中国在多边贸易争端解决机制下，无论是作为起诉方还是被诉方，主要对象国都是美国，中美贸易摩擦是中国目前面临的主要贸易争端。

但是，从已审结的案件结果来看，中国"入世"后在多边框架下解决贸易争端的表现还不尽如人意。在中国作为起诉方的 8 起案件中，第一起是由欧盟提起、中国后来加入的针对美国钢铁产品的保障措施案，该案以美国败诉而告终。由中国单独提起的案件中，例如美国家禽进口措施案和汽车轮胎保障措施案，WTO 争端解决机构均做出了对中国有利的裁决。而在中国作为被诉方的案件中，中国则鲜有获胜的案例。在中国认为自己获胜的中美知识产权争端案中，专家组报告及上诉机构报告中确实在主要争议焦点（刑事责任门槛）上否定了美国的主张，但却支持了美方的其他观点，充其量只是胜多负少的案件。在中美汽车零部件争端案、中美文化产品争端案中，中国显而易见以败诉而告终。最近的中国原材料出口限制措施案等案件中，虽然专家组报告书还没有公布，但从各方面的

[①] 日方获胜的案件有：日本、欧盟诉美国 1916 年反倾销法案（DS136、DS162）；日本诉美国热轧钢案（DS184）、日本等诉美国钢产品保障措施案（DS248、DS249、DS251、DS252、DS253、DS254、DS258、DS259）、日本诉美国归零法案（DS322）、日本等诉美国抵消法（伯德修正案）（DS217）、日本诉美国不锈钢日落复审案（DS244）。日本败诉的案件有：日本酒税案（DS8、DS10、DS11）、农产品检疫措施案（DS76）以及苹果检疫措施案（DS245）。参见川岛富士雄：《我が国のWTO 紛争解決手続の活用実績と今後の課題》，第 46－53 页；世贸组织法律事务部编：《WTO 争端解决案件概要（1995～2007）》（中译本），法律出版社 2009 年版。

[②] 中国作为被诉方的案件中有一部分属于不同国家就同一案件提起的争端，如果将其合并，中国被诉案件实际为 12 起。参见 http：//www．wto．org/english/ tratop e/dispu e/dispu by country e．htm。

信息来看，很有可能会做出对中国不利的裁决。①总结中国"入世"后涉及的争端解决案例情况可以看出，中国其实是胜少负多，和日本应对贸易争端的成果相比较，仍然存在很大的差距。日本在应对日美贸易摩擦和争端中积累了相当丰富的经验，值得中国借鉴。

首先，要认清发生贸易摩擦和争端的原因及其本质，树立运用多边争端解决机制来维护中国对外贸易正当利益的信心。美国对外贸易政策以本国的经济利益为核心，为了达到所谓的贸易平衡，不惜采用政治、经济等一切手段对对方国家进行打压。在美日贸易冲突期间，美国指责日本的经济运行模式，挥舞"301条款"迫使日本在谈判中让步，利用汇率手段迫使包括日元在内的其他货币升值。这些多边争端解决机制，有效地阻止了美国肆意发动的贸易保护主义的单边行为。目前，在与美国的各项贸易争端中，中国也处于被动应对的地位。中国应该正确运用多边争端解决机制，选准时机进行精心准备，打一场WTO多边贸易框架下的翻身仗，扭转目前在中美贸易摩擦中被动应对、胜少负多的不利局面。

其次，构筑中国的官产学协调机制，应对针对中国的日益扩大的国际贸易保护主义行为。近年来，美国发动的针对中国的贸易保护主义措施，不仅包括了传统的反倾销措施，还包括了原来不曾对华适用的反补贴措施，以及新近采用的对华特殊保障措施，中国面临着越来越广泛的贸易摩擦和争端。②从"入世"谈判开始，在对外贸易谈判和争端解决的过程中，中国政府一直走在前列，学术界的参与很少，对外贸易谈判也很难反映包括民营企业在内的业界要求，这制约了学术界对国际贸易及国际法领域的最新动向的跟踪与研究，妨碍了中国形成官产学协调应对贸易摩擦的体制，不利于提高中国应对国际贸易摩擦的整体水平。从日本应对日美贸易摩擦和争端解决的案件中可以看出，企业打头阵，政府机关相互配合提供援助，学者提供理论支撑和意见论证，是日美贸易摩擦中日本获胜的一项法宝。借鉴日本的经验，中国应积极培育官产学协调应对国际贸易摩擦和争端解决的机制，提高中国企业应对经济全球化时代的贸易冲突的能力，运用学术界对于相关理论的跟踪与研究，占据国际贸易或者国际法理论的制高点，加快中国对外贸易的软实力建设。

最后，防范美国交叉利用反托拉斯法和WTO多边贸易规则对中国提起诉讼的可能性，建立起国内法和国际法层面的不同应对机制。反托拉斯法（反垄断法）对企业实施的卡特尔行为等进行规制，WTO规则对政府实施的关税或者非关税壁垒等限制自由贸易的措施或行为进行规制，两者在维护自由贸易和公平竞争方面具有内在的统一性。例如，反垄断法中对于不当廉价销售的规制和WTO规则中的反倾销协定，分别从国内法和国际

---

① 参见商务部条法司李成刚司长在中国政法大学国际法学院组织的学术研讨会上所做的题为"中国对外贸易中的热点法律问题"的报告，2011年4月26日。

② 众所周知，自2005年中美铜版纸案件开始，美国放弃坚持多年的不对非市场经济国家进行反补贴调查的原则，首次启动了对华铜版纸反补贴调查。2008年，美国对中国汽车轮胎进口发动了对华特殊保障措施，至此，美国已经全面开启了综合运用反倾销、反补贴和特保措施对中国进口产品进行限制的先例。

法角度对廉价销售行为进行规制,都具有保护国内企业免受不公平竞争的作用。从执法者角度来看,两者具有相同的政策效果,在某种程度上甚至可以交叉使用。在日美贸易摩擦中,美国商务部主导的反倾销调查和司法部提起的反托拉斯起诉同时进行,两者相得益彰。从中美贸易摩擦的争端解决的现状来看,中国企业也完全有可能会遭遇美国政府基于反倾销法和反托拉斯法的诉讼。① 鉴于此,中国应当加快反垄断法等相关法律制度建设,从国内法及国际法两个层面建立起应对国际贸易冲突的机制。

五、结　语

本文通过对日美贸易摩擦的历史回顾及相关案例的探讨,分析了日本应对国际贸易摩擦的经验及成果。日本在应对日美贸易摩擦的过程中,既有官产学协调应对贸易摩擦取得成功的案例,也有通过双边政府谈判解决争端最终导致自己陷于被动地位的教训。目前,中国面临着日益复杂、严峻的对外经贸环境,虽然不可能照搬日本应对贸易摩擦和解决争端的经验,但是日本处理对美贸易关系中的一些经验和教训依然值得我们借鉴。中国应该充分运用 WTO 多边贸易争端解决机制,积极应对美国等国家的单边主义贸易保护行为,通过精心准备,打一场多边贸易体制下的翻身仗,扭转目前中国应对贸易摩擦的被动局面。中国还应当加强反垄断法相关制度建设,从国内法和国际法两个层面建立起应对国际贸易摩擦和争端解决的综合机制。

参考文献

［1］伊藤元重:《贸易摩擦政策的对应》,《关税调查时报》1984 年第 35 卷。

［2］Edward D. Mansfield and Brian M. Pollins, "The Study of Interdependence and Conflict: Recent Advances, Open Questions, and Direction for Future Research", Journal of Conflict Resolution, Vol. 45, No. 6, 2001, pp. 834 – 859.

［3］David A. Lake, "Beneath the Commerce of Nations: A Theory of International Economic Structure", International Studies Quarterly, Vol. 28, No. 2, 1984, pp. 143 – 170; Inoguchi Takashi, "Japan's Images and Options: Not a Challenger, But a Supporter", Journal of Japanese Studies, Vol. 12, No. 1, 1986, pp. 95 – 119.

［4］彭敬:《20 世纪 50 年代以来的日美贸易摩擦及其现实意义》,《世界经济研究》2004 年第 4 期,第 60 – 65 页。

---

① 事实上,2008 年 11 月 6 日,中国维生素 C 生产企业在美国遭受反托拉斯诉讼,中国商务部向美国法院递交了意见书,将达成出口卡特尔解释为政府主导下进行的行为,希望美国反托拉斯法对于"政府行为免责"(State Action Doctrine)。这表明中国出口企业已经面临来自美国反托拉斯的诉讼。参见孙速:《维生素 C 反垄断案烽烟再起》,《财经》2008 年 11 月 21 日。

［5］赵春明、何艳：《对日美贸易摩擦的回顾与展望》，《现代日本经济》2001年第4期，第1－5页。

［6］赵瑾：《日美贸易摩擦的历史演变及其在经济全球化下的特点》，《世界经济》2002年第2期，第50－57页。

［7］余晓泓：《贸易摩擦预警：日本的经验》，《国际贸易》2004年第6期，第24－26页。

［8］王厚双、邓晓馨：《日本"三位一体联动"应对国际贸易摩擦的经验及启示研究》，《东北亚论坛》2008年第2期，第99－104页。

［9］李菊、王厚双：《日本处理大国间相互依存于贸易摩擦矛盾的经验研究》，《日本研究》2009年第1期，第37－41页。

［10］周泽红：《日本应对国际贸易摩擦的经验及启示——以日美贸易摩擦为例》，《现代日本经济》2006年第1期，第25－29页。

［11］沈四宝：《美国、日本和欧盟贸易摩擦应对机制比较研究——兼论对中国的启示》，《国际贸易》2007年第2期，第54－61页。

［12］樊勇明、贺平：《日美贸易摩擦对日本国内改革的影响》，《现代日本经济》2009年第1期，第25－30页。

［13］贺平：《日美贸易摩擦中的美国"对日修正主义"的对比研究》，《世界经济研究》2008年第1期，第72－78页。

［14］贺平、周英华：《日美贸易摩擦中三大谈判机制的对比研究》，《东北亚论坛》2010年第5期，第74－81页。

［15］浅野一弘：《日美首脑会谈と"现代政治"》，同文馆2000年版。

［16］青木健、马田启一：《日美经济关系论———米国の通商战略と日本》，劲草书房2006年版，第168－190页。

［17］松下满雄、远藤美光、福岛政裕：《日米经济对决の构图——通商事件史と关系修复への政治法学》，东洋堂企划出版社1995年版。

［18］大矢根聪：《日美韩半导体摩擦———通商交涉の政治经济学》，有信堂2002年版。

［19］See World Trade Organization, "Japan Measures Affecting Consumer Photog raphic File and Paper", Report of the Panel , WT/DS44/ R, March 31, 1998 .

［20］Keisuke Iide, "Legalization and Japan：The Politics of WTO Dispute Settlement", Cameron May Ltd., 2006, p. 51.

［21］川岛富士雄：《我が国のWTO纷争解决手续の活用实绩と今后の课题》，《法律时报》2005年第77卷6号，第46－53页。

Japan's Experience and Lessons Dealing with Trade Frictions and Lessons for China

Dai Long

(China University of Political Science and Law Law School Beijing 100088)

Abstract: As Japan became the World's second largest economy in the 1970s, it saw trade frictions with the United States increase rapidly. Under the GATT, trade frictions between the two countries were generally resolved by anti-dumping suits filed by the United States and through bilateral negotiations between the two governments. Under the WTO, Japan shifted to use the WTO's multi-lateral dispute resolution mechanisms to resolve disputes with a good deal of success. In specific cases of trade frictions, Japan crafted a three tiered coordination mechanism which involved government, industry and scholars (track two). This functioned to effectively inhibit the US from engaging in unilateral trade protectionism. At present, China faces an international trade environment similar to that faced by Japan as it made its economic rise, and as such China can learn much from studying the policy mechanisms that Japan developed in response to trade frictions and disputes.

Key Words: Trade Frictions; WTO Mechanisms for Resolving Trade Disputes; Anti-Dumping Law

中印出口增长方式比较*
——基于广度、价格与数量的分解

施炳展

(天津财经大学经济学院 天津 300222)

【摘 要】 基于新新贸易理论的最新进展,利用出口增长三元分解框架和2001~2007年HS92版本六分位出口数据,研究中印出口增长的三元边际及比较,探讨中印两国出口增长方式的差异性。结论如下:中国出口产品的总量和数量高于印度,价格低于印度;中国出口产品价格和总量增长速度快于印度,数量增长速度慢于印度;中国出口产品价格随距离增加而减小,是典型的"以量取胜"模式;印度出口产品价格随距离增加而增加,是典型的"以质取胜"模式。总体来看,现阶段中印增长方式存在较大差异性,从趋势看,呈现趋同特点。

【关键词】 中印;数量;价格;比较

一、引 言

伴随贸易成本和通信成本的下降,全球化生产、产业内分工成为新的国际分工格局。在这一过程中,中印两国积极对外开放,不断融入全球化生产链条中,也由此带动了本国出口和经济的迅速增长。WTO数据显示,2001~2008年,世界年均出口增长速度为13.63%;中国年均出口增长速度为24.01%,占世界出口份额比重从2001年的4.30%上升到2008年的8.89%;印度年均出口增长速度为20.13%,占世界出口份额比重从2001

---

* 原文发表于《当代财经》2011年第4期总第317期。
基金项目:国家社科基金项目(I0CGJ021,I0BJY077)、国家软科学研究项目(S2009GX0205)、天津市哲学社会科学研究规划项目(TJYY08-1-016)阶段性成果。
作者简介:施炳展,天津财经大学,主要从事国际贸易理论研究。

年的 0.70% 上升到 2008 年的 1.10%。中印两国出口贸易的飞速增长为中印比较研究提供了现实基础。从已有文献看，研究大部分集中在经济增长方式、经济增长可持续性、收入分配及贫富差距、对外贸易结构等视角展开分析。本文则从中印出口增长的三元边际视角入手，比较分析中印出口增长方式。

贸易增长的"三元边际"成为近期贸易研究领域的重点问题。Melitz（2003）开创了新新贸易理论，回答了公司是否出口问题。近期的研究则进一步细化，研究公司向多少国家出口多少种产品，这样就存在公司数目、贸易对象数目、产品数目问题，被统称为贸易广度。进一步，如果确定公司向哪一个国家出口哪一种产品，那么就会出现公司以多少价格出口该产品问题，即出口价格问题。因此，在新新贸易理论的框架内，产品广度和产品价格成为重点，加上传统贸易理论强调的产品数量，产品广度、价格与数量构成了贸易的三元边际。

举例说明出口增长的三元边际。如果初期出口一种产品，即产品广度为1，出口数量为1吨，出口价格为1美元/吨，初期总出口为1美元。末期，出口增长为2美元。实现2美元出口至少有三种途径，即出口广度为2，出口2种产品，但是出口的数量与价格不变，这种增长称为广度增长；类似地我们可以定义价格增长与数量增长。这样，实现从1美元到2美元的出口增长就可以找到广度增长、数量增长与价格增长三条途径，即出口增长的三元边际。

基于上述现实、理论与概念的阐述，本文从出口增长的三元边际这一新的视角进行中印比较分析，探讨中印出口增长方式的异同。本文研究有如下几个特色：其一，中印比较是一个传统问题，本文提出了出口增长方式的新的比较视角；其二，出口增长是一个普遍的现象，本文从三元边际视角解读出口增长，是对中印出口增长更深入细致的分析；其三，本文利用 2001~2007 年 HS92 版本六分位贸易数据，数据较新、较细。

二、文献评述

与本文研究相关的文献主要有三类：第一类是中印比较文献，第二类是三元分解的新新贸易理论文献，第三类是三元边际分解的实证文献，下面依次评述。

中印比较一度成为学术热点，文献很多，这里只是举出代表性文献。Shubham 和 Martin（2008）比较分析了中印两国的收入分配和贫富差距问题；李晓（2006）从政治制度、经济增长、政府管理强度、文化背景等多个角度进行了比较分析，并探讨了印度赶超中国问题，分析了中印比较的理论意义和现实意义；祝树金等（2009）基于出口技术结构视角分析了中印贸易关系；朱钟棣和刘凯敏（2008）比较分析了中印对外投资的发展阶段；张燕（2008）分析了中印承接信息技术外包的竞争力差异。现有研究从经济增长、收入差距、贸易结构、外包等多个角度对中印之间进行了比较分析，本文从出口增长方式的视角进行中印比较分析，丰富了已有文献。

Melitz（2003）开创了新新贸易理论，很好地回答了公司是否出口以及公司出口对于行业生产效率的影响问题；而且也对20世纪90年代中后期兴起的从公司微观视角研究贸易的实证文献进行了提炼和升华。Melitz（2003）说明，并不是所有的公司都出口，因此存在公司出口数目的问题；Helpman等（2008）进一步发展了Melitz（2003）模型，认为即使公司出口产品，也并不是向所有的国家出口产品，因此存在贸易对象数目的问题；Bernard等（2009）则从另一个角度发展了Melitz（2003）模型，将单产品公司扩展为多产品公司，认为即使公司出口产品，也并不是出口本公司的所有产品，因此存在出口产品种类的问题。因此，将出口公司的数目、贸易对象的数目、出口产品的数目归结起来，统称为广度，即"Extensive Margin"。Baldwin和Harrigan（2007）则从另外一个角度发展了Melitz（2003）模型，认为出口公司不仅面临向哪些国家出口、出口哪些产品的问题，而且存在以什么价格出口的问题，认为公司出口产品的价格与公司的竞争策略密切联系，公司出口价格与贸易成本密切相关。简单讲，如果公司依靠高品质高价格占领市场，那么该公司出口产品价格随着贸易成本的上升而上升；如果公司依靠低品质低价格占领市场，那么该公司出口产品价格随着贸易成本的上升而下降。总的来看，新新贸易理论的出现，使得贸易领域出现了很多新的研究问题，其中出口产品的种类、出口产品的价格成为研究的热点问题。本文提出了对贸易增长进行三元分解的框架，将贸易增长分解为广度增长、价格增长与传统的数量增长，并且用这一框架研究中印比较问题，从而在方法上和研究对象上丰富了新新贸易理论的实证研究。

本文的三元分解框架是在Feenstra（1994），Hummels和Klenow（2005）的基础上发展起来的。Feenstra（1994）发展了实证研究中测算产品广度的方法，Hummels和Klenow（2005）则进一步将Feenstra（1994）的理论进行发展，构建了贸易分解的三元框架，即产品广度、产品价格与产品数量。Hummels和Klenow（2005）研究的主题是分析构成贸易大国的主导因素，它将一国出口产品的市场份额分解为一国出口产品相对于整个市场的价格、广度与数量，并进一步分析三者的相对贡献。结论是，产品广度与产品价格是构成贸易大国的主导因素。本文实证框架与Hummels和Klenow（2005）类似，只不过是研究贸易增长问题，但是数据结构与处理方法是完全一致的。接下来介绍贸易增长的三元分解框架。

三、贸易增长的三元分解框架及数据

本节吸收并发展了Hummels和Klenow（2005）三元分解的合理内核，其要义是将贸易增长分解为广度增长、价格增长与数量增长三部分。

既然是贸易增长，必然涉及两个时期的贸易状况，假设分别为t期和t+1期，设t期和t+1期出口的商品的集合分别为Ω_t和Ω_{t+1}，进一步定义两期出口商品的交集为Ω_c，

即 $\Omega_c = \Omega_t \cap \Omega_{t+1}$，那么 t+1 期和 t 期的出口的比值为：

$$\frac{\sum_{i \in \Omega_{t+1}} g_{it+1}}{\sum_{i \in \Omega_t} g_{it}} = \left(\frac{\sum_{i \in \Omega_{t+1}} g_{it+1}}{\sum_{i \in \Omega_t} g_{it+1}} \bigg/ \frac{\sum_{i \in \Omega_t} g_{it}}{\sum_{i \in \Omega_t} g_{it}} \right) \times \frac{\sum_{i \in \Omega_t} g_{it+1}}{\sum_{i \in \Omega_t} g_{it}} \tag{1}$$

式（1）由两项构成，$\frac{\sum_{i \in \Omega_{t+1}} g_{it+1}}{\sum_{i \in \Omega_t} g_{it+1}} \bigg/ \frac{\sum_{i \in \Omega_t} g_{it}}{\sum_{i \in \Omega_t} g_{it}}$ 称为两期的广度比，$\frac{\sum_{i \in \Omega_t} g_{it+1}}{\sum_{i \in \Omega_t} g_{it}}$ 称为深度比。g 表示商品的出口贸易价值量。式（1）的第二项为深度比，基本含义是在 t 期和 t+1 期都有的商品中，出口的数量多或者价格高引起的出口贸易的增长。按照 Feenstra（1994）的做法，进一步表示为价格扩张和数量扩张，如式（2）：

$$\frac{\sum_{i \in \Omega_t} g_{it+1}}{\sum_{i \in \Omega_t} g_{it}} = \frac{\sum_{i \in \Omega_t} p_{it+1} x_{it+1}}{\sum_{i \in \Omega_t} p_{it} x_{it}} = \prod_i \left(\frac{p_{it+1}}{p_{it}} \right)^{w_i} \prod_i \left(\frac{x_{it+1}}{x_{it}} \right)^{w_i} \tag{2}$$

其中，$w_i = \frac{\frac{s_{it+1} - s_{it}}{\ln s_{it+1} - \ln s_{it}}}{\sum_i \left(\frac{s_{it+1} - s_{it}}{\ln s_{it+1} - \ln s_{it}} \right)}$，$S_i$ 表示份额，即 $s_i = \frac{p_i x_i}{\sum_i p_i x_i}$

最终用两期的贸易比值表示广度比、价格比和数量比，如式（3）：

$$\frac{\sum_{i \in \Omega_{t+1}} g_{it+1}}{\sum_{i \in \Omega_t} g_{it}} = EX \times P \times O = \left(\frac{\sum_{i \in \Omega_{t+1}} g_{it+1}}{\sum_{i \in \Omega_t} g_{it+1}} \bigg/ \frac{\sum_{i \in \Omega_t} g_{it}}{\sum_{i \in \Omega_t} g_{it}} \right) \times \prod_i \left(\frac{p_{it+1}}{p_{it}} \right)^{w_i} \prod_i \left(\frac{x_{it+1}}{x_{it}} \right)^{w_i} \tag{3}$$

进一步将式（3）两边取自然对数，就获得了贸易增长率的分解：

$$g_X = g_{EX} + g_P + g_Q \tag{4}$$

至此，我们完成了贸易增长三元分解的过程，这一方法将贸易增长最终分解为广度增长、数量增长和价格增长。值得注意的是，在 Hummels 和 Klenow（2005）的研究中，式（1）的分母是世界出口，分子是某国出口；本文中分母是初期出口，分子是末期出口。虽然两者经济学含义截然不同，但是具有完全相同的数据结构，因此方法可以通用。

在指标分解的基础上，还要进一步对中印出口增长方式的影响因素进行分析，其理论基础是 Baldwin 和 Harrigan（2007）关于产品价格、产品数量与贸易成本关系的分析，其基本观点可以参照前面文献综述部分的分析。通过回归分析，分析回归系数正负与大小，从而分析中印出口方式影响因素的差异性。回归方程如式（5）所示：

$$\ln x_{ik} = \alpha + \beta_1 \ln dist_i + \beta_2 \ln gdp_i + \beta_3 \ln gdpper_i + \beta_4 lang_i + \beta_5 tig_i + \beta_6 landlock_i + u_k + v_{ik} \tag{5}$$

式（5）中，被解释变量 $\ln x_{ik}$ 表示进口国进口六分位 HS92 版本产品 k 的价格或者数量的自然对数；角标为 i 的变量表示只和进口国相关的变量，包括地理距离等；u_k 表示仅和产品相关的固定效应；v_{ik} 表示其他随机影响因素。式（5）和以往引力模型最大的区别在于被解释变量,传统的引力模型被解释变量是贸易流量,这里被解释变量是出口产品的价格或者数量,从而与传统引力模型根本不同。在实证分析部分,本文将用式(5)分别对中国和印度的数据进行回归分析,从而计量证明两国贸易方式的差异性。

先对本文的数据及来源、主要指标及统计结果做一简要说明,如表1所示:

表1 数据及来源,主要指标与统计结果

指标	含义	单位	数据来源	样本呈	均值	方差
lnv	HS六分位出口产品价值量	千美元	CEPII	636816	3.47	3.06
lnq	HS六分位出口产品数量	吨	CEPII	636816	1.73	3.45
lnp	HS六分位出口产品价格	千美元/吨	CEPII	636816	1.74	1.68
lngdp	进口国国民收入	美元	WDI	553510	29.66	7.49
lngdpper	进口国人均收入	美元	WDI	553510	21.61	0.86
lndist	双边距离	千米	CEPII	623591	8.80	0.63
lang	共同语言		CEPII	636816	0.15	0.36
col	殖民关系		CEPII	636816	0.11	0.32
tig	是否接壤		CEPII	636816	0.08	0.27
landLock	是否内陆国家		CEPII	636816	0.13	0.33

四、实证结果

分三个部分汇报结果。第一部分是中印出口广度、数量与价格比较;第二部分是中印出口增长方式比较,重点比较广度增长、数量增长、价格增长;第三部分是中印出口价格与数量影响因素差异比较。

(一)中印出口广度、数量与价格比较

分析图1。图1左半部分进行了中印出口的整体、广度、数量与价格比较。整体看,中国出口价值量是印度出口价值量的5倍多;广度与价格与印度持平,甚至低于印度;出口数量远高于印度。图1右半部分分析了中国高于印度出口价值量的来源,其中数量贡献度高达100%以上,相对应广度与价格贡献度为负。因此,整体上,各年份中国出口总量和数量高于印度,但是出口广度和价格低于印度。为了分析结论的稳健性,笔者选取了不同商品进行分析。

从表2可见,在所有商品上中国出口总量和数量均高于印度,其中高技术产品是印度出口总量的27.53倍,数量是印度的55.52倍;电动机械是印度出口总量的45.03倍,数量是印度的78.93倍。但是从价格比较看,除去交通设备和初级产品外,中国出口价格均低于印度;广度几乎与印度持平。由此可见,中印比较,中国数量占优,而印度价格占

优。从时间趋势看，这种情况是否有改变呢？为此下面进行中印出口增长方式比较。

（二）中印广度、数量、价格增长比较

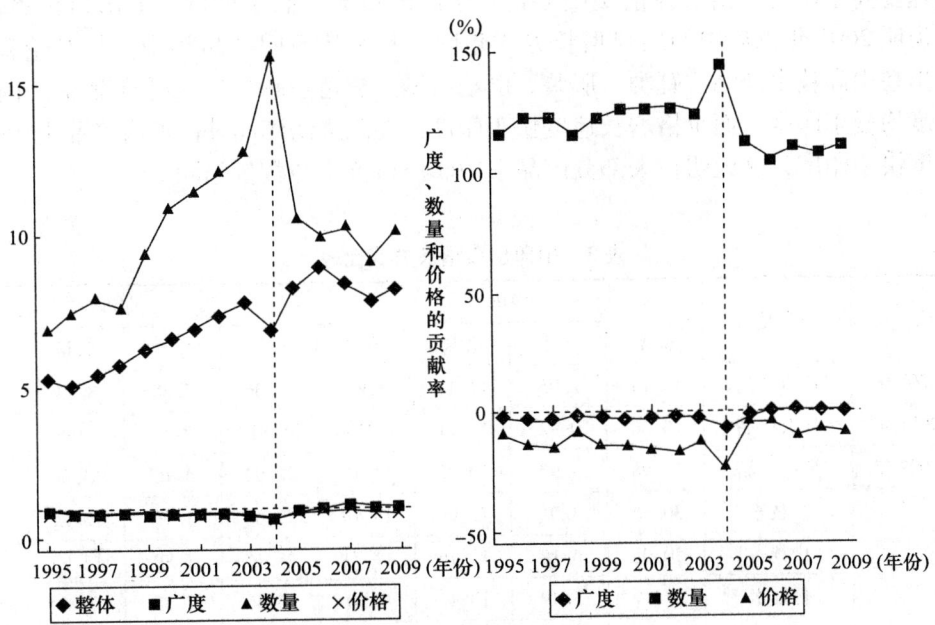

图 1　中印出口广度、数量与价格的整体比较

表 2　中印不同类型产品出口广度、数量与价格比较

产品		比值				贡献度（%）		
		总体	广度	数量	价格	广度	数量	价格
技术类型	高技术	27.53	0.84	55.52	0.60	-5.12	121.15	-15.17
	中技术	6.51	0.98	9.80	0.74	-1.30	121.81	-16.42
	低技术	7.67	0.93	9.53	0.86	-3.38	110.64	-7.31
	资源品	2.87	0.92	4.31	0.74	-7.75	138.68	-27.98
	初级产品	2.36	1.22	1.94	1.04	22.73	77.16	4.59
典型行业	纺织品	4.48	0.88	5.13	0.99	-8.82	109.09	-0.87
	服装	7.33	1.02	7.71	0.94	0.93	102.56	-2.92
	鞋类	17.19	1.06	21.16	0.78	1.99	107.29	-8.66
	非电动机械	25.29	0.84	66.30	0.51	-5.35	129.84	-20.98
	电动机械	45.03	1.02	78.93	0.61	0.51	114.75	-12.88
	交通运输	4.17	1.05	4.91	1.01	3.49	111.52	0.58
	科研设备	22.93	1.06	41.57	0.54	1.82	118.99	-19.46

分析表3。首先看所有产品的增长方式。显然，在1995~2007年整个时段内，中国出口总量、数量、价格与广度增长率均高于印度；以2001年中国加入WTO为界分开分析，2001年以后，尽管中国整体增长速度快于印度，但中国数量增长速度低于印度，价格增长速度高于印度。由于在前文中分析，中国出口数量高于印度，但出口价格低于印度，这说明2001年以后中印出口增长方式趋同。其次从不同产品类型分析结论稳健性，可以看出在中高技术产品、鞋类、服装、电动机械、交通运输设备、科研设备上中国数量增长速度均慢于印度，而价格增长速度快于印度；在除去纺织品外的所有产品上中国价格增长速度快于印度，这说明在大部分产品上中印出口价格与数量趋同。

表3 中印出口增长方式比较

时段	产品	中国				印度			
		整体	广度	数量	价格	整体	广度	数量	价格
1995~2007年	所有产品	18.14	2.95	11.12	4.06	14.36	3.68	8.74	1.94
1995~2001年	所有产品	10.30	0.92	11.71	-2.33	5.81	2.39	5.89	-2.47
2001~2007年	所有产品	25.98	3.97	10.83	11.18	22.92	4.15	13.04	5.73
2001~2007年	高技术	30.55	3.01	8.36	19.19	22.09	1.99	15.82	4.28
	中技术	30.05	6.18	12.16	11.71	28.16	1.89	17.69	8.57
	低技术	21.19	3.49	10.41	7.30	15.40	2.55	7.84	5.00
	纺织品	25.12	3.69	18.76	2.68	31.32	9.26	16.89	5.17
	服装	16.28	3.32	7.92	5.04	18.79	2.85	11.80	4.14
	鞋类	17.55	2.86	10.99	3.70	10.47	0.00	7.85	2.62
	非电动机械	15.77	1.26	7.48	7.03	10.37	0.08	4.01	6.29
	电动机械	14.60	1.04	4.01	9.55	13.14	0.24	4.79	8.12
	交通运输设备	32.02	3.74	12.06	16.22	23.13	2.39	17.13	3.61
	科研设备	28.02	2.94	5.86	19.22	24.98	3.28	20.27	1.43

因此，总体来看，中印两国出口广度差异性不大；中国出口产品价格明显低于印度，但是2001年以后价格增长速度快于印度；中国出口产品数量高于印度，但是数量增长速度2001年以后慢于印度。这说明两国在出口产品的价格与数量方面存在差异性，长期看，两国出口产品数量与价格有趋同趋势。

（三）中印出口产品总量、价格与数量的影响因素比较

上述分析说明中印出口数量与价格存在差异性，一个自然的问题是中印两国同作为发展中国家，为什么出口价格与数量存在较大差异性呢？为此，按照Baldwin和Harrigan（2007）的分析，通过分析产品价格、产品数量与地理距离的关系来分析中印两国企业出口竞争策略，通过企业竞争策略分析，探讨中印出口增长方式差异性的原因。回归方程为

式 (4)，结果如表 4 所示。

表 4　中印贸易方式影响因素的差异性：固定效应回归结果

	总量		价格		数量	
	中国	印度	中国	印度	中国	印度
lndist	-0.498*** (-50.24)	-0.308*** (-23.12)	-0.0742*** (-12.42)	0.124*** (15.04)	-0.424*** (-37.65)	-0.433*** (-27.33)
lngdp	0.170*** (256.86)	0.109*** (118.14)	0.0192*** (48.32)	0.0149*** (26.22)	0.150*** (200.55)	0.0937*** (85.87)
lngdpper	0.0378*** (7.26)	0.0255** (3.19)	0.0746*** (23.75)	0.0152*** (3.07)	-0.0368*** (-6.21)	-0.0408*** (-4.29)
lang	0.134*** (5.47)	0.0897*** (5.71)	0.141*** (9.59)	-0.199*** (-20.46)	0.275*** (9.90)	0.289*** (15.50)
col	—	0.0888*** (4.84)	—	-0.122*** (-10.73)	—	0.211*** (9.68)
tig	0.161*** (8.44)	0.223*** (6.73)	0.0614*** (5.33)	-0.278*** (-13.55)	0.223*** (10.26)	0.500*** (12.75)
landlock	-0.465*** (-33.31)	-0.322*** (-16.25)	-0.0242*** (-2.88)	0.124*** (10.12)	-0.441*** (-27.80)	-0.446*** (-18.97)
N	356567	196943	356567	196943	356567	196943
R^2	0.209	0.089	0.010	0.018	0.141	0.058

注：显著性水平 * 表示 $p<0.05$，** 表示 $p<0.01$，*** 表示 $p<0.001$；所有回归中都加入了产品固定效应。

分析表 4。在总量与数量的回归中，所有回归系数符号是一致的，只是大小稍有差别，中印两国没有表现出差别性。但是在价格回归中，中印两国表现出较大的差异性，最明显的区别表现在表征贸易成本的回归系数上：中国对地理距离的回归系数为负，印度对地理距离的回归系数为正，这意味着贸易成本越高，中国出口产品价格越低，印度出口产品价格越高。对 lang 的回归系数，中国为正，印度为负，如果将 lang 看作表征贸易成本的变量，"共同语言"代表贸易成本较低，反之较高，显然这说明中国出口产品价格随着贸易成本降低而升高；印度则相反，这与对距离的回归系数是一致的。类似地，对于 col、tig、landlock 等表征贸易成本的变量，回归系数也有类似的规律。根据前面的文献分析，说明印度是典型的"以质取胜"，而中国则是典型的"以量取胜"，这印证了前面两国出口产品价格与出口数量的比较分析。

为了印证结论的稳健性，表 5 列出了面板数据随机效应回归模型，结论是一致的。

表5 中印贸易方式影响因素的差异性：随机效应模型回归结果

	总量		价格		数量	
	中国	印度	中国	印度	中国	印度
lndist	-0.609*** (-73.63)	-0.357*** (-30.30)	-0.121*** (-29.24)	0.0331*** (6.21)	-0.488*** (-53.80)	-0.390*** (-30.09)
lngdp	0.202*** (358.73)	0.129*** (156.04)	0.0183*** (64.82)	0.0134*** (35.89)	0.184*** (297.57)	0.116*** (127.06)
lngdpper	0.0311*** (7.17)	0.0182** (2.59)	0.0796*** (36.70)	0.0195*** (6.14)	-0.0485*** (-10.21)	-0.00134 (-0.17)
lang	0.288*** (14.14)	0.216*** (15.60)	0.106*** (10.38)	-0.110*** (-17.51)	0.394*** (17.63)	0.326*** (21.37)
col	—	0.260*** (16.11)	—	-0.104*** (-14.26)	—	0.364*** (20.50)
tig	0.207*** (12.98)	0.260*** (8.94)	0.0157* (1.98)	-0190*** (-14.42)	0.222*** (12.74)	0450*** (14.05)
landlock	-0.510*** (-43.86)	-0.246*** (-14.12)	-0.0727*** (-12.50)	0.0119 (1.51)	-0.437*** (-34.30)	-0.258*** (-13.45)
N	356567	196943	356567	196943	356567	196943

五、结论与政策含义

长期以来，由于中印两国长期实行积极的对外开放政策及中印两国独特的要素禀赋优势，中印两国逐渐融入全球化生产过程中，也由此带动了两国出口贸易的迅速增长。本文基于新新贸易理论实证研究的最新进展，从出口增长三元边际的视角，利用 HS92 版本六分位出口数据，对中印两国出口增长方式进行了比较分析。主要结论如下：中国出口产品的总量和数量高于印度，价格低于印度；中国出口产品价格和总量增长速度快于印度，数量增长速度慢于印度；中国出口产品价格随距离增加而减小，是典型的"以量取胜"模式，印度出口产品价格随距离增加而增加，是典型的"以质取胜"模式。总体来看，现阶段中印增长方式存在较大差异性，但从趋势看，两国相似性增加，呈现趋同特点。

本文的政策含义是明显的。长期以来，中国以要素禀赋、政策优惠、地理位置、基础设施等优势实现了出口的迅速增长，中国相对于印度表现出了强劲的竞争力。但是本文的研究表明，中国的优势主要表现为数量优势，中国出口产品在价格或品质方面并没有优势。从长期看，数量优势主要得益于迅速的资本积累、廉价的能源和劳动力，而品质优势主要依靠人力资本、研究与开发投资，显然印度的以质取胜的模式更值得借鉴和学习。因此，提升中国出口品质、促进中国出口可持续发展是必然的政策选择。

参考文献

［1］Shubham, Martin. 中国和印度不平衡发展的比较研究［J］. 经济研究, 2008（1）.

［2］李晓. 印度经济能够赶超中国吗？——兼论中印比较的意义［J］. 国际经济评论, 2006（6）.

［3］祝树金, 陈艳, 谢锐. "龙象之争"与"龙象共舞"——基于出口技术结构的中印贸易关系分析［J］. 统计研究, 2009（4）.

［4］朱钟棣, 刘凯敏. 中印 ODI 的发展阶段和本土技术进步效应比较［J］. 当代财经, 2008（6）.

［5］张燕. 中印承接信息技术外包（ITO）竞争力的比较研究［J］. 江西财经大学学报, 2008（3）.

［6］Melitz M. The Impact of Trade on Intra – industry Reallocation and Aggregate Industry Productivity［J］. Econometrica, 2003（71）: 1695 – 1725.

［7］Helpman Melitz, Rubinstein, Estimating. Trade Volumes: Trading Partners and Trading Volumes［J］. Quarterly Journal of Economics, 2008（2）: 441 – 487

［8］Bernard, Jensen, Redding, Schott. The Margins of US Trade［R］. NBER Working Paper, No. 14662, 2009.

［9］Baldwin, Harrigan. Zeros, Quality and Space: Trade Theory and Trade Evidence［R］. NBER Working Paper, No. 13214, 2007.

［10］Feenstra. New Product Varieties and the Measurement of International Prices［J］. American Economic Review, 2005, 84（1）: 157 – 177.

［11］Hummels, Klenow. The Variety and Quality of a Nation's Exports［J］. American Economic Review, 2005（3）: 704 – 723.

A Comparison between China's and India's Export Growth: Based on the Decomposition of Range, Price and Quantity

Shi Bingzhan

(Tianjin University of Finance and Economics Econornic School Tianjin 300222)

Abstract: Based on the latest development of the new trade theory and making use of the three - element decomposition framework of export growth and the six - digit level export data of HS 92 version during 2001 ~ 2007, this paper studies the three - margin of export growth and comparison of the two countries and discusses the differences between the ways of export growth adopted by them. The following conclusions have been drawn: The total volume and quantity of China's exported products are higher than that of India's, and the price is lower; the growth rate of the price and total volume of China's export products is higher than that of India's, while the growth rate of quantity is lower; the price of China's export products is decreasing with distance, which is the typical mode of "win by quantity", while the price of India's export products is increasing with distance, which is the typical mode of "win by quality". Generally speaking, there exist larger differences between China's and India's export growth patterns; however, it seems that a trend of convergence between the two countries appears.

Key Words: China and India; Quantity; Price; Comparison

南南型区域经济一体化的增长效应*
——来自非洲的证据及对中国的启示

杨勇[1] 张彬[2,3]

（1. 武汉大学经济与管理学院 武汉 430072；
2. 武汉大学经济发展研究中心 武汉 430072；
3. 南开大学 APEC 研究中心 天津 300071）

【摘 要】20世纪90年代以来，发展中国家为了促进经济增长和获得其他利益，成立了大量的区域性经济一体化组织。本文选择非洲有代表性的经济一体化组织为研究对象，考察南南型一体化组织的增长效应，并分析意大利面碗效应在成员国经济增长中的作用。实证结果显示：区域经济一体化没有推动非洲国家的经济增长，意大利面碗效应对经济增长有抑制作用。因此，广泛参与南南型区域经济一体化集团无助于成员国发展经济，这为我国正在实施的"自由贸易区战略"的政策制定提供了参考和建议。

【关键词】区域经济一体化；增长效应；意大利面碗现象；面板数据

一、引 言

20世纪90年代以来，区域经济一体化成为世界经济中最为重要的发展趋势之一。WTO 将向其申报的各类区域经济一体化组织统称为区域贸易协定（RTA），截止到2010年7月31日，向 WTO 通报的 RTA 已经达474家。在这些 RTA 中，发展中国家组建的南南型 RTA 占很大比重。相对于欧盟（EU）这样的北北型 RTA，南南型 RTA 的经济一体

---

* 原文发表于《国际贸易问题》2011年第11期。
　基金项目：国家自然科学基金项目"空间成本约束与区域产业转移的有效路径"（71003037）和教育部人文社科重点研究基地重大项目"中日韩自由贸易区问题研究"（10JJ-DGJW001）的研究成果。
　作者简介：杨勇，武汉大学经济与管理学院；张彬，武汉大学经济发展研究中心，南开大学 APEC 研究中心。

化水平普遍较低。由于很多发展中国家同时加入多个 RTA，出现了 Bhagwati（1995）提出的意大利面碗现象（Spaghetti-bowl Phenomenon），即多个 RTA 相互交叉，导致各个 RTA 中不同的优惠待遇和原产地规则就像碗里的意大利面条一样错综复杂，提高了成员国利用优惠待遇和原产地规则的成本。

随着全球关税水平的大幅下降，贸易收益在 RTA 福利效应中的比重已经很低，一国参与 RTA 主要着眼于获得经济增长等方面的动态收益。由于发展中国家将参与 RTA 视为促进经济增长的动力，因此对通过参与 RTA 实现经济增长寄予了很高的期望。但是，由于意大利面碗现象，RTA 对成员方经济增长的影响变得复杂。因此，度量意大利面碗现象背景下的南南型 RTA 的增长效应非常重要，其不仅能在理论上完善 RTA 增长效应的研究，而且对判断南南型 RTA 的发展前景及指导中国参与国际经济一体化都有重要的现实意义。

随着新增长理论的兴起，RTA 的增长效应成为国际经济领域的研究热点。理论研究方面，Rivera-Batiz 和 Romer（1991）及 Rivera-Batiz 和 Xie（1993）分析了研发因素在 RTA 成员国经济增长中的作用机制，结论是经济一体化可以带来研发部门的规模经济，使 RTA 产生永久性的技术推动型增长。Grossman 和 Helpman（1991）研究了内部贸易自由化对 RTA 成员国经济增长的影响，认为内部贸易自由化可以促进技术外溢、提高资本回报率、扩大研发部门规模效应，这会促进成员国的经济增长。Baldwin 和 Seghezza（1996a）、Wacziarg（2001）的研究发现，RTA 可以刺激投资，进而推动成员国的经济增长。Kutan 和 Yigit（2007）分析了 RTA 的制度安排在成员国经济增长中的作用，研究发现预算转移等制度性安排有助于促进经济落后成员国的资本积累和经济增长。实证研究方面，已有文献多集中于分析 EU 和 NAFTA 的增长效应，主要研究变量的作用大小和持续时间，有关南南型 RTA 的研究并不多见。但是，过去的实证研究中存在不少缺憾，主要是缺乏统一的实证框架和能被一致接受的计量方法，导致有限的变量难以全面度量 RTA 的增长效应，而且还造成实证结果不稳健：变量相同而数据结构或估计方法不同，结果都很不一致（H. Badinger，2005）。同时，RTA 的一体化水平一直不能被准确度量，意大利面碗效应也因难以拟合而很少有研究涉及。

本文的研究目的是分析南南型 RTA 的增长效应，并考察意大利面碗效应在增长效应中的作用机制，将研究结论作为中国参与 RTA 的政策参考。由于中国全面参与区域经济一体化的时间不长，增长效应难以显现，故本文选择非洲大陆的 RTA 作为研究对象。选择非洲国家是因为它们与中国一样属于发展中国家，而且参与经济一体化的历史久远。同时，南非等地区性大国的发展水平与中国接近，它们至少还参与了一个经济一体化集团，意大利面碗效应十分明显。因此，针对非洲的研究结论对指导中国参与 RTA 更具有参考价值。

有关非洲经济一体化增长效应的文献很少，Vamvakidis（1998，1999）研究了中非关税与经济同盟（CEUCA）、马诺河联盟（MRU）、阿拉伯共同市场（ACM）、大湖国家经济共同体（CEPGL）的增长效应，结论是 RTA 对经济增长没有影响。M. Piazolo（2001）考察了 RTA 对南部非洲地区经济增长的影响，认为在存在严重的意大利面碗效应的情况下，经济一体化难以推动成员国的经济增长。S. Khorana 等（2007）通过局部均衡模型分析了东非地区 RTA 的交错对成员国的影响，结论是意大利面碗效应会严重制约乌干达的国内生产和地方工业发展。D. Velde（2008）利用标准增长模型考察了全球 100 多个发展中国家参与 RTA 的增长效应，包括非洲的东非共同体（EAC）、南部非洲发展共同体（SADC）、南部非洲关税同盟（SACU）、中非国家经济与货币共同体（CEMAC）、东南非共同市场（COMESA），研究发现，在总量数据水平上没有出现稳健的增长效应。

本文选择非洲国家为研究对象，并建立面板数据模型，研究南南型 RTA 的增长效应。为克服过去研究的不足，本文改进了 H. Badinger（2005）的研究框架，考察意大利面碗效应在成员国经济增长中的作用，并发展了 Berthelon（2004）提出的一体化水平指数来度量意大利面碗效应，而且还将通过面板数据单位根检验以增加实证结果的可靠性。本文第二部分提出理论框架，第三部分介绍变量结构与数据来源，第四部分是实证过程与结果分析，最后总结本文的研究结论并提出中国参与 RTA 的政策建议。

二、理 论 框 架

在 RTA 增长效应的实证研究中，设计合理的指标来度量经济一体化水平很重要，因为经济一体化水平会影响贸易、投资和技术等变量对经济增长的作用效果，不能准确度量经济一体化水平可能是已有研究结果缺乏稳健性的重要原因。因此，很多学者在研究中都设计了衡量 RTA 发展水平的指标。本文首先提出衡量经济一体化水平和意大利面碗效应的指数。

（一）经济一体化指数

考虑到一国参与 RTA 后会扩大市场范围，促进规模经济实现，Berthelon（2004）从规模经济角度设计了一套度量一体化水平的指数，即绝对经济一体化指数和相对经济一体化指数，分别考察一国加入 RTA 后，RTA 内部市场规模占全球市场规模和该国市场占 RTA 内部市场规模的比重。

为了度量成员国参与经济一体化的水平和考察意大利面碗效应的大小，结合数据的可获得性，本文对 Berthelon（2004）指数进行了改进，反映一国参与 RTA 后市场规模的扩大程度：设国家 j 加入了多个 RTA，导致意大利面碗现象出现。经济一体化指数 int_{jt} 表示 j 国在 t 期加入核心 RTA 的经济一体化程度，spi_{jt} 表示 j 国在 t 期参与所有 RTA 而出现的意大利面碗效应的大小。

具体而言，参与核心 RTA 的经济一体化水平指数为：

$$int_{jt} = \Big(\sum_{i=1}^{i \in A} GDP_{it}\Big) / GDP_{jt} \tag{1}$$

其中，i 与 j 同属于经济一体化组织 A，GDP_{jt} 表示 j 国 t 期 GDP 的数额，GDP_{it} 表示 i 国 t 期 GDP 的数额。int_{jt} 表示 A 的经济规模相对于 j 国的经济规模的比值，反映 j 加入 A 后实现的市场规模的扩大。

意大利面碗效应指数为：

$$spi_{jt} = (\sum_{i=1,j\neq1}^{N} D_{it}^{j} \times GDP_{it})/GDP_{jt} \tag{2}$$

其中，N 表示全球经济体的总数；D_{it}^{j} 是虚拟变量，当 t 期 j 国与 i 国签订 RTA 时等于 1，否则为 0。因此，spi_{jt} 是与 j 国签订 RTA 的所有国家的经济规模的总和相对于 j 国经济规模的比值，反映 j 国同时加入不同一体化集团实现的市场规模的扩大。

（二）实证模型

为了探讨 RTA 在经济增长中的作用机制，H. Badinger（2005）将经济增长分解为技术拉动型和投资推动型增长（Baldwin and Seghezza，1996b）。本文以 H. Badinger（2005）的研究为基础，进一步考察意大利面碗效应在成员国经济增长中的作用。

为便于分析，本文选用 Cobb – Douglas 生产函数 $Y_t = A_t K_t^{\alpha} L_t^{1-\alpha}$。其中，Y 表示产出，K 为投入生产的资本，L 代表用于生产的劳动，A 为全要素生产率（技术水平）。显然，α 和 1 - α 分别表示产出对资本和劳动的弹性。那么，该生产函数可以将经济增长分解为：

$$\Delta lny_t = \Delta lnA_t + \alpha \Delta lnk_t \tag{3}$$

其中，y_t 表示在 t 期的人均产出，k_t 表示在 t 期的人均实物资本投入。式（3）将经济增长分解为技术拉动型和投资推动型增长。由式（3）可以进一步假设：

$$\Delta lnA_t = \delta_{A0} + \delta_{A1} \Delta INT_t^i \tag{4}$$

其中，δ_{A0} 表示技术进步的外生部分，INT_t^i 代表 t 期 j 国不同方式的一体化程度，i 为 0 表示参与核心 RTA 的水平，为 1 表示意大利面碗效应的程度。那么式（4）表示不同经济一体化方式对技术进步的影响。同理，不同经济一体化方式对资本的影响可表述为式（5）：

$$\Delta lnk_t = \delta_{k0} + \delta_{k1} \Delta INT_t^i \tag{5}$$

将式（4）与式（5）代入式（3），得到不同经济一体化方式对经济增长的影响，记为式（6）：

$$\Delta lny_t = (\delta_{A0} + \alpha\delta_{k0}) + (\delta_{A1} + \alpha\delta_{k1}) \Delta INT_t^i \tag{6}$$

式（6）即为本文实证模型的基础，本文在研究非洲经济一体化的增长效应时，还需将投资、对外贸易、外部援助、全球宏观经济环境等因素纳入实证框架。

三、数据说明

非洲在地理上分为东非、南非、西非、北非和中非五个部分，非洲国家从 20 世纪 50

年代开始组建各种形式的 RTA，但是实质上开始贸易与投资自由化是在 20 世纪 80 年代中后期以后，而增长效应在此之后才可能显现，故本文所选时间区间为 1985 年至 2007 年。本文选择非洲各地区的核心 RTA 为样本，由于北非仅有阿拉伯马格里布联盟较有影响，但其在 1995 年以后陷入停滞，所以北非地区不做考察。核心 RTA 的选择标准为内部贸易水平在该地区所有 RTA 中最高，此外还需拥有较长的经济一体化历史。故而，本文选择的非洲各地区的核心 RTA 为东非共同体（EAC）、南部非洲关税同盟（SACU）、西非经济与货币联盟（UEMOA）和中非国家经济与货币共同体（CEMAC）。考察意大利面碗效应需要成员国同时加入其他 RTA 的信息。分析发现，EAC 中的坦桑尼亚是 COMESA 和 SADC 的初始成员国，但在 2000 年退出了 COMESA，肯尼亚与乌干达同为 COMESA 成员国；SACU 的成员国都是 SADC 成员国，纳米比亚与南非分别在 1990 年和 1994 年加入 SADC，纳米比亚与斯威士兰是 COMESA 成员国；UEMOA 的成员国是西非国家经济共同体（ECOWAS）成员国；CEMAC 的成员国还是中非国家经济共同体（ECCAS）成员国。具体的变量描述及数据来源如表 1 所示。

表 1　实证分析的变量描述与数据来源

变量名称	变量描述	数据来源
y_{jt}	y_{jt} 为 j 国在 t 期人均 GDP 的增长率，是通过 2000 年价格指数折现后的实际产出	Selected Statistics on African Countries （2006 - 2009），AFDB
ki_{jt}	人均资本投入指标，为以 1990 年价格折现的实际资本存量，$k_t = k_{t-1}(1-\delta) + I_t$，$\delta$ 为折旧率（假定为 5%），i 为固定资本形成指标	Selected Statistics on African Countries （2006 - 2009），AFDB
exp_{jt}	出口贸易指标，为 j 国在 t 期的出口贸易量	Selected Statistics on African Countries （2006 - 2009），AFDB
oda_{jt}	外来国际援助指标，为 j 国在 t 期获得的所有国外官方援助数额	Selected Statistics on African Countries （2006 - 2009），AFDB
int_{jt}	经济一体化指标，计算见式（1），成员国见文中介绍	Selected Statistics on African Countries （2006 - 2009），AFDB
spi_{jt}	意大利面碗效应指标，计算见式（2），具体国家见文中介绍	Selected Statistics on African Countries （2006 - 2009），AFDB
$wgdp_{jt}$	全球 GDP 的增长率，反映世界经济的宏观环境，具体为通过 1990 年美元汇率折现后的全球实际产出增长率	EIU 国别统计数据库

四、实证过程与结果分析

本文的实证分析将分别从非洲整体及区域角度展开,通过对比整体研究结果和区域研究结果来分析各变量在不同地区国家经济增长中的作用效果。在实证分析之前,首先对各变量序列进行平稳性检验,判断是否需要进一步开展协整分析,以增加实证结果的可靠性。

(一)数据的平稳性检验

面板数据单位根检验的方法因截面性质而异,同质截面的单位根检验方法主要有 LLC 检验、Hadri 检验与 Breiting 检验;异质截面的单位根检验方法主要有 IPS 检验、Fisher – ADF 检验和 Fisher – PP 检验。截面性质通常需要通过方差分析来确定,由于文中样本国家来自非洲不同区域,数据结构并不相同,可认定为异质截面,故选取异质截面的单位根检验。本文同时也采用同质截面的单位根检验,通过对比判断检验结果的稳健性。同质截面和异质截面的单位根检验方法分别选择 Breiting 检验和 IPS 检验,具体检验结果如表 2 所示。

表 2 各序列单位根检验结果

变量	Breiting 检验		IPS 检验	
	水平值		水平值	
	统计量	P 值	统计量	P 值
gdp	-3.906	0.0000	-8.951	0.0000
ki	-7.298	0.0000	-11.43	0.0000
exp	-6.775	0.0000	-10.23	0.0000
oda	-9.519	0.0000	-12.27	0.0000
wgdp	-9.182	0.0000	-4.467	0.0000
int	-2.292	0.0000	-9.223	0.0000
spi	-2.123	0.0000	-25.56	0.0000

两种单位根检验的结果大体一致,在 1% 的显著性水平下,Breiting 检验与 IPS 检验的结果都显示各序列的水平值为平稳序列,所以不必继续进行面板数据的协整检验。

(二)非洲经济一体化增长效应的整体分析

非洲国家参与经济一体化增长效应的整体分析,数据源于非洲大陆各样本 RTA 成员国生成的面板数据。Hausman 检验结果判定应该选择固定效应,为了分析方便,本文选择固定效应变截距模型。因为是考察整体增长效应,故略去各国的截距项,具体结果如表 3 所示。

表3　非洲经济一体化增长效应整体分析的实证结果

变量	估计1		估计2		估计3		估计4		估计5	
	系数	伴随概率	系数	伴随概率	系数	伴随概率	系数	伴随概率	系数	伴随概率
ki	0.029	0.058	0.047	0.001	0.036	0.011	0.030	0.024	0.030	0.003
exp	0.078	0.000	0.139	0.000	0.076	0.000	0.138	0.000	0.062	0.000
oda	-0.023	0.000	-0.032	0.000	-0.023	0.001	-0.033	0.000	-0.021	0.002
wgdp	0.623	0.035	0.184	0.631	0.591	0.049	0.279	0.463	0.588	0.049
int	-0.046	0.000	-0.087	0.000	—	—	-0.261	0.000	—	—
spi	-0.512	0.000	—	—	-0.536	0.000	—	—	-0.497	0.000
cos1	—	—	—	—	—	—	0.415	0.000	—	—
cos2	—	—	—	—	—	—	—	—	-0.165	0.013
AR(1)	-0.202	0.000	-0.291	0.000	-0.204	0.000	0.243	0.000	-0.197	0.000
统计指标	R^2	0.669	R^2	0.397	R^2	0.659	R^2	0.431	R^2	0.665
	D-W值	2.08	D-W值	2.14	D-W值	2.08	D-W值	2.10	D-W值	2.08
	F统计量	31.36	F统计量	10.61	F统计量	31.17	F统计量	11.69	F统计量	30.64
	Prob(F)	0.000	Prob(F)	0.000	Prob(F)	0.000	Prob(F)	0.000	Prob(F)	0.000

资料来源：根据EViews6.0软件处理而得。

从整体来看，F统计量通过了1%的显著性水平检验，R^2在0.6左右，说明模型总体上可以拟合非洲经济一体化的增长效应。从系数来看，绝大部分变量都通过了5%的显著性水平检验，证明模型对各系数的拟合也很成功。但D-W统计值很低，说明随机误差项存在严重的1阶自相关，故估计结果可能有偏。为克服自相关，加入1阶自回归项AR(1)重新估计，D-W值在2左右，其他统计指标变化不大，说明自相关问题得到解决。对实证结果的分析如下：

1. 非洲大陆经济一体化增长效应整体分析的实证结果见估计1，可以得到如下结论

（1）RTA对非洲国家经济增长的实际影响为负，说明非洲国家热衷的经济一体化远非促进经济增长的灵丹妙药。参与核心一体化组织对成员国经济增长的负面影响较小，int每增加1%，减少0.05%的经济增长；意大利面碗效应会严重阻碍成员国的经济增长，spi每增加1%，相应经济增长减少0.5%。这个结论得到Vamvakidis(1999)、Piazolo(2001)和Khorana等(2007)研究的证实，即RTA对非洲国家的经济增长没有影响，意大利面碗效应阻碍了非洲东部和南部国家的经济增长。

（2）投资和出口能有限促进非洲经济增长，外部援助却无助于非洲经济增长。ki增加1%能带动经济增长0.03%，exp增长1%能拉动经济增长0.08%。与过去的研究相比较，投资对经济增长的作用低于Vamvakidis(1999)估计的20%的水平。外部援助对非洲经济增长有一定的遏制作用，oda每增加1%，那么经济将减速0.02%。这个结果看似难以接受，但是考虑到外部援助多由食品、药品及货物等构成，并没有推动非洲国家的生产规模扩大，笔者在对非洲经济一体化贸易效应的研究中也发现外部援助会减少非洲经济

一体化的贸易流量。事实上，外部援助对经济增长的作用一直存在两种相互对立的结论，Mosley（1980）基于1970~1977年83个国家的面板数据实证研究表明，对外援助对经济增长有负效应；而Doucouliagos和Paldam（2008）的研究结果表明对外援助对经济增长有微弱的正效应，但是这种效应并不显著。

（3）全球宏观经济环境的改善对非洲经济增长的促进作用最为明显，wgdp每增加1%可以带动非洲经济增长0.62%，说明非洲经济的增长非常依赖全球宏观经济形势，这个结论符合20世纪90年代以来非洲经济增长率高于全球经济平均增长率的现实。

2. 分别控制int和spi变量，估计其他变量，得到这两个变量对成员国经济增长的影响，实证结果见估计2和估计3

（1）控制int变量，R^2变化不大，系数的估计值大小及统计指标也无明显变化，这再次证明参加核心经济一体化组织对成员国经济增长影响很小。

（2）控制spi变量，R^2由0.669下降为0.397，这说明增长效应的很大部分由spi解释。从系数变化来看，控制spi后投资和出口对经济增长的推动明显增加，这说明成员国参与过多的RTA增加了利用规则和优惠的成本，削弱了本国资本及出口对经济增长的推动力。

3. 由于成员国参与经济一体化仅仅是名义上扩大了市场范围，但是对优惠和规则的利用也会影响对外贸易，所以必须考虑参与经济一体化集团与出口的交互作用对经济增长的影响，实证结果见估计4与估计5

（1）控制spi，在1%的显著性水平下int与exp的交互作用对经济增长的作用为正，而且R^2也比估计2中明显增大，这说明加入int与exp的交叉项能改进模型拟合效果。实证结果说明int通过促进区内的贸易，可以促进区内国家经济增长。

（2）控制int，统计指标与系数显著性没有发生明显改变，交叉项在5%的水平下显著，证明加入spi与exp的交叉项能改进拟合效果，但交叉项对成员国的经济增长产生了明显的抑制作用。这再次说明过多参与RTA并不能扩大出口规模，也不能推动经济增长。

（三）非洲经济一体化增长效应的地区分析

由于历史原因，非洲东部与中部经济落后，与全球经济联系薄弱；非洲南部和西部经济则相对发达，与世界经济的联系也相对紧密。在地理和经济上，非洲东部和南部联系较为紧密，中非和西非地区联系较多。因此，在考察RTA的增长效应时，本文将EAC与SACU结合，将UEMOA与CEMAC结合，对比分析各变量在不同地区成员国经济增长中的作用。

1. 非洲东部与南部地区经济一体化的增长效应

EAC与SACU增长效应的实证结果如表4所示，从实证结果来看，各变量对成员国经济增长的作用与整体分析时并不完全一致，而是带着明显的地域特征。

（1）成员国参与经济一体化对本国经济增长有限制作用，这与整体分析的结果一致。但是，不同于整体分析结论，int对两个RTA成员国经济增长的限制较大。这与两个RTA的内部福利分配失衡有关，EAC中的肯尼亚独占了经济一体化的大部分利益并阻碍了其他成员国的发展；SACU中的南非也是如此。利益分配不均是导致EAC一度解散和SACU

成员国屡次为利益分配争吵的主要原因。spi 变量对经济增长的负作用很小，且在统计上不显著。这主要是由于该地区的 COMESA 规模庞大但结构松散，对 EAC 和 SACU 成员国影响有限，所以意大利面碗效应在东南部非洲地区并不明显。

（2）投资和出口都能有限地促进本地区成员国的经济增长，但是 EAC 的出口变量和 SACU 的投资变量不能通过 10% 的显著性水平检验，因此这种关系并不能得到确认。

（3）外部援助对两地区的经济增长没有影响，全球宏观经济环境对两地的影响差异很大。wgdp 变量对 EAC 没有显著影响，但对 SACU 影响非常大，全球经济增长 1%，可以带动 SACU 成员国经济增长 1.5%，这是因为东非地区和世界经济的联系并不紧密，但是南部非洲是外部经济进入非洲大陆的桥头堡，受全球经济的影响很大。

（4）从交叉项来看，东部非洲国家参与不同的经济一体化方式与出口的交互效应对经济增长的作用不显著，可以认为这种交互作用不明显；南部非洲的 int 与 exp 的交互作用对经济增长有显著的负效应，这说明 SACU 的经济一体化水平与出口的交互作用不利于当地的经济增长。

2. 非洲西部与中部地区国际经济一体化的增长效应

对 UEMOA 与 CEMAC 增长效应的实证结果如表 5 所示。

（1）对于 UEMOA，int 对经济增长的作用不明显，但是 spi 对经济增长的抑制作用很明显；CEMAC 的 int 和 spi 变量对经济增长的遏制都很明显，这说明在西非和中非地区，意大利面碗效应对经济增长的抑制作用依然存在。

（2）投资和出口对西非与中非两地经济增长有促进作用，但是作用并不大，这与整体分析的结果接近。外来援助对两地区经济增长的作用虽然为负，但是程度很小，而且西非地区的外来援助变量在统计上并不显著。

（3）全球宏观经济环境对 UEMOA 成员国经济增长的拉动很大，其程度与整体估计时的结果比较一致；wgdp 对 CEMAC 影响为负且在统计上不显著，这和东非地区的结论比较接近，原因都在于这些地区远离世界经济，受全球经济影响很小。

（4）UEMOA 的 int 和 spi 与出口的交叉项都会促进经济增长，这与整体分析的结论迥异，可能是由于西非地区国家历史上同属法国殖民地，语言及经济法律规则等的近似抵消了意大利面碗效应的负面影响。CEMAC 的结果与西非地区相反，和整体分析结果一致。

表 4　非洲东部与南部地区国际经济一体化增长效应的实证结果

变量	东非					南非				
	估计 1	估计 2	估计 3	估计 4	估计 5	估计 1	估计 2	估计 3	估计 4	估计 5
ki	0.03**	0.03**	0.05**	0.03**	0.04**	-0.02	-0.02	-0.02	-0.01	-0.03*
exp	0.01	0.01	0.03	0.01	0.03	0.05**	0.05**	0.10***	0.04*	0.10***
oda	0.01	0.01	0.01	0.01	0.01	0.01	0.01	0.01	0.01	0.01
wgdp	-0.21	-0.22	0.24	-0.17	0.23	1.53***	1.47***	1.42***	1.46***	1.41***
int	-0.79***	-0.78***	—	-0.66***	—	-0.64***	-0.66***	—	0.55***	—

续表

变量	东非					南非				
	估计1	估计2	估计3	估计4	估计5	估计1	估计2	估计3	估计4	估计5
spi	0.01	—	-0.04	—	-0.04	-0.02	—	-0.10**	—	-0.08**
cos1	—	—	—	-0.54	—	—	—	—	-0.68*	—
cos2	—	—	—	—	0.03	—	—	—	—	0.10
AR(1)	0.81***	0.81***	0.15	0.77***	0.15	0.11	0.12	0.05	0.10	0.07
R^2	0.623	0.622	0.343	0.631	0.346	0.683	0.681	0.439	0.691	0.442
D-W值	1.97	1.97	2.15	1.99	2.15	2.07	2.07	2.11	2.01	2.14
F统计量	9.73	11.11	3.57	10.09	3.11	18.21	20.05	7.38	18.89	6.71
Prob(F)	0.000	0.000	0.002	0.000	0.004	0.000	0.000	0.000	0.000	0.000

注：*表示在10%的水平下显著，**表示在5%的水平下显著，***表示在1%的水平下显著。
资料来源：实证结果根据 EViews 6.0 软件计算而得。

表5　非洲西部与中部地区国际经济一体化增长效应的实证结果

变量	中非					西非				
	估计1	估计2	估计3	估计4	估计5	估计1	估计2	估计3	估计4	估计5
ki	0.02*	0.02	0.03*	0.02	-0.03*	0.03***	0.08***	0.03***	0.03***	0.02***
exp	0.06**	0.07***	0.07***	0.06**	0.05*	0.02**	0.06***	0.02**	0.02	0.01*
oda	-0.02*	-0.02**	-0.02**	-0.02**	-0.02**	0.00	-0.01	-0.01	-0.01	-0.01
wgdp	-0.30	-0.35	-0.62	-0.30	-0.43	0.89***	0.15	0.90***	0.07	0.86***
int	-0.51***	-0.90***	—	-0.86***	—	0.01	0.01	—	-0.31***	—
spi	-0.41***	—	-0.78***	—	-0.73***	-0.76***	—	-0.75***	—	-0.74***
cos1	—	—	—	-0.19*	—	—	—	—	0.69***	—
cos2	—	—	—	—	-0.23**	—	—	—	—	0.14**
AR(1)	-0.24*	-0.25**	-0.32**	-0.25**	-0.28**	-0.10	-0.14*	-0.10	-0.02	-0.11
R^2	0.880	0.850	0.845	0.855	0.853	0.864	0.424	0.864	0.660	0.87
D-W值	2.04	2.07	2.13	2.06	2.06	1.81	2.01	1.81	1.95	1.79
F统计量	69.23	58.77	56.66	55.46	54.53	69.67	8.72	75.38	21.23	71.92
Prob(F)	0.000	0.000	0.000	0.000	0.000	0.000	0.000	0.000	0.000	0.000

注：*表示在10%的水平下显著，**表示的5%的水平下显著，***表示在1%的水平下显著。
资料来源：实证结果根据 EViews 6.0 软件计算而得。

五、结论与启示

本文通过对非洲大陆的 RTA 进行实证分析，评估南南型 RTA 的增长效应，并考察意大利面碗效应在增长效应中的作用，得出如下结论：

由于南南型 RTA 的成员国之间的贸易、投资等自由化水平很低，所以制度性的经济一体化安排并没有促进成员国的经济增长；同时加入多个 RTA 虽然会扩大市场，但是意大利面碗效应会因对规则利用成本的提高而事实上遏制成员国的经济增长。投资与出口对经济增长有一定的推动作用，但是外部援助对经济增长有一定的制约。对南南型 RTA 成员国经济增长影响最大的是全球宏观经济的改善，与世界经济联系紧密地区的 RTA 成员国的经济受全球宏观经济影响很大，反之则很小。此外，由于南南型 RTA 内部存在利益分配不公平，强势国家主导的 RTA 会遏制大多数成员国发展。这些结论说明，发展中国家的经济增长形势并不会因加入南南型 RTA 而得到改善。

中国是全球最大的发展中国家，在世界经济中的作用日益重要。中国参与区域经济一体化的历史却很短，正式加入有制度性约束的 RTA 是在 2000 年以后。但是，中国推动经济一体化建设的步伐却很快，中国内地已经先后与中国香港、中国澳门、东盟、巴基斯坦、智利、新西兰、新加坡和秘鲁等建立了自由贸易区，一大批新的 RTA 正在谈判之中。随着"自由贸易区战略"的实施，未来中国将会参与越来越多的 RTA。因此，中国参与经济一体化组织的政策制定亟须得到有关研究结果的支持。本文对南南型 RTA 增长效应的研究结论，可以对中国参与区域经济一体化提供如下政策建议：

在 RTA 的建设方面，中国需切实落实各项优惠安排，促进内部贸易和投资的发展，真正通过经济一体化实现国内市场的扩大。同时，还需要努力制定体现中国利益的标准化谈判条款，尽量避免中国参与的不同 RTA 出现规则不统一，造成企业利用规则的障碍。

在 RTA 的发展方向方面，中国组建制度性 RTA 的伙伴国选择应该以功能性一体化为基础，即中国的 RTA 潜在伙伴国在谈判前就应该有比较密切的贸易投资往来。此外，中国应该优先与发达国家建立经济一体化组织。由于发达国家市场机制健全，与中国的产业互补性大，中国与发达国家建立南北型 RTA，将使得中国获得稳定的出口市场与外资来源，促进中国技术进步和产业升级，推动中国经济发展。目前最重要的是推动中日韩自由贸易区和东盟 "10 + 3" 自由贸易区的谈判进程。

参考文献

[1] 申皓、杨勇：《浅析非洲经济一体化的贸易创造与贸易转移效应》，《国际贸易问题》2008 年第 4 期。

[2] Baldwin R. E., Seghezza E., (1996a) "Growth and European Integration: Towards an Empirical Assessment", CEPR Discussion Paper No. 1393.

[3] Baldwin R. E., Seghezza E., (1996b) "Trade – Induced Investment – Led Growth", National Bureau of Economic Research Working Paper No. 5582, National Bureau of Economic Research, Cambridge, MA.

[4] Berthelon M., (2004) "Growth Effects of Regional Integration Agreements", Working Papers, Central Bank of Chile No. 278.

[5] Dirk Willem te Velde, (2008) "Regional Integration, Growth and Convergence: Analytical Techniques and Preliminary Results", Overseas Development Institute Working Paper, Overseas Development Institute, Britain.

[6] Frank Flatters, (2003) "Africa and the Global Economy: Multilateral and Regional Approaches to In-

tegration", UNECA Report on Regional Integration in Africa (ARIA).

[7] Grossman G., Helpman E., (1991) "Innovation and Growth in the Globe Economy", Cambridge, MA: The MIT Press.

[8] Harald Badinger, (2005) "Growth Effects of Economic Integration: Evidence from the EU Member States", Review of World Economics Vol 141, 50 – 78.

[9] Jagdish Bhagwati and Anne O. Krueger, (1995) "U.S. Trade Policy: The Infatuation with Free Trade Areas", in The Dangerous Drift to Preferential Trade Agreements, The AEI Press.

[10] Kutan Ali M. and Yigit Taner M., (2007) "European Integration, Productivity Growth and Real Convergence", European Economic Review 51 (6), 1370 – 1395.

[11] Marc Piazolo, (2001) "Regional Integration in Southern Africa: Motor of Economic Development?", Paper Presented at the International Jubilee Conference of the Economic Society of South Africa.

[12] Rivera – Batiz L. A. and Romer P. M., (1991) "Economic Integration and Endogenous Growth", Quarterly Journal of Economics Vol 106, No2, 531 – 555.

[13] Rivera – Batiz, L. A. and Xie, D., (1993) "Integration Among Unequals", Regional Science and Urban Economics 23, 337 – 354.

[14] Sangeeta Khorana, Kato Kimbugwe, Nicholas Perdikis, (2007) "Regional Integration under the East African Community: An Assessment of the Trade and Welfare Effects for Uganda", Paper Presented at International Conference on Policy Modeling (Eco Mod2007).

[15] Vamvakidis Athanasios, (1998) "Regional Integration and Economic Gtowth", The World Bank Economic Review Vol. 12, No. 2, 251 – 270.

[16] Vamvakidis Athanasios, (1999) "Regional Trade Agreements or Broad Liberalization: Which Path Leads to Faster Growth?", IMF Staff Papers Vol. 46, No. 1, 42 – 67.

[17] Wacziarg, R., (2001) "Measuring the Dynamic Gains from Trade", World Bank Economic Review 15 (3), 393 – 429.

Growth Effects of South – South RTA: Evidence from Africa and Implications to China

Yang Yong[1]　Zhang Bin[2,3]

(1. Wuhan University　College of Economics and Administration　Wuhan　430072;
2. Wuhan Uinversity　Economirc Development Research Center　Wuhan　430072;
3. Nankai University　APEC Research Center　Tianjin　300071)

Abstract: Numerous RTAs have been set up by developing countries since the 1990s in order to spur growth, among which appears obvious spaghetti – bowl phenomenon. Based on panel data evidence from African countries set for 1985 – 2007, this paper studies the growth effects of RTAs with spaghetti – bowl phenomenon. The results show that RTAs benefit Africa little and spaghetti – bowl phenomenon seriously restricts the growth in Africa, which has implications for Chinese FTA strategy since South – South RIAs fail to foster growth in members.

Key Words: RTA; Growth Effect; Spaghetti – bowl Phenomenon; Panel Data

比较优势、FDI 与中国农产品产业国际竞争力*
——基于全球价值链背景下的思考

刘林青　周 潞

（武汉大学经济与管理学院　武汉　430072）

【摘　要】本文通过基于全球价值链理论的产业国际竞争力二维评价模型和新的农产品分类方法，重新审视了中国农产品的国际竞争力问题。结果表明：尽管农产品出口在中国总出口中所占份额越来越小，但在国际市场上的地位却相当重要，且呈现上升趋势；中国农产品民族产业国际竞争力的降幅超过了国家产业国际竞争力，外资对中国农产品国际竞争力的贡献已经接近40%；中国农产品出口已经开始向高附加值环节集聚，加工产品占到农产品出口的四成，但其国际竞争力的一半是由外资贡献的，民族企业的主角地位正在失去；进一步的跟踪调查表明，世界五百强中的"涉农企业"大多已在中国完成初步布局，开始影响甚至改变中国国内农产品产业价值链的基本架构，民族产业有被"挤出"的风险。因此，本文建议要提升中国农产品的产业国际竞争力，积极做大做强民族产业才是根本之道。

【关键词】比较优势；FDI；农产品；产业国际竞争力；全球价值链

一、引　言

改革开放30多年来，农业对外开放取得了举世瞩目的成就。然而，随着产业结构和

---

* 原文发表于《国际贸易问题》2011年第12期。

基金项目：受国家社会科学基金项目"全球价值链背景下产业国际竞争力的一维评价及演化研究"（07CJY009）和国家自然科学基金"全球价值链背景下'中国制造'的国际竞争力的评价及升级策略研究"（70772046）的联合资助。注：本文中涉及中国香港与台湾地区的地方的"国家"均应为"国家（地区）"。

作者简介：刘林青，武汉大学经济与管理学院；周潞，武汉大学经济与管理学院。

出口结构的升级，农产品出口在中国总商品出口中的比重却呈现持续下降趋势，2007年仅占总商品出口的2.40%；其比较优势（用显示比较优势指数RCA衡量）从1987年开始一直呈下降趋势，从最具有比较优势逆转为最没有比较优势（刘林青等，2009）。这使得中国农产品国家竞争力问题并没有像纺织服装、高科技产品那样引起足够的重视。但是，从中国农产品在国际市场上的表现来看却是另一番景象。中国社会科学院发布的2009年《农村经济绿皮书》中指出，中国农产品进出口额不仅连续第9年增长，而且保持较高的增长率。其中，中国农产品出口2007年占世界出口的9.12%，成为世界第二大出口国，在国际市场上显示出极强的竞争优势。

实际上，依靠农产品出口贸易发展拉动农民收入增长，是当今世界农业发展的一个规律性现象（李德阳，2005）。虽然看起来中国农产品出口份额与收益在总商品出口中所占的比重正变得越来越不重要，但其仍然影响着数以千万计中国农民的生活。商业部2006年的一份统计显示，中国有5400多万农民的收益直接与2005年农产品总出口额相关联（Xin and Liu，2008）。由于农产品出口贸易关系到许多农民的生计，任何农产品出口的不稳定，甚至是临时的不稳定，都将影响数以千万计农民的收入来源。不仅如此，中国农产品存在明显比较劣势的结论在政策层面的自然延伸就是放松对进口的管制，在享受比较优势贸易带来福利的同时，还可以腾出土地来发展工业。然而，过度放松农产品进口的负面影响也越来越明显，如农产品定价权问题、农业安全问题和农民产品无法卖出等。一个明显的例证就是，进入2009年，中国海关总署接连发出预警，对外资企业在我国粮食领域的控制力表示深度忧虑。

因此，推动中国农产品的出口、提升其国际竞争力不仅对拓宽农民就业渠道、促进农民增收和农业结构调整有重要意义，更应从农业安全的战略高度来认识它。与过去的研究不同，本文通过基于全球价值链理论的产业国际竞争力二维评价模型和新的农产品分类方法，重新审视了中国农产品的国际竞争力问题。

二、文献综述与理论构建

从现有文献来看，学者对中国农产品产业竞争力的主要分析、探索和研究如下。卢锋、梅孝峰（2001）在度量不同省区大宗农产品和劳动密集型农产品国内比较优势水平的基础上，对"入世"农业影响的地区分布进行了初步观察和讨论。帅传敏、程国强、张金隆（2003）采用出口商品国际竞争力的等市场份额模型和显示性比较优势指数，对中国农产品整体国际竞争力的长期变化趋势和不同类型农产品的具体国际竞争力进行了研究。程国强（2005）利用投入—产出的方法实证得出，尽管中国农产品出口份额呈下降趋势，但农产品出口对中国经济发展具有越来越重要的战略作用。李岳云、吴谨谨、赵明（2007）通过恒定市场份额分析方法探讨了"入世"前后5年中国农产品出口规模增长的源泉。吕立才、黄祖辉（2007）采用1999～2003年中国农产品加工业12个次级产业部门的面板数据，实证分析得出外商直接投资总体上促进了中国农产品加工业的增长，但同时也对中国农产品加工业国内投资和就业产生了一定程度上的挤出效应。以往对中国农产品出口绩效和变动的分析，都是在中国整体贸易出口数据的基础上计算得出的，这些相关结论都没有反映出中国本土企业与外资企业的竞争优势差异。姚洋、章林峰（2008）认为，如果从公开发布的一国范围出口数据入手，不论是对总量的研究还是结构的研究，其结论都可能与现实情况有非常大的出入。

值得注意的是，上面大部分的实证研究主要使用以比较优势为基础的进出口数据法，其理论基础是以李嘉图模型为基础的比较优势理论。其基本假设为：①国际分工是产业间的水平分工；②产业的边界在国家边界内，一种产品的完整生产环节在一国内部，因此只需关心产品的交换；③企业的边界也在国家边界内，即企业国际活动主要通过国际贸易进行，而很少进行国际投资活动。应该说这些假设基础正是古典比较优势理论提出时的现实状况，但进入21世纪后则发生了根本性的变化。国际分工正从过去产业间完整的产品生产分工向产品内部部件生产、产品增值过程分工、产品生产环节分工和产品要素分工等复合分工方式发展。如果说古典国际分工的边界是产业的话，当代国际分工的边界则是价值链，价值链上的国际分工成为国际分工深化的崭新结果。全球价值链分工体系的形成使国际贸易和国际投资大幅增加，结果是产业范围超越了国家边界（刘林青、谭力文，2006）。在全球价值链背景下，如何评价一国的产业国际竞争力？本研究认为，在全球价值链分工体系下，一国的产业国际竞争力至少应分为国家产业国际竞争力和民族产业国际竞争力两个维度。国家产业国际竞争力（National Industrial International Competitiveness，NIIC）是指在全球价值链中，国家作为行动者参与竞争时表现出来的市场力量和领导力量；民族产业国际竞争力（Indigenous Industrial International Competitiveness，IIIC）是指在全球价值链中，一国的民族企业参与竞争时表现出来的市场力量和领导力量，且集中体现为该国领导企业的竞争力（刘林青、谭力文，2006）。企业与所在国关系可以分为四类，即外商投资企业（Ⅰ）、本土企业（Ⅱ）、本土企业在外国的投资（Ⅲ）和外国企业（Ⅳ）。国家产业国际竞争力的焦点是国家边界以内的企业，即Ⅰ和Ⅱ两部分；而民族产业国际竞争力的焦点是Ⅱ和Ⅲ两部分。对于一个产业中民族企业的国际竞争力问题，波特教授有着自相矛盾的认识。波特在《国家竞争优势》一书中认为国际贸易和国际投资为一国生产率水平提高提供了机会，因此在评价一个产业的国际竞争力时，企业的国籍是次要的，外商投资企业所产生的竞争力属东道国而不是母国。但在同书附录"界定产业集群的方法"中，波特却设置了另外一个原则——"检查该项产业的出口是否被其国内的外商所主导控制"，而将外商投资企业的作用扣除。显然，波特认定产业国际竞争力的前提假设是该产业的主体依旧是本土企业，而外商投资公司的影响是弱小的。这在美国的确如此，但是中国却恰恰相反。从2001年开始，外商投资企业已占出口的半壁江山，它们已经成为分析中国对内对外经济行为和绩效的一个不可忽视的重要力量。跨国公司在中国制造的产品可能会与发达国家的产品形成竞争，但前者产生的利润直接会对发达国家的

GNP 做出贡献（Wang and Wei, 2008）。为此，张其仔（2003）率先采用"三资"企业为标杆测量我国本土制造业的国际竞争力，郑明身等（2005）剔除外商投资企业贡献部分提出民族产业国际竞争力的概念。进入 2007 年后，由于中国海关特有的"企业性质分类属性"（即企业所有制类型）被外国学者发现并很快引入中国，引发国内竞争力研究学者对"本土"和"民族"的关注（Wang and Wei, 2008；姚洋、章林峰，2008）。

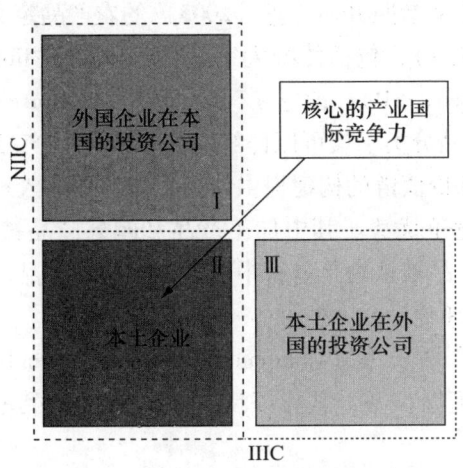

图1　产业国际竞争力的二维性

三、数据和方法

1. 数据

在农产品贸易研究中，不同的学者或研究机构选取的农产品范围和分类体系差异较大，常常是根据数据获得的便利性来进行选择（耿晔强，2009）。本文采用的数据包括来自商务部的中国海关分类统计 2000～2005 年中国的分类进出口数据，以及同期对应的世界分类进出口总额数据。此外，文中其他分析数据均来自于联合国商品贸易统计数据库（UNCOMTRADE），进出口贸易数额以美元计价。分类标准依据 WTO 界定的农业协议，其包括的农产品是《商品名称和编码协调制度》（*Harmonized Commodity Description and Coding System*，HS）中 1～24 章的农产品（鱼及鱼制品除外）和 29 章、33 章、35 章、38 章、41 章、43 章、50 章、51 章、52 章、53 章的部分产品。本文研究农产品贸易竞争力和结构的进出口数据可以在各类企业所有制类型上得到分解，其中按所有制类型分为国有企业、外资企业（包括中外合资企业、外商独资企业、中外合作企业）、集体所有制企业和其他类型企业（主要包括私营企业、个体经济等）。

2. 农产品贸易技术分类

以往许多学者为考察中国农产品贸易的结构和竞争力变化情况,将农产品贸易分成不同的产品子类。如卢锋、梅孝峰(2001)将农产品分成大宗农产品、作为食物的动物产品、非食物动物产品、鱼类产品、蔬菜水果等园艺类产品、饮料和烟草、其他农产品;刘小波(2009)将农产品分为大宗类、动物类、食品类和其他类,来考察中国农产品出口哈萨克斯坦的结构和比较优势。而本文参照 Regmi 等(2005)的农产品定义,并进一步将农产品的商品组成定义为四大类(见表1),包括传统大宗商品(Primary Bulk Commodities,PBC)、半加工产品(Semi – Processed,SP)、园艺产品(Produce/Horticulture,PH)和加工产品(Processed,P)。这种农产品分类不仅可以详细地考察中国农产品贸易的结构状况以及比较优势,还可以为农产品全球价值链的构建提供依据,能够更深入地分析中国农产品贸易在全球价值链中所处的状况和竞争优势。其中加工产品和园艺产品被认为是高附加值的农产品(Regmietal,2005),半加工品被认为是具有中度附加值的农产品。

3. 农产品贸易竞争力评价

复合增长率指标。复合增长率(Compound Annual Growth Rate,CAGR)指某一产业或产品在特定时期内的年度增长率,其可以反映某产业或产品增长或变迁的潜力和预期,计算公式为:

$$CAGR = \left(\frac{X_{ij_t}}{X_{ij_{t_0}}}\right)^{\frac{1}{t-t_0}} - 1$$

其中,X_{ij_t} 指 i 国 j 产业 t 年的出口,$X_{ij_{t_0}}$ 为 i 国 j 产业 t_0 年的出口。

表1 农户品技术分类体系

分类	HS96 编码	产品示例
大宗商品	09011、0902、0903、1001 – 1008、1201 – 1202、1204 – 1207、2401、5201 – 5203、5302	茶(叶)、谷物、大豆、花生、可可豆、棉花、烟草等
半加工品	0101 – 0106、0209、0501 – 0511、0713、09019、1108、1101 – 1103、1109、1203、1208 – 1209、1211、1213、1214、1301 – 1302、1401 – 1404、1501 – 1503、1518、1505 – 1516、1520 – 1522、17011、1802 – 1805、2301 – 2306、2308 – 2309、2905、3301、3502 – 3505、3501、38091、3823 – 3824、4101 – 4103、4301、5001 – 5003、5101 – 5103、5301	活动物、动物产品、淀粉、谷物粉、去壳的小麦、动物油脂、可可制品、油籽饼、蛋白质类、明胶、皮革、毛皮、毛织品、亚麻织品、大豆粉、畜禽产品、粗甘油、不饱和脂肪酸、醇类等
园艺产品	0601 – 0604、0701 – 0709、0714、0801 – 0810、0813、0904 – 0910、121291、121292	活植物、根茎、食用蔬菜、水果、坚果、调味香料等
加工产品	0201 – 0208、0210、0401 – 0410、0710 – 0712、0811、0812、0814、09012、09014、1104 – 1107、121299、12121 – 12123、1504、1517、1601 – 1603、18061701 – 1704(除 17011)、1901 – 1905、2001 – 2009、2101 – 2106、2201 – 2209、2402 – 2403、3502	肉及食用杂碎、乳制品、蛋、蜂蜜、特殊处理过的水果和蔬菜、咖啡、果仁、特殊处理过的肉类、糖、甜味剂、巧克力、饮料、醋等

注:在 Regmi 等(2005)的基础上整理得出。

显性比较优势指数。显性比较优势指数（Revealed Comparative Advantage, RCA）是 Balassa 在 1965 年提出的一个具有较高经济学价值的竞争力测度指标。其通过计算一个国家某种产品出口占该国出口总值的份额与世界该类商品出口占世界出口份额的比例，来反映一个国家贸易在国际贸易中的竞争地位，计算公式为：

$$RCA_{ij} = \frac{X_{ij}/X_i}{TX_j/TX}$$

其中，X_{ij} 为 i 国 j 商品的出口额，X_i 为 i 国的出口总额，TX_j 为 j 商品的全世界出口总额，TX 为全世界出口总额。若 $RCA > 1.25$，则表明 i 国 j 产业比本国其他产业具有较强的国际竞争力。若 $1.25 \leq RCA \leq 2.5$，则具有较强的国际竞争力；若 $0.8 \leq RCA < 1.25$，则具有中度国际竞争力；若 $RCA < 0.8$，具有较弱的国际竞争力。本文的特色在于结合企业所有制类型分析产业国际竞争力中不同类型企业的贡献，并由此将产业国际竞争力分解为两个维度：将国家产业国际竞争力（NIIC）定义为所有企业贡献的 RCA，将民族产业国际竞争力（IIIC）定义为可扣除外商投资企业贡献的 RCA。由于中国企业"走出去"尚刚刚开始，加上获取数据的困难，这里暂时忽略"本土企业在外国投资"对民族产业国际竞争力的贡献。因此，国家产业国际竞争力同时包括本土企业和外商投资企业的贡献，而民族产业国际竞争力只包括本土企业的贡献。

四、中国农产品产业总体贸易特征分析

1. 中国在世界农产品贸易中的地位

表 2 显示了 2007 年世界农产品出口前 10 位的国家或经济体①对比 1997 年进出口贸易的变动状况。从测算结果可以看出：

表 2　中国农产品进出口贸易在世界中的地位

单位：10 亿美元

年份	出口 2007	出口 1997	进口 2007	进口 1997	出口 IMS (%) 2007	出口 IMS (%) 1997	进口 IMS (%) 2007	进口 IMS (%) 1997	出口 CAGR (%)	进口 CAGR (%)
世界	915.34	424.27	939.40	439.81	100.00	100.00	100.00	100.00	7.99	7.88
EU25	427.10	205.91	430.17	221.79	46.66	48.53	45.79	50.43	7.57	6.85
美国	97.78	65.06	85.49	42.68	10.68	15.33	9.10	9.70	4.16	7.19

① 欧盟 25 国作为一个经济体来考察。

续表

年份	出口 2007	出口 1997	进口 2007	进口 1997	出口 IMS (%) 2007	出口 IMS (%) 1997	进口 IMS (%) 2007	进口 IMS (%) 1997	出口 CAGR (%)	进口 CAGR (%)
巴西	44.88	16.83	6.27	7.12	4.90	3.97	0.67	1.62	10.31	-1.26
加拿大	31.08	17.11	24.15	11.27	3.40	4.03	2.57	2.56	6.15	7.92
中国	29.21	12.14	47.95	10.08	3.19	2.86	5.10	2.29	9.18	16.88
阿根廷	27.81	12.45	2.12	1.89	3.04	2.93	0.23	0.43	8.37	1.16
澳大利亚	20.57	16.98	7.42	3.06	2.25	4.00	0.79	0.70	1.94	9.26
马来西亚	17.27	7.09	8.95	4.51	1.89	1.67	0.95	1.03	9.31	7.09
印度尼西亚	15.60	4.73	9.54	5.09	1.70	1.11	1.02	1.16	12.67	6.48
印度	14.89	5.75	8.90	2.74	1.63	1.36	0.95	0.62	9.98	12.50

资料来源：UNCOMTRADE。

（1）从总体来看，世界农产品贸易在1997~2007年经历了较快的增长。世界农产品出口从1997年的4242.7亿美元增长到2007年的9153.4亿美元，复合增长率为7.99%，并且在此期间仅1998年、1999年和2000年由于受全球经济低迷的影响有所波动，2001年以后开始持续迅猛发展，2001~2007年的复合增长率为13.06%。而同期进口额也呈现加速增长趋势，由1997年的4398.1亿美元增长到2007年的9394亿美元，复合增长率为7.88%。与此同时，世界农产品贸易逆差总额表现为波动性的增长，从1997年的-155.4亿美元增加到2003年的-317.7亿美元，达到近年来的最高值，随后又有所下降，到2007年为-240.6亿美元。此外，欧盟25国和美国一直是世界第一大和第二大农产品进出口国，二者的农产品贸易总量占世界农产品贸易的一半以上。虽然2007年与1997年相比，二者农产品贸易的国际市场份额都有所下降，出口份额从占世界的63.86%下降到57.34%，进口由60.13%下降到54.89%，但其在世界农产品贸易中的主要地位并没有发生根本改变。

（2）1997~2007年期间，中国农产品进口和出口总量都趋于增加，农产品进出口总额不断增大，呈现稳定的增长趋势。农产品出口额由1997年的121.4亿美元增长到2007年的292.1亿美元，复合增长率为9.18%；进口额由1997年的100.8亿美元，增长到2007年的479.5亿美元，复合增长率为16.88%。中国农产品贸易进出口增长率都高于同期世界平均增长水平，其中进口增长率排在第一位。农产品进出口贸易在1997~2007年，仅有1998年和1999年处于下滑状况，其原因是受亚洲金融危机影响（帅传敏等，2003），而自2001年中国加入WTO后，农产品贸易也获得迅猛发展，连续7年高速增长，贸易总量、进出口额不断上升，贸易规模不断扩大。

（3）中国农产品贸易在世界中的地位大幅上升。中国是世界上最大的农产品生产国和消费国，2007年农产品出口额占世界农产品总出口额的3.19%，为世界第五大农产品出口国；同时中国也是世界主要的农产品进口国之一，2007年农产品进口占世界总进口份额5.10%，仅次于欧盟和美国，排在第三位。此外，中国农产品贸易逆差开始出现并表现出不断增大的趋势。李岳云等（2007）认为中国农产品从2004年开始处于贸易逆差状况，其分析的农产品中包括水产品。而本文计算得出，农产品从2003年开始处于贸易逆差地位，为-48.6亿美元，随后逆差额快速上升，到2007年为-187.4亿美元，复合增长率达到40.13%。

2. 中国农产品贸易商品结构变动状况

表3　农产品贸易中各商品结构的变动（1997～2007年）

年份	出口ES_{农产品}（%）		进口ES_{农产品}（%）		逆差（10亿美元）		出口	进口	出口	进口
	2007	1997	2007	1997	2007	1997	GAGR(%)	GAGR(%)	IMS07(%)	IMS07(%)
加工产品	49.06	43.24	10.58	6.96	9.26	4.55	10.57	21.87	3.31	1.20
半加工品	25.70	30.71	51.26	57.55	-17.07	-2.08	7.25	15.53	3.20	10.01
大宗商品	12.66	16.56	34.79	32.68	-12.99	-1.29	6.29	17.61	2.60	11.04
园艺产品	12.58	9.49	3.37	2.81	2.06	0.87	12.30	19.01	3.49	1.36

资料来源：UNCOMTRADE。

表3显示1997～2007年中国农产品进出口贸易中各商品类别结构的变动趋势，不同时期各类农产品在贸易规模和比重上存在较大的差别，从中可以看出：

各商品类别占农产品贸易的比重在出口和进口中有很大的差异。在出口方面，占主导地位的是加工产品，出口所占农产品份额在1997～2007年不断上升，到2007年基本占据农产品出口的半壁江山。其次是半加工品，份额有所下降，但仍在25%以上。再次是大宗商品和园艺产品，有意思的是，大宗商品所占份额10年间下降了23.56%，而园艺产品则上升了32.55%；在进口方面，半加工产品进口是第一位的，虽然2007年与1997年相比，所占份额的比例有所下降，但仍占农产品总进口的一半以上。居第二位的是大宗商品，1997～2007年所占比例没有太大变动。再有就是加工产品和园艺产品，可以看出园艺产品占中国农产品总进口的比重很小，10年间也没有太大的变化，到2007年才仅为3.37%，而加工产品所占的比重有所上升，尽管到2007年仍只有10.58%，但增幅达到了51.98%。农产品贸易逆差主要是由半加工品和大宗商品逆差产生的。中国农产品贸易从2003年开始产生逆差并呈加速扩大趋势，而通过对不同商品类别的产品分析可以看出，半加工品在10年间一直处于逆差状况并呈现大幅增加，2007年达到-170.7亿美元。大宗农产品贸易除1998年和1999年外也一直是贸易逆差状况，到2007年达到-129.9亿美元。虽然园艺类产品和加工产品处于贸易顺差地位，也一直有所增长，但增长较为缓慢，从而使得总体上中国农产品贸易额逆差逐渐扩大。其中的部分原因是近年来中国国内市场部分农产品供不应求，尤其是粮、棉、油类农产品供需缺口较大，导致中国农产品进口量不断增加（柯炳生，2005）以及劳动密集型农产品遭遇进口国非关税壁垒等，出口增长受到限制。1997～2007年各类农产品贸易额都得到快速增长，进口增长速度明显快于出口。进出口增长速度最快的两类产品是加工产品和园艺产品,但在两类产品中,出口的复合增长为 10.57%、12.30%,明显逊色于进口的 21.87% 和 19.01%。出口增速最慢的是大宗商品,仅为 6.29%,进口增速最慢的是半加工品,但复合增长率仍有 15.53%。此外,2007 年各商品类别农产品的国际市场份额表现也不一致。其中,各类农产品的出口国际市场占有率基本均衡,所占份额较小。而在进口商品中,大宗商品和半加工品显现出了较高的国际市场占有率,占世界同期两类产品总进口的 11.04% 和 10.01%,加工产品和园艺产品则很低,分别为 1.20% 和 1.36%。

3. 中国农产品进出口市场结构的变动状况

表4 中国农产品主要进出口市场的变动

2007 年		2005 年		2003 年		2001 年		1997 年	
出口份额(%)									
日本	19.62	日本	25.34	日本	24.24	日本	31.27	日本	24.26
美国	9.90	中国香港	11.63	中国香港	11.77	中国香港	14.21	中国香港	21.27
中国香港	9.80	韩国	9.46	韩国	11.25	韩国	8.54	韩国	8.69
韩国	9.20	美国	8.22	美国	6.89	美国	5.66	美国	4.74
德国	3.58	德国	3.31	马来西亚	3.85	德国	3.02	新加坡	3.28
荷兰	3.25	俄罗斯	3.04	印度尼西亚	3.23	马来西亚	2.97	德国	3.20
俄罗斯	3.22	马来西亚	2.80	俄罗斯	3.15	荷兰	2.92	马来西亚	3.12
马来西亚	3.15	荷兰	2.42	德国	2.64	印度尼西亚	2.34	俄罗斯	2.96
印度尼西亚	3.15	印度尼西亚	1.99	荷兰	2.10	意大利	1.79	荷兰	2.66
中国台湾	2.06	中国台湾	1.69	越南	1.72	俄罗斯	1.79	菲律宾	2.21
合计	66.93		69.90		70.82		75.51		76.40
进口份额(%)									
美国	19.92	美国	21.42	美国	25.17	美国	22.75	美国	23.83
阿根廷	10.76	巴西	8.97	阿根廷	10.59	澳大利亚	10.50	澳大利亚	10.41
巴西	10.17	阿根廷	8.83	巴西	10.06	阿根廷	8.07	巴西	9.56
马来西亚	7.10	澳大利亚	7.09	马来西亚	6.49	加拿大	6.91	马来西亚	5.24
澳大利亚	5.43	加拿大	5.58	澳大利亚	5.73	巴西	6.17	加拿大	5.21
加拿大	4.51	马来西亚	4.81	加拿大	3.99	马来西亚	3.96	秘鲁	4.87
沙特阿拉伯	4.33	日本	4.11	日本	3.97	泰国	3.89	阿根廷	4.35
印度尼西亚	4.13	沙特阿拉伯	3.57	印度尼西亚	3.20	日本	3.57	泰国	3.31
中国台湾	3.48	印度尼西亚	3.21	新西兰	2.55	新西兰	2.86	印度	2.81
日本	3.40	中国台湾	2.85	泰国	2.38	韩国	2.68	日本	2.81
合计	73.23		70.45		74.11		71.36		72.39

资料来源:UNCOMTRADE。

表4显示1997～2007年中国农产品进出口前十位的国家（地区）变动状况，从农产品贸易的市场结构中可以看出：

（1）中国农产品贸易具有较强的地域集中性（Geographic Concentration）。在出口方面，日本、美国、中国香港和韩国一直是中国前四位的出口市场，所占的市场份额除2007年（为48.52%）外都在50%以上。中国农产品出口前十位的国家（地区）所占的市场份额在2007年最低，但仍然达到将近67%。从中可以看出，对前十位国家的出口贸易占据了中国农产品贸易的主体。此外，中国农产品出口市场还表现出以亚洲市场为主，这些国家（地区）与中国具有地缘优势和传统贸易优势。在中国农产品出口前十位的国家（地区）中，2007年亚洲国家（地区）占总出口的46.98%，2005年占52.90%，2003年占56.06%，2001年占59.33%，1997年占62.83%，这也显现出中国农产品市场过分依赖东亚、东南亚以及港澳地区的局面。刘靖、毛学峰、辛贤（2006）认为，亚洲地区市场集中性决定了中国大部分农产品的出口不稳定性，且来自于亚洲市场的冲击很难在其他几大洲的市场上得到平抑。在进口方面，美国始终是中国最大的进口市场，巴西和阿根廷在2003年后也一直稳居前三。与出口市场的表现不同，中国农产品进口市场主要集中在北美洲和南美洲。此外，农产品进口市场前十位的国家（地区）所占的份额都在70%以上，虽然在1997～2007年有一定的波动，但没有显著变化。

（2）农产品贸易的市场集中程度呈现下降趋势。从出口方面看，中国出口前十位国家所占的市场份额呈持续下降趋势。同时，前四位国家（地区）和亚洲国家（地区）所占的出口份额也均显著降低。这表明中国农产品出口市场的集中程度有所降低，出口市场趋向于多元化。此外，从具体国家和地区来看，中国农产品出口也具有不稳定性。在出口市场中，美国是中国农产品出口前十位国家（地区）中唯一出口市场份额持续上升的国家，其他国家和地区的市场份额都有不同程度的波动，表现为一个大幅度波动后有一段时期的调整。同时，在进口市场中，前十位国家（地区）的市场份额也都有所波动。

综上所述，中国农产品贸易呈稳定的增长趋势，进出口总额都不断增大，农产品贸易在国际上的地位大幅上升，其中出口从1997年的第七位提升到2007年的第五位。就目前中国进出口农产品的构成来看，大宗商品出口所占份额10年间下降了23.56%，而园艺产品则上升了32.55%；出口主要以加工产品和半加工品为主，两者占到农产品总出口的75%；进口主要以半加工品和大宗商品为主，占到了农产品总进口的86%；农产品贸易逆差主要是由半加工品和大宗类商品逆差引起的；这些表明中国农产品出口正向价值链的高端环节集聚。此外，中国农产品贸易具有较强的地域集中性，但集中程度呈下降趋势。

五、中国农产品的国际竞争力分析

衡量一个产业国际竞争力的指标非常多，本文采用传统的基于进出口数据的评价指标体系（Porter，1990）。基于进出口数据的评价指标有很多，本文综合分析后选择显示性比较优势（RCA）、贸易竞争力指数（TC）、国际市场占有率（IMS）、出口份额（ES）几个指标来分析。显示性比较优势指数可以较好地测量出口商品的竞争力，应用范围非常广泛，这里按企业所有权类型进行了分解。贸易竞争力指数综合考虑了商品进口和出口，在一定程度上弥补了显示性比较优势指数的缺陷，同时其剔除了通货膨胀等宏观经济总量方面的波动，作为贸易总额的相对值，可以较好地在不同时期进行比较。国际市场占有率和出口份额指标可以从不同侧面表示该产业（商品）国际市场和概括出口市场的重要性。

具体结果如下：如表5所示，农产品进出口贸易在中国总商品贸易中所占份额较小，且呈下降趋势，从2000年的4.87%降低到2005年的2.71%。探究其原因，程国强（2004）认为尽管中国农产品出口增长较快，但随着中国经济的高速增长以及产业结构和出口结构的升级，农产品出口在外贸出口总额中的份额呈下降趋势。如果仅凭出口份额，农产品及其具体商品类别的国际竞争力和重要性往往会被低估，由此国际市场占有率（IMS）可以对出口份额指标进行很好的补充（刘林青等，2009）。农产品市场占有率可以从总体上反映一国农产品的竞争力水平，市场占有率的增长说明出口国竞争力提高。2000~2005年，中国农产品出口尽管比较小，但在国际市场居于前五的位置，且呈现出上升的趋势。具体到各商品而言，加工产品和园艺类产品的出口市场份额提升比较明显，半加工品的出口市场份额基本保持不变，而大宗商品的出口市场份额呈现下降趋势。此外，也可以通过贸易竞争力系数（TC）来考察本国生产的一种产品相对世界市场上供应的他国同种产品来说是否具有竞争优势。当然，这是一种较为粗略的衡量办法，而且其计算方法也与所选择的商品分类标准有关，分类越细致，该指数就越能真实反映各产业的国际市场竞争力。2001~2005年农产品产业的TC值<0，表明中国的农产品生产效率低于国际水平，处于竞争劣势。但通过不同商品类别的TC值来看，加工产品的TC在0.5以上，园艺类产品的TC除2001年以外均在0.4以上，由此可以看出，加工产品和园艺类产品具有较强的竞争优势，而大宗商品和半加工品的TC值都小于0，显示出二者不具有竞争优势。最后从显示性比较优势（RCA）来分析中国农产品的国际竞争力问题。这里依照前面的理论构建将产业国际竞争力按企业所有制类型分解为国家产业国际竞争力（NIIC）和民族产业国际竞争力（IIIC）。如表5所示，中国农产品的国家产业国际竞争力从2000年的0.69下降到2005年的0.38，降幅为44.93%；民族产业国际竞争力从2000年的0.50下降到了2005年的0.23，降幅为54.02%。将民族产业国际竞争力与外商投资企业的RCA比较来看，民族产业国际竞争力从2000年到2005年都大于外商投资企业的RCA，这意味着国家产业国际竞争力中本土企业比外商投资企业的贡献要大些，占据主角位置；但是民族产业国际竞争力的降幅明显要高于外商投资企业RCA的降幅，这意味着外商投资企业的竞争力反而在相对提升。进一步来看，民族产业国际竞争力的下降主要是由于国有企业的国际竞争力下降造成的，其RCA从2000年的0.45快速下降到2005年的0.12，降幅高达73.95%。可喜的是，民营企业（即其他企业）的国际竞争力是各类企业中唯一一个在提升的，其RCA从2000年的0.02快速提升到了2005年的0.09。进一步来说，四大类农产

品在产业国际竞争力的二维性上表现出明显的差异。首先,就国家产业国际竞争力而言,2005年加工产品最高,依次是半加工品、大宗商品和园艺类产品,表明中国农产品出口在全球分工中倾向于占据附加值相对比较高的环节;但从不同企业所有制的RCA贡献来看,在高附加值的加工产品中,2005年外资贡献达到了48.87%,明显超过了总体的39.87%的水平,且呈现上升趋势;这说明我们尽管在高附加值的加工产品上有相对比较好的表现,但一半以上是外资贡献的。此外,在大宗商品中,国有企业的贡献率始终在80%以上,说明国家对外资进入大宗类基本农产品的控制仍然比较严格。园艺类产品和半加工品中的民营企业的RCA值在2000~2005年快速增长,这就造成了在这两类农产品上虽然国有企业RCA值有较大幅度的下降,但总的本土RCA贡献率降幅不大,甚至在园艺类产品上2005年其他所有制企业赶上了外资。综上所述,尽管农产品出口在中国总出口中所占份额较小且呈下降趋势,在国际市场上却地位重要,且份额呈现上升趋势,其中加工产品和园艺类产品的国际市场份额增长尤其明显。其次,从农产品产业国际竞争力二维性来看,农产品的国家产业国际竞争力和民族产业国际竞争力都呈现明显的比较劣势,且呈现下降趋势。外资的RCA贡献率却呈现出上升趋势,对中国农产品国际竞争力的贡献已经接近40%。这种格局主要是由于国有企业的国际竞争力下降过快造成的,不过可喜的是民营企业的国际竞争力正在快速提升。尤其值得关注的是,加工产品的国际市场份额虽然呈现上升趋势,但其出口增长速度低于总出口的增长速度,因而造成其国家产业国际竞争力下降;不仅如此,其外资的RCA贡献率已经从2000年的40.52%上升到48.87%,表明民族企业的出口主角地位正在丧失。

表5 基于进出口数据的农产品产业国际竞争力评价

年份	ES(总)(%)	ES(农产品)(%)	IMS	TC	RCA(不同企业所有制)				NIIC	IIIC
					国有	外资	集体	其他		
农产品										
2005	2.71	100	3.01	-0.24	0.12	0.15	0.02	0.09	0.38	0.23
2004	2.89	100	2.71	-0.31	0.13	0.16	0.02	0.08	0.39	0.23
2003	3.74	100	3.00	-0.13	0.23	0.17	0.03	0.05	0.48	0.31
2002	4.24	100	2.98	0.00	0.29	0.20	0.03	0.03	0.55	0.35
2001	4.58	100	2.78	-0.02	0.34	0.21	0.03	0.02	0.60	0.39
2000	4.87	100	2.90	0.01	0.45	0.19	0.03	0.02	0.69	0.50
加工产品										
2005	1.32	48.62	3.04	0.59	0.10	0.19	0.02	0.08	0.38	0.19
2004	1.44	49.93	2.85	0.55	0.12	0.20	0.02	0.07	0.41	0.21
2003	1.67	44.49	2.81	0.54	0.16	0.22	0.03	0.05	0.45	0.23
2002	1.98	46.63	2.91	0.58	0.22	0.26	0.03	0.03	0.54	0.28
2001	2.26	49.39	2.89	0.57	0.28	0.29	0.03	0.02	0.62	0.33
2000	2.15	44.17	2.71	0.53	0.32	0.26	0.02	0.04	0.64	0.38

续表

年份	ES（总）(%)	ES（农产品）(%)	IMS	TC	RCA（不同企业所有制）				NIIC	IIIC
					国有	外资	集体	其他		
半加工产品										
2005	0.65	23.86	2.84	-0.55	0.11	0.14	0.02	0.09	0.36	0.22
2004	0.71	24.61	2.62	-0.58	0.14	0.15	0.02	0.07	0.38	0.23
2003	0.78	20.75	2.49	-0.52	0.19	0.15	0.03	0.04	0.40	0.25
2002	0.95	22.41	2.65	-0.44	0.26	0.18	0.03	0.02	0.49	0.31
2001	1.08	23.60	2.66	-0.38	0.35	0.18	0.03	0.01	0.57	0.38
2000	1.15	23.68	2.78	-0.36	0.44	0.18	0.03	0.01	0.66	0.48
大宗商品										
2005	0.38	14.01	2.98	-0.64	0.03	0.01	0.00	0.01	0.05	0.04
2004	0.34	11.93	2.15	-0.73	0.03	0.01	0.00	0.01	0.05	0.04
2003	0.89	23.74	4.75	-0.31	0.09	0.01	0.00	0.01	0.11	0.10
2002	0.87	20.39	4.09	-0.12	0.09	0.01	0.01	0.00	0.11	0.10
2001	0.79	17.25	3.04	-0.33	0.09	0.01	0.00	0.00	0.10	0.09
2000	1.15	23.62	4.27	-0.14	0.15	0.00	0.00	0.00	0.16	0.16
园艺类产品										
2005	0.37	13.51	3.25	0.41	0.01	0.02	0.00	0.02	0.05	0.03
2004	0.39	13.53	3.04	0.40	0.01	0.02	0.00	0.02	0.05	0.03
2003	0.41	11.03	2.65	0.43	0.02	0.02	0.00	0.01	0.05	0.03
2002	0.45	10.58	2.59	0.44	0.03	0.02	0.00	0.01	0.06	0.04
2001	0.45	9.75	2.28	0.36	0.03	0.02	0.00	0.00	0.06	0.04
2000	0.42	8.53	2.09	0.42	0.04	0.02	0.00	0.00	0.06	0.04

资料来源：中国海关统计，UNCOMTRADE。

六、全球价值链与跨国公司的控制

目前国内有关全球价值的研究较少涉及农产品。在过去 20 年里，加工产品在全球农产品贸易中获得重要发展，而大宗商品则有所下降，这表明，全球农产品贸易很大程度上已变得越来越少依赖于自然资源禀赋，而移至价值链下游。Gereffic 根据暗含在价值链分析中的权利关系和治理主题，提出了生产者驱动（Producer - driven）和购买者驱动（Buyer - driven）的价值链类型。而农产品价值链明显是一个购买者驱动的链条。农产品全球价值链的发展有一系列原因：第一，贸易自由化以及国内外监督框架对购买者驱动的全球价值链扩展和增强提供便利（Gibbon and Ponte，2005）。第二，消费模式的改变。高质量和安全标准的要求和专业化食品生产的需求，已经促使企业进行创新并探索新的模式。因此，领先的农产品企业正在试图摆脱单一的产品品牌战略，转向产品差异化和创新型战略（Wilkinson，2002；Humphrey and Memedovic，2006）。农产品企业这种类型的战略选择是加强对日益扩展的全球价值链控制的需要。近年来，在农产品全球价值链分布中，价值链上各个环节的集中度趋向于更高，并且更加显著。Humphrey 和 Memedovic（2006）认为集中度增加表现在从种子、农药以及机械设备等供应商到农产品生产者、食品加工企业以及快餐店、超市和零售商上。Tim（2003）指出在全球市场上，种子和农药的生产呈现出日益高度集中化，在20世纪80年代，全球农药销售90%的份额由前20家公司控制，到2002年，公司数量减少到了7家（分别为Sygenta, Aventis, Monsanto, BASF, Dow, Bayer和DuPont），这些剩余的生产商可以更好地达到规模经济和范围经济，加强对农产品上游投入的控制。在农产品加工阶段，美国前四大加工企业所占的市场份额逐步增大，这主要是由于蔬菜、园艺产品等生鲜食品的需求和出口规模的迅速增长，要求在较短的时间内保持农产品新鲜程度，迅速地从"田间"转移到"餐桌"上。价值链上的集中度已经导致一些跨国企业市场权利的增加。权利不对称是价值链治理的关键，它是由决定价值链总体特征并占主导地位的领导企业负责的。价值链的治理与这些跨国企业间的相互协作及市场权利相联系（Gibbon and Ponte，2005；Humphrey and Memedovic，2006）。主要零售企业的变化已经表明了这一演变过程，Humphrey（2005）对欧洲农产品生产和销售组织方式的统计发现，由农产品生产和加工者依靠其品牌和销售体系来驱动的农产品配送和销售的产业链发生了变化，大型零售商逐渐成为农产品生产和销售的牵引者。不仅如此，这些大型零售商还进入产品供应链中寻找农产品加工和生产者，并且自建农产品品牌。本文根据2008年财富500强中的"涉农企业"，描述出它们在全球农产品价值链中的布局状况（见图1），并试图讨论其主要发展趋势。农产品价值链涵盖从初始投入（种子和化肥等）到零售和分销环节，经历了全球一体化的强有力推动。农产品加工、流通、配送、销售和农产品投入品提供等活动是由所谓的"涉农企业"实施的，不仅在于零售与采购的促进，更在于主要"涉农企业"的国际化程度。全球农产品价值链正在经历涉农跨国公司的市场主导。这些大型公司在全球范围内活动，增强水平一体化程度，并不断向纵深扩展。许多发达国家和发展中国家的农产品供应者积极参与到购买者驱动的全球价值链中，以取得最大化的收益。

涉农跨国公司在中国的农产品供应链中也是广泛存在的。附表1显示，2008年财富500强中62个在农产品价值链上活动的企业，有45个已经实际存在于中国（不包括港澳台地区）。而图2农产品全球价值链布局中的前三位企业都已经在中国设厂或正在从事相关活动。它们基本也成为中国农产品行业中的领先者，民族企业的生存空间不断被其挤压。这些跨国公司在中国的活动形式是非常多样的，包括收购、合资企业、全资子公司和非股权联系（如特许经营权和许可证等）。由于其雄厚的资本、良好的运营方式以及对产

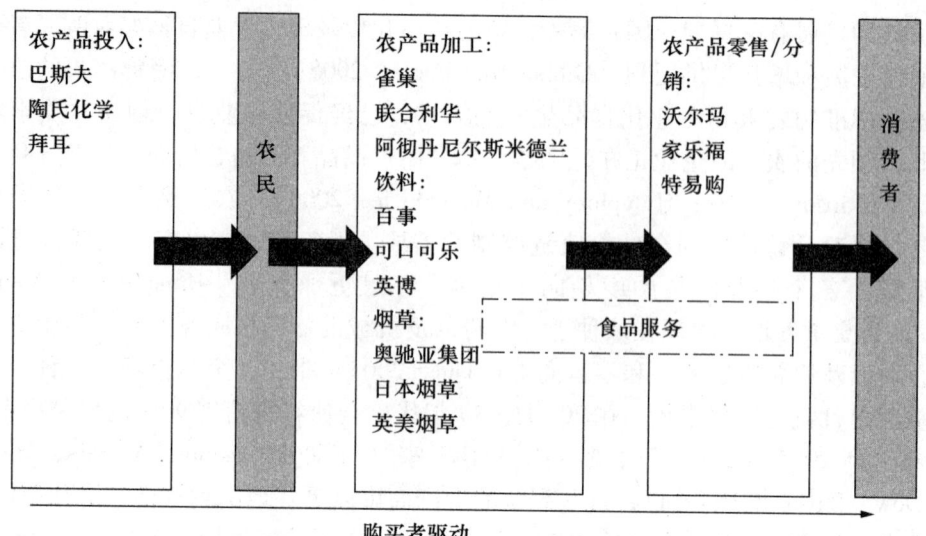

图 2　农产品全球价值链：主导企业的分布

业链的掌控，很容易在相关行业取得领先的竞争优势。在财富 500 强 62 家"涉农企业"中，美国有 20 家，英国 8 家，法国、德国和日本各 6 家，荷兰 4 家，瑞士 3 家，澳大利亚、比利时和韩国各 2 家，中国、加拿大和沙特阿拉伯各 1 家。可以看出，基本上是西方发达国家的企业控制着农产品全球价值链。而中国只有中粮集团排在其中。虽然中国是一个农产品生产和消费大国，在世界农产品出口总额中也排在前几位，但中国的本土企业并没有融入全球农产品价值链中。可以看出，越来越多的涉农跨国公司在中国布局，利用中国优越的自然、丰富的物产、廉价的人力资源以及广阔的市场，进行农产品生产、加工、配送和销售，进一步加强它们对全球价值链的掌控。本国的农产品生产者、加工者和销售者在加入农产品价值链时，处于价值链低端，处于讨价还价弱势，容易受到价格、成本波动的冲击，凭借自身薄弱的能力难以适应农产品价值链对农产品质量的要求，以及冲破跨国巨头对销售终端和流通环节的寡头垄断，最终可能在国际集团不断控制和强化的农产品全球价值链中被"挤出"。

例如，海关总署统计司 2009 年初发出预警，指出外商投资企业在我国粮食领域的控制力在不断加强。预警报告点名提到丰益国际斥巨资进驻东北，企图垄断国内非转基因大豆的市场。海关总署认为，这是当前我国在粮食生产和出口中值得关注的问题。海关总署的官方态度与《国家粮食安全中长期规划纲要（2008~2020 年）》中对粮食安全的担忧和重视是一脉相承的。早在 2001 年，中国的大豆市场开始完全开放时，四大跨国粮食巨头"ABCD"（ADM、邦吉、嘉吉和路易达孚）开始在中国逐渐浮出水面。它们利用转基因大豆在国内大豆市场一路攻城略地。到目前，它们实际已控制了我国进口大豆 80% 的货源，控制了 70% 的大豆实际加工能力。2008 年的数据显示，在全国 97 家大型油脂企业中,外资收购、参股控制了64家,占总数的66%。跨国粮商积极渗入到种植、贸易、流通等价值链的各个领域。中国大豆丧失定价权就是一个很好的先例。外资在已经占据国内产业链中下游的基础上,通过并购来入侵上游,进而控制整条产业链,最后极有可能将行业定价权牢牢掌握在自己手中。此外,高盛斥巨资"养猪",其在对双汇进行收购和对雨润进行参股后,拥有加工企业、成熟的销售渠道和品牌,向中国农业产业链的更深处推进。在中国"养猪"的并不止高盛一家,德意志银行、美国艾格菲集团、宝迪集团等都在积极运作。从大豆到"养猪",外资聚焦于不断向整个农业产业链延伸渗透,并借助于资本市场,打通价格通道,通过控制产业链来获取超额利润与丰厚回报。

总而言之,在农产品市场日益开放和贸易自由化加强的情况下,这些价值链顶端的"主导"企业可以从全球成本低的国家大量进口农产品或控制农产品价值链使其延伸到其他国家,这在一定程度上会取代本国农产品价值链以及本国的农产品生产者和涉农企业。跨国主导企业在一国农业相关行业的投入和布局短期内一方面会弥补本国农业投入的不足,促进农业科技的进步,增加该国农产品出口的增加,以及提升产品质量,从而增强该产业国家竞争力;但另一方面很可能会阻碍民族产业国际竞争力的提升,如前面的大豆产业。资本通过控制产业链获取超额利润与丰厚回报,是其逐利的本性使然,其必然会导致产业风险。只有本国企业真正参与到全球农产品价值链中,才能由初级产品向中间产品乃至最终产品延伸,提升本国产业及企业竞争力。

七、结论与建议

通过以上分析,不难得出如下结论:

首先,尽管农产品出口在中国总出口中所占份额较小且呈下降趋势,在国际市场上的地位却相当重要,且所占份额呈现上升趋势;由于农产品出口增长速度不及中国总出口的增长速度,因此造成中国农产品的国家产业国际竞争力呈现出下降趋势;相较国家产业国际竞争力而言,民族产业国际竞争力的降幅更大,这主要是由于国有企业国际竞争力下降过快造成的,这使得外资的RCA贡献率呈现出上升趋势,对中国农产品国际竞争力的贡献已经接近40%。

其次,中国进出口农产品的构成中,出口主要以加工产品和半加工品为主,而进口主要以半加工品和大宗商品为主;在大宗商品出口所占份额下降的同时园艺产品则上升明显,这些均表明中国农产品出口正向农产品价值链的高端环节集聚。但是,值得忧虑的是在中国农产品出口份额中已经占到40%的加工产品中,外资的RCA贡献率已经从2000年的40.52%上升到48.87%,表明民族企业的出口主角地位正在丧失。换言之,中国农产品出口虽然开始向附加值高的环节聚集,但其主导权正日益向跨国公司转移。为此,本文最后通过画出农产品价值链,研究价值链的驱动者和驱动程度,跟踪财富500强中"涉农企业"以及它们在中国的布局情况,发现全球农产品价值链正在经历涉农跨国公司的市场主导。价值链顶端的"主导"企业加强对价值链的控制,可以从全球成本低的国家大量进口农产品或促使农产品价值链延伸到其他国家,这在一定程度上会取代本国农产品价值链以及本国的农产品生产者和涉农企业,削弱本国企业的竞争力。

因此,本文建议中国民族企业需要积极参与到全球价值链之中,形成一定的议价和渠道控制能力,完善价值链的治理,这样才能在价值链的驱动和控制下,实现产品升级和技术提升,增强竞争能力。具体建议如下:

第一,在进一步扩大对外开放的同时积极培育本土农产品企业的竞争力。过去的一些政策造成内外资企业的不平等待遇(如一些行业毛利率仅有5%,但是内外资企业的所得税率相差15%左右)极大地影响了中国民族产业国际竞争力的提升,也使原本的内资企业有极大的利益驱动与国外合资。目前,虽然相关政策已经做了调整,但仅仅做到平等国民待遇是远远不够的。对发展中国家来说,本土企业和外商投资企业一开始就不是在一条起跑线上竞争的。因此,在对外开放中通过政策增强民族企业利用两种资源、两个市场的能力,是提升中国产业及企业竞争力的必然选择。

第二,针对外资企业对本土农产品价值链的渗透和控制,以及对国内投资的挤出效应,国家应该给予足够重视,采取相应的措施。一方面,要科学地制定外商直接投资的产业指导政策,发挥产业组织政策的导向作用,积极促进跨国公司与本土企业之间的联系(吕立才等,2006)。另一方面,通过发展农产品全球价值链和国内价值链来提升农业生产组织的现代化水平,在价值链的驱动者带动和控制下,实现农产品升级、农产品种植与加工工艺升级、农产品功能升级,同时畅通农产品流通渠道,完善市场机制和农村经营体制,缩短农产品出口对农民收入影响的时滞,确保我国优势农产品在国际市场上的地位,使农产品出口更好地为农村经济服务,更加有效地促进农民收入的增长。

参考文献

［1］程国强:《中国农产品出口:增长、结构与贡献》,《管理世界》2004年第11期。

［2］耿晔强:《东盟农产品在我国市场的表现及竞争力研究》,《国际贸易问题》2009年第5期。

［3］洪银兴、郑江淮:《反哺农业的产业组织与市场组织:基于农产品价值链的分析》,南京大学产业经济学系讨论稿系列,2008年第56期。

［4］李岳云、吴滢滢、赵明:《入世5周年对我国农产品贸易的回顾及国际竞争力变化的研究》,《国际贸易问题》2007年第8期。

［5］刘林青、谭力文:《产业国际竞争力的二维评价——全球价值链背景下的思考》,《中国工业经济》2006年第12期。

［6］刘林青、周潞、陈晓霞:《比较优势、单位价值和本土企业竞争优势——中国运动鞋产业国际竞争力脆弱性分析》,《财贸经济》2009年第6期。

［7］刘小波、陈彤:《中国农产品出口哈萨克斯坦的结构与比较优势分析》,《农业经济问题》2009年第3期。

［8］卢峰、梅孝峰:《我国"入世"农业影响的省区分布估测》,《经济研究》2001年第4期。

[9] 吕立才、黄祖辉:《外商直接投资对中国农产品加工业影响的实证研究——增长、国内投资和就业》,《中国农村经济》2006年第5期。

[10] 刘靖、毛学峰、辛贤:《中国农产品出口地理结构的衡量与分析》,《世界经济》2006年第1期。

[11] 帅传敏、程国强、张金隆:《中国农产品国际竞争力的估计》,《管理世界》2003年第1期。

[12] 姚洋、章林峰:《中国本土企业出口竞争优势和技术变迁分析》,《世界经济》2008年第3期。

[13] 曾国平、王燕飞:《我国农产品出口对农民收入影响的实证分析》,《农业技术经济》2006年第2期。

[14] Lang, Tim. , (2003) "Food Industrialisation and Food Power: Implications for Food Governance", Development Policy Review 21 (5 – 6), 555 – 568.

[15] Regme, A. , M. Gehlhar, J. Wainio, T. Volrath, P. Johnston and N. Kathuria, (2005) "Market Access for High – Value Foods", Electronic Report from the Economic Research Service USDA/ERS Report No. 840, February.

[16] Xian Xin, Jing Liu. , (2008) "Geographic Concentration and China's Agricultural Export Instability", The World Economy 275 – 285.

Comparative Advantage, FDI and International Competitiveness of China's Agricultural Products Industry
——Thinking under the Background of Global Value Chaim

Liu Linqing Zhou Lu

(Wuhan University College of Ecornornics and Administration Wuhan 430072)

Abstract: This paper studies the export competitive advantage and trends of foreign – invested enterprises and local businesses. Through tracking and quering agriculture – related enterprises of Fortune 500 and the layout of the situation in China, the paper describes the global value chain of agricultural products which is controlled by overseas "dominant" enterprises. The results reveal that China is a world large trade nation in agricultural products. However, the international competitiveness of agricultural products is comparatively weak. Decomposing the export data index according to enterprise types, the paper finds that foreign – funded enterprises' contribution began to account for larger proportion since the year 2004. Though Chinese agricultural products are mainly high value – added processed products, the contribution rate goes half between the foreign –

funded enterprises and local ones. The industrial chain of domestic farm products is facing the invasion of foreign investments, but local enterprises have difficulties in getting into the global value chain which is controlled by overseas "dominant" enterprises. Only when domestic enterprises are bigger and stronger and actively participate in the global value chain can they promote their and national industries' competitiveness.

Key Words: Comparative Advantage; FDI; Agricultural Products; Industrial International Competitiveness; Global Value Chain

中国对外贸易中隐含碳排放失衡度研究[*]

张为付　杜运苏

（南京财经大学国际经贸学院　南京　210046）

【摘　要】本文在考虑进口中间投入品的条件下，利用投入产出表研究了中国对外贸易中隐含碳排放的失衡度。结果显示，中国对外贸易中隐含的碳排放不仅数量巨大，而且存在不平衡，净出口隐含碳已经达到相当可观的数额；中国对外贸易中隐含碳排放失衡主要是由少数几个行业引起，失衡的行业集中度较高；金属冶炼及压延加工业的隐含碳排放失衡对总体失衡具有重要影响，而其失衡却呈现反复变化的特征。此外，中国与主要贸易伙伴失衡表明，中国对外贸易中隐含碳排放大量增加是新一轮国际产业转移的结果，发达国家对中国碳排放应该承担部分责任。

【关键词】对外贸易；隐含碳排放；失衡度

一、问题提出

改革开放以来，中国经济年均增速超过9%，创造了世界经济史的奇迹。与此同时，中国的能源消费量及其排放的二氧化碳也急剧上升。根据国际能源署的数据，2007年中国化石能源燃烧排放的二氧化碳总量达60.3亿吨，超过美国2.6亿吨，比欧盟27国的排放总量高出1/3，占全球总量的20.8%，在总量上已经成为碳排放大国。当然，造成中国碳排放量迅速增加的原因很多，包括工业化和城市化的推进、以煤炭为主的能源结构等。其中，尤其值得注意的是对外贸易对中国碳排放产生的影响。一方面，对外贸易在中国经

---

[*] 原文发表于《中国工业经济》2011年第4期。
基金项目：国家社会科学基金项目"低碳经济与我国参与国际分工战略的调整研究"（10BJL033）；江苏省高校哲学社会科学研究重点项目"中国特色社会主义理论体系与江苏改革开放的实践研究"（2010ZDIXM011）。
作者简介：张为付（1963—），男，江苏徐州人，南京财经大学国际经贸学院院长、教授、博士；杜运苏（1977—），男，江苏连云港人，南京财经大学国际经贸学院讲师、博士。

济中占有举足轻重的地位，对外贸易依存度（进出口占GDP）超过了60%；另一方面，在对外贸易的过程中，出口增加了本国的碳排放，而进口又起到节约碳排放的作用，不同于国内投资和消费的碳排放，对外贸易中隐含碳排放的失衡度（即净出口或净进口隐含碳的数量）还涉及中国碳排放责任的分担问题。

由于中国的经济增长模式具有十分明显的外向型特征，对中国的贸易含碳量进行研究自然成为国内外学术界的焦点。Ahmed 和 Wyckoff（2003）采用投入产出表研究中国对外贸易中隐含碳排放发现，1997年中国的出口含碳量要明显高于进口含碳量。虽然采用的数据和计算方法存在一定差别，但 Wang 和 Watson（2007）、Weber 等（2008）、齐晔等（2008）、Yan 和 Yang（2010）、Lin 和 Sun（2010）、张友国（2010）、马述忠和陈颖（2010）等的研究均表明，近年来中国对外贸易在整体上已经成为一个碳净输出国。Shui 和 Harriss（2006）、尹显萍和程茗（2010）、Liu 等（2010）、Liand Hewitt（2008）等考察中美、中日、中英双边贸易也得出中国处于净出口隐含碳状态的结论。

综合来看，现有关于中国对外贸易中隐含碳排放的研究存在以下两个方面的缺陷：一是侧重于对中国总体上的进出口中隐含碳排放的研究，从产业层面研究的相对较少，与主要贸易伙伴的双边失衡研究也不够系统，例如欧盟已经成为中国第一大贸易伙伴，但目前还没有关于中欧贸易中隐含碳排放失衡的研究。二是在研究方法上，绝大多数学者没有考虑进口中间投入品对出口中隐含碳排放的影响，计算的结果可能存在一定偏差。本文基于2002~2007年中国投入—产出表，利用中国的能源消费和对外贸易数据，从行业、贸易伙伴等方面深入分析2000~2009年中国对外贸易中隐含碳排放失衡度，以期为中国参与国际谈判、调整外贸政策提供一些参考。

二、我国对外贸易中隐含碳排放失衡度的测度

1. 隐含碳排放失衡度测度的理论模型

目前，计算生产产品的 CO_2 排放量主要有两种方法：一是利用投入—产出模型的测算方法，二是利用生命周期评价的测算方法。由于产品种类繁多，采用生命周期评价法对每一产品进行测算非常困难，而投入—产出模型不仅能够全面地计算出生产产品时排放的 CO_2，且可操作性较强，这一方法也成为测算产品 CO_2 排放量的主流方法。鉴于此，本文利用投入—产出模型来测算产品的 CO_2 排放强度。利用矩阵代数，我们可将 Leontief（1951）投入—产出模型表示为：

$$X = AX + Y \tag{1}$$

求解 X，可以得出：

$$X = (I - A)^{-1} Y \tag{2}$$

其中，X、Y 分别是国民经济中部门总产出向量和最终需求向量；A 为直接消耗系数

矩阵，其第 i 行第 j 列的元素 a_{ij} 表示第 j 部门生产单位产品直接消耗第 i 部门产品的数量，直接消耗系数反映了部门之间的直接经济技术联系，I 是 A 的同阶单位阵，则 $(I-A)^{-1}-I$ 为完全需求系数（或完全消耗系数）矩阵，其第 i 行第 j 列的元素 b_{ij} 表示第 j 部门每提供 1 个单位最终产品时，对第 i 部门产品和服务的直接和全部间接需求量之和。

令 CO_2 排放总量为 C，第 j 部门的 CO_2 排放量为 C_j，则 $C=\sum C_j$。与投入—产出模型中直接消耗系数的定义相似，令 j 部门单位总产出的 CO_2 排放量即 j 部门的直接 CO_2 排放系数为 S_j：

$$S_j = C_j / X_j \tag{3}$$

设各产业部门直接排放系数组成的向量为 S，则各产业部门 CO_2 完全排放强度为：

$$\hat{S} = S \cdot [(I-A)^{-1} - I] \tag{4}$$

上述公式中的 A 我们假定所有中间投入品都由本国生产，但由于加工贸易出口在中国出口总额中占半壁江山，而加工贸易的一个典型特点就是绝大部分中间投入品是从国外进口的，为此，本文采用通常方法对公式（4）进行修正，以扣除因使用进口中间投入品减少的出口中隐含 CO_2 排放强度，即：

$$\hat{S} = S \cdot [(I-rA)^{-1} - I] \tag{5}$$

其中，r 是各部门中间投入品中的国内产品比重组成的对角矩阵，对角矩阵元素为：$r_j = 1 - \dfrac{M_j}{X_j + M_j - E_j}$，$M_j$、$X_j$、$E_j$ 分别表示 j 部门的进口额、产值和出口额。

另外，在计算进口中隐含碳排放时，理论上应该采用进口来源国的直接消耗系数矩阵 A^* 和直接排放系数矩阵 S^* 来计算，即多区域的投入产出模型，这样才能更为客观准确地反映出中国进口品中的隐含碳排放量。但由于本文目的是评价贸易对中国的碳排放所产生的影响，假定进口品也按本地区的技术生产（即单区域的投入—产出模型）更适合估算中国通过进口所节约的本地区的碳排放量（进口节碳量）。

用各产业部门的 $\hat{S}_e$ 和 $\hat{S}$ 分别乘以其出口贸易额和进口贸易额，就可以得到各部门产品出口增加和进口节约的 CO_2 排放量；再对之进行加总，就能够得到中国整个出口增加和进口节约的排放量：

$$Q_e = \hat{S}_e \times EQ_m = \hat{S} \times M \tag{6}$$

公式（4）中，E 和 M 分别为各部门产品出口额和进口额向量。

在上述基础上，本文定义隐含碳排放失衡为出口含碳量和进口节碳量的差，即：

$$B = Q_e - Q_m$$

2. 隐含碳排放失衡度测度的数据来源与处理

能源消费数据、投入—产出数据和外贸进出口数据的详细程度和分类方法有所不同，首先要解决数据匹配问题。由于能源消费数据分部门的是 43 个产业部门加居民生活 1 个终端用户，与 42 部门投入—产出表比较接近，因而本文在这个基础上进行归并。鉴于中国与不同贸易伙伴的建筑业和第三产业数据无法获得，本文仅研究货物进出口。此外，受到数据限制以及为了分析简便，废品废料并入工艺品及其他制造业，金属矿采选业和非金属矿及其他矿采选业合并称为金属与非金属矿采选业，水、燃气生产和供应业、电力热力生产和供应业三个行业贸易额很小，不做研究。经过上述处理后，本文涉及货物进出口的产业部门共有 20 个（见表 1）。至于进出口数据，本文按照盛斌（2002）的方法，将 SITC 三位数层次的贸易数据归并到相应的工业产业部门，农业的贸易数据由笔者按照相同的标准整理得到。

目前，中国尚没有公布各产业的 CO_2 排放量。笔者利用相关的技术参数估算得到各产业部门完成单位增加值直接产生的 CO_2 排放量：①利用 IPCC（2006）提供的 CO_2 排放系数、碳化因子及方法，计算出各部门消费煤炭、焦炭、原油、汽油、煤油、柴油、燃料油以及天然气产生的 CO_2 排放量。②各部门的电能消费量按照火力发电占 75% 的比重，折算成标准煤的重量，并利用标准煤的 CO_2 排放系数，计算得到各部门的电能消费所产生的 CO_2 排放量。③加总这两个排放量后就可以得到各部门直接产生的 CO_2 排放量，除以增加值后就可以得到各部门完成单位增加值直接产生的 CO_2 排放量。

为了确保数据的可比性，外贸进出口数据以 2000 年为基期的价格进行调整。另外，由于海关统计出口时采用的价格是 FOB，而进口是 CIF，缺乏可比性，我们按运保费 10% 进行折算。相对来说，连续时间序列分析更有意义，但投入—产出表每 5 年才更新一次。由于短期内技术变化不大，2002 年前后两年使用 2002 年投入—产出表计算出的排放强度并辅以中国能源消费强度进行修正，2007 年采取相似的方法处理，这样就可以得到 2000 ~ 2009 年连续时间序列数据。估计过程中所采用的能源数据来自《中国能源统计年鉴》（2009），碳排放系数来自 IPCC（2006），进出口贸易数据来自联合国 COMTRADE 数据库，价格指数来源于《中国统计年鉴》（2010）。

三、隐含碳排放失衡度测度结果与分析

1. 各产业部门的碳排放系数

将相关数据代入上述公式，计算得到 2002 年和 2007 年中国各产业部门的排放系数，利用能源强度进行调整后可以得到其他年份的排放系数（见表 1）。数据显示，绝大多数行业的直接排放系数要比完全排放系数小，只有金属冶炼及压延加工业和非金属矿物制品业不仅直接排放系数远远大于其他行业，且大于完全排放系数。正如前文所述，剔除进口中间投入品后，中国各产业部门出口的碳排放系数均小于国内完全排放系数，如果忽略进口中间投入品的影响必然会高估中国出口中隐含碳排放量，从而不能准确衡量中国对外贸易中隐含碳排放的失衡程度。

表 1　2002 年、2007 年和 2009 年中国各产业部门的 CO_2 排放系数

单位：吨/万元

	2002 年			2007 年			2009 年	
	S	$\hat{S}$	$\hat{S}_e$	S	$\hat{S}$	$\hat{S}_e$	$\hat{S}$	$\hat{S}_e$
农林牧渔业	0.54	2.00	1.52	0.47	1.48	0.99	1.37	0.92
煤炭开采和洗选业	2.47	3.23	2.45	2.32	3.27	2.29	3.04	2.13
石油和天然气开采业	2.11	2.02	1.45	0.74	2.57	1.77	2.39	1.64
金属与非金属矿采选业	1.66	3.75	2.79	1.40	3.44	2.22	3.19	2.06
食品制造及烟草加工业	1.28	2.63	2.06	0.58	2.08	1.44	1.93	1.34
纺织业	1.74	4.23	2.96	1.22	3.68	2.61	3.42	2.42
纺织服装鞋帽皮革羽绒及其制品业	0.47	4.00	2.79	0.32	3.44	2.40	3.19	2.23
木材加工及家具制造业	0.61	4.14	3.11	0.72	3.78	2.66	3.51	2.47
造纸印刷及文教体育用品制造业	1.57	4.00	2.93	1.58	4.33	2.99	4.02	2.78
石油加工、炼焦及核燃料加工业	3.90	3.03	2.80	1.56	2.74	1.73	2.54	1.61
化学工业	4.15	4.66	4.13	2.82	4.02	3.24	3.73	3.01
非金属矿物制品业	10.06	5.33	4.21	6.76	5.04	3.79	4.68	3.52
金属冶炼及压延加工业	9.76	7.86	7.10	7.79	6.47	5.65	6.01	5.25
金属制品业	1.31	9.07	8.03	0.83	8.20	6.36	7.61	5.90
通用专用设备制造业	0.87	6.77	5.73	0.64	5.76	4.84	5.35	4.49
交通运输设备制造业	0.77	5.82	4.93	0.40	4.91	4.06	4.56	3.77
电气机械及器材制造业	0.49	7.34	6.23	0.22	6.51	5.71	6.04	5.30
通信设备、计算机及其他电子设备制造业	0.31	4.41	2.93	0.20	3.44	2.07	3.19	1.92
仪器仪表及文化办公用机械制造业	0.45	5.31	4.00	0.19	4.56	2.78	4.23	2.58
工艺品及其他制造业	0.93	3.65	2.78	1.32	3.53	2.51	3.28	2.33
算术平均值	2.27	4.66	3.75	1.60	4.16	3.11	3.86	2.89

注：2002 年和 2007 年数据由投入产出表计算得出，而 2009 年数据基于 2007 年碳排放系数进行能源强度调整得到。

2002 年中国各产业部门的平均排放系数为 4.66 吨/万元。在这些部门中，碳排放系数较高的是金属制品业、金属冶炼及压延加工业、通用专用设备制造业、电气机械及器材制造业，排放系数均在 6 吨/万元以上；其次是交通运输设备制造业、非金属矿物制品业、仪器仪表及文化办公用机械制造业，超过 5 吨/万元；排放系数较低的部门有农林牧渔、石油和天然气开采业、食品制造及烟草加工业等，在 3 吨/万元以下。2002 年各产业部门出口的平均排放系数为 3.75 吨/万元，低于国内的排放系数。分行业看，加工贸易较为发达的纺织业、通信设备计算机及其他电子设备制造业等行业，出口排放系数与国内排放系数差异较大。

从动态变化看，2007年中国各产业部门直接排放系数的平均值由2002年的2.27吨/万元降至1.6吨/万元。而且，直接排放系数与完全排放系数的比例有降低趋势，说明国内各行业的关联度增加，每个行业所生产产品中隐含的CO_2中间接隐含的其他行业所产生的CO_2的比例越来越高。2007年完全碳排放系数的平均值比2002年下降0.5吨/万元，出口碳排放系数下降0.64吨/万元，分别为4.16吨/万元和3.11吨/万元。除煤炭开采和洗选业、石油和天然气开采业、造纸印刷及文教体育用品制造业三个行业略有上升外，其他行业的排放系数均有不同程度下降。2009年的碳排放系数则进一步降低。这说明，近年来我国各行业的"节能减排"取得了一定的效果。从2003年开始，中央加强了"节能"工作，并在"十一五"规划中，将单位GDP能耗降低20%作为经济发展的约束性指标。为实现这一目标，各级政府采取了一系列强有力措施，先后淘汰与关闭了一大批小火电、小钢铁、小水泥等高耗能企业，2009年每万元GDP能耗由2003年的1.36吨标准煤降至1.07吨标准煤。此外，"两高一资"（即高耗能、高污染与资源密集型）产品出口退税率的逐步降低和取消，也促进了中国各产业部门能耗强度与CO_2排放系数的降低。

2. 总体隐含碳排放失衡度的测算

进入21世纪，尤其是加入WTO以后，中国对外贸易获得了突飞猛进的发展，成为经济增长的重要引擎。虽受到全球金融危机的冲击，进出口额有所下降，但2009年货物贸易额仍然高达22075.4亿美元，成为世界第一大出口国和第二大贸易国。与此同时，中国对外贸易中隐含碳排放也快速上升（见表2）。中国出口中隐含碳排放量随着出口额的上升逐步增加，2007年达到峰值28.3亿吨后，略有下降，2009年为22.7亿吨。出口中隐含碳排放量占中国化石燃烧碳排放总量的比重也呈现出先增后降的特征，2000~2007年基本上处于不断上升趋势，由25.8%升至45.4%，然后下降，2009年为32.1%，与2002年基本相同。由此可见，出口中隐含碳排放是导致我国碳排放快速上升的重要因素，这也就决定了我国要实现"节能减排"目标离不开外贸增长方式的转变，降低出口中隐含碳排放。

表2 2000~2009年中国对外贸易中隐含碳排放失衡度

单位：百万吨

年份	2000	2003	2004	2006	2007	2008	2009
总体	-55.9	-230.5	-223.2	3.3	165.4	300.1	99.1
农林牧渔业	-5.4	-9.3	-16.3	-12.0	-17.8	-21.8	-19.3
煤炭开采和洗选业	2.8	4.7	5.4	2.8	0.4	0.8	-14.6
石油和天然气开采业	-20.1	-29.0	-48.5	-110.0	-120.3	-166.3	-115.1
金属与非金属矿采选业	-14.9	-31.4	-65.1	-97.9	-141.7	-178.7	-149.3
食品制造及烟草加工业	8.9	9.8	9.3	8.6	5.2	1.4	2.9
纺织业	0.5	22.4	33.6	54.9	62.1	68.3	61.8
纺织服装鞋帽皮革羽绒及其制品业	105.3	150.3	172.7	211.9	232.1	215.7	193.3
木材加工及家具制造业	12.3	26.0	37.0	51.8	59.4	57.9	52.7

续表

年份	2000	2003	2004	2006	2007	2008	2009
造纸印刷及文教体育用品制造业	8.7	16.3	17.3	32.7	40.6	43.9	33.7
石油加工、炼焦及核燃料加工业	-0.9	-1.5	-3.2	-17.8	-15.3	-23.9	-13.7
化学工业	-50.9	-82.3	-103.9	-92.5	-91.1	-63.6	-85.7
非金属矿物制品业	7.2	12.3	16.7	28.7	30.4	33.8	30.5
金属冶炼及压延加工业	-47.4	-120.4	-72.7	27.1	53.2	102.6	-90.9
金属制品业	31.3	51.2	73.0	100.7	127.4	134.3	92.9
通用专用设备制造业	-75.5	-146.9	-175.4	-74.5	-23.1	-22.6	-3.1
交通运输设备制造业	9.8	-11.6	1.9	19.0	46.5	64.4	32.5
电气机械及器材制造业	-50.8	-178.2	-239.6	-271.0	-267.8	-168.9	-75.4
通信设备、计算机及其他电子设备制造业	20.2	109.3	178.4	207.5	243.9	234.6	211.2
仪器仪表及文化办公用机械制造业	-4.2	-33.4	-57.8	-83.6	-77.0	-71.5	-60.3
工艺品及其他制造业	7.3	11.3	13.4	17.0	18.2	14.6	15.1
全部出口中隐含碳排放量（亿吨）	7.8 (25.8)	13.6 (35.7)	18.3 (40.3)	23.5 (41.8)	28.3 (45.4)	27.4 (43.5)	22.7 (32.1)

注：括号内为全部出口中隐含碳排放量占中国化石燃烧碳排放总额的比重，单位：%。
资料来源：2000~2008 年中国化石燃烧碳排放总额来自国际能源署《CO_2 Emission from Fuel Combustion》（2009、2010），2009 年数据根据前三年平均增速算出。其他数据由本文模型计算整理得到。

从失衡度看，2006 年是分界点，之前为净进口，即中国出口中隐含的碳排放量要小于进口中隐含的碳排放量；之后为净出口。2000~2005 年中国对外贸易中隐含碳排放量的净进口额先增后减，2000 年净进口额为 0.56 亿吨，2003 年增至 2.3 亿吨，随后逐步下降。2006 年后中国对外贸易中隐含碳排放开始演变为净出口国，峰值出现在 2008 年，为 3 亿吨；2009 年受金融危机的冲击，出口有了较大幅度下降，隐含碳排放的净出口也降至 1 亿吨左右。在其他条件不变的情况下，随着全球经济的复苏，我国出口将进入新一轮上升通道，净出口隐含碳极有可能再次上升。这一点需要引起我们高度重视，因为净出口隐含碳大幅上升意味着按照生产核算碳排放的方法对我国更为不利，这会夸大我国碳排放水平。值得一提的是，虽然中国出口中隐含碳排放量较大，但总体失衡并不是很严重，与中国相对较高的贸易顺差形成鲜明的对比，这可能与中国进出口产品的行业分布有关，因为不同行业产品隐含的碳排放量存在较大的差别，下面我们将进一步分析不同行业的失衡度。

3. 不同行业隐含碳排放失衡度的测算

从表 2 可以看出，绝大多数行业失衡方向不变，只是随着贸易额的扩大，进出口中隐含碳排放的失衡度也逐渐扩大，2000 年失衡度最大的两个行业是纺织服装鞋帽皮革羽绒及其制品业和通用专用设备制造业，分别为净出口 1.05 亿吨和净进口 0.76 亿吨，而 2009

年失衡度最大的两个行业是通信设备、计算机及其他电子设备制造业和金属与非金属矿采选业两个行业，分别为净出口2.11亿吨和净进口1.49亿吨，大约为2000年的10倍。加入WTO以后，市场准入度进一步提高，中国参与国际分工也进一步深入，"比较优势"产品的出口和"比较劣势"产品的进口均快速增长，进而导致了不同行业隐含碳排放的失衡度逐步加深。

中国对外贸易中隐含碳排放净出口的行业主要是纺织服鞋帽装皮革羽绒及其制品业、通信设备、计算机及其他电子设备制造业，金属制品业三个行业，2007年三个行业净出口隐含碳高达6.03亿吨，占所有隐含碳净出口行业的65.6%。2008年和2009年三个行业净出口隐含碳总额虽有所下降，但占比反而上升，2009年占比升至68.5%。其中，纺织服装鞋帽皮革羽绒及其制品业净出口隐含碳比较高，2000年已经超过1亿吨，2007年以前基本上都是净出口最大的行业；通信设备、计算机及其他电子设备制造业虽然基数较小，但增长非常迅速，2000年为0.2亿吨，2007年就达2.44亿吨，成为净出口最大的行业，且一直没有被其他行业超过；金属制品业净出口隐含碳要少一些，基数比通信设备、计算机及其他电子设备制造业高，但增长较慢，2009年还不及后者的一半，为0.93亿吨。相对来说，其他行业净出口隐含碳比较少，增长也乏力。

中国对外贸易中隐含碳排放净进口的行业主要是石油和天然气开采业、金属与非金属矿采选业、化学工业、电气机械及器材制造业、通用专用设备制造业5个行业，2007年5个行业净进口隐含碳为6.44亿吨，占所有隐含碳净进口行业的85.4%，随后净进口隐含碳总额和占比均有所下降。具体来看，石油和天然气开采业、金属与非金属矿采选业净进口隐含碳在2008年之前一直处于不断上升态势，2008年分别达1.66亿吨和1.79亿吨，2009年略有下降，但依然是净进口额最大的两个行业；电气机械及器材制造业净进口隐含碳呈现先增后减特征，且速度均比较快，2007年达到峰值2.7亿吨，并成为净进口最多行业，然后迅速下降，2009年净进口仅为0.75亿吨；与这一行业相似的还有通用专用设备制造业，2004年增长到1.75亿吨后便开始下降并逐步平衡；化学工业虽然一直处于净进口隐含碳的地位，但总额不是很大且波动比较小，基本上维持在0.5亿~1.0亿吨。

金属冶炼及压延加工业是唯一出现反复变化的行业。2006年前为净进口隐含碳，其中2003年为净进口隐含碳1.2亿吨，而2008年变为净出口隐含碳1.03亿吨，2009年又变为净进口隐含碳0.91亿吨。该行业包含钢、铁等，一方面这些产品比较容易遭受国外反倾销、反补贴等贸易救济措施；另一方面该行业是典型的"两高一资"行业，是国家"节能减排"规制的重点对象。这两个因素共同作用容易导致中国的出口出现较大波动，加上该行业的碳排放系数较大，从而使其隐含碳排放失衡不同于其他行业。

4. 与主要贸易伙伴之间隐含碳排放失衡度的测算

全面了解中国对外贸易中隐含碳排放的失衡问题，还需要分析与不同贸易伙伴之间的失衡度。基于此，本文选择欧盟、美国、日本、韩国、东盟五个主要贸易伙伴进行研究。2009年，中国与这五个贸易伙伴贸易额占总体贸易额的57.1%，代表性较强，具体计算方法与前面相同。

由表3可知，中国对外贸易中隐含碳排放的集中度比较高，出口上述五个贸易伙伴中隐含碳排放占中国出口隐含碳排放总量比重在2000年高达74.4%，然后有所下降，而进口中隐含碳排放所占的比重虽基期较低，但下降速度也较慢，2009年二者占比分别为61.3%和67.4%。就出口而言，中国出口欧盟中隐含碳排放在五个贸易伙伴中一直居于首位，2000年隐含碳排放量为2.1亿吨，随后快速增长，2007年接近7亿吨，2009年在金融危机冲击下仍然高达5.5亿吨；不过，出口欧盟隐含碳的占比呈现不断下降的态势，由27.1%降至24.1%。中国出口美国中隐含碳排放总量要低于欧盟，但在动态变化方面与出口欧盟比较相似，2009年出口隐含碳排放总量和占比分别为3.9亿吨和17.1%。相对来说，中国出口日本中隐含碳排放增长较慢，2004年以后基本没有变化，2009年为1.76亿吨，导致占比下降速度较快，2009年为2000年的一半左右。与上述三个贸易伙伴不同，中国出口韩国和东盟中隐含碳排放不仅总量增长较快，而且占比也有所提高，2009年占比分别比基期提高0.2个百分点和1.1个百分点。

表3　2000~2009年中国与主要贸易伙伴进出口中隐含碳排放量

单位：百万吨

出口					进口				
年份	2000	2004	2007	2009	年份	2000	2004	2007	2009
欧盟	212.0 (27.1)	484.5 (26.4)	698.8 (25.5)	547.1 (24.1)	欧盟	106.3 (12.7)	278.4 (13.5)	330.4 (12.8)	325.5 (15.0)
美国	164.1 (21.0)	375.2 (20.5)	491.2 (17.9)	387.4 (17.1)	美国	94.0 (11.2)	174.7 (8.5)	207.8 (8.1)	191.1 (8.8)
日本	118.9 (15.2)	213.0 (11.6)	220.9 (8.1)	176.0 (7.7)	日本	207.7 (24.8)	455.1 (22.1)	475.8 (18.5)	393.0 (18.1)
韩国	35.8 (4.6)	91.4 (5.0)	142.7 (5.2)	108.9 (4.8)	韩国	103.7 (12.4)	281.6 (13.7)	349.8 (13.6)	298.3 (13.7)
东盟	51.1 (6.5)	126.3 (6.9)	170.8 (6.2)	172.9 (7.6)	东盟	82.3 (9.8)	251.0 (12.2)	331.9 (12.9)	255.0 (11.7)
合计	581.9 (74.4)	1290.3 (70.4)	1724.2 (62.9)	1392.3 (61.3)	合计	594.0 (70.9)	1440.7 (70.1)	1695.8 (65.9)	1462.9 (67.4)

注：括号内为中国与各贸易伙伴出口含碳量（进口含碳量）占中国当年总出口（总进口）含碳量的份额，单位:%。

进口方面，中国从日本进口中隐含碳排放总量最大，2000年为2亿吨，2004年升至4.6亿吨后变化不大，2009年降为3.93亿吨；从日本进口隐含碳占比也一直居于首位，但地位已经不断下降，2009年比从欧盟进口仅高3个百分点。中国从欧盟和韩国进口中隐含碳排放在总量和占比上比较接近，且总量在快速增长的同时，占比也略有提高，2009年占比分别为15%和13.7%。中国从美国进口中隐含碳排放总量从不足1亿吨上升至2亿吨左右，近几年增长乏力，位于五个贸易伙伴的最后一位，与中国出口美国形成鲜明对比。中国从东盟进口中隐含碳排放增长相对较快,总量和占比均超过从美国进口,个别年份甚至超过从欧盟进口。

通过上述分析可知,中国与不同贸易伙伴之间也存在隐含碳排放的失衡情况(见图1)。在与欧盟和美国贸易中,中国净出口隐含碳,且数量较大,2007年分别为3.7亿吨和2.8亿吨,2009年下降后两者之和仍然超过4亿吨。相反,与日本、韩国以及东盟贸易中,中国净进口隐含碳。在数量上,从日本净进口的隐含碳最多,2004年以后一直在2亿吨以上;韩国次之,2009年净进口的隐含碳为1.9亿吨;东盟最少,近几年更是不断减少,2009年从峰值1.6亿吨降至0.8亿吨。细致分析发现,中国与这些贸易伙伴之间隐含碳排放失衡存在一个重要的特点,即中国向欧盟和美国净出口隐含碳增加时,从日本和韩国净进口隐含碳也同步增加。这反映出,中国对外贸易中隐含碳排放失衡与新一轮国际产业转移息息相关。改革开放以后,大量日韩企业到中国投资,但它们中的很大部分是利用中国优惠外资外贸政策和廉价劳动力的优势,从事加工贸易,从本国进口核心零部件,在中国组装加工后出口美国和欧盟,从而导致了这一同步性。

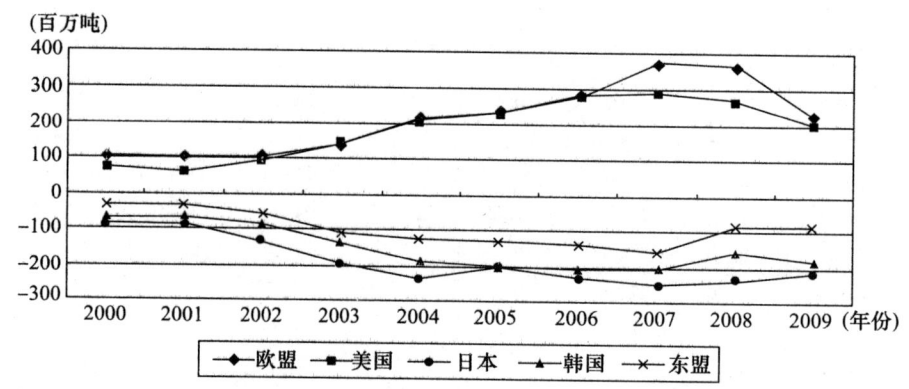

图1　中国与主要贸易伙伴进出口中隐含碳排放的失衡度

注:欧盟为EU-27,且报告国为欧盟;东盟包括新加坡、马来西亚、泰国、菲律宾、印度尼西亚五国。

四、主要结论及政策建议

1. 主要结论

(1)中国对外贸易中隐含碳排放总体上存在不平衡,但出口和进口贸易的隐含碳排放特征不尽相同。随着中国出口的快速增长,出口中隐含碳排放量呈现迅速增长态势,超过20亿吨,占中国当年碳排放量1/3,个别年份甚至达45%。而进口中隐含碳排放增长相对较慢,导致了中国从2006年起处于净出口隐含碳地位,目前数量已经相当可观。这就意味着，基于生产核算原则（Production Accounting Principle），中国实际上承担了消费国的碳排放责任。因此，在开放经济条件下，这一核算原则有失公平。

（2）中国对外贸易中隐含碳排放失衡呈现较高的行业集中度。其中净出口隐含碳的60%以上集中在纺织服装鞋帽皮革羽绒及其制品业，通信设备、计算机及其他电子设备制造业，金属制品业三个行业；净进口隐含碳的80%以上集中在石油和天然气开采业、金属与非金属矿采选业、化学工业、电气机械及器材制造业、通用专用设备制造业五个行业。这一特征表明，要降低中国对外贸易中隐含碳排放量并减轻失衡度，需要从重要的隐含碳排放行业入手。

（3）金属冶炼及压延加工业的隐含碳排放失衡呈现反复变化的特征。该行业是典型的"两高一资"行业，碳排放系数在全部行业中居于前列，其失衡的反复变化对中国总体的隐含碳排放失衡产生了重要影响。

（4）中国在与欧美贸易中处于净出口隐含碳地位，而在与周边亚洲国家贸易中处于净进口隐含碳地位，且变化呈现同步性特征。分析表明，这一特征是由于中国承接新一轮国际产业转移和大力发展加工贸易形成的，欧美日等发达国家从中国快速增长的碳排放中获得了部分利益。因此，国际社会在碳排放权分配上，应该充分考虑到中国碳排放的特殊性。

2. 政策建议

（1）以国际生产中的碳排放转移为证据，争取我国在国际贸易平衡谈判中的主动地位。多年来，中国是世界产业转移目标国，也是出口贸易大国，但同时中国已经成为隐含碳排放的净出口国，如果按目前普遍采用的计算各国碳排放的标准——生产核算原则，必然明显高估我国碳排放水平，使我国在这一问题上承受的压力越来越大。同时，这一标准所计算的排放水平也不能说明一国的减排成果，无助于实现世界范围内的减排目标。因此，中国作为发展中的贸易大国，在碳排放问题上既要强调发展中的排放，也要强调产业转移中的转移排放，用可信度高、说服力强的数据验证转移性碳排放扩大了中国的碳排放程度，同时中国的这种碳排放却为相关国家带来利益。所以，中国应积极主张建立基于生产和消费共同承担碳排放责任的核算标准，真正体现"共同但有区别责任"的原则，确保中国在一个公平合理的框架下确定其排放额度和排放权，为"和平崛起"营造良好的外部环境。

（2）加强我国外向性经济政策的调整，减轻对外贸易中隐含碳失衡。一是提高外商投资准入标准，防止高碳产业向我国的转移。随着环保意识的增强和国际减排压力的加大，许多发达国家采取了各种各样的措施，提高了国内高碳行业的环境成本。芬兰、丹麦、荷兰、意大利等欧洲国家在国内实施了碳税政策，欧盟实施了碳排放交易机制，日本对能耗较高的企业进行限制与整改。这些低碳经济政策的实施迫使部分发达国家企业将高碳排放行业转移到发展中国家。而我国由于具有相对较为宽松的环境政策、低廉的能源成本、完善的基础设施等成为他们转移的首选目的地。毫无疑问，通过吸引外商投资并承接产业转移能够促进我国经济贸易的发展和国际竞争力的提升，但在低碳经济下也要高度重视产业转移中的碳排放问题，避免对外贸易中隐含碳排放的过度失衡。现在迫切需要提高外商投资的环境准入标准，严格限制高碳排放行业的转移。二是转变外贸发展方式，减少高碳排放产品的加工和一般贸易。降低传统的低附加值、高排放的加工贸易比重，发展以新能源、新材料、新兴产业为主的低能耗产品的一般贸易和服务贸易。对外贸易为中国经济融入全球经济体系做出了巨大的贡献。目前和将来，对外贸易仍是中国经济发展的重要驱动力，也是中国扩大国际政治经济影响的重要途径。但粗放式外贸增长方式导致了中国对外贸易中隐含碳排放的大量增加，行业失衡度加深。因而，我国的外贸政策需要进一步明确"节能减排"的政策导向，通过采用差别性的出口退税政策和征收出口关税等手段，鼓励高附加值和低碳排放行业产品的出口，同时限制甚至禁止低附加值和高碳排放行业产品的出口，优化出口产品结构，在全球气候变暖形势下实现我国对外贸易的可持续发展。三是实行"绿色走出去"战略，为国际碳排放做出应有贡献。中国是一个对外直接投资呈现快速发展的大国，中国的对外直接投资是一次产业转移过程，但决不能如一些发达国家企业那样将高碳排放产业向发展中国家转移，中国对世界环境负责。

（3）突破"节能减排"关键技术，减少国际贸易中的碳排放规模。2002～2007年，中国的碳排放系数有所下降，但降幅比较有限，少数行业的碳排放系数甚至还有所上升。这主要由两个因素导致：一是中国煤炭资源丰富及其价格低廉使中国形成了以煤为主的能源消费结构；二是"节能减排"技术，尤其是关键性核心技术缺乏。第一个因素在中短期内很难改变，要实现节能减排，中国只能从技术上着手。毫无疑问，中国要加大自主创新突破关键的节能技术和清洁能源生产技术的扶持力度。但作为发展中国家，完全通过自身来实现比较困难，同时还需要加大引进国外先进技术的力度。推广与运用这些"节能减排"技术，减少生产过程中的能源消耗，可以在一定程度上减轻以煤炭为主的能源消费结构给中国对外贸易可持续发展带来的压力。

（4）积极推动国际贸易中的碳排放计算方法的科学化，建立全球气候合作双赢机制。与主要贸易伙伴隐含碳排放失衡表明，中国对外贸易中隐含碳排放失衡在很大程度上是跨国公司在全球分割生产链、产业转移的结果。一方面，大多数利润被跨国公司获得；另一方面，通过转移排放帮助发达国家在没有降低本国福利的前提下完成《京都议定书》规定的减排任务。因此，发达国家对中国的碳排放负有一定的责任。目前，绝大多数国家已经意识到与中国建立双赢气候合作机制的必要性。中国要以此为契机，积极推进各种类型的双边和多边气候合作，扩大与发达国家包括"节能减排"技术转让、清洁能源生产机制（CDM）等在内的能源环保合作项目的数量和规模，有效减轻我国对外贸易中隐含碳排放的失衡。

参考文献

[1] Ahmed N. and A. Wyckoff. Carbon Dioxide Emissions Embodied in International Trade of Goods [R]. OECD Science, Technology and Industry Working Papers No. 2003, 2003.

[2] IPCC. 2006 IPCC Guidelines for National Greenhouse Gas Inventories: Volume 2 (Energy) [EB/OL] http: //www. ipcc - nggip. iges. or. jp/public/2006gl/vol2. html.

[3] Li Y. and C. Hewitt. The Effect of Trade between China and the UK on National and Global Carbon Diox-

ide Emissions [J]. Energy Policy, 2008, 36 (6).

[4] Lin B. and C. Sun. Evaluating Carbon Dioxide Emissions in International Trade of China [J]. Energy Policy, 2010, 38 (3).

[5] Liu X., M. Ishikawa, C. Wang, Y. Dong and W. Liu. Analyses of CO_2 Emissions Embodied in Japan – China Trade [J]. Energy Policy, 2010, 38 (1).

[6] Pan J., J. Phillips and Y. Chen. China's Balance of Emissions Embodied in Trade: Approaches to Measurement and Allocating International Responsibility [J]. Oxford Review of Economic Policy, 2008, 24 (2).

[7] Shui B. and R. Harriss. The Role of CO_2 Embodiment in US – China Trade [J]. Energy Policy, 2006, 34 (18).

[8] Wang T. and J. Watson. Who Owns China's Carbon Emissions [R]. Tyndall Briefing Note No. 23, 2007.

[9] Weber C., G. Peters, D. Guan and K. Hubacek. The Contribution of Chinese Exports to Climate Change [J]. Energy Policy, 2008, 36 (9).

[10] Yan Y. and L. Yang. China's Foreign Trade and Climate Change: A Case Study of CO_2 Emissions [J]. Energy Policy, 2010, 38 (1).

[11] 马述忠,陈颖. 进出口贸易对中国隐含碳排放量的影响:2000~2009年——基于国内消费视角的单区域投入产出模型分析 [J]. 财贸经济, 2010 (12).

[12] 齐晔,李惠民,徐明. 中国进出口贸易中的隐含碳估计 [J]. 中国人口·资源与环境, 2008 (3).

[13] 盛斌. 中国对外贸易政策的政治经济分析 [M]. 上海:上海三联书店, 2002.

[14] 尹显萍, 程茗. 中美商品贸易中的内涵碳分析及其政策含义 [J]. 中国工业经济, 2010 (8).

[15] 张友国. 中国贸易含碳量及其影响因素———基于(进口)非竞争型投入—产出表的分析 [J]. 经济学(季刊), 2010, 9 (4).

[16] 中国投入产业学会课题组. 国民经济各部门水资源消耗及用水系数的投入产出分析 [J]. 统计研究, 2007 (3).

On the Misalignment of the CO_2 Emissions Embodied in China's Foreign Trade

Zhang Weifu　Du Yunsu

(Nanjing University of Finance and Economics　Nanjing　210046)

Abstract: In condition of taking imported intermediate inputs into consideration, this paper has researched the misalignment of the CO_2 emissions embodied in China's foreign trade. The result indicates the CO_2 emissions embodied in China's foreign trade not only has an enormous quantity, but also indicates serious imbalance. In recent years the net export of the CO_2 emissions embodied has reached considerable quantity. The misalignment of the CO_2 emissions embodied in China's foreign trade is mainly resulted from a few industries. The misalignment of smelting and pressing of metals has very important effect, but its misalignment takes on inconstancy. Moreover, the misalignment between China and main trade partners indicates the rapid growth of the CO_2 emissions embodied in China's foreign trade is the result of international transfer of industries. Therefore, developed countries should take some responsibility of China's CO_2 emissions.

Key Words: Foreign Trade; Embodied CO_2 Emissions; Misalignment

中国—非洲农产品贸易的决定因素与潜力*
——基于引力模型的实证研究

张海森[1] 谢 杰[2]

(1. 对外经济贸易大学国际经济研究院 北京 100029；
2. 浙江工商大学经济学院 杭州 310018)

【摘 要】中国与非洲农业在资源、市场和技术方面具有很强的互补性，经过50年的发展，中非农业合作取得了很大的成绩，双方农产品贸易发展迅速，而且具有很大的潜力。文章系统分析了影响中非农产品贸易的主要因素，运用引力模型验证了距离、人口、经济规模以及政策等因素对双边农产品贸易的不同影响，指出中国与非洲农产品贸易符合林德定理，双方需求与产品越相似，则潜在的贸易量越大，并基于引力模型估计了双方农产品贸易的潜力和合作重点。

【关键词】非洲；农产品贸易；引力模型；决定因素；潜力

一、前 言

2010年是中国与非洲国家农业合作50周年，虽然彼此相隔遥远，但是双方有着悠久的交往历史和深厚的传统友谊，在农业资源、市场、技术等方面具有很强的互补性，特别是2000年以来，中非合作论坛的召开与中非新型战略伙伴关系的建立，为中非农产品贸

---

* 原文发表于《国际贸易问题》2011年第3期。
基金项目：本文是教育部人文社会科学研究项目"对非农业官方发展援助的国际比较及三方合作模式研究"（09Yjagjw005）和教育部人文社会科学研究青年基金项目"中非农业贸易和投资合作：实证分析与理论拓展"（10YJC790298）以及对外经济贸易大学"区域经济学重点培育学科建设项目"和浙江工商大学产业经济学浙江省重点学科项目"中非农业贸易与投资合作研究"（3010GF13090103）的阶段性成果。
作者简介：张海森，对外经济贸易大学国际经济研究院，电子信箱：haisenxzhang@hotmail.com；谢杰，浙江工商大学经济学院。

易的发展注入了新的活力。根据中国农业部统计，2009年中非农产品贸易总额达到26.5亿美元，其中，中国对非洲出口农产品金额达15.2亿美元，中国从非洲进口农产品金额达11.3亿美元。与2000年相比，中非农产品贸易规模扩大了4.27倍。其中，中国对非洲国家的农产品出口扩大了3.39倍，中国从非洲国家的农产品进口扩大了6.58倍，贸易顺差扩大了1.41倍。从农产品双边贸易额来看，南非、尼日利亚、埃塞俄比亚、摩洛哥、埃及、阿尔及利亚、贝宁、塞内加尔、多哥、马拉维是中国十大贸易伙伴，农产品进出口市场都比较集中，比如，南非既是中国在非洲最大的农产品出口国，也是中国在非洲第二大农产品进口国。从贸易品种来看，中国与非洲农产品进出口贸易主要集中在茶叶、谷物、食用蔬菜、水果等劳动密集型产品。中国出口到非洲国家的主要是茶叶、大米、蔬菜和其他农产品。另据中国商务部统计，摩洛哥是中国最大的茶叶出口国，2009年中国对摩洛哥的茶叶出口占中国茶叶总出口的20%。南非是中国大米出口的第三大出口国，中国对南非的大米出口占中国大米总出口的7%。尼日利亚是中国第三大番茄酱罐头出口国，对尼日利亚番茄酱罐头出口占中国番茄酱罐头总出口的9%。此外，马拉维是中国小麦出口的第三大出口国。与此同时，中国从非洲进口的农产品主要集中在活动物、食用水果、植物油以及部分其他农产品。其中，南非是中国羊毛进口的第三大来源地，2009年中国从南非进口的羊毛占中国羊毛总进口的7%。可见，中非农产品贸易发展迅速，资源互补，而且具有很大的潜力。但中国与非洲国家开展农产品贸易也存在着经济发展水平差异大、地理距离遥远等制约因素。

目前，国内关于非洲农业的研究主要集中在介绍非洲的资源分布与发展历史（陈宗德，2000；陆庭恩，2000），分析中非农业合作与发展援助的现状与前景（唐正平，2002；李嘉莉，2005；Brautigam D.，2009；卢肖平、张海森，2010），评价中非农业发展与减贫政策的成效和问题（李小云，2010）方面。但是系统研究中国与非洲农产品贸易的文献很少，仅限于介绍中非农产品市场贸易的现状、特征与发展趋势（何秀荣，2000；汤艳丽，2001；孙东升，2007）。虽然自Tinbergen（1962）和Poyhomen（1963）最早将引力模型运用于国际贸易分析以来，引力模型在国际上得到了广泛应用，但是由于国外许多学者对于非洲以及中国等转型经济国家的市场体制存有质疑，因此，运用引力模型的实证研究并不多。国内运用引力模型的研究主要集中在中国的双边贸易、农产品出口、技术性贸易壁垒的效应以及与东盟等区域经济一体化的影响等方面（盛斌等，2004；庄丽娟等，2007；等等），还没有运用引力模型测算地理、经济和政策因素对中国与非洲农产品贸易流量的相关研究。

二、中国与非洲农产品贸易引力模型的构建

1. 建模的基本思想

国际贸易理论中的生产要素禀赋理论和区域经济一体化理论都表明，自然地理因素和

社会地理因素对国际贸易都有显著的影响。在实证分析中，类似于牛顿万有引力定律，不同地区或国家间的贸易流量与它们的经济规模成正比，而与它们之间的距离成反比，这就是基本的引力模型。此后，研究者们逐步将人口、优惠贸易协定、贸易限制措施、殖民关系、共同语言等指标加入到引力模型中进行进一步的扩展。

虽然引力模型缺乏完备的理论解释，但由于在实证中简便易行，因而在检验双边贸易流量的影响因素、测算贸易潜力、鉴别贸易集团的效果、分析贸易模式以及估计贸易壁垒的边界成本等领域得到了广泛应用。在形式上，基本采用万有引力模型的对数形式。主要是因为经济生活中各因素间的相互关系往往是几何形式而非算术形式，而对数形式不仅可以使万有引力公式线性化，同时还可以减少数据中的异常点，又可以避免数据残差的非正态分布和异方差现象。所以，贸易引力模型虽几经发展，但其对数化后的一般方程可概括如下：

$$\ln F_{ij} = \alpha \ln M_i + \beta \ln M_j - \theta \ln D_{ij} + \gamma \ln X_{ij} + \varepsilon_{ij} \tag{1}$$

其中，F_{ij}表示从出口国i国流入进口国j国的贸易流量，M_i和M_j是两个国家的经济总量，D_{ij}是两个国家首都或主要港口之间的地理距离，X_{ij}是帮助解释两国之间双边贸易其他变量的向量集合，包括人口、语言障碍、地区经济组织和国家政策等，α、β、θ、γ是待估计参数，ε_{ij}为随机扰动项。

2. 模型的构建

（1）中国—非洲双边农产品贸易引力模型 为了考察经济规模、人口、空间距离等对中国与非洲国家农产品贸易的总体影响，采用如下贸易引力模型方程：

$$\ln F_{ij} = \alpha \ln(Y_i Y_j) + \beta \ln(P_i P_j) + \theta \ln D_{ij} + \varepsilon_{ij} \tag{2}$$

其中，F_{ij}代表中国与非洲24个国家之间的双边贸易流量；Y_i、Y_j分别表示中国和非洲24国以美元表示的GDP；P_i、P_j分别代表中国和非洲24国的人口。经验证明，一般情况下使用人口或人均GDP中的任一变量均不会影响引力模型一般方程式（1）的回归检验的敏感度，在此选择人口作为自变量；传统上一般用两国政治或经济中心之间的空间距离或者两国主要港口之间的航海距离来衡量绝对距离，笔者选取两国首都之间的距离D_{ij}作为自变量。

（2）需求相似对中国与非洲农产品贸易的影响。在具体的实证分析中，学者们常常以国家间人均GDP差异的绝对值来检验"林德定理"对区内贸易的影响。所谓"林德定理"是指两国相似的人均收入水平决定了相似的需求格局，即两国的需求与产品越相似，则意味着他们之间的潜在贸易量越大。因此，如果人均GDP差异的系数为负且显著，则证明需求相似对该区的贸易流量有重大影响。为此，将式（2）扩展为：

$$\ln F_{ij} = \alpha \ln(Y_i Y_j) + \beta \ln(P_i P_j) + \theta \ln D_{ij} + \lambda \ln DG_{ij} + \varepsilon_{ij} \tag{3}$$

其中，DG_{ij}表示中国与非洲各国间的人均GDP差异。

（3）中非合作论坛对中国与非洲农产品贸易的影响。南非、科特迪瓦、贝宁等40多个国家参加了中非合作论坛，为了考察合作的效应，把是否是参与国作为虚拟变量引入模型。

这样模型采取的形式为：

$$\ln F_{ij} = \alpha \ln(Y_i Y_j) + \beta \ln(P_i P_j) + \theta \ln D_{ij} + \eta \ln AA_{ij} + \varepsilon_{ij} \tag{4}$$

其中，AA_{ij} 表示非洲国家，如果非洲国家参加论坛就赋值为 1，否则为 0。

3. 数据来源

以上引力模型（2）和模型（3）是基于面板数据进行估计的，笔者选取了 24 个有代表性的非洲国家（阿尔及利亚、安哥拉、贝宁、刚果、科特迪瓦、埃及、埃塞俄比亚、冈比亚、加纳、几内亚、肯尼亚、马里、利比里亚、利比亚、毛里塔尼亚、毛里求斯、摩洛哥、莫桑比克、尼日利亚、塞内加尔、南非、苏丹、多哥、突尼斯）2000~2009 年的相关数据。其中，中国—非洲双边农产品贸易数据来源于中华人民共和国农业部，中国与非洲各国首都间的距离来自 http://www.cepii.fr/anglais-graph/bdd/distances.htm 网站，人口、GDP 来自联合国统计数据。此外，模型（4）主要考查中非合作论坛对中国与非洲农产品贸易的影响，因此采用 1995~2009 年的相关数据。

三、实证结果

对混合模型、个体固定效应模型、个体随机效应模型的面板数据回归估计比较显示：虽然 Hausman 检验接受个体随机效应模型，但距离参数为正，与经济意义不符合，所以选择混合模型。其中的变量皆取对数，并且贸易和 GDP 的单位都使用万美元。

1. 经济规模、人口和距离对中国与非洲农产品贸易产生了重要影响

方程（5）的回归结果显示，各个变量的符号与理论预期相一致。中国与非洲的经济规模以及人口规模对中国与非洲的双边农产品贸易具有正向的促进作用，中国与非洲的 GDP 每增长 1%，将带动双边农产品贸易增长 0.116%，而中国与非洲人口总体规模每增加 1%，将带动双边农产品贸易提高 0.327%，经济总量的弹性小于人口规模的弹性。与此相反，中国与非洲遥远的距离对双边农产品贸易起到了阻碍作用。回归方程可以表示为：

$$\ln F_{ij} = 0.116\ln(Y_iY_j) + 0.327\ln(P_iP_j) - 0.21\ln D_{ij}$$
$$(1.386) \quad\quad (2.74^{***}) \quad\quad (-1.118) \tag{5}$$

$R^2 = 0.252$，$D-W = 0.301$，括号内为 T 统计量，*** 表示通过 1% 显著性水平检验，** 表示通过 5% 显著性水平检验，* 表示通过 10% 显著性水平检验。

2. 中国与非洲农产品贸易符合林德定理

方程（6）的回归结果显示，各个变量的符号与理论预期相一致。特别是人均 GDP 差异对数的系数为负，表明中国与非洲农产品贸易符合林德定理，即中国与非洲人均收入差异越大，双方的需求与产品差异越大，不利于双边农产品贸易的扩大。模型显示，中国与非洲人均收入差异每提高 1%，将使得双方农产品贸易减少 0.038%。

$$\ln F_{ij} = 0.112\ln(Y_iY_j) + 0.3340\ln(P_iP_j) - 0.243\ln D_{ij} - 0.038\ln DG_{ij}$$
$$(1.312) \quad\quad (2.736^{***}) \quad\quad (-1.135) \quad (0.303) \tag{6}$$

$R^2 = 0.252$，$D-W = 0.300$

3. 参加中非合作论坛有利于中国与非洲农产品贸易的扩大

方程（7）的回归结果显示，各个变量的符号与理论预期相一致，模型的总体拟合效果较好。虚拟变量 AA 的系数为负，表明塞内加尔等非洲国家参加中非合作论坛后，关税配额、食品的技术质量安全标准等关税和非关税壁垒的提高以及贸易转移效应，对中国与非洲的农产品贸易会产生明显的影响。但是回归的结果还显示，AA 变量在统计上显著，这主要是塞内加尔等非洲国家参加合作论坛后，其一系列制度、政策以及农产品生产、贸易结构变化的效应反映出来的。

$$\ln F_{ij} = 0.0733\ln(Y_i Y_j) + 0.370\ln(P_i P_j) - 0.17\ln D_{ij} + 0.425\ln AA_{ij}$$
$$(0.860) \qquad (3.100^{***}) \qquad (-0.893) \qquad (2.023^{**}) \qquad (7)$$
$$R^2 = 0.284, \ D-W = 0.308$$

4. 中国与非洲国家农产品贸易的潜力存在地区差异

对贸易潜力的估算，主要是运用引力模型模拟"理论"或"自然"状态下的潜在出口额，然后将实际水平与模拟值进行比较。若实际值低于模拟值，就称为"贸易不足"，相反则称为"过度贸易"（庄丽娟，2007）。采用回归方程（5）来模拟 1995 年和 2007 年中国—非洲农产品贸易的潜力，结果如表 1 所示。

表 1 中国—非洲双边农产品贸易潜力估算　　　　　　单位：万美元

阿尔及利亚				安哥拉		
年份	实际值	预测值	实际值/预测值	实际值	预测值	实际值/预测值
1995	989	3493	0.28	368	2114	0.17
2009	13054	16080	0.81	2497	8436	0.30
科特迪瓦				埃及		
年份	实际值	预测值	实际值/预测值	实际值	预测值	实际值/预测值
1995	283	2405	0.12	6301	4966	1.27
2009	5525	8103	0.68	16375	18754	0.87
加纳				几内亚		
年份	实际值	预测值	实际值/预测值	实际值	预测值	实际值/预测值
1995	25	2469	0.01	147	1698	0.09
2009	6271	6510	0.96	1749	4362	0.40
利比亚				马里		
年份	实际值	预测值	实际值/预测值	实际值	预测值	实际值/预测值
1995	1010	1756	0.58	5061	1777	2.85
2009	2722	4731	0.58	6069	5506	1.10
摩洛哥				莫桑比克		
年份	实际值	预测值	实际值/预测值	实际值	预测值	实际值/预测值
1995	3228	3363	0.96	192	2222	0.09
2009	17666	13624	1.30	4948	7588	0.65

续表

年份	南非			苏丹		
	实际值	预测值	实际值/预测值	实际值	预测值	实际值/预测值
1995	5710	3725	1.53	7264	3719	1.95
2009	49348	18106	2.73	5556	16046	0.35

年份	贝宁			刚果		
	实际值	预测值	实际值/预测值	实际值	预测值	实际值/预测值
1995	629	1548	0.41	36	1157	0.03
2009	11881	4560	2.61	838	2907	0.29

年份	埃塞俄比亚			冈比亚		
	实际值	预测值	实际值/预测值	实际值	预测值	实际值/预测值
1995	105	4136	0.03	300	723	0.41
2009	19530	8292	2.36	1861	1397	1.33

年份	肯尼亚			利比里亚		
	实际值	预测值	实际值/预测值	实际值	预测值	实际值/预测值
1995	572	3151	0.18	11	837	0.01
2009	2115	13509	0.16	2246	2517	0.89

年份	毛里塔尼亚			毛里求斯		
	实际值	预测值	实际值/预测值	实际值	预测值	实际值/预测值
1995	56	1040	0.05	194	891	0.22
2009	3593	2190	1.64	1686	1825	0.92

年份	尼日利亚			塞内加尔		
	实际值	预测值	实际值/预测值	实际值	预测值	实际值/预测值
1995	425	5460	0.08	1297	1874	0.69
2009	21003	33085	0.63	7548	5626	1.34

年份	多哥			突尼斯		
	实际值	预测值	实际值/预测值	实际值	预测值	实际值/预测值
1995	93	1604	0.31	409	1797	0.23
2009	7355	3405	2.16	2619	7277	0.36

根据中国与非洲农产品实际贸易额与模拟贸易额的比值可以看出，中国与非洲农产品贸易潜力存在着地区差异，大体可以分为三种类型：

一是潜力巨大型，即实际额与模拟额的比值小于或等于0.80，主要包括安哥拉、刚果、冈比亚、几内亚、肯尼亚、利比里亚、利比亚、莫桑比克、毛里求斯、尼日利亚、突尼斯。事实上，这类非洲国家的政治经济和社会环境比较稳定，农业发展水平与中国相似，而与中国在农产品生产结构和贸易结构上又具有一定的互补性，农业在国民经济和对外贸易中都占有重要的地位。同这类伙伴的贸易潜力非常大,是未来扩大双边农产品贸易的重点。

二是潜力开拓型,即实际额与模拟额的比值在 1.20 和 0.80 之间,主要包括阿尔及利亚、塞内加尔、苏丹和多哥。这几个国家虽然在经济结构上与中国存在很大的互补性,但是这些国家的环境限制了与中国农产品双边贸易的发展。

三是潜力再造型,即实际额与模拟额的比值大于或等于 1.20,主要包括贝宁、科特迪瓦、埃及、埃塞俄比亚、加纳、马里、毛里塔尼亚、摩洛哥和南非。埃及虽然在农业,特别是谷物、畜牧业等方面发展水平较高,但是在其经济发展过程中,农村改革和农业发展还缺乏一定的科学性,农业基础设施建设滞后,参加中非合作论坛后政策调整还存在不确定性,这些都影响了与中国农产品贸易的发展。毛里塔尼亚也存在类似问题。

四、主要结论

中国与非洲虽然相距遥远,但是作为农业经济国家,农业和农村发展具有很多相似性,都具备农业的基本特征,双方农产品贸易发展具有很大的潜力。产品的互补性、经济规模、人口、需求相似等特征都有力地促进了双边农产品进出口的发展。虽然距离等地理因素不利于中国与非洲农产品贸易的扩大,但是与此同时,中非贸易合作论坛则大大有利于中非农产品贸易的发展。考虑到有中非农业合作 50 年的合作历史作为中非农产品贸易的良好基础、非洲优越的农业自然条件和改善的投资环境、中国农业对非洲的适应性等因素,中非农产品贸易在互赢互利的合作模式下将有着美好的前景。目前要建立起关于非洲农业发展和中非农业合作理论知识的积累机制,注意项目的典型性,把先期项目的经验教训应用在后期项目中,合作项目要注重可重复性和可持续性,努力实现中非双方所期望的合作形态,把中国发展农业特别是在宏观上管理农业的经验进行成功的移植,以促进非洲农业的发展。

参考文献

[1] 陈宗德等:《非洲各国农业概况》,中国财政经济出版社 2000 年版。

[2] 董桂才:《引力模型在我国农产品市场多元化中的应用研究》,《国际商务——对外经济贸易大学学报》2009 年第 3 期。

[3] 何秀荣等:《非洲农产品市场和贸易》,中国财政经济出版社 2000 年版。

[4] 李小云:《中国和非洲的发展与缓贫:多元视角的比较》,中国财政经济出版社 2010 年版。

[5] 卢肖平、张海森等:《非洲农业与中非农业合作基础研究系列丛书》,中国农业出版社 2010 年版。

[6] 孙东升、刘合光、周爱莲:《中非农产品贸易的结构与特征》,《中国农村经济》2007 年第 11 期。

[7] 汤艳丽:《中国与非洲的农产品贸易合作与发展前景》,《世界农业》2001 年第 9 期。

[8] 庄丽娟、姜元武、刘娜：《广东省与东盟农产品贸易流量与贸易潜力分析——基于引力模型的研究》，《国际贸易问题》2007年第6期。

[9] Linnemann H. An, (1996) "Econometric Study of International Trade Flows", Amsterdam: North—Holland Publishing Company.

[10] Poyhonen, Pentti, (1963) "A Tentative Model for the Volume of Trade Between Countries", Weltwirtschafliches Archive 90, 93 – 100.

Determinants and Potential of China – Africa Agricultural Trade: Empirical Study Based on Gravity Model

Zhang Haisen[1]　Xie Jie[2]

(1. University of International Economics and Business　International Economics Research Center Beijing　100029;
2. Zhejiang Gongshang University　Economic School Hangzhou　310018)

Abstract: China and Africa are highly complementary in the agriculture resources, markets and technologies. After fifty years' development, China – Africa agricultural cooperation has yielded great results; the bilateral trade of agricultural products is developing rapidly and potentially. This paper systematically analyzes the determinants and verifies the different effects of the distance, population, economic and policy factors on China – Africa agricultural trade with the use of gravity model. The conclusion could be made that the agricultural products trade between China and Africa meets Linder's theorem, and the more similar of demand and products, the larger the potential volume of trade. Based on gravity model, the paper estimates the potential and priorities of the China – Africa bilateral agricultural trade.

Key Words: Africa; Agricultural Products Trade; Gravity Model; Determinants; Potential

中美贸易不平衡的均衡、错位及其矫正的实证研究*

黄万阳

(东北财经大学教学与数量经济学院 大连 116023)

【摘 要】 利用1995~2010年第一季度数据,研究中美贸易不平衡的均衡水平、错位程度及其矫正机制发现:长期看,美国经济增长1%、中国经济增长1%、人民币对美元实际汇率贬值1%,导致中国对美贸易顺差分别增加4.46%、0.81%、0.93%;2005年我国的汇率制度改革导致我国对美贸易顺差小幅度增加。中美贸易收支错位的自我修正机制存在,自我修正功能较强。短期看,人民币对美元实际汇率升值、我国货币供给减少、美国政府支出增加、人民币对美元名义汇率贬值,导致我国对美贸易顺差增加。中美贸易不平衡的错位是经常性的,2009~2010年第一季度,中美贸易不平衡低于均衡水平,政策含义是:积极转变我国的经济增长方式,长期坚持人民币对美元适度升值,策略性地应对来自美国的人民币升值压力。

【关键词】 中美贸易不平衡;汇率;均衡;错位;矫正

一、引 言

2010年来自美国的要求人民币升值的压力大增。与此相呼应,美国对中国产轮胎、金属丝网、铜版纸、油井管等出台贸易保护措施,中美贸易摩擦不断升级。

1995~2009年美国对中国贸易逆差分别为86亿美元、105亿美元、164亿美元、210

---

* 原文发表于《国际贸易问题》2011年第8期。
基金项目:国家社科基金项目"人民币汇率与中美贸易不平衡问题实证研究"(11BJY014)和辽宁省教育厅项目"辽宁出口可持续增长研究——基于多维度模型的计量分析"(WJ2010028)的资助。
作者简介:黄万阳,东北财经大学数学与数量经济学院,经济计量分析与预测研究中心。

亿美元、225 亿美元、298 亿美元、281 亿美元、427 亿美元、586 亿美元、803 亿美元、1142 亿美元、1443 亿美元、1629 亿美元、1708 亿美元、1434 亿美元,占美国对华进口总量的比重分别为 35%、39%、50%、55%、54%、57%、52%、61%、63%、64%、70%、71%、70%、68%、65%,占美国对华出口总量的比重分别为 53%、65%、101%、123%、116%、133%、107%、157%、173%、180%、234%、244%、233%、210%、185%。从绝对额和相对额来看,中美贸易不平衡问题突出。来自美国的人民币升值压力与中美贸易不平衡问题纠缠在一起。长期存在的中美贸易不平衡是中美基本面经济变量决定的均衡现象。由中美基本面经济变量决定的中美贸易不平衡的长期均衡水平是多少?中美贸易不平衡的短期错位程度如何?中美贸易不平衡的错位的矫正机制是否存在?人民币汇率与中美贸易不平衡的均衡、错位及其矫正的关系如何?本文拟对这四个问题做初步的探讨。

二、文献综述

中美贸易不平衡问题的研究文献很多。有代表性的观点可以归纳为:①美元本位,国际流动性过剩(Caballero et al.,2008),金融市场发达,社会保障制度健全,开放的消费文化,导致美国高消费低储蓄。②收入分配严重不均,金融市场不发达,社会保障制度不健全,国有企业利润不分红(樊纲等,2009),崇尚节俭的消费文化,导致中国高储蓄低消费。③人民币汇率低估(Overholt,2003;Bosworth,2004;Frankel,2004;Goldstein,2004;Wayne and Labonte,2005;Yin - Wong Cheung et al.,2009),中国价格扭曲导致能源和环境成本过低,大量农村剩余劳动力导致劳动工资成本低,体制改革和技术进步导致中国劳动生产率和全要素生产率提高,中国出口产品具有超强的竞争力。④美国技术创新枯竭,美国对中国高技术产品出口限制和贸易禁运政策,导致美国对中国的出口增长速度不够快。⑤FDI 的大量流入,FDI 的生产偏重出口,美国对中国的 FDI 加剧了中美贸易不平衡,日本、韩国、东盟对中国的 FDI 使这些国家和地区对美贸易顺差转移为中国对美贸易顺差(陈继勇和刘威,2006)。⑥中美统计差异放大了中美贸易不平衡问题(Schindler and Dustin,2005;沈国兵,2005)。

人民币汇率与中美双边贸易的关系的实证研究较为丰富。Yin - Wong Cheung 等(2009)利用 1994 年第四季度至 2006 年第二季度数据,采用 Stock - Watson(1993)动态 OLS 方法,在贸易模型中引入资本存量和中国对美之外贸易伙伴的有效汇率,用三种价格指数作为中美贸易价格的代理变量计算中美贸易量,用美国贸易数据研究得出中国对美出口收入弹性不显著,价格弹性在 0.8~1.27,中国从美国进口收入弹性在 1.45~2.02,价格弹性在 0.99~1.31。通过研究中国贸易数据得出中国对美国出口收入弹性不显著,价格弹性在 1.55~2.03,中国从美国进口收入弹性在 1.24~1.81,价格弹性不显著。Mann

和 Pluck（2007）利用 1980~2004 年非加总年度数据，采用误差修正模型研究发现：美国从中国进口资本品和消费品收入弹性分别为 10 和 4，价格弹性分别为 10 和 0；美国对中国出口资本品和消费品收入弹性分别为 0.74 和 2.25，价格弹性不显著。Thorbecke（2006）利用 1988~2005 年总量年度数据，采用 Johansen 方法和 Stock – Watson（1993）动态 OLS 方法研究发现：美国从中国进口收入弹性在 0.26~4.98，价格弹性在 0.4~1.28；美国对中国出口收入弹性在 1.05~1.21，价格弹性在 0.42~2.04。陈六傅和钱学锋（2007）利用 1990~2005 年第四季度数据，采用 ARDL 和 Pesaran 等（2001）边限检验方法研究发现：人民币对美元实际汇率对贸易收支的长期影响不显著，中国的经济增长、美国的经济增长对贸易收支的长期弹性分别为 0.38、2.56，人民币对美元实际汇率对贸易余额的短期滞后 3 期影响显著，数值为 0.52。王中华（2007）利用 1981~2005 年度数据研究发现：人民币对美元实际汇率、中国的经济增长、美国的经济增长对贸易收支的长期弹性分别为 0.52、2.18、6.84。叶永刚等（2006）利用 1995~2004 年第四季度数据研究发现：人民币实际有效汇率、中国的经济增长、美国的经济增长对贸易收支的长期弹性分别为 0.38、2.4、8.28。王胜等（2007）利用 1995~2004 年第四季度数据，贸易顺差用美国消费物价调整的实际值研究发现：人民币对美元名义汇率、中国的经济增长、美国的经济增长对贸易顺差的长期弹性分别为 37.89、0.55、4.67。

以上研究存在一定的局限：①没有对由中美基本面经济变量决定的中美贸易不平衡的长期均衡水平进行研究。中美贸易不平衡问题的严重程度没有一个参照基准。②没有测度中美贸易不平衡的短期错位程度，对中美贸易不平衡问题的严重程度没有按照一个统一的标准做出一致的判断。③没有研究中美贸易不平衡的错位的矫正机制，不能据此提出解决中美贸易不平衡问题的政策建议。④实证研究样本数据截止到 2006 年，不能研究 2005 年人民币汇率制度改革和 2007 年美国次贷危机的影响。⑤中美贸易不平衡问题的研究一般是定性研究。有些实证研究（Yin – Wong Cheung et al., 2009；Mann and Pluck, 2007；Thorbecke, 2006）将出口和进口分别建立 2 个模型进行研究，这样做的好处是能将汇率对出口和进口的影响分开，但不能直接得到贸易收支的弹性系数。有些实证研究（陈六傅和钱学锋，2007；王中华，2007；叶永刚等，2006）将贸易收支表示为出口额和进口额的比率，这样做的好处是克服了在样本期内贸易收支为负值时不能取对数的难题，但这样处理的贸易收支违背了出口额和进口额的差额定义的贸易收支的本意，实证模型估计系数并不是真正意义上的贸易收支弹性系数。

本文利用 1995~2010 年第一季度数据，贸易收支用出口额和进口额的差额表示，在局部均衡国际贸易收支模型中通过引入虚拟变量进行修正，采用 E – G（Engle – Granger）两步法协整方法，通过建立协整模型和误差修正模型，研究中美贸易不平衡的长期均衡水平、短期错位程度及其矫正机制，在此基础上研究人民币汇率与中美贸易不平衡的长期均衡、短期错位及其矫正的关系，以期对上述研究的局限有所突破。

三、模型设定与数据说明

国际贸易收支模型建立在出口决定的模型基础上。出口决定的实证研究模型主要分为四种：引力模型、局部均衡模型、一般均衡模型、二元选择模型。引力模型将国外 GDP 和距离作为出口最重要的决定因素，在模型中加入虚拟变量考察双边协议、共同边界、共同语言等因素对出口的影响。局部均衡模型分两种思路：一种思路假设出口供给具有无限弹性，均衡出口由出口需求决定，出口需求建立在国外消费者效用最大化的微观基础上，出口的决定因素是国外 GDP 和相对价格。另一种思路假设出口需求具有无限弹性，均衡出口由出口供给决定，出口供给建立在国内生产者利润最大化的微观基础上，出口的决定因素是国内 GDP 和相对成本，在模型中加入出口退税、出口补贴等研究战略性贸易政策的出口效应。一般均衡模型有凯恩斯宏观联立方程模型、可计算一般均衡（CGE）模型、新开放经济的宏观经济学模型三种模型框架，出口的决定方程包括在模型中。二元选择模型通过企业样本研究影响企业参与出口的决定因素。鉴于笔者研究人民币汇率与中美贸易不平衡长期均衡、短期错位及其矫正的关系，本文采用局部均衡模型。由于只建立贸易收支一个模型，基于需求角度、供给角度、供求角度都能得出贸易收支的决定因素是两个贸易国的 GDP 和两国双边实际汇率。为了考察 2005 年人民币汇率制度改革对中美贸易不平衡的影响，引入虚拟变量对局部均衡国际贸易收支模型进行修正。采用的模型如下：

$$XM_t = b_0 + b_1 GDP_t^* + b_2 GDP_t + b_3 RER_t + b_4 D052_t + \varepsilon_t \tag{1}$$

其中，XM 表示中国对美贸易收支美元值，GDP^*、GDP 分别表示美国、中国实际 GDP，RER 表示人民币对美元实际汇率，$RER = NER \times CPI^*/CPI$，NER 表示直接标价法下人民币对美元名义汇率，$CPI^*$、CPI 分别表示美国、中国消费物价指数，D052 表示反映 2005 年人民币汇率制度改革虚拟变量，2005 年第二季度至 2010 年第一季度取值为 1，其余为 0，ε 表示随机误差项，b_0 是截距项，b_1、b_2、b_3、b_4 是各解释变量的系数。仅从需求角度看，b_1 的符号为正，b_2 的符号为负；仅从供给角度看，b_1 的符号为负，b_2 的符号为正；从供求角度看，b_1 和 b_2 的符号为不确定。b_3 的符号一般为正。b_4 的符号有待检验。

由于直到 1995 年中美贸易不平衡不是一个严重问题，1994 年人民币汇率制度出现重大变化，1995 年以来的所有季度，中国对美贸易都是顺差，贸易收支取对数不存在负数取对数的问题，选取样本为 1995～2010 年第一季度数据。XM、GDP 数据来源于中经网统计数据库，GDP^*、NER、CPI^*、CPI 数据来源于 DECD 数据库。XM、GDP^*、GDP 数据采用乘法模型的移动平均法进行了季节调整，XM、GDP^*、GDP、RER 值取了自然对数。

四、实证分析

1. 单位根检验

用 ADF 和 PP 两种检验方法对变量进行单位根检验。在检验形式的选择上,从一般到特殊:首先检验带有趋势项和常数项形式;如果趋势项不显著,检验不带有趋势项带有常数项形式;如果常数项不显著,检验不带有趋势项不带有常数项形式。根据 ADJ-R^2、AIC、SC 选择 ADF 检验的滞后项数和 PP 检验的滞后截断。表 1 中的检验结果表明模型(1)中所有变量是单整序列。

2. 协整检验

对包含多个解释变量模型的协整检验,由于能检验协整关系个数,大多数研究选择 Johansen 方法(Thorbecke,2006;王中华,2007;叶永刚等,2006;王胜等,2007)。但对 Johansen 方法的 VaR 估计,小样本是个严重的问题。通过 Monte Carlo 模拟研究表明:Johansen 方法在小样本下生成肥尾(Fat Tail)估计,有实质性的均值偏差,与 E-G 两步法相比,对滞后阶数的不恰当设定和模型中的序列相关更不稳健(Hargreaves,1994)。而 E-G 两步法关于系数的估计是超一致的,以样本容量而不是样本容量的平方根的速度逼近真实参数,即使在模型解释变量不满足弱外生性的情况下,系数的估计仍然是一致的(Banejee et al.,1993)。由于估计的系数值对本文研究结论非常重要,本研究采用 E-G 两步法。用 E-G 两步法进行协整检验。表 1 的最后一行给出了模型(1)回归残差的 ADF 和 PP 统计量值,表明残差是平稳序列,模型(1)中所有变量之间协整关系成立。

表 1　单位根检验结果(1995~2010 年第一季度)

变理	ADF (c, t, p)	PP (c, t, q)	ADFd (c, t, p)	PPd (c, t, q)
XM	-2.48 (c, 0, 4)	-0.70928 (c, 0, 3)	-2.203367** (0, 0, 2)	-7.744518*** (0, 0, 3)
GDP*	7.4523 (0, 0, 0)	4.963262 (0, 0, 3)	-2.787619*** (0, 0, 0)	-2.592493** (0, 0, 3)
GDP	7.9962 (0, 0, 1)	14.34416 (0, 0, 3)	-2.887629*** (0, 0, 1)	-5.517221*** (0, 0, 3)
RER	-0.531 (0, 0, 1)	-2.1297** (0, 0, 3)	-2.978043*** (0, 0, 1)	-4.852246*** (0, 0, 3)
R	-2.99*** (0, 0, 1)	-4.1094*** (0, 0, 3)		

注:①*、**、***分别表示在 10%、5%、1% 的显著性水平下是显著的。以下同。②c、t、p、q 分别表示检验形式为带常数项、带趋势项、ADF 检验的滞后项数、PP 检验的滞后截断。③ADFd 和 PPd 分别表示变量的一阶差分的 ADF 和 PP 统计量的检验值。

协整方程为:

$$XM = 4.455923 GDP^* + 0.814907 GDP + 0.926466 RER + 0.215782 D052 - 35.86507 \quad (2)$$
$$(5.077771) \quad (3.145462) \quad (2.023490) \quad (2.341660) \quad (-7.066283)$$

$R^2 = 0.977223$　　$ADJ-R^2 = 0.975596$　　$D-W = 0.716078$　　$F = 600.6515$

从模型（2）中可以看出：$ADJ-R^2$ 值为 0.98，模型解释力极强，用修正的局部均衡国际贸易收支模型说明中美贸易收支是恰当的。GDP^* 的系数和 GDP 的系数都显著为正，这与已有研究的结论都不同，已有研究都基于需求角度局部均衡国际贸易收支模型，实证研究得出 GDP^* 的系数为正，GDP 的系数为负。本文的实证研究结论发现了支持基于供求角度局部均衡国际贸易收支模型的有力证据。实证研究结论的巨大差异说明本文模型设定、变量处理和样本选择是非常有意义的。GDP^* 的系数为正，说明美国经济增长对美国进口需求的拉动作用大于对美国出口供给的推动作用，这与美国的经济增长主要由消费增长拉动相一致。GDP 的系数显著为正，说明我国的经济增长对我国进口需求的拉动作用小于对我国出口供给的推动作用，这与我国的经济增长主要由投资增长拉动相一致。中美贸易收支对 GDP^* 的弹性系数为 4.46，表示美国经济增长 1%，导致我国对美贸易顺差增加 4.46%。中美贸易收支对 GDP 的弹性系数为 0.81，表示我国经济增长 1%，导致我国对美贸易顺差增加 0.81%。RER 的系数显著为正，说明人民币对美元实际汇率升值对我国对美贸易顺差有显著不利影响。RER 弹性系数为 0.93，表示人民币对美元实际汇率升值 1%，导致我国对美贸易顺差下降 0.93%，D052 的系数显著为正，表示 2005 年我国的汇率制度改革导致我国对美贸易顺差增加。

五、误差修正模型

根据格兰杰（Engle – Granger, 1987）表示定理，协整关系成立，一定存在描述由短期波动向长期均衡调整的误差修正模型。利用 Hendry（1993）从一般到特殊的建模方法，得到中美贸易收支模型（2）的误差修正模型（见表 2）。

表 2　中美贸易收支模型（2）的误差修正模型（1995～2010 年第一季度）

D（XM）的解释变量	回归系数估计值	T 值
R（-1）	-0.205779 ***	-2.812583
D（GDP^*）	4.419091 **	2.015952
D（GDP）	0.749557 *	1.800272
D（GDP^*（-1））	5.540033 ***	2.991876
D（GDP^*（-2））	-5.693933 ***	-2.964448
D（GDP^*（-3））	3.881218 **	2.271733
D（RER（-4））	-3.697092 ***	-4.454044
D（M1（-1））	-1.307915 **	-2.535825

续表

D (XM) 的解释变量	回归系数估计值	T 值
D (GX*(-4))	2.640779*	2.012190
D (NER(-3))	4.348403**	2.128460
C	0.027648	0.766178
ADJ - R² = 0.573595	D - W = 1.983523	AIC = -2.363350

注：D 表示 1 阶差分，负号表示滞后，R 表示模型（2）的残差，M1 表示中国的货币供给量，GX*表示美国的政府支出，其余符号同上。M1，GX*数据来源于中经网统计数据库。

从表 2 中可以看出：ADJ - R² 值为 0.57，模型解释力较强，中美贸易收支模型（2）的误差修正模型设定是恰当的。误差修正项的系数在 1% 的显著性水平下是显著的，值为 -0.21，说明中美贸易收支错位的自我修正机制存在，自我修正功能较强。D (GDP*)、D (GDP*(-1))、D (GDP*(-3)) 对中美贸易收支的短期影响在 5% 的显著性水平下是显著的，方向与长期影响方向一致。D (GDP*)、D (GDP*(-1))、D (GDP*(-3)) 的系数接近均衡模型中的系数，说明美国经济增长对中美贸易收支当期、滞后一期、滞后三期的短期影响接近长期影响。D (GDP*(-2)) 对中美贸易收支的短期影响在 1% 的显著性水平下是显著的，方向与长期影响方向相反。D (GDP*(-2)) 的系数绝对值大于均衡模型中的系数，说明美国经济增长对中美贸易收支滞后二期的短期影响接近长期影响。D (GDP) 的系数在 10% 的显著性水平下显著，方向与长期影响方向一致。D (GDP) 的系数接近均衡模型中的系数，说明我国经济增长对中美贸易收支当期的短期影响接近长期影响。D (ER(-4)) 的系数在 1% 的显著性水平下是显著的，说明人民币对美元实际汇率对中美贸易收支滞后 4 期的短期影响显著，符号为负，人民币对美元实际汇率升值导致我国对美贸易顺差增加，值为 -3.70，说明人民币兑美元实际汇率对中美贸易收支滞后 4 期的短期影响较大，人民币兑美元实际汇率的"J 型曲线"效应存在。D (M1(-1)) 的系数在 5% 的显著性水平下是显著的，说明我国货币供给对中美贸易收支滞后一期的短期影响显著，符号为负，我国货币供给增加导致我国对美贸易顺差下降。D (GX*(-4)) 的系数在 10% 的显著性水平下是显著的，说明美国政府支出对中美贸易收支滞后四期的短期影响显著，符号为正，美国政府支出增加导致我国对美贸易顺差上升。D (NER(-3)) 的系数在 5% 的显著性水平下是显著的，说明人民币对美元名义汇率对中美贸易收支滞后三期的短期影响显著，符号为正，人民币对美元名义汇率贬值导致我国对美贸易顺差上升。

六、中美贸易不平衡的长期均衡和短期错位

在得到了中美贸易不平衡的模型（2）后，可以通过代入解释变量的均衡值得到中美

贸易不平衡的长期均衡水平。确定解释变量均衡值的方法有两类：仿真（Counterfactual）法和计量经济学方法。仿真法是定性方法，主观性强，计量经济学方法是定量方法，客观性强，本文采用计量经济学方法。计量经济学方法主要有B-N分解法、移动平均法、H-P滤波法。B-N分解法适用范围有限，移动平均法存在丢失观测点等缺陷，H-P滤波法应用方便，避免了其他方法的局限，在宏观经济研究中得到广泛应用，本文采用H-P滤波法。首先，用H-P滤波得到解释变量的均衡值；其次，将解释变量的均衡值代入中美贸易不平衡的模型（2）得到中美贸易不平衡的长期均衡水平（见图1）；最后，计算出中美贸易不平衡的短期错位程度（见图2）。

中美贸易不平衡的短期错位程度 = 100 × (实际中美贸易收支 - 均衡中美贸易收支)/均衡中美贸易收支 (3)

从图1中可以看出：中美贸易不平衡的长期均衡值在1995~2010年第一季度都是正值，从1995年第一季度17亿美元稳定地增长到2010年第一季度436亿美元，平均值为163亿美元，在2005年第一季度存在结构变化。中美贸易不平衡在很大程度上是由中美长期均衡经济增长、长期均衡人民币对美元汇率变化、2005年人民币汇率制度变化决定的均衡现象。

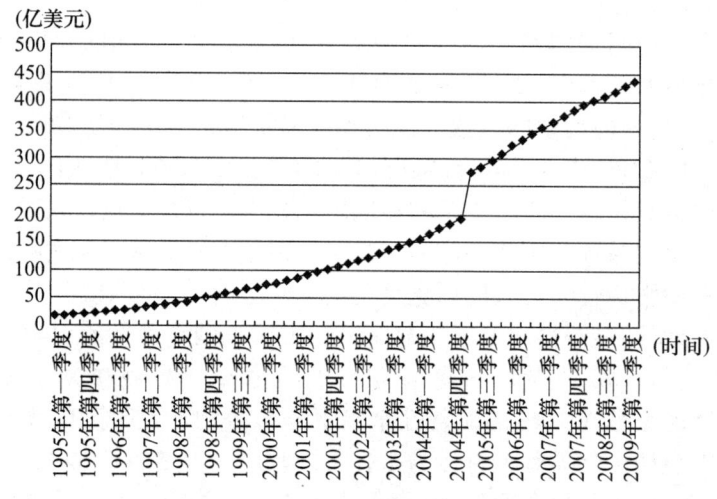

图1　中美贸易不平衡的长期均衡水平

从图2中可以看出：按季度统计，在1995年第二季度至1995年第三季度、1996年第四季度、1997年第一季度、1998年第四季度至2000年第三季度、2003年第二季度至2004年第一季度、2008年第四季度，中美贸易不平衡接近长期均衡水平；在1995年第一季度、1996年第三季度、1997年第二季度至1998年第三季度、2004年第二季度至2008年第三季度，中美贸易不平衡高于长期均衡水平，其间在1995年第一季度、1997年第二季度、1998年第二季度、2004年第四季度、2005年第一季度、2007年第一季度，中美贸易不平衡严重高于长期均衡水平;在 1995 年第四季度至 1996 年第二季度、2000 年第四季度至 2003 年第一季度、2009 年第一季度至 2010 年第一季度,中美贸易不平衡低于长期均衡水平,其间在 1995 年第四季度至 1996 年第一季度、2001 年第二季度至 2001 年第四季度、2009 年第二季度,中美贸易不平衡严重低于长期均衡水平。

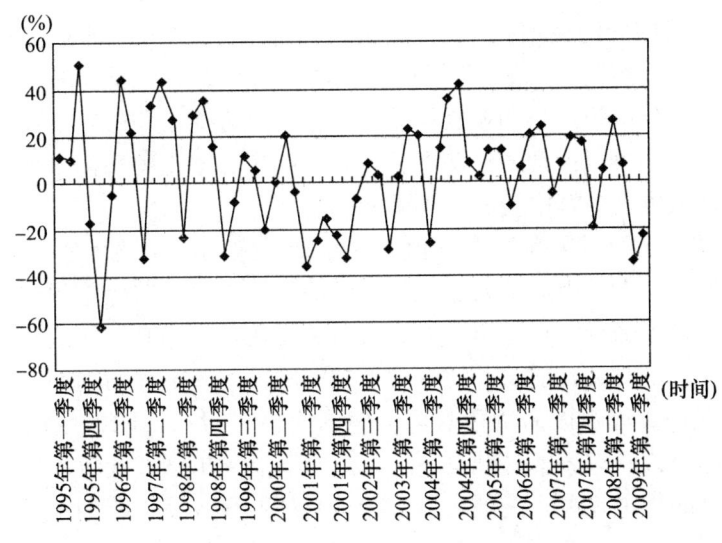

图 2　中美贸易不平衡的短期错位程度

七、主要结论与政策建议

1. 主要结论

本文利用 1995~2010 年第一季度数据,研究中美贸易不平衡的长期均衡水平、短期错位程度及其矫正机制,得到以下主要结论:

(1) 中美贸易收支与美国 GDP、中国 GDP、人民币对美元实际汇率、2005 年人民币汇率制度改革虚拟变量之间存在长期均衡关系。长期看,美国经济增长 1%,导致中国对美贸易顺差增加 4.46%;中国经济增长 1%,导致中国对美贸易顺差增加 0.81%;人民币对美元实际汇率升值 1%,导致我国对美贸易顺差下降 0.93%;2005 年我国的汇率制度改革导致我国对美贸易顺差小幅度增加。

(2) 中美贸易收支错位的自我修正机制存在,自我修正功能较强。短期看,人民币对美元实际汇率升值,导致我国对美贸易顺差增加,人民币兑美元实际汇率的"J 型曲线"效应存在;我国货币供给增加导致我国对美贸易顺差下降;美国政府支出增加导致我国对美贸易顺差上升;人民币对美元名义汇率贬值导致我国对美贸易顺差上升。

（3）对中美贸易不平衡的错位程度的测算表明，中美贸易不平衡的错位是经常性的，2009年第一季度至2010年第一季度，中美贸易不平衡低于长期均衡水平，其间，2009年第二季度，中美贸易不平衡严重低于长期均衡水平。

2. 政策建议

基于以上研究结论，提出以下政策建议：

（1）积极转变我国的经济增长方式。不同于已有研究，本文研究发现"中国经济增长对美贸易收支效应之谜"：中国经济增长，导致中国对美贸易顺差增加。造成这一异常现象的原因是我国过分依赖出口和投资拉动的经济增长方式。积极转变我国的经济增长方式，从过分依赖出口和投资拉动的经济增长方式持续地、渐进地转向主要依靠内需拉动的经济增长方式，从根本上缓解中美贸易不平衡问题。

（2）长期坚持人民币对美元适度升值。在短期，人民币对美元实际汇率升值导致我国对美贸易顺差增加，人民币对美元名义汇率贬值导致我国对美贸易顺差上升，人民币对美元升值的短期效果不确定。在长期，人民币对美元实际汇率升值导致我国对美贸易顺差下降。长期坚持人民币对美元适度升值有利于缓解中美贸易不平衡问题。

（3）在短期我国实行积极的货币政策，美国应该实行从紧的财政政策。在短期，我国货币供给增加导致我国对美贸易顺差下降，美国政府支出增加导致我国对美贸易顺差上升。我国实行积极的货币政策，美国应该实行从紧的财政政策，有利于缓解中美贸易不平衡问题。

（4）策略性地应对来自美国的人民币升值压力。根据经济周期的政治周期理论，将来极可能出现来自美国的人民币升值压力周期：每当美国失业问题变得严重和总统或议会选举临近，来自美国的人民币升值压力就会上升，反之会下降。来自美国的人民币升值压力上升时期，对应美国失业问题变得严重，美国经济增长速度大幅度下降，中国经济增长速度通常也大幅度下降，我国对美贸易顺差大幅度下降。2009年至2010年第一季度，中美贸易不平衡低于长期均衡水平，其间，2009年第二季度，中美贸易不平衡严重低于长期均衡水平，而2010年来自美国要求人民币升值的压力几度大增。当来自美国的人民币升值压力上升时，我们不能应之以人民币兑美元大幅度升值，因为这会使我国经济雪上加霜，只能应之以人民币兑美元小幅度升值或不升值。我们应逆来自美国的人民币升值压力周期而动，当来自美国的人民币升值压力下降时，美国经济增长和中国经济增长较快，我们应主动将人民币升值。

参考文献

［1］陈继勇、刘威：《美中贸易的"外资引致逆差"问题研究》，《世界经济》2006年第9期。

［2］陈六傅、钱学锋：《人民币实际汇率弹性的非对称性研究：基于中国与G-7各国双边贸易数据的实证分析》，《南开经济研究》2007年第1期。

［3］樊纲、魏强、刘鹏：《中国经济的内外均衡与财税改革》，《经济研究》2009年第8期。

［4］宫桓刚：《美国对华出口产品实施反规避措施的历史回顾与评析》，《国际商务——对外经济贸

易大学学报》2010年第1期。

[5] 沈国兵:《贸易统计差异与中美贸易平衡问题》,《经济研究》2005年第6期。

[6] 王胜、陈继勇、吴宏:《中美贸易顺差与人民币汇率关系的实证分析》,《国际贸易问题》2007年第5期。

[7] 王中华:《贸易收支与实际汇率——中美、中日比较研究》,《经济科学》2007年第3期。

[8] 叶永刚、胡利琴、黄斌:《人民币实际有效汇率和对外贸易收支的关系——中美和中日双边贸易收支的实证研究》,《金融研究》2006年第4期。

[9] Banerjee A., J. Dolado, J. W. Galbraith and D. F. Hendry, (1993) "Co Irrtegratrbrr, Error - Correctrbrl and the Ecorrometna Arralysl's of Norr - Statlbrrary Data", Oxford University Press, U. K.

[10] Bosworth B., (2004) "Valuing the RMB", Paper Presented to Tokyo Club Research Meeting February: 9 - 10.

[11] Caballero R. J. Farhi E. Gourinchas P. O., (2008) "An Equilibrium Model of Global Imbalances and Low Interest Rates", Amenaan Ecorromla Rem'ew Vol 98: 1358 - 93.

[12] Enger R. F. and Granger, C. W., (1987) "Co - integration and Error - correction: Representation, Estimation, and Testing", Ecorrometnaa 55: 251 - 276.

[13] Frankel J., (2004) "On the Yuan: The Choice between Adjustment Under a Fixed Exchange Rate and Adjustment Under a Flexible Rate", Paper Presented to IMF Seminar on "The Foreign Exchange System." Dalian, China May: 26 - 27.

[14] Goldstein M., (2004) "Adjusting China's Exchange Rate Policies", Paper Presented to IMF Seminar on "The Foreign Exchange System" Dalian, China May: 26 - 27.

[15] Mann C. and Pluc K., (2005) "The US Trade Deficit: A Disaggregated Perspective", Working Paper 2005: 05 - 11.

[16] Overholt W., (2003) "China's Currency Prospects", Processed, Rand Corporation January Schindler, J. W. and Dustin H. B., (2005) "Adjusting Chinese Bilateral Trade Data: How Big is China's Trade Surplus", International Finance Discussion Paper No. 2005 - 831 (Washington, D. C: Federal Reserve Board, April).

[17] Stock J. and Watson M., (1993) "A simple Estimation of Cointegrated Vecters in Higher Order Integrated Systems", EcorromlYrraa 61, 783 - 820.

[18] Yin - Wong Cheung, Menzie D. Chinn, Eiji Fujii, (2009) "China's Current Account and Exchange Rate", NBER Working Paper No 14673. January.

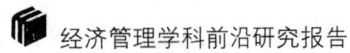
经济管理学科前沿研究报告

Empirical Research on Equilibrium, Misalignment and Correction of Imbalanced China – US Trade

Huang Wanyang

(Dongbei University of Finance Mathematics and Quantity Economic School Dalian 116023)

Abstract: Using 1995: 1 – 2010: 1 quarterly data, this paper researches on the equilibrium, misalignment and correction of unbalanced China – US trade. The study shows that, in the long run, American economic growth by 1%, Chinese economic growth by 1% and the depreciation of RMB/LTS real exchange rate by 1% cause China – US trade surplus increase by 4.46%, 0.81%, 0.93% respectively; reform of RMB's exchange rate regime in 2005 causes China – US trade surplus increase moderately. There is an error correction organism of misalignment of imbalanced China – US trade, and its function is stronger. In the short run, the appreciation of RMB/LTS dollar real exchange rate, decrease of Chinese money supply, increase of American government expenditure cause China – US trade surplus increase. Misalignment of unbalanced China – US trade is regular. In 2009: 1 – 2010: 1, the unbalanced China – US trade is lower than the equilibrium level of unbalanced China – US trade. The implications in policy are: Actively reforming the manner of Chinese economic growth; long persisting on the appreciation of RMB/LTS dollar real exchange rate moderately; Strategically responding to the pressure on the appreciation of RMB/LTS dollar real exchange rate from America.

Key Words: Imbalanced China – US Trade; Exchange Rate; Equilibrium; Misalignment; Correction

反倾销、反补贴联动实施问题研究综述*

林 波 何海燕

(北京理工大学管理与经济学院 北京 100081)

【摘 要】 随着经济全球化和贸易自由化的不断深入,国际经济贸易环境发生了深刻变化,贸易救济形式呈现出从单一化的反倾销或反补贴措施向反倾销、反补贴双项措施联动发展的趋势。基于世贸组织贸易规则,对国内外反倾销、反补贴措施主要研究成果进行梳理和总结,并提出双项措施联动实施的未来研究方向,对于国际贸易持续健康发展和我国反倾销、反补贴实践具有重要的理论和现实指导意义。

【关键词】 贸易摩擦;反倾销;反补贴;联动措施

一、引 言

随着经济全球化和贸易自由化的不断深入,国际经济贸易形势发生了深刻变化,国际贸易摩擦越发激烈,贸易救济形式呈现出从单一化的反倾销或反补贴措施向反倾销、反补贴双项联动发展的趋势。近年来,我国相关产业开始运用法律武器捍卫自身的合法权益。自2009年至今,我国针对进口取向电工钢、白羽肉鸡和排气量在2.0升及以上进口小轿车和越野车,共计发起三起反倾销、反补贴调查(商务部公平贸易局,2010)。从我国调查实践看,反倾销、反补贴联动实施不仅影响涉案企业的生产经营,更涉及出口国贸易制度、政策体制等全局性问题,因此对国内外反倾销、反补贴联动措施的原因和特征进行梳理,并据此探索未来的研究方向,对于国际贸易持续健康发展和我国反倾销、反补贴实践

---

* 原文发表于《国际经贸探索》2011年第27卷第12期。
基金项目:受国家自然科学基金项目(70873007)支持。
作者简介:林波,北京理工大学管理与经济学院博士研究生;何海燕,北京理工大学管理与经济学院教授、博士生导师、贸易救济与竞争政策研究中心主任,商务部政策咨询专家。

具有重要的理论和现实指导意义。

二、反倾销、反补贴措施影响要素研究

美国、加拿大、欧盟等发达国家和地区近期通过各种手段谋求"非市场经济"地位下反补贴调查的合法化，这种行为使国际公平贸易环境面临极大挑战，引发了国内外学者的广泛讨论。与此同时，学者们还围绕"非市场经济"在反倾销、反补贴调查时的双重意义，研究了政治、经济要素对双项措施发起与裁决的深入影响。

（一）反倾销、反补贴措施关于"非市场经济"问题讨论

反倾销、反补贴是 WTO 允许合法实施的贸易保护手段，然而由于 WTO 相关法律文本不完善，致使反倾销、反补贴成为一些国家推行贸易保护主义的工具，其中被利用得最为充分的莫过于对"非市场经济"地位的认定。

在反倾销"非市场经济"规则方面，Adam、Carl（2010）比较美国对"市场经济"和"非市场经济"国家采取的不同反倾销措施，指出"非市场经济"事实上已经成为一种无形的非关税贸易壁垒，是发达国家对低成本市场进口采取限制的重要手段；陈彬（2008）指出印度在反倾销实践中，将中国认定为"非市场经济"国家充满随意性和不公平性，对中国外贸造成了严重负面影响；杨瑶（2009）认为欧盟对华涉案企业"市场经济"地位的审核过于苛刻，"非市场经济"制度下的反倾销措施已经成为欧盟重要的对华贸易保护主义手段。

在反补贴"非市场经济"适用性方面，David（2010）分析 WTO 规则和美国相关国内法认为，"双反"调查并不违反公平贸易规则，但美国在"双反"调查中对"非市场经济国家"问题采取了不同做法有失公允；胡加祥（2010）对反补贴措施法理机制展开研究，认为美国对中国出口产品采取反补贴制裁措施已经不再受"非市场经济"概念的困扰。尽快完善我国的补贴制度，使之与多边贸易体制相衔接是我国现阶段迫切需要解决的问题。

（二）反倾销、反补贴发起与决策影响要素研究

国内外关于反倾销、反补贴措施发起与裁决影响要素的研究较少，已有研究成果大多集中体现在对政治要素和宏观经济要素两个方面的探讨。Robert（2004）利用发达国家反倾销案件数据，检验得出发起国货币升值与对外反倾销调查数量之间存在积极关系，而 GDP 增长和对外反倾销调查数量之间存在消极关系；陈利强（2008）对美国发起的"双反"调查进行了法律探析，认为美国商务部对华出口产品进行反倾销、反补贴立案调查在很大程度上是由国内贸易政治驱动的；胡麦秀、薛求知（2008）运用两国贸易模型和

福利函数分析表明,国际贸易中的非均衡收益格局是美国对华出口产品进行反补贴调查的经济动因,而谋求政治利益最大化是其政治动因;忻华(2010)观察发现美国对华贸易摩擦存在周期性震荡,这种震荡与中美政治关系和美国宏观经济走势相对独立,但与中国宏观经济走势有较为清晰的关联。

三、反倾销、反补贴实施必要条件研究

WTO《反倾销协议》和《补贴与反补贴措施协议》(SCM)是 WTO 各成员方实施反倾销、反补贴措施所遵循的基本准则,根据 WTO 规则和各成员方相关法律条款可知,倾销与补贴认定、产业损害存在及其因果关系的确认是实施反倾销、反补贴措施的必要条件。

(一)倾销认定

倾销认定是反倾销、反补贴措施调查的重要内容之一,倾销认定中"正常价值"是研究的重点与核心,国内外学者对倾销认定过程的研究多是从定性角度展开的。

Judith(2003)根据 WTO 反倾销调查的相关规定,对倾销认定过程进行了详细说明,并对倾销幅度、损害和因果关系的确定进行分析及计算;金孝柏(2004)指出影响倾销认定的因素包含反倾销国对外关系政策变动或国内政治需要、出口国对外贸易政策、替代国的选择、同类产品的选择与确定、汇率变动和会计标准和成本核算方法等。

对于倾销认定过程中的"正常价值",Martin(2001)运用计量模型分析认为,进口企业的较低价格虽然能够改变现有或潜在竞争者的战略决策,但扭曲了产品具有竞争力的价格,而这正是产品的"正常价值"。国内关于"正常价值"的研究多与会计和法律内容相关,杨军民(2005)认为在倾销幅度的计算过程中,出口价格可以根据海关记录客观取得,因此"正常价值"是唯一的倾销幅度影响因素;龚芯(2010)从法理学角度入手,系统梳理了 WTO 协议关于"正常价值"的确定方法,提出要在确保维护自由竞争的前提之下,构建符合我国实际的反倾销正常价值制度。

(二)补贴认定

相对于倾销而言,补贴认定过程较为复杂,对补贴分类、专向性标准和"补贴利益"进行界定是确认补贴存在的关键,为此对补贴认定的研究主要集中在这几个方面。

国外对于补贴和反补贴的研究始于 20 世纪 80 年代,且多以 SCM 为标准探讨其国内反补贴法制定及发展情况。由于我国反补贴立法相对较晚,实践经验较为缺乏,因此对补贴与反补贴基础理论的研究居多。李本(2004)在补贴与反补贴制度下,分析了贸易保护的传统理论和新理论,并重点阐释了补贴概念及反补贴措施争端解决程序;张阿红(2008)阐述了工业补贴的定义和构成要素,并以贸易扭曲理论和贸易损害理论等经济学

观点为衡量标准，分析了禁止性、可诉、不可诉补贴的认定过程；单一（2009）、李秋华（2010）基于 SCM 框架，分别从经济和法律角度指出，我国现行反补贴立法对补贴定义不够细致全面，完善我国反补贴法对于弥补法律漏洞，增加法律透明度和操作性具有重要意义。

学者们对补贴认定要素的研究多是通过分析反补贴案例展开的。Marc（2002）指出在加拿大—美国软木补贴案中，专家组认为提供"收获权"即相当于提供立木，因此构成 SCM 条款下"提供货物"类型的"财政资助"方式；白巴根（2007）以美国对华铜版纸"双反"调查为例，着重分析了转型经济国家反补贴调查中，对补贴判定标准的选择；王庆湘（2010）结合加拿大奶制品案、巴西飞机案、加拿大民用飞机纠纷案例，详细阐释了补贴定义要素——补贴提供者、财政资助、授予利益在实践中的操作和应用。

"专向性"概念引入 SCM 是乌拉圭回合谈判取得的主要成果之一。Konstantinos（2007）从经济学原理出发，指出专向性补贴会干扰资源配置的合理分配，造成国际贸易不公平；郭文利（2007）介绍了 SCM 专向性标准的经济学理论依据，并以权利模型和战略性贸易政策理论为基础，对专向性标准的例外问题进行了分析；王弈通（2009）认为美国对华反补贴调查中，以对被调查方不利的推定方式作为认定补贴专向性的做法违反了 SCM 相关规定，导致对补贴专向性的不当认定；杨丽霞（2010）指出美国对中国补贴指控缺乏专向性要素，并且美国使用 37 国平均银行利率来衡量中国补贴利益的标准不符合 WTO 相关规定。

"补贴利益"是判断补贴是否存在的重要标志，国外研究多集中在各国或地区反补贴法律条款释义，而国内学者侧重 SCM 框架下对补贴利益的解释界定。张斌（2009）对多哈回合补贴与反补贴规则的最新修订草案做了详细剖析，指出谈判各方在以下两方面已基本达成共识：一是补贴利益的确定应基于接受者所获政府财政资助与市场基准的比较，二是允许使用外部基准计算补贴利益。施进（2010）以争端解决机构与补贴利益相关的案件为考察基础，论证得出补贴利益是独立于财政资助的补贴构成要件，补贴利益的衡量标准是市场，要通过"公平交易"和"市场价格"的标准考察补贴是否发生了传递。

（三）产业损害认定及损害幅度测算

产业损害认定是反倾销、反补贴实施的主要内容之一，产业损害认定结果的科学性和客观性为落实 WTO"低税收"原则提供了坚实保障。在产业损害认定及损害幅度测算方面，国内外学者多以计量分析为主。Jione（2004）运用反事实分析法，通过对比存在倾销与不存在倾销下国内产业的表现，得出倾销对国内产业造成损害的结论；James、Matthew（2004）建立供求函数联立方程，对可能造成产业损害的影响因素进行回归分析，得出包括倾销在内的各种因素对国内产品价格和数量的影响程度；何海燕、于永达（2002）建立了包含无形要素指标和非倾销因素指标在内的产业损害幅度测算指标体系，并在此基础上构建了产业损害幅度的阶段法和假设法测算模型；途曼（2007）提出运用模糊综合评判方法来确定反补贴产业损害程度，并结合加拿大对华反补贴案例进一步说明了该方法在实践中的应用；张剑、何海燕（2011）结合我国实际情况，构建了反补贴产业损害评估指标体系，评估指标综合考虑了对实质损害、实质性损害威胁和产业建立实质阻碍的测算。

（四）反倾销、反补贴因果关系确定

研究反倾销、反补贴因果关系能够为联动措施实践运用提供参考与借鉴。Kenneth、Morris（1998）检验了造成国内产业损害的各种影响因素对国内产业产出、收入等经济指标的影响，从而进一步分析倾销与损害之间是否存在因果关系；Thomas（2005）对目前各调查机关反倾销因果关系评判方法提出质疑，认为仅通过对倾销产品数量、价格影响、倾销与损害时间一致性等方面的考察和分析往往很难有力地证明倾销与损害之间确实存在因果关系；唐宇、张静（2005）认为美国在反倾销因果关系裁定中使用的弱201条款法、趋势分析方法、幅度分析方法、比较分析方法和五要素分析法均存在一定缺陷，为此需要进一步规范因果关系裁定规则，抑制反倾销措施被滥用的趋势；段爱群（2005）、陈斌彬（2010）认为反倾销、反补贴的因果关系应定位为主要原因标准，即进口产业的影响完全或主要是由倾销或补贴产品造成的，而不是其他有关因素共同作用的结果。

（五）反倾销、反补贴双重税率问题研究

反倾销、反补贴措施同时发起并不违反WTO贸易规则，但在实践中常常涉及双项税率重复计算的问题。Dana（2009）指出国内补贴会降低同等数额的出口价格，若由正常价值和出口价格之间的差异而出现的倾销幅度未发生变化，被征收过反补贴税的部分不再征收反倾销税，就不存在重复计算问题。国内学者对"双反"调查重复计税的研究，是在分析发达国家或地区对华"双反"案例基础上进行的。邓德雄（2009）认为对"非市场经济"国家采用替代国做法的同时又采取反补贴措施，重复救济必然存在，解决方法即放弃对中国产品征收反补贴税或修改针对非市场经济国家反倾销、反补贴调查的政策；王俊（2010）认为当某产品既存在倾销又受到补贴时，只要在实践中有意识地采取对应措施，"双反"调查中重复计算问题可以避免；赵艳敏（2011）指出"重复计算"凸显了美国对华适用反补贴税的内在缺陷，而避免重复计算的一个现实方法就是给予中国产品市场经济待遇。

四、反倾销、反补贴措施影响效应研究

反倾销、反补贴作为贸易救济政策会产生多方面的影响，反倾销、反补贴措施影响效应主要是从对宏观政策影响、对贸易救济效果影响、对微观企业战略决策影响和对公共利益影响多角度展开的。

（一）反倾销、反补贴经济效应

反倾销、反补贴措施引起的经济效应作用形式不同，反倾销措施影响体现为是否给国内厂商带来收益及是否增强市场竞争力；反补贴调查的主体是政府，调查的内容为政府制定的经济政策和制度安排，因此反补贴调查将会使被调查国政府修改其国内产业政策、出口补贴等诸多宏观经济政策，进而影响被调查国的经济走向和产业发展。

在反倾销措施与企业收益关系方面，Kun-Ming-Chen（2000）使用价格竞争模型显示，进口厂商利益不会受损，且有可能获利，这一观点与传统看法截然不同；Jozdf、Hylke（2005）采用计量模型研究发现，欧盟反倾销措施对其国内企业产品价格上涨有重要影响。部分文献讨论了反倾销措施与国内市场结构之间的关系；Frank（2003）通过案例，分析反倾销实施使竞争受限，挪威鲜鱼生产者运用市场力量提高鲜鱼价格，损害了欧盟区域的消费者福利；王晓娜（2008）认为征收反倾销税虽然会增加中间产品对上游产品的需求，但同时也会刺激国外上游产品的进口，导致国内上游产品价格下降。

实践表明反补贴会给涉案国政府和生产商带来巨大压力。David（1994）分析进口国实行反补贴措施对涉案国政府出口补贴政策的影响，指出征收反补贴税肯定会对出口国经济带来消极作用；董展眉、廖新媛（2007）认为国外对华反补贴调查比反倾销调查更具危害性，反补贴调查会削弱我国出口产品的竞争力，影响整个产业链发展，也使我国现行经济政策面临挑战；严辉、蔡珍贵（2008）从产品出口、企业国际化进程、产业链、宏观经济政策、国际经贸环境等方面研究了反补贴立案调查对我国出口贸易的负面影响作用。

（二）反倾销、反补贴贸易救济效应

反倾销、反补贴措施从根本上来说都是通过提高产品（倾销或补贴）价格，抑制涉案国产品的出口量和出口额，保护国内产业安全，维护公平贸易环境。反倾销、反补贴措施联动实施将使涉案国的出口贸易影响程度急剧加深。

部分学者对反倾销、反补贴措施的贸易抑制作用持肯定观点，Bodhisattva（2005）分析指出与发达国家一样，发展中国家的反倾销措施成功使得反倾销目标国的贸易量大幅下降，起到了很好的贸易限制作用；迟凯凯（2007）认为反补贴调查使进口国有机会弥补出口补贴造成的损失，在调查过程中还可以带来反补贴税收收入；部分学者对反倾销、反补贴措施贸易抑制作用持相反态度，Yu-Ter Wang（2005）从报复延迟、反补贴水平、自愿出口限制等方面研究了反补贴措施不能有效阻止国外出口补贴行为的原因；Jozef、Hylke（2005）认为愈演愈烈的反倾销措施已将一些发展中国家由于贸易自由化得来的收益彻底抵消。

其他学者研究了反倾销、反补贴措施贸易转移问题。沈瑶、王继柯（2004）认为对目标国采取反倾销措施带来的贸易转移效应在一定程度上抵消了贸易保护的效果，且被起诉对象国的范围越广，贸易转移效应越小；陈汉林（2008）从产品国际流向考查了贸易转移问题，研究认为反倾销措施使中国向美国出口减少的部分转移到了欧盟；刘重力、邵敏（2009）分析发现印度对华反倾销的贸易转移效应存在着产品差异，我国具有较强比较优势的涉案产品的出口额受印度对华反倾销影响较小。

（三）反倾销、反补贴对企业战略决策影响

面对反倾销、反补贴措施，起诉与应诉双方企业都会采取相应行动以做出反应。目前，关于反倾销措施对企业战略行为影响的研究非常丰富。

部分学者认为反倾销实施威胁会导致国内外企业达成妥协，以追求合作均衡，Maurizio（2000）使用波特兰均衡模型分析得出，在调和成本较低、国内外企业讨价还价能力相当，且反倾销成功可能性威胁较大情况下，国外企业会选择妥协，撤销反倾销诉讼；Bruce、Jee-Hyeong（2001）将不确定性引入寡头垄断博弈模型，认为在反倾销税肯定征收的情况下，企业会增加其倾销的程度与出口国的反倾销措施形成固定均衡，而在反倾销实施不确定情况下，企业会根据情况调整自己的定价策略。

企业是反补贴措施的直接承受者，反补贴调查对企业的战略决策会产生较大影响。Keithly、David（2006）分析美国反补贴税影响认为，如果对一个国家中的特定企业征收反补贴税，而那些企业又不是垄断厂商或在该国市场上占有重要的市场份额，那么征收反补贴税是无效的；刘春娣、袁建昌（2010）认为反补贴措施会危及企业竞争力，面对新的经济贸易形势，企业要依靠科技、品牌、效率和质量参与国际竞争，及时制定适当的营销策略，在最大限度地获取出口利益的同时避免被采取反补贴措施。

（四）反倾销、反补贴公共利益影响

反倾销、反补贴措施不仅关系涉案产业利益，对其上下游产业、国内消费者以及进口商的利益都会造成影响，国内外学者从公共利益角度对上述问题展开了研究。

反倾销措施引起的上下游关联产业影响及公共利益效应研究多建立在博弈模型分析的基础上。Corinne、Susan（2002）认为出于保护本国上游中间产品产业目的引发的反倾销案件，在限制倾销上游进口产品数量的同时，对下游产品产量具有消极作用；邹一欣、钟根元（2010）通过古诺—纳什均衡以及逆向归纳法，发现反倾销税率与市场的容量、商品相关性以及国外上下游企业的边际成本因素有关，但与本国上下游企业的边际成本无关；张永安、徐敏（2010）以均衡分析为工具，得出欧盟对华反倾销损害了中国企业利益的同时，也损害了欧盟消费者的利益，并且对其经济体内的下游产业造成了影响。

反补贴措施引起的公共利益效应研究主要集中在对进口国、出口国和世界福利的影响方面。Kathy（2007）运用两国局部均衡模型分析认为出口补贴降低了世界福利，但征收适当的反补贴税能够给进口国带来一定福利；李文梅（2008）研究指出进口国实施反补贴措施虽然达到了保护国内产业的目的，但是消费者由于支付较高的价格而减少消费进口产品数量，造成消费者福利损失；吴薇、张智革（2011）分析表明进口国征收反补贴税，纠正了由于补贴所带来的效率损失，但对于进口国来说，福利水平是净下降的。

五、启示与展望

作为维护公平贸易及保护国内产业安全的重要手段，反倾销与反补贴措施在国际经济贸易领域的重要地位，已在世界范围内达成广泛共识，而面对国际政治、经济系统的复杂变化，反倾销、反补贴联合发起已经成为贸易救济新的趋势。我国加入 WTO 之后，各项贸易救济措施得到不断发展和完善，政府调查机关和决策部门熟悉并掌握了 WTO 相关规则，开始更加合理地运用反倾销、反补贴政策措施，有力地维护了公平贸易环境。随着世界范围内的反倾销、反补贴案件数量逐步增加和我国政府及企业保护产业安全意识的进一步提高，我国未来对外"双反"调查数目也将有所提升，因此反倾销、反补贴联动实施问题在理论和实践上均需深入探讨和研究。

第一，由于国际政治、经济影响力较大，且反倾销、反补贴法律制定具有独特优势及实践经验丰富等原因，美国和欧盟在贸易救济规则谈判中的表现最为活跃。目前，国内外学者从法律规则层面，对发达国家反倾销、反补贴措施影响要素系统梳理较多，并采取经济学建模分析方法，利用企业、产业、宏观经济等数据，对反倾销、反补贴措施影响要素进行了科学验证，但前期研究在反倾销、反补贴措施影响要素之间的联系、影响规模及影响程度等方面较为缺乏，有待于进一步研究提升。

第二，鉴于《反倾销协议》和《补贴与反补贴措施协议》关键措辞模糊，目前学术界对反倾销、反补贴实施必要条件的讨论主要是从法学角度展开的。从发达国家和地区立法实践来看，各国反倾销、反补贴政策灵活性强且自由裁量权较大。反倾销、反补贴措施在抵消倾销、补贴不利影响的同时，因其自身实施特点，很容易被政府滥用，成为限制进口的手段和推行贸易保护主义的工具。为了防止贸易救济措施滥用，必须保障反倾销、反补贴程序的透明性与公正性。国际贸易形势不断变化，反倾销、反补贴联动措施调查程序和必要条件的确认更值得深入研究和拓展。

第三，从研究范围来看，学者们多借助计量经济、管理博弈等理论，量化分析反倾销、反补贴对各自研究对象的影响程度，但反倾销、反补贴联动措施所产生的影响效应研究尚处于逐步研究与积累阶段。反倾销、反补贴措施不仅涉及出口国企业的生产经营和贸易体制全局性问题，更间接影响出口国宏观经济政策的稳定性和可持续性，因此，量化分析反倾销、反补贴措施实施产生的综合影响效应是亟须解决的重要问题。

第四，现有国内外研究主要内容基本相似，都依托国际贸易理论和 WTO 准则，从反倾销、反补贴措施与国际贸易、国内受保护产业和相关上下游产业关联等角度，分析反倾销、反补贴决策对国家经济系统的影响，但从系统评价、管理科学等角度对反倾销、反补贴措施决策的相关理论与方法研究的成果相对较少。在经济全球化背景下，反倾销、反补贴评价与决策的理论与方法亟须研究与开发。

综上所述，我国实施贸易反制目的在于遏制贸易伙伴的保护主义倾向，为国际贸易创造更加平稳、更可预期的发展环境。目前，我国对"双反"案件调查还处于探路摸索阶段，无论在程序上还是实体上都没有理论及经验指导。取向电工钢案件是我国加入 WTO 后第一起同时适用反倾销、反补贴贸易救济措施的案件，此案为我国取向电工钢产业正常生产经营及公平贸易秩序的恢复创造了条件，极大丰富了中国贸易救济调查实践。通过此案可以看出，我国《反补贴条例》还有很大的提升空间，而随着"双反"案件的增加，无论是我国接受"双反"调查还是我国对外发起"双反"调查，都迫切需要强大的理论指导以及程序指引，我国企业更应学会运用世贸规则与世贸法律，合理使用各种贸易救济措施。

参考文献

[1] 白巴. 对"转型经济国家"的反补贴调查与补贴的认定——以美国对中国出口铜版纸反补贴调查为例 [J]. 太平洋学报，2007（12）：88-42.

[2] 陈彬. 印度反倾销法中的"非市场经济国家"问题研究 [J]. 世界贸易组织动态与研究，2008（11）：22-29，40.

[3] 陈斌彬. 国际反倾销因果关系标准的立法透析 [J]. 华侨大学学报（哲学社会科学版），2010（4）：77-81.

[4] 陈汉林. 美国对华反倾销的贸易转移效应分析及对策 [J]. 国际贸易，2008（9）：18-22.

[5] 陈坤铭. 反倾销制度与产业保护效果 [R]. 台北经济部贸易调查委员会，2000.

[6] 陈利强.《补贴与反补贴措施协定》之专向性问题初探 [J]. 西北大学学报（哲学社会科学版），2008（8）：124-129.

[7] 迟凯凯. WTO 框架下补贴与反补贴规则研究 [D]. 青岛：中国海洋大学硕士学位论文，2007.

[8] 邓德雄. 反倾销和反补贴重复救济问题及其司法审查研究 [J]. 国际贸易，2009（11）：1-5.

[9] 董展眉，廖新媛. 国外反补贴调查的影响及其应对措施 [J]. 对外经贸实务，2007（6）：80-82.

[10] 段爱群. 法律较量与政策权衡——WTO 中补贴与反补贴规则的实证分析 [M]. 北京：经济科学出版社，2005.

[11] 龚芯. 论美国、欧盟对华反倾销中的正常价值的认定 [D]. 北京：中国政法大学硕士学位论文，2010.

[12] 郭文利. WTO《补贴与反补贴措施协议》中的专向性标准问题研究 [D]. 厦门：厦门大学硕士学位论文，2007.

[13] 何海燕，于永达. 产业损害幅度确定方法研究 [J]. 中国工商管理研究，2002（5）：1-14.

[14] 胡加祥. 非市场经济主体与反补贴制度关系研究 [J]. 上海交通大学学报（哲学社会科学版）2010（2）：28-37，60.

[15] 胡麦秀，薛求加. 美国对华实施反补贴的经济与政治动因分析 [J]. 南京师大学报，2008（2）：68-67.

[16] 金孝伯. 倾销的认定 [J]. 南京理工大学学报（社会科学版），2004，17（3）：43-46.

[17] 李本. WTO 框架下的补贴与反补贴协定研究 [D]. 上海：华东政法大学硕士学位论文，2004.

[18] 李秋华. 论美国反补贴法及我国的对策 [D]. 济南：山东大学硕士学位论文，2010.

[19] 李文梅. 反补贴经济效应及机制研究 [D]. 青岛：中国海洋大学硕士学位论文，2008.

[20] 刘春娣，袁建昌. 基于国外对华实施反补贴的福利分析及对策研究 [J]. 改革与战略，2010 (9)：168 – 171，176.

[21] 刘重力，邵敏. 印度对华反倾销的贸易转移效应 [J]. 国际经贸探索，2009 (9)：48 – 58.

[22] 途曼. 中国应对国外反补贴产业损害研究 [D]. 成都：西南财经大学硕士学位论文，2007.

[23] 单一. WTO 框架下补贴与反补贴法律制度与实务 [M]. 北京：法律出版社，2009.

[24] 沈瑶，王继柯. 中国反倾销实施中的贸易转向研究：以丙烯酸酚为例 [J]. 国际贸易问题，2004 (8)：9 – 12.

[25] 唐宇，张静. 美国反倾销因果关系的五种裁定方法分析 [J]. 国际贸易问题，2005 (S)：48 – 52.

[26] 王俊. 美贸易摩擦的新焦点 [J]. 国外社会科学，2010 (4)：124 – 128.

[27] 王庆湘. WTO 实践中补贴认定的要素分析 [J]. 时代法学，2010，8 (3).

[28] 王晓娜. 中国对夕阪倾销经济效应研究 [D]. 济南：山东师范大学硕士学位论文，2008.

[29] 王弈通. 论补贴专向性的标准与评判——兼议专向性标准在美国对华反补贴调查案中的适用 [J]. 国际商务研究，2009 (1)：41 – 85.

[30] 吴薇，张智革. 出口补贴与反补贴对国民福利影响的经济分析 [J]. 经济研究导刊，2011 (1)：174 – 177.

[31] 邹一欣，钟根元. 上下游企业相似商品的最优反倾销税率模型 [J]. 华东经济管理，2010 (11)：155 – 157.

[32] 听华. 美国对华贸易摩擦的周期及趋势 [J]. 毛泽东邓小平理论研究，2010 (5)：79 – 84.

[33] 严辉，蔡珍贵. 浅析反补贴调查对湖南出口贸易的影响与对策 [J]. 时代经贸，2008 (124)：107 – 108.

[34] 杨军民. 反倾销正常价值的认定对会计信息质量特征的要求 [J]. 对外经贸财会，2005 (5)：3 – 6.

[35] 杨丽霞. 论反补贴法律制度的专向性问题 [D]. 北京：中国政法大学硕士学位论文，2010.

[36] 杨瑶. 欧盟反倾销规则非市场经济国家问题研究 [J]. 法制与社会，2009 (9)：138.

[37] 赵艳敏. 美国反倾销、反补贴程序的举证责任分析 [J]. 甘肃政法学院学报，2011 (1)：140 – 145.

[38] 张阿红. WTO 框架下一国工业补贴方式的改进探析 [D]. 北京：中国人民大学硕士学位论文，2008.

[39] 张斌. 多哈回合规则谈判中的补贴利益及其计算基准问题评析 [J]. 世界贸易组织动态与研究，2009 (7)：17 – 23.

[40] 张剑，何海燕. 反补贴产业损害评估指标体系的构建 [J]. 华东经济管理，2011 (1).

[41] 张永安，徐敏. 欧盟对华反倾销的福利分析 [J]. 欧洲研究，2010 (4)：81 – 100.

[42] Adam M. and Carl K. The Economics of the "Non – Market Economy" Issue: Vietnam Catfish Case Study [J]. House of Knowledge Management. 2010.

[43] Bodhisattva G. The Trade Effects of Indian Antidumping Actions [D]. New Jersey: Rutgers University. 2005.

[44] Bruce A. B. and Jee - Hyeong P. Dynamic Pricing in the Presence of Antidumping Policy: Theory and Evidence [R]. Texas: Midwest International Economics Meetings, 2001.

[45] Charles J G., Lloyd G. and Warren F. S. The meaning of "Subsidy" and "Injury" in the Countervailing Duty Law [J]. International Review of Law and Economics, 1986 (6): 17 – 32.

[46] Corinne M. K. and Susan S. Evidence on the Upstream and Downstream Impacts of Antidumping Cases [J]. North American Journal of Economics and Finance, 2002 (2): 163 – 178.

[47] Dana W. Why Congress Should Amend the US Antidumping and Countervailing Duty Laws to Prevent "Double Remedies" [J]. Trade Law&Development, 2009 (1): 158.

[48] David A. G. Antidumping Duty Orders: Polyethylene Retail Carrier Bags from Indonesia, Taiwan and the Socialist Republic of ietnam [J]. International Trade Administration, 2010 (4): 23667 – 23669.

[49] David C. Anti – dumping and Countervailing Duties Under Oligopoly: A Comment [J]. European Economic Review, 1994 (35): 1185 – 1187.

[50] Frank A. When anti – dumping Measures Lead to Increased Market Power: A Case Study of the European Salmon Market [R]. Brussels: Centre for Fisheries Economics Discussion, 2003.

[51] James P. D. and Matthew P. M. Teaching Old Laws New Tricks: The Legal Obligation of Non – Attribution and the Need for Economic Rigor in Injury Analyses Under US Trade Law [C]. Handbook of International Trade, Vol. II: Economic and Legal Analyses of Trade Policy and Institutions, Blackwell Publishing Ltd. 2004.

[52] Jione J. Understanding the COMPAS Model: Assumptions, Structure and Elasticity of Substitution [D]. Gainesville: University of Florida, 2004.

[53] Jozdf K. and Hylke V. Antidumping Protection and Markups of Domestic Firms [J]. International Economics, 2005 (1).

[54] Judith C., Johann H. and Jorge M. A Handbook of Anti – dumping Investigations [M]. Lavoisier Librairie: Relations a conomiques et commerce international, 2003.

[55] Kathy B. Countervailing Duties [J]. Handbook of International Trade Policy, 2007 (1): 1 – 20.

[56] Keithly J. and David J. H. Evaluating the Economic Impact of Countervailing Duties on United States Warm Water Shrimp Imports [R]. California: The American Agricultural Economics Association Annual Meeting, 2006.

[57] Kenneth H. K. and Morris E. M. Do Unfairly Traded Imports Injure Domestic Industries? [J]. Review of International Economics, 1998 (3): 321 – 332.

[58] Konstantinos A. and Maria J. P. EU Anti – Subsidy Law and Practice [M]. London: Sweet&Maxwell. 2007.

[59] Marc K. B. Airplanes and the WTO: Prohibited Export Subsidies [J]. University of Miami International and Comparative Law Review, 2002 (2): 129.

[60] Martin T. and Pia W. Do Anti – Dumping Rules Facilitate the Abuse of Market Dominance? [J]. Institute for Economic Policy, 2001 (3): 1 – 12.

[61] Maurizio Z. Antidumping Law as a Collusive Device [J]. Canadian Journal of Economics, 2000 (11): 95 – 122.

经济管理学科前沿研究报告

[62] Robert M. F. U. S. Antidumping Enforcement and Macroeconomic Indicators: What Do Petitioners Expect, and Are They Correct?[J]. Department of Economics Working Paper Series, 2004 (11): 1 – 21.

[63] Steven M. S. Countervailing Duties in a Perfectly Competitive Market [J]. International Trade Theory and Policy, 1998.

[64] Thomas J. P. Anti – dumping: A Growing Problem in International Trade [J]. The World Economy, 2005 (5): 683 – 700.

[65] Yu – Ter Wang. Export Subsidies, Countervailing Duties and Welfare [J]. Brazilian Journal of Political Economy, 2005 (4): 391 – 395.

A Literature Review of Linkage Measures between Anti – dumping and Countervailing

Lin Bo He Haiyan

(Beijing Institute of Technology College of Economics and Administration Beijing 100081)

Abstract: With the development of economic globalization and trade liberalization, international economic and trade environment has undergone a profound change. Trade remedy form changes from an anti – dumping or countervailing single measure to an anti – dumping and countervailing linkage measure. Based on the WTO trade rules, it is of theoretical and practical significance to sort out the main research results of domestic and foreign anti – dumping and countervailing measures. It is also of importance to propose the future development of linkage measures for sustained international trade and China's anti – dumping and countervailing practices.

Key Words: Trade Friction; Anti – dumping; Countervailing; Linkage Measure

国际贸易中知识产权滥用的概念及判定标准分析
——以美国判例、立法及TRIPS为背景*

高 华

(华中科技大学法学院 武汉 430074)

【摘 要】知识产权滥用的判定标准一直是一个极具争议的问题。美国相关判例及立法对于知识产权滥用的判定标准也是非常不确定的，目前在分析知识产权滥用时朝着融合反托拉斯法的标准上发展。TRIPS协议则对于国际贸易领域知识产权滥用做出了规定，我们可以合理地推导出它对于滥用的三项判定标准。在此基础上，本文提出国际贸易中的知识产权滥用应该是指在国际贸易中，拥有市场优势地位的知识产权人在行使其权利时故意超越法律所允许的范围或者正当的界限，限制或妨碍自由公平竞争，损害他人以及社会公共利益的不正当行为，为此提出了作为判定标准的四项构成要件。

【关键词】国际贸易；知识产权滥用；判定标准

科学技术的发展使人类步入了知识经济社会，作为智力劳动者对其成果依法享有的一种权利，知识产权在国际贸易中的地位也越来越重要。由发达国家所主导的知识产权国际保护制度以TRIPS协议的签订和实施为里程碑，把知识产权保护同国际贸易紧密地联系起来，成为一国平等地参与国际贸易的先决条件。在当今时代，国际贸易与知识产权无论在主体上还是在客体上都已密不可分，因此，国际贸易中的冲突在很多时候表现为知识产权的冲突，国际贸易壁垒也更多含有知识产权壁垒的内容。中国加入WTO后，国际贸易持续保持快速发展势头，但其中也涉及了很多的知识产权问题和纠纷，这里突出表现之一就是知识产权滥用问题。例如，美国思科公司诉中国华为公司侵犯其知识产权，DVD专利联盟与我国DVD生产企业之间、美国英特尔公司与中国东进公司之间、美国通用公司

---

* 原文发表于《国际贸易问题》2011年第10期。
基金项目：国家社科基金项目"产学研结合创新体系的法制建设"之子项目，项目编号：08BFX047。
作者简介：高华，华中科技大学法学院副院长、副教授。

与中国奇瑞汽车公司之间的知识产权争议,以及我国企业出口产品在海外屡屡遭受知识产权侵权指控及纠纷的背后,都存在着外国企业,特别是跨国公司涉嫌滥用知识产权的深层次问题。如何有效地应对国际贸易中知识产权滥用行为,以更好地服务于本国的对外贸易发展,实现国家中长期发展目标,已成为我国迫切需要解决的问题。

当前,国内学术界对于知识产权滥用概念的界定和理解还不尽统一,不过多数学者倾向于认为知识产权滥用是相对于正当行使知识产权而言的,它是指知识产权人在行使其权利时超出了法律所允许的范围或者正当的界限,导致对该权利的不正当使用,损害他人利益和社会公共利益的一种行为。目前对于知识产权滥用的讨论颇多,但对于知识产权滥用判定标准的研究则很少,因为对其判定分析确实是十分棘手的,而对国际贸易中知识产权滥用的判定标准分析更几乎是空白,然而这一问题又恰恰是我们规制国际贸易中日益增多的知识产权滥用不得不首先需要厘清的理论问题,无法绕开和回避。鉴于此,笔者对这一问题进行了较为认真的研究。

一、美国知识产权滥用标准的历史发展

"知识产权滥用"最初以"滥用垄断权"的概念起源于英国专利法之中。纵观世界各国,从严格意义上来说,"知识产权滥用"的概念仅存在于美国法之中。在美国法中,最初出现的相关概念是"专利权滥用",在"专利权滥用"的基础之上又逐渐发展起"版权滥用"和"商标权滥用"的概念,最终形成了一整套关于"知识产权滥用"的理论体系和司法实践方式。

美国是以判例法为主的国家,知识产权滥用理论的产生和发展也是以司法判例为基础的。这一背景给知识产权滥用原则的含义带来了许多不确定性,而这些不确定性最直接就体现在判断知识产权滥用的具体标准上:有时从衡平法和知识产权公共政策出发来判断,即知识产权人使用其权利是否违背了知识产权所要实现的创新政策、竞争政策、平衡政策等;有时从是否违反反托拉斯法的角度来判断;有时划出部分行为专属于"本身滥用";有时又要求对特定行为的分析适用"合理"原则。这种变化在有关专利滥用的判例及立法中体现得最为典型。

1. 专利滥用原则的起源

在专利滥用制度发展早期,美国法院到底用什么标准来判断滥用是不明确的。1917年发生的影片专利公司诉环球电影公司案件(Motion Pictures Patents Co. V. Universal Film Co.)中,原告企图以自己拥有的专利来阻止他人提供非专利产品,或者说企图扩大专利垄断的范围,美国联邦最高法院认为专利权人的行为构成专利权滥用,因此判定被告不构成侵权。该案件虽然已经开始涉及"专利滥用"的问题,但是对于判断标准保持了沉默,导致在此之后的一段时间里法院没有确切的标准。这个案件和随后的1931年的美国卡比

思公司诉美国专利开发公司案（CarbiceCore. of Americav. American Patents Development Corp.）、1938 年的莱奇生产公司诉巴伯公司（Leitch Manufacturing Co. v. BarberCo.）案一起，成为了专利滥用原则的起源。

2. 莫顿食盐案确立的知识产权公共政策标准

1942 年美国莫顿食盐公司诉萨平格案（Morton Salt Co. v. G. . S. SuppigerCo.），正式确立了专利滥用原则。在该案中，原告对一种在食品罐头中放置盐粒的机器享有专利，他在把机器出租给罐头商的时候，要求承租人必须从原告的子公司处购买盐粒。被告也是一家制造并出租加盐机的企业，和原告从事同样经营。原告起诉被告侵犯其专利权。

地区法院认为原告试图将专利垄断扩展到不受保护的产品上，这种行为超越了专利权范围，是不符合公共利益的，是对专利的滥用，从而做出有利于被告的裁决。同时认为："没有必要决定莫顿食盐公司是否违反了克莱顿法。"在莫顿食盐公司案中，首席大法官 Stone 正式论述了专利滥用原则在侵权抗辩中的应用。法官指出："专利法在授予特定专利权的同时，也将其他一切都清楚地划分到了不受专利权保护的范围。专利法禁止他人使用受到排他保护的权利，但是也禁止权利人违反公共政策的目的来使用该专利。"同时，法院也认为，专利滥用导致权利人不得寻求专利法下的救济，除非非法行为已经被放弃，且滥用行为的影响已经被清除干净。在该案中，美国联邦最高法院首次清楚表示"专利滥用"原则不仅可以作为侵害专利诉讼中的抗辩，而且相关行为与是否构成反托拉斯法所禁止的行为无关。在该案之后法院审理的多起案件都遵循莫顿食盐公司一案所建立的基本规则，依据衡平原则和知识产权公共政策，来考虑判断某一行为是否构成专利滥用，倾向于认为专利滥用并不需要达到违背反托拉斯法律的程度，即可构成专利滥用。这一观点在其后的美国联邦巡回法院和最高法院的判例中被多次重申。这些判例主要是：天顶无线电公司诉黑泽廷研究公司案（Zenith Radio Corp. v. Hazeltine Research, Inc.）、巴德公司诉 M3 系统公司案（C. R. Bard, Inc. v. M3Sys., Inc.）等。

3. 麦克伊德案确立的反托拉斯标准

1944 年美国联邦最高法院审理了麦克伊德公司诉明尼阿波利斯—哈尼维尔管理公司（Mercoid Corp. v. Minneapolis – Honeywell Regulator Co.）案，美国联邦最高法院又指出："专利权滥用不仅代表专利权人有意扩充其由专利法中所无法获得的保障，而且也代表专利权人不正当地限制了市场竞争。因此一旦法院认为专利权人的行为构成滥用，则这一行为也应该被认为违反了反托拉斯法的规定。"该案判决建立在违反反托拉斯法的基础上，这一判决偏离了莫顿食盐公司案中所确立的标准，使得判断标准转向是否违反反托拉斯法上来。这一案件是美国联邦最高法院首次表示专利权滥用原则应当建立在反托拉斯法的本身违法原则的基础上。这一案件之后，法院在判断滥用行为时越来越多地受到某些反托拉斯法原则的影响。

4. 从本身违法原则向合理原则的转变

20 世纪 70 年代，美国司法部公布了九种滥用的许可形式，一揽子适用本身违法的原则,即所谓"九不"规则①(The Nine No – Nos)。尽管当时该规则在名义上是适用于专利的,但是实际上被适用于各种类型的知识产权。它的颁布标志着对专利权严格限制的倾向达到顶点。20世纪80年代之前,美国司法部依据这些本身违法原则对许多涉及知识产权的限制性许可行为提出了指控。

但是,随着美国联邦最高法院在1977年审理的大陆电视公司诉思文尼尔公司(Continental T. V. inc., v. GTE Sylvania, Inc.)一案的判决中,对一个纵向地域限制适用了合理的原则,20世纪80年代之后,美国对限制竞争的知识产权协议不再像过去那样,动辄适用本身违法的原则,而是在绝大多数情况下,转而开始适用合理原则。因为当时的舆论和理论都逐渐开始认为美国司法部公布的九种滥用的许可形式"一方面存在反竞争从而值得谴责的因素,另一方面至少也存在潜在的有利于竞争的因素"。现在,一个专利许可中的限制性行为要被认定为违反了反托拉斯法,应该有事实证据证明该行为确实对竞争造成不利影响,如果这一限制性行为同时还带来某些促进竞争的作用,则利弊还必须经过比较方可确定。

在知识产权和反托拉斯法的关系上一度流行的观点是:知识产权和反托拉斯法是矛盾的,因为知识产权创造一种垄断权。但是,反托拉斯法逐渐开始认识到,知识产权并非一定就会在相关市场中创设垄断权或者市场控制力。美国司法部开始认识到即使限制性的知识产权许可行为也应该经过合理原则的分析才能判断是否会对竞争造成不利影响。而且,司法部开始认为"只要是付出了额外努力的结果,市场控制力,哪怕是垄断也不一定违反反托拉斯法"。这一观点在实践中也逐渐为法院所接受。

此后,美国司法实践中一直存在着两种不同的观点:一是支持以反托拉斯法标准来判断滥用的观点,认为除非是违反了反托拉斯法,且根据合理原则发现该行为确实对竞争有限制作用,才能构成滥用行为。他们指出,如果不必违反反托拉斯法就可以构成滥用行为,将导致构成知识产权滥用的门槛太低,容易打击知识产权人的创新激情。二是反对以反托拉斯法来判断滥用的观点,认为滥用原则本质上还是一个衡平法的规则,区别于反托拉斯法的原则和分析方法。反托拉斯法主要关注对市场环境产生损害的行为,而滥用原则关注的是知识产权人不当行使其权利的行为,哪怕主张滥用的一方实际上并没有受到损害。在Laser – comb案中,联邦巡回第四法院指出:"知识产权滥用原则一直独立于反托拉斯法而发展。在过去,法院在限制滥用行为时并不需要满足反托拉斯法的要件,构成滥用行为也无须证明确实存在反竞争行为或者损害。反托拉斯法的发展并不必然导致滥用原则的相应变更。"对这一问题的争论一直持续到1988年专利法改革法案的出台。

---

① 九种许可包括:①搭售安排;②要求被许可人将其在许可协议生效后可能获得的改进之专利排他性地返授给许可人;③试图限制专利产品购买者对专利产品的再销售;④限制被许可人提供不属于专利范围的产品和服务的交易自由;⑤专利权人和被许可人达成协议,未经被许可人同意,专利权人不得再向他人授予许可;⑥强制性一揽子许可;⑦要求被许可人支付不合理数额的专利使用费;⑧对利用专利方法生产的产品的销售进行限制;⑨要求被许可人在销售专利产品时维持再销售价格。

5. 知识产权滥用的双重标准

1988 年，美国参议院提出了知识产权反托拉斯保护法提案。这部提案规定只有在专利权人的行为违反反托拉斯法的前提下才会构成滥用行为。如果这一提案得以通过的话，专利滥用原则将完全依附于反托拉斯法而存在。然而，众议院当时倾向于把专利滥用作为一个独立的衡平法原则加以发展，拒不同意参议院上述提案对滥用原则做出如此巨大的改变，并且也提出了自己相应的提案，在两院存在巨大分歧的情况下，1988 年 10 月，美国国会 1988 年专利法修正案最终作为双方的一个妥协方案得以通过。这一法案对 1952 年专利法第 271（d）条做了补充性的规定，规定了一个类似于合理原则的规则。

1952 年专利法第 271（d）条规定了专利权人的特定行为不构成专利权滥用的 3 项条款，实际上是为专利权人创设了"安全港"。1988 年专利改革法案则扩充了第 271（d）条的规定，增加了不构成专利权滥用的第（4）和第（5）项，即：（4）拒绝许可或者使用其专利；（5）以另一项专利的许可或者专利产品的销售作为授予专利的许可权和专利产品的销售权的条件，除非根据事实情况，专利权人在设定上述条件的专利许可或销售专利产品的相关市场上具有市场支配力量。美国这一专利修正法案，增加了不构成专利滥用的两项行为。然而，在此留下了一个新的变数，即对于搭售行为，要求审查专利权人的市场力量，如果专利权人在该相关产品市场具有市场支配力，则不适用"安全港"规则。因此，这就为后来的专利滥用原则与反托拉斯标准两种审查标准时时体现在判例中留下了法律依据。

然而，上述修正法案本身没有明确表明对其他的限制性行为是否也应该同样适用合理原则加以判断。有学者主张对上述专利法修正法案做出宽泛性的解释，认为合理原则同样也可以适用于判定其他行为是否构成滥用。参议员 De Concini 指出："首先，这一法案表明立法者整体上开始转变过去所适用的本身违法态度，转为对搭售行为适用合理原则，合理原则一般是和反托拉斯法紧密相关的。尽管并未直接要求反托拉斯的标准，法案却要求法院在判定一个搭售行为是否构成滥用之前必须适用类似于合理原则的标准。"与此相反的观点则认为：1988 年专利法修正法案本身并没有说明要将反托拉斯标准扩大适用到所有类型的行为。而且，该法案仅仅是借鉴了反托拉斯法中的一个标准，但借鉴反托拉斯法标准中的一个因素不同于照搬整个反托拉斯法。

1988 年专利法修正法案是在两派观点争执不下的背景下出台的，这是其规定为何不够明朗的原因所在，也导致该法案尚不足以在整个滥用领域内形成一个统一的标准。

1995 年美国司法部和联邦贸易委员会公布了《关于知识产权许可的反托拉斯指南》。该指南正式将知识产权许可的滥用行为纳入了反托拉斯审查范围，建立了"合理原则"审查和经济效率审查原则，这完全是从反托拉斯法角度分析知识产权许可行为。该指南表明了美国执法部门对于专利滥用行为适用反托拉斯审查的明确导向。

但是，在司法实践中，对于专利滥用案件，美国联邦最高法院和联邦巡回上诉法院仍然坚持一个基本立场，即专利滥用行为的分析和反托拉斯分析是有不同的目的和不同的方法的，专利滥用案件的审理和反托拉斯审理应当加以区分。然而，从总体上来看，司法判决在分析专利滥用的时候逐渐地融合了反托拉斯法的分析。"近来的判例法和成文法在朝着反托拉斯分析和专利滥用分析结合上已经走了一段很长的道路,尽管在一个行为被认定为专利滥用的时候依然不需要上升到反托拉斯法的标准,但是,任何一个看来是扩张专利权的做法可能会越来越多地根据反托拉斯法中的合理规则原则来进行分析"。

综上所述,笔者认为,非特定领域的一般的知识产权滥用,很多情况下并没有对市场自由竞争造成损害,所以采取反托拉斯法的标准就会过于片面,不能涵盖知识产权滥用的所有方面,也不能很好地实现知识产权法所体现的公共政策目标。而且从历史上看,滥用原则是基于衡平法而产生的,它独立于反托拉斯法的产生和发展,反托拉斯法的发展也并不和滥用原则的发展直接对应。在美国以往的大量判例中,法院在没有违反反托拉斯法的行为上适用了滥用原则,滥用原则不要求反竞争作用确实存在。所以对于一般的知识产权滥用的判定,还是采用滥用原则较为合理。然而,对于特定领域的知识产权滥用,则要根据具体情况具体分析,有可能需要采取反托拉斯法的审查标准进行判定。

二、TRIPS 协议所确立的标准

经过长达数年的谈判最终达成的 TRIPS 协定把知识产权保护直接与国际贸易挂钩,这在知识产权国际保护方面是史无前例的。因为国际贸易与知识产权越来越紧密的关系,从贸易的角度规定知识产权有关问题具有重要的实践意义,这也是 TRIPS 协议与以往知识产权公约的显著区别。对 WTO 各成员国来说,TRIPS 协议已经构成了其在国际贸易方面必须遵守的共同准则,任何一个想参与国际贸易市场并希望从中受益的国家,都必须执行该协议所规定的知识产权相关义务。

TRIPS 协定在绪言中明确声明:"期望减少对国际贸易的扭曲和阻碍,并考虑到充分、有效地保护知识产权的必要性,以及保证实施知识产权的措施和程序本身不成为合法贸易的障碍,需要制定有关下列问题的新的规则和纪律。"由于国际贸易中的知识产权滥用行为一般都会对国际贸易造成扭曲和阻碍,因此 TRIPS 协定对此类行为进行了限制,除了在绪言中表明了 TRIPS 协议的基本态度外,TRIPS 协定还在后边的第 8 条、第 40 条中做了明确规定。

TRIPS 第 7 条规定了设立知识产权制度的"目标",即"知识产权的保护和实施应有助于促进技术革新、技术贸易与传播,有助于技术知识的创造者和使用者的相互利益,增进社会和经济福利以及有助于权利和义务的平衡"。从这一规定可以合理地推导出 TRIPS 协议认为知识产权正当实施(使用)的标准就是:有利于技术革新、转让与传播;有利于知识产权拥有者与使用者权利义务的平衡;有利于社会进步和公共利益。那么其反面的意思就是知识产权不正当实施,即知识产权滥用的判定标准是:不利于(或损害)技术革新、转让与传播;不利于知识产权拥有者与使用者权利义务的平衡;不利于(或损害)

社会进步和公共利益。这一标准在其后的第 8 条以及第 40 条中得到了具体的规定和体现。

TRIPS 第 8 条规定了禁止知识产权滥用的一般原则：各成员国在制定和修订其法律和规章时，可以采取必要措施以保护公众健康以及促进对其社会经济与技术发展至关重要的部门的公共利益，只要该措施与本协议的规定相一致；在与本协定的规定相一致的前提下，可以采取适当的措施来防止权利所有人滥用知识产权或采取不合理地限制贸易或对国际技术转让有不利影响的做法。TRIPS 协议这一针对知识产权滥用的原则性规定强调了对公共利益，比如对公众健康的坚定维护，反对滥用知识产权限制贸易或对贸易产生不利影响的做法。

TRIPS 第 40 条则具体赋予了成员国可以通过法律手段规制在国际贸易中通过协议许可证的形式限制竞争的、较为典型和常见的知识产权滥用行为。第 40 条是"对许可合同中限制竞争行为的控制"，主要内容为：①各缔约方一致认为，与知识产权有关的一些限制竞争的许可行为或条件可能对贸易产生不利影响，并可能妨碍技术的转让和传播。②各成员可在其立法中规定在特定情况下可能构成对知识产权的滥用，从而在有关的市场上对竞争产生不利影响的许可行为或条件。各成员可以在与本协议的其他规定相一致的情况下，采取适当的措施来制止或控制这样的行为，例如独占性回授条件，禁止对有效性提出异议的条件和强迫性一揽子许可。从 TRIPS 协议第 40 条的规定来看，它强调了对那些可能对贸易产生不利影响的限制竞争的知识产权滥用行为的规制。

作为对上述内容的强调或补充，TRIPS 协议在"绪言"中宣告：各成员承认保护知识产权制度基础的公共政策目标，包括发展和技术的目标；第 67 条"技术合作"还要求发达国家应协助发展中国家和最不发达国家制订防止知识产权滥用的立法，还应包括帮助建立或健全与此有关的国内机构和部门，以及人员的培训。第 66 条"最不发达国家缔约方"则对于向最不发达国家进行的技术转让（包括技术贸易）做了特别规定："发达国家缔约方应当采取措施，鼓励和促进其境内的企业和组织向最不发达国家缔约方的技术转让，以使这些国家创立一个良好的和有效的技术基础。"因此，最不发达国家有理由根据此规定，在国际贸易领域制定更加严格的规制知识产权滥用的法律制度。

笔者认为，从以上内容来看，尽管 TRIPS 协议没有直接规定知识产权滥用的判定标准，但是从它的相关规定可以看出，TRIPS 协议在规定国际贸易中知识产权滥用问题时，特别强调要促进贸易和维护公共利益，规制可能对国际贸易产生不利影响的限制竞争行为。

三、国际贸易中知识产权滥用的判定标准

国际贸易中的知识产权滥用作为特定领域的知识产权滥用行为，也和一般的知识产权滥用一样，是权利人在行使其权利时故意超越法律所允许的范围或者正当的界限，损害他

人利益的不正当行为。但是，国际贸易中的知识产权滥用，因为和国际贸易挂钩，所以有其特殊性，即知识产权人往往以不正当行为谋求相关市场的市场垄断地位，或者利用自己手中的知识产权优势，以不合理条件或不正当手段在相关市场上攫取最大利益，因此，国际贸易中的知识产权滥用行为往往表现为阻碍和限制竞争的行为，它损害的不仅仅是他人的利益，同时也因为破坏了正常的市场竞争秩序，必然损害到社会公共利益。笔者认为，国际贸易领域知识产权滥用必须同时满足以下四个构成要件：

第一，知识产权滥用的主体是正在行使知识产权的，并且是拥有市场优势地位的知识产权人。对知识产权滥用的主体做如此限定，可以把知识产权滥用行为与其他的知识产权违法行为区分开来。虽然知识产权滥用也是一种知识产权违法行为，但它与知识产权一般违法行为有着阶段性区别，知识产权滥用的第一阶段是权利行使阶段，属合法阶段，只是知识产权人行使知识产权的行为超越了法律所允许的范围或正当界限才进入违法阶段。所以知识产权滥用的主体具有两重性，其首先是以合法面目出现的，其次才成为违法主体。另外，能够在国际贸易中实施知识产权滥用的权利人大多数不是普通的知识产权人，因为普通的知识产权人还没有足够的力量从事"滥用"行为以损害他人利益和限制竞争，能够从事"滥用"的权利人一般是拥有相当市场优势地位，甚至就是市场支配地位的知识产权人，比如像微软、思科这样大的跨国公司以及专利联盟等，只有拥有了一定的市场优势地位才使得权利人有"资本"和实力为所欲为。

第二，知识产权滥用所侵害的客体是国际贸易相关市场的正常竞争秩序。如前文所述，国际贸易中的知识产权滥用行为，往往表现为限制竞争的行为，《与贸易有关的知识产权协议》（TRIPS）在涉及知识产权滥用问题时特别强调限制竞争的有关规定也证实了这一点。对自由与公平的市场竞争秩序的破坏必然损害到社会公共利益。而对自由公平的竞争市场以及公共利益的维护是市场经济国家经济法的基本内容之一，国际贸易领域知识产权滥用的违法性正是从其客体上加以认定的。

第三，知识产权滥用的主观方面是知识产权人存在为谋取自身利益而损害他人和公共利益的故意。这里的"谋取利益"可以表现为获得、维护或增强其市场支配地位的目的，也可以表现为仅仅就是攫取最大利益的目的。知识产权的滥用不存在过失问题，因为知识产权法、竞争法等相关法律都明确规定了其立法目的、宗旨、基本原则、权利范围和权利正当行使或不正当行使的方式，这些内容既然是法律明确规定好的，权利的滥用就无法辩解为过失行为。知识产权滥用是知识产权人主观上追求自我利益而以不正当方式行使知识产权从而给他人乃至社会造成损害的行为。

第四，国际贸易领域知识产权滥用的客观方面表现为知识产权人以不正当方式行使知识产权，造成限制或损害自由公平竞争，阻碍国际贸易的后果。已经造成现实损害的行为当然包括在内，那些尚未造成现实损害但可能造成损害的行为也应该包括在内。需要注意的是，考察国际贸易中知识产权滥用不应仅仅停留于是否有损害他人利益的行为以及损害他人的后果，而应更加强调或关注正常的市场竞争关系是否受到损害，只有自由公平的市场竞争关系受到损害，才可能属于国际贸易中的知识产权滥用行为。也就是说，国际贸易中知识产权滥用行为，必然会使他人利益受损，但反过来则不成立，即仅仅因为他人利益受损，就认定知识产权人行使权利的行为构成知识产权滥用是不成立的。

综上所述，笔者认为，国际贸易中的知识产权滥用，是指在国际贸易中，拥有市场优势地位的知识产权人在行使其权利时故意超越法律所允许的范围或者正当的界限，限制或妨碍自由公平竞争，损害他人以及社会公共利益的不正当行为。

四、小　结

从最初美国知识产权滥用制度的确立，到当前以 TRIP 协议为代表对国际贸易领域知识产权滥用的关注，已经走过了半个多世纪。期间对于知识产权滥用判定标准的讨论从来没有停止过。而当前我国在国际贸易中屡屡遭遇外国企业知识产权滥用行为的困扰，迫切需要我们在结合国外相关研究成果及判例的基础上，对这一理论问题进行独立思考和深入分析，以更好地指导和服务我国对外贸易实践。

参考文献

［1］陈健：《防止专利权滥用法律机制之理论思考》，《专利法研究》2008 年。
［2］林秀芹：《TRIPS 体制下的专利强制许可制度研究》，法律出版社 2000 年版。
［3］罗玉中、袁秀挺：《WTO、知识产权及我国知识产权法律制度的发展与完善》，《前线》2000 年第 2 期。
［4］彭礼堂：《公共利益论域中的知识产权限制》，知识产权出版社 2008 年版。
［5］张伟君：《知识产权滥用规制制度研究》，知识产权出版社 2008 年版。
［6］ABA，(1995) "Federal Antitrust Guidelines for the Licensing of Intellectual Property", Commentary and Teat, Section of Antitrust Law.
［7］Abbott B. Lipsky, Jr., (1981) "Current Antitrust Division Views on Patent Licensing Practices", 50ANTITRUST L. J. 515 – 24.
［8］American Bar Association (ABA), (2000) "Intellectual Property Misuse Licensing and Litigation", Section of Antitrust Law 14.
［9］Bennett, (1989) "Patent Misuse: Must an Alleged Infringer Prove an AntiGust Violation?", 17AIPLA. QJ1.
［10］C. F. Burchfiel, (1991) "Patent Misuse and Antitrust Reform: Blessed Be the Tie?", 4 HARV. JL. &TECH I, 56 – 89
［11］Hoerner, (1989) "Patent Misuse: The Law Changes", I. J PROPRIETARY RTS 10.
［12］Richardson, (1989) "Patents: Legislating License Misuse", The Sixth Annual Computer INST. at4 – 1.

Analysis on Judging Standard of Abuse of IP Rights in Field of International Trade: In Context of US Cases, Legislation and TRIPS

Gao Hua

(Huazhong University of Science and Technology Law School Wuhan 430074)

Abstract: How to define the standard of the judging abuse of IP rights has been a very rights controversial question standards for the abuse of US related standards cases by now. The and legislation are uncertain, and nowadays It to mix the of anti – trust laws. TRIPS agreements have provided provisions which we to the abuse of IP rights in the region of the international trade, of IP trends clear from can deduce three criterions of intellectual sis be, this paper poses that the abuse of IP rights in property abuse. On these basis this paper poses that the international trade should an improper behavior of owner of IP rights who exceeded the permit or limitation of law while he exercised his rights which restricted or and fair competition and harmed interests of others and public interests and further the proposes four key criterions.

Key Words: International Trade; Abuse of IP Rights; Judging Standard

第二节 英文期刊论文精选

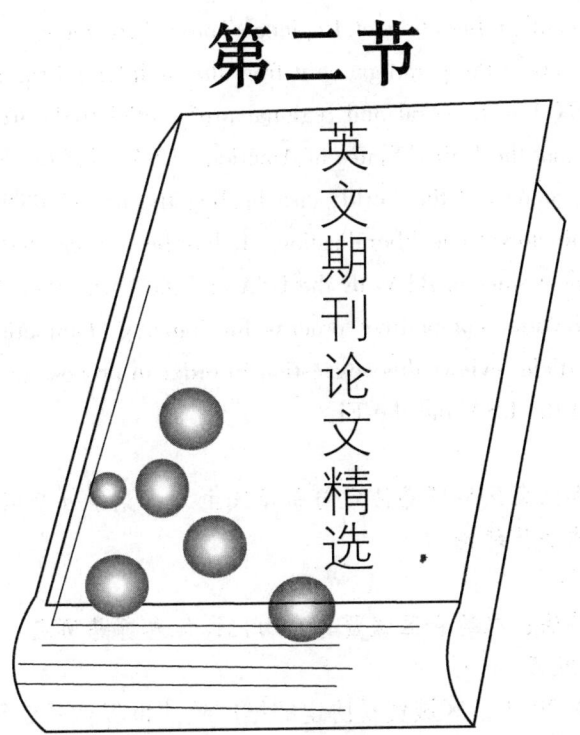

Name of Article: Regional Trade Agreements and the Neo – Colonialism of the United States of America and the European Union: A Review of the Principle of Competitive Imperialism

Name of Journal: Liverpool Law Review

Author: Gonzalo Villalta Puig; Omiunu Ohiocheoya

Publication Date: 2011

Key Words: International Trade Law; Bilateral and Regional Trade Liberalisation; Preferential Trade Agreements; Imperialism and Neo – colonialism; Competitive Imperialism; United States of America/European Union

Abstract: The recent proliferation of Regional Trade Agreements (RTAs) in the last two decades raises questions about the paradigm shift from the multilateral trading system of the World Trade Organization (WTO) to bilateral and regional preferential trade arrangements. Even more questionable is the fact that the United States of America (USA) and the European Union (EU), among the other trading powers of the world, are leading the use of RTAs to the detriment and neglect of non – discriminatory trade liberalization. It has been suggested that neo – colonialism may be the motivation for the use of RTAs by the USA and the EU as their international trade policy of choice within a broader competitive process for imperial domination of their preferential trading partners. This article reviews this suggestion in order to propose an alternative explanation for the RTAs practice of the USA and the EU.

文章名称：美国和欧盟区域贸易协定与新殖民主义：竞争性帝国主义原则述评

期刊名称：利物浦法律评论

出版时间：2011 年

关键词：国际贸易法；双边和区域贸易自由化；优惠贸易协定；帝国主义和新殖民主义；垄断竞争；美国/欧盟

内容摘要：在过去 20 年，区域贸易协定的推广致使世界贸易组织（WTO）的多边贸易体制向双边及区域优惠贸易模式转变。更值得疑惑的是，美国、欧盟和其他贸易大国正在利用区域贸易协定损害和忽视非歧视的贸易自由化。已有迹象表明，新殖民主义促使美国和欧盟将区域贸易协定作为其国际贸易政策的首选动机，以便在更广泛的竞争中实现它们在优惠贸易伙伴中的帝国统治。本文评述了此趋向，旨在为美国和欧盟的区域贸易协定实践提出另一种解释。

Name of Article: On the North – South Trade in the Americas and Its Ecological Asymmetries

Name of Journal: Ecological Economics

Author: Pablo Muñoz; Rita Strohmaier; Jordi Roca

Publication Date: 2011

Key Words: North – South Trade; World – System Theory; International Trade; Material Flow Analysis (MFA); Unequal Exchange; Latin – America

Abstract: There has been a long and intensive debate within the scientific community about the role of international trade in the development of countries. During the last decades, the focus of attention has moved from the pure economic level to the environmental aspects of international trade. Establishing a simplified system of North – South trade for one reference period (2003), this paper attempts to test empirically the extent of potential asymmetries with regard to extracted material flows, and contrasts the results with the economic benefits from trade (in terms of value – added). The South is thereby represented by a selection of Latin American countries (Brazil, Chile, Colombia, Ecuador and Mexico); the North comprises one of their main commercial partners, the United States. At the methodological level, a multi – regional input – output analysis is used as the tool of investigation. Results generally support the hypothesis that the South was feeding the North's societal metabolism. South – North material exports were 1.6 times larger than North – South material exports, resulting in a net deficit for the South of 324 million tons. Moreover, material intensity of exported commodities from the South was twice as high as that from the North. It is worth highlighting, however, that part of the North – South hypothesis fails for the sample of countries since the larger part of the economic surplus has remained in the South, contrarily to what would have been expected.

文章名称：美洲的南北贸易及其生态的不对称

期刊名称：［荷］生态经济学

出版时间：2011 年

关键词：南北贸易；世界体系理论；国际贸易；动态分析（MFA）；不平等交换；拉丁美洲

内容摘要：科学界对国际贸易在国家发展过程中的作用已经进行了漫长而激烈的讨论。在过去的几十年中，人们讨论的焦点已经从单纯的经济角度转移到国际贸易的环境方面。本文建立了一个参照期（2003 年）内简化版的南北贸易系统，通过选取动态证据来检测其潜在不对称程度，并且将结果与贸易的经济效益（按增加值）做比较。本文选取了一些拉美国家（巴西、智利、哥伦比亚、厄瓜多尔和墨西哥）代表南方，北方则是它们的主要贸易合作伙伴美国。在方法论层面上，选用跨区域投入—产出分析作为研究工具。结果普遍支持这样一个假设：南方在为北方的社会生态供给原料。南方到北方的原材料出口是北方到南方的 1.6 倍，这使得南方净逆差 3.24 亿吨。此外，南方出口商品的原料密集度是北方的两倍。值得注意的是，与预期相反，由于经济剩余的更大一部分在南方，因而南北贸易系统中的一部分假设在其样本国家是不成立的。

Name of Article: Culture and International Trade: Evidence from Canada
Name of Journal: International Journal of Commerce and Management
Author: Hamid Yeganeh
Publication Date: 2011
Key Words: Canada; International Trade; Language; National Cultures
Abstract: Purpose – The purpose of this paper is to investigate the effects of culture on international trade. Design/methodology/approach – A measure of the cultural distance is incorporated into the Gravity model to test the marginal effects of cultural variables on bilateral trade between Canada and 53 other countries. In addition to the cultural distance and economic factors, other control variables such as religion and language commonalities are included. Findings – After controlling for the size of GDP and linguistic commonality, the effects of culture on international trade are found to be insignificant. The empirical analysis shows that while the linguistic commonality has positive implications for international trade, the cultural distance and religion commonality do not seem important. Research limitations/implications – What is true for the Canadian international trade may not be true for other countries, especially for developing nations. Moreover, this study is limited to the Schwartz's cultural dimensions. Practical implications – Managers should not stay away from culturally dissimilar partners as long as trade is economically beneficial. Instead, they should pay attention to training bilingual agents and standardizing trade procedures in order to streamline the negative effects of linguistic dissimilarity. Originality/value – This study refutes the generally accepted idea that culture is subversive to any cross-border business activity.

文章名称：文化与国际贸易：加拿大实证
期刊名称：国际商务与管理
出版时间：2011年
关键词：加拿大；国际贸易；语言；国家文化
内容摘要：本文将衡量文化距离的方法融入贸易引力模型，检验文化变量的边际效应对加拿大和其他53个国家之间双边贸易的影响。除了文化距离和经济因素，其他可控变量如宗教和语言共性也包括在内。研究发现，当GDP总量和语言共性是可控变量后，文化对国际贸易的影响微不足道。实证分析表明，虽然语言共性对国际贸易有着积极的影响，文化距离和宗教信仰却似乎并不如此。本文的研究局限在于：在加拿大的国际贸易中可成立的研究在其他国家却不一定成立，尤其是在发展中国家。此外，本研究仅限于施瓦兹文化维度。研究价值：管理者在贸易可获益的情况下不应该远离有文化差异的合作伙伴。相反，他们应该注意培养双语代理并规范贸易程序以降低语言相异的负面影响。研究价值：这项研究驳斥了文化对跨国商业活动有负面影响这一被普遍接受的观点。

Name of Article: The Impact of E-Commerce on International Trade and Employment
Name of Journal: Procedia - Social and Behavioral Sciences
Author: Nuray Terzi
Publication Date: 2011
Key Words: E-Commerce; International Trade; Employment
Abstract: The purpose of the present study is to investigate the impact of e-commerce on international trade and employment. Electronic commerce offers economy-wide benefits to all countries. The gains are likely to be concentrated in developed countries in the short run but, developing countries will have more to benefit in the long run. The volume of international trade will increase via e-commerce. The countries open to imports from high-income economies will benefit from knowledge spillovers. In addition, electronic commerce is expected to create and destroy jobs.

文章名称：电子商务对国际贸易和就业的影响
期刊名称：能源——社会和行为科学
出版时间：2011 年
关键词：电子商务；国际贸易；就业
内容摘要：本项研究探讨电子商务对国际贸易和就业的影响。电子商务给所有的国家带来经济效益。短期来看，收益主要集中在发达国家，但从长远角度看，发展中国家将收获更多利益。电子商务会大大提高国际贸易量。对高收入经济体开放进口的国家也将从知识外溢中获益。此外，电子商务也预计将创造一些工作，并使一些工作不复存在。

Name of Article: Problems Encountered by the Exporting Firms: An Application in the City of Kayseri

Name of Journal: Procedia – Social and Behavioral Sciences

Author: M. Şükrü Akdoğan; Kurtulus Karamustafa; Kenan Güllü; Kumru Uyar; İlhan Güllü

Publication Date: 2011

Key Words: Export; Exporting Problems; International Trade; Turkey

Abstract: The aim of this study is to determine the problems encountered by the exporting firms which are important for the economic purposes. In this respect, more specifically, this study investigates the problems encountered by the exporting firms operating in the city of Kayseri in Turkey, and also their perceptions related to this issue. The aim is also related to measure those encountered and perceived problems of the exporting firms in terms of their firm characteristics. In line with the aim, the study has been carried out through collecting primary data from the exporting firms in Kayseri. As the primary data indicates, the exporting firms operating in the city of Kayseri encounter some exporting problems related to target market determination mistakes, exchange rate fluctuations, the price competition of the Chinese products.

文章名称：出口企业应对的问题：以开塞利市为例

期刊名称：能源——社会和行为科学

出版时间：2011年

关键词：出口；出口问题；国际贸易；土耳其

内容摘要：本项研究旨在确定对出口企业至关重要的经济问题，更确切地说，是探究土耳其开塞利市的出口企业在经营中遇到的问题及其预期。本研究从出口公司自身特征的角度权衡他们遇到的问题。从开塞利市出口公司收集的原始数据显示，开塞利市出口企业遇到的出口问题与以下3个方面有关：市场定位决策失误，汇率波动和中国产品的价格竞争。

Name of Article: Trade and Unemployment: What Do the Data Say?
Name of Journal: European Economic Review
Author: Gabriel Felbermayr; Julien Prat; Hans-Jörg Schmerer
Publication Date: 2011
Key Words: International Trade; Real Openness; Unemployment; GMM Models; IV Estimation

Abstract: This paper documents a robust empirical regularity: In the long-run, higher trade openness is associated with a lower structural rate of unemployment. We establish this fact using: (i) panel data from 20 OECD countries, (ii) cross-sectional data on a larger set of countries. The time structure of the panel data allows us to control for unobserved heterogeneity, whereas cross-sectional data make it possible to instrument openness by its geographical component. In both setups, we purge the data of business cycle effects, include a host of institutional and geographical variables, and control for within-country trade. Our main finding is robust to various definitions of unemployment rates and openness measures. Our benchmark specification suggests that a 10 percentage point increase in total trade openness reduces aggregate unemployment by about three quarters of one percentage point.

文章名称：贸易与失业：数据说明了什么？
期刊名称：[荷] 欧洲经济评论
出版时间：2011 年
关键词：国际贸易；开放；失业；GMM 模型；IV 评估
内容摘要：本文论述了一个经验规律：从长远来看，加深贸易开放会降低结构性失业率。我们通过以下证据证明这一定律：①来自 20 个经合组织国家的面板数据；②来自更多国家的面板数据。平面数据的时间结构可控制无法观察到的异质性，而截面数据因结构元件使得结果数据开放成为可能。在以上这两种数据结构中，我们去除数据的商业周期效应，包括一系列制度和结构变量，控制国家内部贸易。我们主要发现相对于有关失业率和开放措施的各种定义，结果还是比较乐观的。基准规范表明，每增加 10% 的贸易总开放便会降低约 75% 的总失业率。

Name of Article: Impacts of International Trade on Carbon Flows of Forest Industry in Finland

Name of Journal: Journal of Cleaner Production

Author: Monika Ståhls; Laura Saikku; Tuomas Mattila

Publication Date: 2011

Key Words: International Trade; Embodied Carbon; Consumption – based Emissions; Forest Industry; Finland; Climate Policy

Abstract: Finland is a forested country with a large export oriented forest industry. In addition to domestic forest extraction, roundwood is imported, thus displacing the environmental impacts of harvests. In this paper, we analyse the international carbon flows of forest industries in Finland from a consumption – based perspective. Quantitative analyses are available on trade embedded emissions of CO_2 from fossil fuel combustion, and here we address in a similar way the impact of trade on the carbon budget of the forest products sector in Finland. Carbon flows through the forest industry system increased substantially between 1991 and 2005. We show that the annual carbon balance related to forests and forest industry system in Finland functioned as a sink in 1991, whereas in 2005 the system was a sink on a national level, but not on a global level. Through calculating the carbon content in traded forest industry products and emissions embodied in forest industry activities, we further show that the direct impacts of the forest industry in Finland are only a minor fraction of the total CO_2 emissions related to Finnish production. Nearly all of the emissions were caused due to production of exports. Yet, direct carbon dioxide emissions of the industrial production are reported to Finland in the production based inventories.

文章名称：国际贸易对芬兰森林工业碳流向的影响

期刊名称：清洁生产杂志

出版时间：2011 年

关键词：国际贸易；隐含碳；基于消费排放；林业产业；芬兰；气候政策

内容摘要：芬兰是一个以大量林业出口为主的林业国家。芬兰从本国森林开采圆木，同时也进口圆木，从而减轻了树木砍伐对环境的影响。本文从消费视角分析芬兰林业产业的国际碳流向。在贸易活动中，对矿物燃料燃烧产生的二氧化碳排放量可进行定量分析，本文以类似的方式讨论了贸易对芬兰林业部门二氧化碳预算的影响。从 1991 年到 2005 年，碳流量在林业系统中稳步增长。1991 年，与芬兰森林和林业系统相关的年度碳余额下降了；2005 年，林业系统从国家标准上看下降了，但从全球标准上看未下降。本项研究通过计算林业贸易产品的碳含量和林业活动中的碳排放量，进一步表明芬兰林业对二氧化碳排放量的直接影响在芬兰整个产品生产过程中只占一小部分。几乎所有的二氧化碳排放都是生产出口产品造成的。然而，芬兰工业生产直接产生的二氧化碳排放量是在林业库存生产过程中产生的。

Name of Article: Trading More Food: Implications for Land Use, Greenhouse Gas Emissions, and the Food System

Name of Journal: Global Environmental Change

Author: Christoph Schmitz; Anne Biewald; Hermann Lotze – Campen; Alexander Popp; Jan Philipp Dietrich; Benjamin Bodirsky; Michael Krause; Isabelle Weindl

Publication Date: 2011

Key Words: International Trade; GHG Emissions; Land Use Model; Land Use Change

Abstract: The volume of agricultural trade increased by more than ten times throughout the past six decades and is likely to continue with high rates in the future. Thereby, it largely affects environment and climate. We analyse future trade scenarios covering the period of 2005 – 2045 by evaluating economic and environmental effects using the global land – use model MAgPIE (Model of Agricultural Production and its Impact on the Environment). This is the first trade study using spatially explicit mapping of land use patterns and greenhouse gas emissions. We focus on three scenarios: The reference scenario fixes current trade patterns, the policy scenario follows a historically derived liberalization pathway, and the liberalization scenario assumes a path, which ends with full trade liberalization in 2045. Further trade liberalization leads to lower global costs of food. Regions with comparative advantages like Latin America for cereals and oil crops and China for livestock products will export more. In contrast, regions like the Middle East, North Africa, and South Asia face the highest increases of imports. Deforestation, mainly in Latin America, leads to significant amounts of additional carbon emissions due to trade liberalization. Non – CO_2 emissions will mostly shift to China due to comparative advantages in livestock production and rising livestock demand in the region. Overall, further trade liberalization leads to higher economic benefits at the expense of environment and climate, if no other regulations are put in place.

文章名称：交易更多的食物：对土地利用、温室气体排放和食品系统的影响

期刊名称：［美］全球环境变迁

出版时间：2011 年

关键词：国际贸易；温室气体排放；土地利用模型；土地利用变化

内容摘要：农业贸易总量在过去的 60 年中有着超过 10 倍的增长，未来可能持续保持高倍率增长。因此，它极大地影响了环境和气候。我们通过全球土地利用模型 MAgPIE（农业生产及其对环境的影响模型）衡量农业贸易的经济环境影响，分析 2005 年到 2045 年期间的农业贸易状况。这是第一次通过土地利用模式及温室气体排放的空间显式映射进行贸易研究。研究专注于 3 种情况：参考现有贸易模式，政策遵循历史衍生自由化途径模式，自由化假设路径模式——该路线在 2045 年完全开放贸易。进一步的贸易开放会降低全球食品成本。具有相对优势的地区如拉丁美洲的谷物油料作物和中国的家畜产品出口量将会加大。与此相反，中东、北非和南亚这些地区将会面临进口产品的最高增长。因为贸

易开放的缘故，拉丁美洲的森林采伐将导致大量额外二氧化碳的排放。由于中国在畜产品和增长的牲畜需求方面的相对优势，非碳排放将大部分转移到中国。总之，排除其他规则，在以环境和气候的损失为代价的条件下加深贸易自由度会带来更高的经济利益。

Name of Article: Whitefish Wars: Pangasius, Politics and Consumer Confusion in Europe
Name of Journal: Marine Policy
Author: David C. Little; Simon R. Bush; Ben Belton; Nguyen Thanh Phuong; James A. Young; Francis J. Murray
Publication Date: 2011
Key Words: Pangasius; International Trade; Vietnam; EU; Seafood; Risk Governance
Abstract: Rapid growth in production of the farmed Vietnamese whitefish pangasius and its trade with the European Union has provoked criticism of the fish's environmental, social and safety credentials by actors including WWF and Members of the European Parliament and associated negative media coverage. This paper reviews the range of claims communicated about pangasius (identified as a form of mass mediated risk governance), in light of scientific evidence and analysis of data from the EU's Rapid Alert System for Food and Feeds food safety notification system for imported seafood. This analysis shows pangasius to be generally safe, environmentally benign and beneficial for actors along the international value chains that characterize the trade. The case is made that increasingly politicised debates in Europe around risk and uncertainty are potentially counterproductive for EU seafood security and European aquaculture industry, and that the trade in pangasius can contribute to sustainable seafood consumption in a number of ways. Transparent evidence – based assessment and systems for communicating complex issues of risk for products such as pangasius are required in order to support continuance of fair and mutually beneficial trade.

文章名称：白鲑战争：鱼芒、政治和欧洲消费者的困惑
期刊名称：海洋政策
出版时间：2011 年
关键词：鱼芒；国际贸易；越南；欧盟；海产食品；风险治理
内容摘要：越南鱼芒养殖的快速增长及其与欧盟的贸易已经引起了世界自然基金会活动者、欧洲议会成员以及相关媒体负面报道的批判，这些批评主要针对鲑鱼的环境、社会和安全证书。本文根据欧盟进口海鲜食品与饲料安全快速预警通知系统中的数据分析和科学论证，综述了鱼芒的索赔范围（一种大规模中介风险治理）。这一分析表明鱼芒通常是安全的，对环境无害，对代表贸易特征国际价值链的参与者有益。欧洲就鱼芒养殖的风险和不确定性问题的政治化辩论日益增多，这可能会对欧盟海产食品安全和欧洲水产养殖业的发展产生反效应，鱼芒贸易可以在许多方面促进海鲜的可持续消费。此外，为维持公平的可持续性和贸易的互利性，对鱼芒这类产品的复杂风险性问题，公开透明的、以证据为基础的评估系统必不可少。

Name of Article: Commodity Prices, Trade, and Poverty in Uruguay
Name of Journal: Food Policy
Author: Carmen Estrades; María Inés Terra
Publication Date: 2011
Key Words: Commodity Prices; Poverty; International Trade; Computable General Equilibrium Model
Abstract: The 2006 – 2008 food price spike raised concerns about the impact of high commodity prices on poverty in developing countries. This paper addresses these concerns in relation to Uruguay, a small country that exports agricultural commodities and imports fuels. Applying a general equilibrium model, we find that, as a whole, an increase in commodity prices has a positive effect on the economy of Uruguay. Benefits obtained through a growth in export activities are partially outweighed by an increase in crude oil prices. In this context, extreme poverty increases. As in other countries, the increase in food prices affects the already poor population, who become even poorer. This fact highlights the need for policies that mitigate the negative effects of price shocks.

文章名称：乌拉圭的商品价格、贸易及贫困问题研究
期刊名称：食品政策
出版时间：2011年
关键词：商品价格；贫困；国际贸易；一般均衡模型
内容摘要：2006~2008年，食品价格暴涨让人们开始关注高商品价格对发展中国家贫困的影响。本文从出口农产品和进口燃料的乌拉圭的角度，阐述高食品价格与贫困关系问题。运用一般均衡模型，研究发现物价上涨整体上对乌拉圭的经济有着积极的作用。通过出口活动增长所获得的利益被原油价格上涨部分抵消，因此，极度贫困数量增长。在其他国家，食品价格上涨会影响现有贫困人口，并使这一状况恶化。这一事实强调需要通过有效的政策来缓解价格冲击带来的负面影响。

Name of Article:The Impact of Regional Trade Agreements on International Trade
Name of Journal:Modern Economy
Author:Yutaka Kurihara
Publication Date:2011
Key Words:International Trade; Gravity Model; RTAs; WTO

Abstract:The gravity model of international trade states that bilateral trade flows based on the economic sizes and distances between two units can be used to examine reasons for international trade. Regional Trade Agreements (RTAs) have appeared recently and have increased markedly in number; however, despite their importance, little study has been performed to analyze the effects of RTAs on international trade. The difference between RTAs and world trade organizations (WTO) is important. Studies of currency integration have appeared recently; however, most assume that currency integration varies the level of international trade between countries by making the proportion constant. This paper eliminates this socalled constant hypothesis and indicates that RTAs alters the slope of the relationship between proportion is not constant. Also, this study shows that RTAs promote international trade more in OECD countries than in non – OECD countries.

文章名称：区域贸易协定对国际贸易的影响
期刊名称：现代经济
出版时间：2011
关键词：国际贸易；引力模型；区域贸易协定；WTO

内容摘要：国际贸易引力模型指出，可以利用基于经济规模和距离的两个单位间的双边贸易流来检验国际贸易产生的原因。最近，区域贸易协定（RTAs）出现并在数量上明显增加；然而，尽管它们相当重要，但分析区域贸易协定对国际贸易影响的研究却一直很少。区域贸易协定和世界贸易组织（WTO）之间的差异至关重要。货币一体化研究也开始出现；然而，大多数人认为货币一体化不同于比例常数下的国家之间的贸易水平。本文排除所谓的恒定假设，表明区域贸易协定改变贸易间比例关系坡度不是恒定的。此外，该研究也表明比起非经合组织国家，区域贸易协定对经合组织国家之间的国际贸易促进作用更大。

Name of Article: Rent – Seeking, Trade Policy and Economic Welfare
Name of Journal: Modern Economy
Author: Tito Belchior Silva Moreira; Fernando Antônio Ribeiro Soares
Publication Date: 2011
Key Words: Legal Tariffs; Actual Import Tariffs; Welfare; Rent – Seeking

Abstract: The objective of this paper is to assess the impacts that rent – seeking arising from government intervention in international trade has on welfare. More specifically, the focus is on how the granting of special import regimes promotes rent – seeking practices, which have negative effects on welfare. We present two concepts of nominal protection: Legal tariffs and the actual import tariffs. In addition, we construct three measures of welfare: From the legal tariff; from the actual import tariffs; and from the actual import tariffs when rent – seeking is present. Finally, we compare the various measures of protection in terms of their impact on welfare. The results show that trade policies based on exceptions – such as those establishing the special import regimes – tends to decrease welfare.

文章名称：寻租、贸易政策与经济福利
期刊名称：[美] 现代经济
出版时间：2011 年
关键词：合法关税；实际进口关税；福利；寻租

内容摘要：本项研究目标是评估在国际贸易活动中，政府干预的寻租对福利所产生的影响。更具体地说，重点研究特殊进口制如何促进了寻租行为，对福利产生负面影响。本文提出了两个概念：合法关税与实际进口关税。此外，构建了 3 种福利保护措施：源自合法关税的保护、源自实际进口关税的保护和存在寻租行为时的实际进口关税的保护。最后，从它们对福利影响的角度比较了各种保护措施。结果表明，例外的贸易政策使福利趋于减少，例如建立特殊进口制。

Name of Article: Neo – Mercantilist Policies during the Process of World Agricultural Trade Liberalization

Name of Journal: Business and Economics Research Journal

Author: Ahmet Emre Biber

Publication Date: 2011

Key Words: Agricultural Policies; Agricultural Foreign Trade; Liberalization Process; Protectionism; GATT Negotiations

Abstract: The main argument of the article: Protection policies were applied in foreign trade during the various period of 17th century to 20th century such as high customs tariffs, export restrictions and non – tariff barriers, that still defended and widely applied in agricultural trade by developed countries. In this context, the study will be put forward in terms of causes and consequences, known as the neo – mercantilist policies in the process of liberalization of world trade after the Second World War. Another argument discussed in this study, policies that implemented in terms of world agricultural trade causes of unequal trade relations between developed and underdeveloped countries. The reason is that, these policies generally constitute for the interests of developed countries. Therefore, gradually increasing hegemonic power of the developed countries in the world agricultural markets, affect negatively commercial interests of underdeveloped countries.

文章名称：世界农产品贸易自由化过程中的新重商主义政策

期刊名称：商业与经济研究杂志

出版时间：2011年

关键词：农业政策；农业对外贸易；自由化进程；保护主义；关贸总协定谈判

内容摘要：本文的主要论点：在17世纪至20世纪的不同时期，贸易保护政策一直被应用于对外贸易中，如高关税、出口限制和非关税壁垒。如今，这些贸易保护政策仍旧被发达国家广泛应用于农业贸易中。在这种背景下，本文研究"二战"后世界贸易自由化进程中，新重商主义政策出现的原因和结果。本文讨论的另一个问题是世界农产品贸易政策引起的发达国家与不发达国家之间的不平等贸易关系，因为这些政策通常代表着发达国家利益。因此，在世界农产品贸易中，逐渐增长的发达国家的霸权力量将严重影响不发达国家的商业利益。

Name of Article: Global Banking and International Business Cycles
Name of Journal: European Economic Review
Author: Robert Kollmann; Zeno Enders; Gernot J. Muller
Publication Date: 2011

Abstract: This paper incorporates a global bank into a two-country business cycle model. The bank collects deposits from households and makes loans to entrepreneurs, in both countries. It has to finance a fraction of loans using equity. We investigate how such a bank capital requirement affects the international transmission of productivity and loan default shocks. Three findings emerge. First, the bank's capital requirement has little effect on the international transmission of productivity shocks. Second, the contribution of loan default shocks to business cycle fluctuations is negligible under normal economic conditions. Third, an exceptionally large loan loss originating in one country induces a sizeable and simultaneous decline in economic activity in both countries. This is particularly noteworthy, as the 2007-2009 global financial crisis was characterized by large credit losses in the US and a simultaneous sharp output reduction in the US and the Euro Area. Our results thus suggest that global banks may have played an important role in the international transmission of the crisis.

文章名称：全球银行和国际商业周期
期刊名称：欧洲经济评论
出版时间：2011年
内容摘要：本文研究了一家全球性银行在两个国家的商业周期模型。该行在这两个国家都同时吸纳家庭存款并贷款给企业，用股权融资归还小部分贷款。本文主要研究银行的资本需求量如何影响生产率的国际流动和贷款违约冲击。调查结果有三：第一，银行的资本需求量对生产力冲击的国际传导影响不大。第二，在正常经济条件下，贷款违约冲击对经济周期波动的影响可以忽略不计。第三，一个国家超大金额贷款损失会引起两国经济活动的大规模同步下降。这值得特别注意，因为2007年至2009年全球金融危机的特点是：美国的大量信贷损失、美国与欧元区同时急剧减产。因此我们的研究结果表明，全球银行可能在国际危机传播中扮演了重要角色。

Name of Article: Gravity, Trade Integration, and Heterogeneity Across Industries
Name of Journal: Journal of International Economics
Author: Natalie Chen; Dennis Novy
Publication Date: 2011

Abstract: We derive a micro-founded measure of bilateral trade integration that is consistent with a broad range of leading gravity models. This measure accounts for cross-industry heterogeneity by incorporating substitution elasticities estimated at the industry level. We then use it to provide a theory-based ranking of trade integration across manufacturing industries in European Union countries. In addition, we explore the determinants of trade integration, finding that substantial Technical Barriers to Trade in certain industries as well as high transportation costs associated with heavy-weight goods are the most notable trade barriers.

文章名称：重力、贸易一体化和跨行业的异质性
期刊名称：国际经济学杂志
出版时间：2011年
内容摘要：本文推导出的双边贸易一体化的微观措施与大量的领先重力模型相一致。这项措施应用行业层面替代弹性衡量跨行业的异质性，给欧盟国家的制造业提供贸易一体化的理论基础排名。此外，本文还探讨了贸易一体化的决定因素，发现某些行业的大量技术壁垒与重货物高运输成本是最显著的贸易障碍。

Name of Article: International Trade in Services: A Portrait of Importers and Exporters
Name of Journal: Journal of International Economics
Author: Holger Breinlich; Chiara Criscuolo
Publication Date: 2011

Abstract: We provide a novel set of stylized facts on firms engaging in international trade in services, using unique data on firm-level exports and imports from the world's second largest services exporter, the United Kingdom (UK). We show that only a fraction of UK firms engage in international trade in services, that trade participation varies widely across industries and that service traders are different from non-traders in terms of size, productivity and other firm characteristics. We also provide detailed evidence on the trading patterns of service exporters and importers, such as the number of markets served, the value of exports and imports per market and the share of individual markets in overall sales. We interpret these facts in the light of existing theories of international trade in services and goods. Our results demonstrate that firm-level heterogeneity is a key feature of services trade. Also, we find many similarities between services and goods trade at the firm level and conclude that existing heterogeneous firm models for goods trade will be a good starting point for explaining trade in services as well.

文章名称：国际服务贸易：进口商和出口商概述
期刊名称：国际经济学杂志
出版时间：2011年
内容摘要：本论文使用世界上第二大服务出口国——英国的进出口数据，为国际服务贸易企业提出了一套新颖程式化事实。经研究发现，只有一小部分英国公司从事国际服务贸易，不同行业的贸易参与度差别很大，服务贸易商在企业规模、生产力及其他企业特征方面不同于非服务贸易商。此研究还为服务出口和进口商的交易模式提供了详细的证据，如市场服务的数量、每个市场的出口进口价值，及个体市场在整体销售市场所占的份额。研究依据现有国际服务和商品贸易理论解释事实。研究结果表明，企业层面的异质性是服务贸易的一个重要特征；企业层面的服务和货物贸易有许多相似性；现有的异构企业的商品贸易模型也是解释服务贸易一个很好的起点。

经济管理学科前沿研究报告

Name of Article: Liquidity Constrained Exporters and Trade
Name of Journal: Economics Letters
Author: Udo Broll; Jack E. Wahl
Publication Date: 2011
Abstract: We present a model of a risk-averse exporting firm subject to liquidity constraints. We show that preferences and expectations become important for optimum export and hedging decisions. Only firms that have sufficient financial resources can fully materialize gains from trade.

文章名称：流动性受限的出口商和贸易
期刊名称：经济学快报
出版时间：2011年
内容摘要：本文提出了一个流动性受限的风险规避的出口公司模型。研究表明，偏好和期望对最佳出口与对冲抉择非常重要。只有拥有充足的金融资源的公司才能充分实现贸易收益。

Name of Article: Policy Choice: Theory and Evidence from Commitment via International Trade Agreements

Name of Journal: Journal of International Economics

Author: Nuno Limão; Patricia Tovar

Publication Date: 2011

Abstract: Why do governments employ inefficient policies when more efficient ones are available for the same purpose? We address this puzzle in the context of redistribution toward special interest groups (SIGs) by focusing on a set of important policies: Tariffs and non–tariff barriers (NTBs). In our policy choice model a government can gain by committing to constrain tariffs through international agreements even if this leads to the use of less efficient NTBs; commitment has political value because it improves the bargaining position of a government that is weak relative to domestic SIGs. Using detailed data we find support for several of the model's predictions including: (i) tariff commitments in trade agreements increase the likelihood and restrictiveness of NTBs but not enough to offset the original tariff reductions; (ii) tariff commitments are more likely to be adopted and more stringent when the government is weaker relative to a SIG. Thus, the results can explain the use of inefficient policies for redistribution and suggest that the bargaining motive is an important source of the political value of commitment in international agreements.

文章名称：政策选择：国际贸易协定的承诺理论和证据

期刊名称：国际经济学杂志

出版时间：2011 年

内容摘要：有更高效率政策能达到目的时，为什么政府要采用低效率的政策？为解决这个难题，在对特殊利益集团利益的再分配背景下，本研究聚焦一系列重要政策：关税和非关税壁垒。在政策选择模型中，政府可以通过国际协议承诺约束关税而受益，即使这会导致使用效率较低的非关税壁垒；承诺具有政治价值，因为它提高了比国内特别利益集团弱的政府的谈判地位。详细数据支持模型的预测：①贸易协定的关税承诺增加了非关税壁垒的可能性和限制性，却不足以抵消原有的削减关税的承诺；②当政府比特殊利益集团弱时，关税承诺更可能被采取且更严格。此结论可以解释使用低效政策进行再分配，还意味着在国际协议中谈判动机是一个重要的承诺的政治价值来源。

Name of Article: Innovation and Trade with Heterogeneous Firms
Name of Journal: Journal of International Economics
Author: Ngo Van Long; Horst Raff; Frank Stähler
Publication Date: 2011
Abstract: This paper examines how trade liberalization affects the innovation incentives of firms, and what this implies for industry productivity. For this purpose we develop a reciprocal dumping model of international trade with heterogeneous firms and endogenous R&D. Among the robust results that hold both in the short run when there is no entry, and in the long run under free entry are that trade liberalization increases aggregate R&D when trade costs are low and decreases R&D when trade costs are high. Expected industry productivity rises as trade costs fall.

文章名称：异质企业的创新与贸易
期刊名称：国际经济学杂志
出版时间：2011年
内容摘要：本文探讨了贸易自由化如何激励企业的创新以及其对行业生产力的意义，创建了一个异质性企业和内部研发部门进行国际贸易的互惠倾销模型。在没有进入的短期内和有自由进入的长期内，贸易成本低时，贸易自由化增加研发总量；贸易成本高时，降低研发总量。贸易成本下降时，行业生产率上升。

Name of Article: An Assessment of the Europe Agreements' Effects on Bilateral Trade, GDP and Welfare

Name of Journal: European Economic Review

Author: Peter Egger; Mario Larch

Publication Date: 2011

Abstract: The so-called Europe Agreements had been enacted in the 1990s to initiate the integration of goods markets between the 15 EU incumbent economies as of 1995 and 10 potential entrants located in Central and Eastern Europe. This paper evaluates the trade, GDP, and welfare effects of these agreements by means of structural analysis of a bilateral trade flow model. The results support three conclusions. First, the agreements exerted significant positive effects on goods trade between the EU15 incumbents and the CEEC and, at the same time, they induced trade redirection from other countries. Second, EU15 GDP responded by an increase of much less than 1% while that in the 10 CEEC increased by several percent in response to the agreements. Third, the effects on welfare were moderate in the EU15 but amounted to more double-digit percentage changes in the involved CEEC.

文章名称：欧洲协议对双边贸易、GDP以及国家福利的影响评估

期刊名称：欧洲经济学评论

出版时间：2011年

内容摘要：为了整合15个欧盟经济体（1995年）以及10个位于中欧和东欧的潜在成员国（CEEC）的商品市场，20世纪90年代颁布了欧洲协议。本文通过对双边贸易流模型的结构分析，评估了欧洲协议对双边贸易、GDP以及国家福利的影响。主要结论有三点：首先，欧洲协议对15个欧盟经济体以及CEEC成员国的产品贸易具有重要的积极意义，并且，促使周边国家对贸易进行重新定位。其次，15个欧盟经济体于此产生的经济增长远小于1%，而10个CEEC成员则有数个百分点的增长。最后，欧洲协议对15个欧盟经济体国家福利的影响较为温和，但是对CEEC成员国福利的影响呈两位数的增长。

Name of Article: Buyer – Seller Relationships in International Trade: Evidence from U. S. States' Exports and Business – Class Travel

Name of Journal: Journal of International Economics

Author: Anca D. Cristea

Publication Date: 2011

Abstract: International trade has become increasingly dependent on the transmission of complex information, often realized via face – to – face communication. This paper provides novel evidence for the importance of in – person business meetings in international trade. Interactions among trade partners entail a fixed cost of trade, but at the same time they generate relationship capital, which adds bilateral specific value to the traded products. Differences in the face – to – face communication intensity of traded goods, bilateral travel costs and foreign market size determine the optimal amount of interaction between trade partners. Using U. S. state level data on international business – class air travel as a measure of in – person business meetings, I find robust evidence that the demand for business – class air travel is directly related to volume and composition of exports in differentiated products. I also find that trade flows in R&D intensive manufactures and goods facing contractual frictions are most dependent on face – to – face meetings.

文章名称：国际贸易中的买卖关系：源自美国出口及商务旅行的实证

期刊名称：国际经济学杂志

出版时间：2011 年

内容摘要：国际贸易越来越多地依赖于复杂信息的传递，这往往通过面对面的交谈来实现。本文为面对面商务会议在国际贸易中的重要性提供了新的证据。贸易伙伴间的交流需要一定的成本，但与此同时产生的关系资本为贸易产品增加了特殊价值。面对面交流的强度、双边旅行成本以及外贸市场规模等不同因素决定了贸易伙伴间的最佳的互动频次。通过使用美国国际商务航空旅行的州级数据来衡量面对面商务会议，作者发现航空商务旅行的需求与不同出口商品的量和组成有着直接的关系。作者还发现，研发密集型制造产业间的贸易以及存在契约矛盾的产品这两者最需要面对面商务会议。

第三章 国际贸易学学科 2011 年出版图书精选

第一节

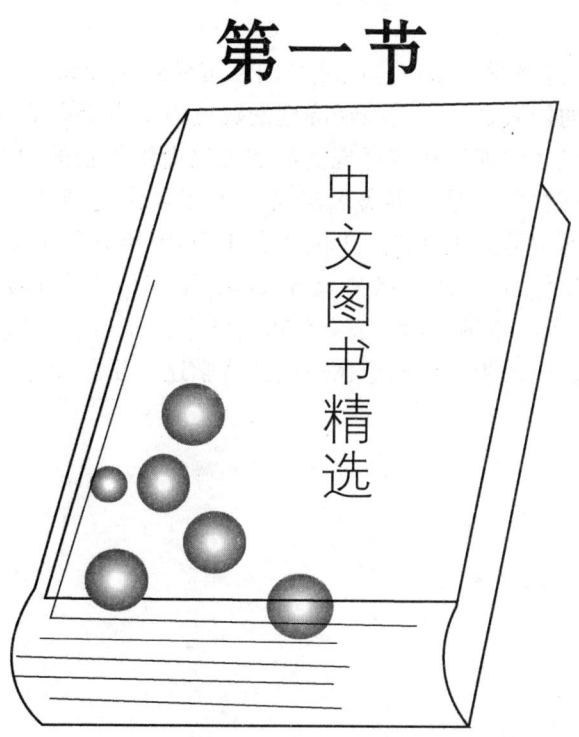

中文图书精选

书名：空间经济学：城市、区域与国际贸易

作者：藤田昌久（Masahisa Fujita），保罗·克鲁格曼（Paul Krugman），安东尼·J. 维纳布尔斯（Anthony J. Venables），梁琦（译者）

出版社：中国人民大学出版社

出版时间：2011年2月1日

内容提要：《空间经济学：城市、区域与国际贸易》主要讲述空间经济学已成为当代经济学中最激动人心的领域之一，空间经济理论被视为不完全竞争与收益递增革命的第四次浪潮，它为人们研究区位理论和解释现实经济现象提供了新的视角和方法。《空间经济学：城市、区域与国际贸易》是世界著名经济学大家合作之结晶，正是由于《空间经济学：城市、区域与国际贸易》的出版，3位作者于2001年获得了亚洲最具影响力的"日经奖"；而藤田昌久和保罗·克鲁格曼又于2002年双双获得国际区域经济科学协会（RSAI）所设立的第一届"阿隆索奖"。《空间经济学：城市、区域与国际贸易》已被翻译为多种文字在世界各国出版，任何想在空间经济学这一乐园流连或耕耘者，无疑都应该研读这部经典巨著。

书名：国际贸易学说史
作者：李俊江，史本叶等
出版社：光明日报出版社
出版时间：2011年9月1日

内容提要：《国际贸易学说史》主要讲述国际贸易学说史，即关于国际贸易学说产生和发展的历史。《国际贸易学说史》专门研究经典国际贸易学说的产生背景、主要观点、发展脉络、经典文献和历史影响等内容，主要包括：重商主义学说、自由竞争时期的保护贸易学说和自由贸易学说、马克思主义国际贸易理论、赫克歇尔和俄林的要素禀赋理论、凯恩斯的国际贸易理论、普雷维什的"中心—外围"理论、产业内贸易理论、克鲁格曼的新贸易理论、杨小凯的新兴古典贸易理论、梅里兹和安特拉斯的新新贸易理论等。《国际贸易学说史》突出国际贸易学说演化线索的梳理、主要观点的阐释、代表性经济学家的介绍以及经典文献的导读，可以作为国际贸易专业研究生和相关研究人员的参考读物。

书名：国际贸易与国际金融
作者：尹忠明
出版社：西南财经大学出版社
出版时间：2011年4月1日

内容提要：MBA系列教材《国际贸易与国际金融（第五版）》对西方古典国际贸易理论、现代国际贸易理论和第二次世界大战后的当代国际贸易理论以及保护贸易理论做了概括性的评述。主要内容包括：国际贸易理论，国际贸易合同的磋商与履行，国际贸易合同条款，国际市场经营策略，世界贸易组织与中国等。本书指出，随着资本主义商品生产的不断发展，西方资本主义国家的对外贸易也日益扩展。这种经济现象反映在经济理论上，形成了各种各样的国际贸易理论。

书名：国际物流管理
作者：柴庆春（编者）
出版社：北京大学出版社
出版时间：2011年9月1日

内容提要：《国际物流管理》从分析企业如何在经济全球化中获利出发，讨论一个走向全球化的国际企业可能面临的物流管理的问题。《国际物流管理》分3个部分对国际物流管理理论、方法、技术进行系统的介绍，并分析如何运用这些理论和方法帮助企业在国际化进程中实现利益最大化。第一部分讨论了国际企业获利的途径以及面临的国际物流管理的挑战，介绍了国际贸易与国际物流的关联以及国际物流管理者必备的有关国际单证和贸易结算的知识；第二部分全面分析了国际物流管理的各项职能，包括国际采购管理、国际货物运输管理、国际港口、国际货物运输保险管理、国际仓储管理、海关作业、国际货物的包装和检验检疫及国际物流信息系统等；第三部分旨在培养国际物流管理者的综合管理能力，介绍了国际区域物流、国际物流规划与管理以及国际物流发展的最新趋势等内容。

《国际物流管理》定位于管理专业的读者，运用管理学理论和市场营销理论分析国际物流管理中涉及的成本、收益、效率等问题，融合国际贸易理论和国际直接投资理论，讨论企业国际化过程中的物流管理问题。《国际物流管理》可作为物流管理专业本科生的教材，也可以作为管理学研究生或MBA相关专业的教学参考书。对于来自企业从事国际物流管理实践的读者，《国际物流管理》提供的基本理论框架和丰富的案例可供参考和学习。

书名：我国文化产业"走出去"发展研究：基于文化产品和服务的国际贸易视角

作者：陈伯福

出版社：厦门大学出版社

出版时间：2011年11月1日

内容提要：《我国文化产业"走出去"发展研究：基于文化产品和服务的国际贸易视角》在归纳和整理现有相关理论和文献研究的基础上，进一步阐明了文化产业、文化产品和服务等基本概念的经济学内涵，以及我国文化产品和服务贸易发展的状况、发达国家文化产品和服务贸易发展的国际经验和启示，从文化产品和服务的国际贸易视角提出了中国文化产业实现超常规发展的战略构想。最后也提出了加快我国文化产品和服务贸易发展、缩小和拉平与国外文化产业发达国家文化贸易逆差的对策建议。

书名： 走向上海国际贸易中心
作者： 张泓铭，尤安山等
出版社： 上海社会科学院出版社
出版时间： 2011年5月1日

内容提要：《走向上海国际贸易中心（从纽约、东京、新加坡、香港到上海）》由张泓铭、尤安山等著。在构建国际贸易中心的总体框架下，上海既会体现出规划元素的共性，也一定会具有自身特色的灵魂，所谓"天机云锦用在我，裁剪妙处非刀尺"，带着中华神韵的东方之珠，跻身国际贸易中心之列将指日可待。在此过程中，上海一定会率先成为中国新阶段发展方式转变的火车头和财富集聚的倍增器。在引领发展方式转变的征程中，在大力增强综合国力的目标下，上海必将成为我国人与自然关系和谐的新型增长极，构建我国人与人关系和谐的社会公平模式，从而实现科学发展、文明发展与可持续发展，进一步成为整体实现可持续发展的世界级示范区。本书主要内容包括：现代国际贸易中心的发展现状与趋势、纽约国际贸易中心的确立与转型、东京国际贸易中心的演变与启示等。

书名：国际贸易摩擦新问题及中国对策研究
作者：蔡春林
出版社：对外经济贸易大学出版社
出版时间：2011年7月1日

内容提要：《国际贸易摩擦新问题及中国对策研究》的研究目的是分析经济全球化背景下，世界经济的周期性波动、国与国之间经济实力对比的变化带来的国际经贸格局的变化，以及由此所产生的经贸利益变动所带来的国际贸易摩擦新问题及我国对策。本项目研究意义主要体现在：①从国家战略层面来看，是"保增长、保就业"的需要，是实现"包容性增长"的需要，是在全球范围内抵制贸易保护主义的需要。②中国已经成为全球第一出口大国，经济总量仅次于美国。贸易在我国经济增长中的贡献度已占40%～50%，但贸易摩擦同时也直接影响我国的经济安全，甚至政治安全。③当今国际贸易发展呈现出新的特点，贸易利益格局的变化、利益关系的变化、贸易内容和形式的变化导致互动性贸易摩擦出现，并且随着中国、印度、俄罗斯和巴西等国家逐渐成为国际贸易积极参与者，也带来了贸易摩擦的动态变化。在此背景下，中国如何处理贸易摩擦就显得越发重要。④贸易国之间的关系因为全球化而发生变化，国与国之间经贸关系变化导致经济政治关系变化，经济政治关系又影响着经贸关系。中国与发展中国家存在争资金、争技术和争市场的冲突，而与发达国家又存在着货物贸易自由化的利益一致性，如果中国这种贸易摩擦的动态变化再用传统的方法处理显然不合时宜。⑤贸易摩擦已从单纯的企业间单一产品的争议扩大为针对某一产业的争议。贸易摩擦同时由企业微观层面向宏观体制、制度层面延伸。因此，要从产业安全、经济安全、气候变化与环境、发展战略对抗等全新视角研究国际贸易摩擦新问题。

书名：新编国际货物运输与保险（修订第二版）
作者：应世昌
出版社：首都经济贸易大学出版社
出版时间：2011年8月1日

内容提要：《新编国际货物运输与保险（修订第二版）》围绕国际运输对象和国际货运保险标的的国际贸易货物，系统地阐述了国际货物运输、国际贸易和国际货物运输保险的基本理论、法律规定及它们在实践中的具体运用，并在揭示三者之间的有机联系的基础上，对有关国际公约、规则和惯例做了详细的分析。尤其是通过对中英两国货物运输保险条款的逐条诠释和比较，反映出我国货运保险市场应加快与国际保险市场接轨的步伐，以更好地为我国迅猛发展的进出口贸易和国际货物运输提供保险服务。《新编国际货物运输与保险（修订第二版）》的特色可归纳为：一是学术性强，二是叙述深入浅出，三是注意比较分析，四是重视理论研究与实用性相结合。《新编国际货物运输与保险（修订第二版）》既能供国内高等院校的外贸、航运和保险等专业作为教材选用，也能供上述行业的理论工作者和专业人员在研究和业务工作中参考使用。

书名：中国对外贸易概论（第2版）
作者：阎志军（编者）
出版社：科学出版社
出版时间：2011年8月1日

内容提要：《中国对外贸易概论（第2版）》主要描述改革开放30余年来，在经济迅猛增长的同时，中国对外贸易也飞速发展，成为了全球第一大出口国和第二大贸易国。自加入世界贸易组织以来，中国对外贸易政策、体制及法规等均进行了一系列调整，已基本实现与国际贸易体系接轨。《中国对外贸易概论（第2版）》紧密联系中国"入世"以来对外贸易的发展现实，对中国对外贸易发展情况及有关理论与政策问题进行了概述总结。

《中国对外贸易概论（第2版）》由阎志军主编，共分为10章，主要内容包括中国对外贸易发展概述、发展对外贸易的理论依据、对外贸易发展战略、对外贸易体制改革、对外贸易管理、对外贸易促进、技术贸易、服务贸易、对外贸易关系、对外贸易的有关问题等。

《中国对外贸易概论（第2版）》具有篇幅适中、内容新颖、体系完整、贴近实际等特点，并配备教学课件，可作为高等院校国际经济贸易类专业本科学生以及其他经济与管理类专业学生的教材使用，也可作为国际经济贸易领域相关工作人员的培训用书和参考读物。

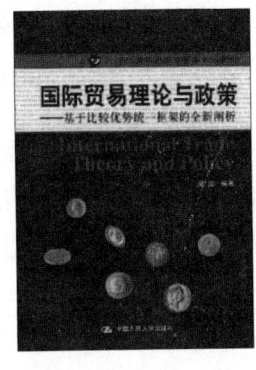

书名：国际贸易理论与政策：基于比较优势统一框架的全新阐析
作者：梁坚
出版社：中国人民大学出版社
出版时间：2011 年 3 月 1 日

内容提要：《国际贸易理论与政策：基于比较优势统一框架的全新阐析》的最大特征就是打破了已出版的国际贸易教科书通用的国际贸易主流理论既定知识框架，将历来散乱、割裂的主流贸易理论各部分内容全部统一在一个完整的比较优势理论框架之下。

《国际贸易理论与政策：基于比较优势统一框架的全新阐析》的主要特点体现为以下几个方面：

（1）理论体系更加统一完美。与已出版国内外国际贸易理论教科书不同，《国际贸易理论与政策：基于比较优势统一框架的全新阐析》将所有的自由贸易主流理论，包括古典贸易理论、新古典贸易理论和当代贸易理论全部统一在比较优势理论的统一框架之下，并进行了较为完美的视角整合。经过这样的处理，国际贸易主流理论知识框架就变成了有两个层次的高度简洁版本。第一个层次解析国际贸易产生的原因是各国比较优势的差异。第二个层次接着解析各国比较优势差异产生的原因。第一个层次的主要内容就是李嘉图的比较优势理论。第二个层次的主要内容则包括了新古典贸易理论和当代贸易理论。导致一个国家拥有某个特定产业上比较优势的原因，可以是要素禀赋的差异，可以是由于生命周期进入了吻合本国充裕要素禀赋的阶段，可以是本国的主流需求培育相应产业的结果，也可以是本国发挥了特定产业规模经济的产物。

（2）所有的理论都使用了更加明晰和完整的语言进行了表述。像李嘉图的比较优势理论，《国际贸易理论与政策：基于比较优势统一框架的全新阐析》将其表述成"每个国家都拥有具有比较优势的产业；各自按照自己的比较优势参与国际贸易和分工，各国的福利就都能够从中得到提高"。这样的重新表述有利于学生清晰、完整地理解李嘉图比较优势理论中包含着的两个层次的内容。第一个层次说明每个国家都必定拥有自己具有比较优势的产业；第二个层次说明按照比较优势参与贸易都能够提高本国的福利。

（3）知识体系更加完整。《国际贸易理论与政策：基于比较优势统一框架的全新阐析》包括了比较优势动态变化和国家发展路径、要素贸易与移民租金等主要新内容，更加贴近现实，并进行了理论的展开。又比如通常的教科书把罗伯津斯基定理安排在新古典贸易理论之中，《国际贸易理论与政策：基于比较优势统一框架的全新阐析》则把它当作解析"荷兰病"的工具，安排在第六章"经济增长与国际贸易"中。按照多年以来的教学经验，至少笔者认为，这样的调整更加有利于学生对于该定理的理解和把握。

（4）对最主要的理论都做了严密的数学推理，包括贸易的必要充分条件、要素禀赋理论、斯托尔珀—萨缪尔森定理等，都做了严密的数学推理。相信这可以为有心的学生提供一条深入学习的途径。

《国际贸易理论与政策：基于比较优势统一框架的全新阐析》在总体构成上，包括两大部分。第一部分是贸易理论，包括主流的自由贸易理论和非主流的贸易保护理论；第二部分是贸易政策。

书名：区域贸易协定对 FDI 影响的空间竞争效应研究
作者：武娜
出版社：南开大学出版社
出版时间：2011 年 8 月 1 日

内容提要：武娜编著的《区域贸易协定对 FDI 影响的空间竞争效应研究》是教育部人文社会科学青年基金项目"亚太地区 RTA 格局与 FDI 的空间竞争效应研究"的研究成果。本书共 8 个章节，内容包括绪论、区域经济一体化与国际直接投资的理论综述、RTA 与 FDI 的发展现状、知识—物质资本模型及数值模拟、亚太地区的经济一体化进程等。本书可供相关人员参考阅读。

书名：国际图书与版权贸易
作者：尹章池，张麦青，尹鸿
出版社：武汉大学出版社
出版时间：2011年3月1日

内容提要：《国际图书与版权贸易》以出版国际化为背景，突出媒介融合传播环境下版权资源利用与开发的新特征，吸收版权贸易的新成果，概述版权贸易和图书贸易的主要内容与操作要点；重点阐明国际图书与版权贸易现状与发展趋势，国内图书进出口贸易的建立和发展，WTO与中国图书的国际化；图书版权贸易的基本理论，版权代理与经纪，版权贸易的相关法律与争端解决；版权贸易合同与版权价格，引进图书版权的程序与合同，销售图书版权的程序与合同，引进版图书的市场营销，网络版权保护与开发利用等内容。本教材是出版学专业必修课的专门教材，适用于新闻学与传播学、图书馆学、情报学、档案学的本科生课程教学，同时也可用于新闻出版领域从业人员的培训，还可以作为传播学专业研究生课程的教学用书或参考资料。

书名：汽车商品国际贸易
作者：宫焕久（编者）
出版社：机械工业出版社
出版时间：2011 年 6 月 1 日

  内容提要：《汽车商品国际贸易》在介绍汽车商品和汽车市场特点、中国政府加入 WTO 关于汽车商品对外贸易的承诺等内容的基础上，重点介绍汽车商品进出口业务流程贸易术语、交易磋商、进出口检验检疫、通关、涉外税收、装运、运输保险、价格与业务核算、货款的支付、合同的履行、索赔、仲裁、外汇核销管理等业务操作知识。本教材以汽车商品贸易知识为基础，同时结合一般商品交易知识。《汽车商品国际贸易》可作为汽车商品对外贸易等服务类专业或相关专业学生的教材，也可以作为从事汽车商品国际贸易的业务人员的学习参考。

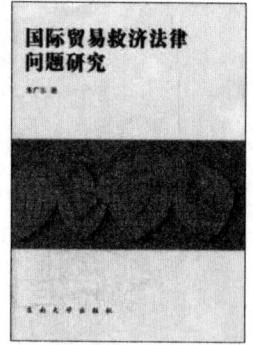

书名：国际贸易救济法律问题研究
作者：朱广东
出版社：东南大学出版社
出版时间：2011年12月1日

内容提要：朱广东编著的《国际贸易救济法律问题研究》共分10章，针对当前国际贸易救济面临的热点问题、新问题，就贸易救济规则的谈判和贸易争端的解决，以及我国的因应之策等，进行了深入的分析，对产业界、对外贸易界以及法学界、政府工作人员等，颇有参考价值。

书名：中国粮食国际贸易政府管制研究
作者：尤利群
出版社：经济管理出版社
出版时间：2011 年 9 月 1 日

内容提要：本书的基本思路与视角：从管制经济学的角度，分析论证中国粮食国际贸易政府管制存在的机理，得出管制必要性结论；从粮食产业的角度，确定粮食产业战略目标、产业特征和管制方式；从国际贸易的角度，分析粮食国际贸易不同管制方法的内涵、福利影响及适用性；从战略制定的角度，提出在管制战略目标约束下兼顾各方利益前提下的管制策略；从政策的角度，在借鉴各国经验的基础上，结合中国具体情况，有针对性地提出中国粮食国际贸易管制政策建议。

本书的主要内容由 6 章组成。第 1 章为导言，主要介绍研究背景、研究目的和意义、国内外研究动态、研究思路和方法；第 2 章为概念界定和理论基础，为后续研究打基础；第 3 章为中国粮食国际贸易管制环境与战略，主要分析中国粮食国际贸易管制环境，在环境分析的基础上提出粮食国际贸易政府管制战略体系；第 4 章为粮食国际贸易管制方法及策略，详细研究粮食国际贸易数量、价格和质量管制方法，提出粮食国际贸易管制可选择策略；第 5 章为中国粮食国际贸易管制政策设计，在研究中国粮食国际贸易基本情况基础上，借鉴国外粮食国际贸易管制经验，提出中国粮食国际贸易管制原则和政策建议；第 6 章为结论与展望。

书名：金融危机后的世界经济：重大主题与发展趋势
作者：张幼文等
出版社：人民出版社
出版时间：2011年8月1日

内容提要：本书系统研究了2008年起源于美国的国际金融危机对世界的深远影响，全面涉及了金融危机冲击下世界经济格局的变化与美国国际经济地位的变化，危机后国际货币体系改革与国际金融合作的新主题，各国金融改革与国际金融市场发展的新趋势，国际贸易关系中的新问题，国际直接投资的新特点，主要国家和地区发展战略的调整，以及由此提出的全球治理与国际经济合作的新问题，是一部从世界经济的理论视角对这场金融危机进行全面审视的专业性学术著作，对世界经济基础理论研究与在新的国际条件下对外开放战略的研究都有重要的参考价值。

第二节

英文图书精选

经济管理学科前沿研究报告

Title: In the National Interest: Canadian Foreign Policy and the Department of Foreign Affairs and International Trade, 1909~2009
Author: Greg Donaghy; Michael K. Carroll
Publisher: University of Calgary Press
Publication Date: 28th May, 2011

书名：国家利益：加拿大对外政策与外交部（1909~2009）
编者：Greg Donaghy; Michael K. Carroll
出版社：University of Calgary Press
出版时间：2011年5月28日
内容简介：加拿大扮演着世界强国的角色，拥有着国际视野和格局，很大程度上是由其外交部不断变换的政策和个性塑造的。这本让人不忍释卷及发人深省的书，集齐了15位历史学家和政治学家，共同讨论了一个世纪以来的关于加拿大外交部对其国家利益的定义和探索。在"国家利益"部分还提供了一个讨论有关加拿大现在和未来在国际舞台中所扮演的角色的平台。行政和政策历史的独特结合使"国家利益"章节显得独具代表性。

Title: The Prospects of International Trade Regulation: From Fragmentation to Coherence
Author: Thomas Cottier; Panagiotis Delimatsis
Publisher: Cambridge University Press
Publication Date: 14th April, 2011

书名：国际贸易条例的前景：从分裂到一致性
编者：Thomas Cottier; Panagiotis Delimatsis
出版社：Cambridge University Press
出版时间：2011年4月14日

内容简介：长久以来，关贸总协定作为一个独立的条例而存在。由关税壁垒到非关税壁垒的演进使其不断发生与其他领域规则的重叠。世界贸易组织的相关规定越来越多地与其他法律与政策领域，包括环境保护、农业政策、劳动标准、投资、人权和区域一体化相互影响。在这种背景下，本书通过一系列广泛跨领域协议来检验国际贸易协议中的条款。为此，它使用了一个基于使不同政策目标和领域达到更大合作的一致性理论框架，从而把多边贸易体系嵌入更广泛的国际经济、法律和关系的框架。它会吸引那些对前瞻性问题尤其是国际贸易议程中最关注问题讨论感兴趣的人。

Title: The European Union and Democracy: The Impact on International Trade
Author: Doris Schern hammer
Publisher: VDM Verlag
Publication Date: 21st April, 2011

书名：欧盟和民主：对国际贸易的影响
编者：Doris Schern hammer
出版社：VDM Verlag
出版时间：2011 年 4 月 21 日

内容简介：多种不同决定因素影响国家间的贸易流动。这本书分析了民主对国际贸易的影响，并且特别强调了欧盟协议特别是用来帮助候选国家稳定与联合进程，以他们自己的方式进入欧盟。重力模型被用来证明经验证据。除了标准重力模型变量，那些最重要的贸易协定（WTO、北美自由贸易协定、南方共同市场、东盟）、欧盟协会协议（AA）与稳定联合协议（SAA）的影响都得到检验。欧盟与克罗地亚谈判进程的例子能够帮助理解欧盟是如何通过权利扩展和贸易来促进民主的。因此，这本书也讨论了以下问题：民主对国际贸易是否有积极作用？欧盟是否只同满足一定程度民主的国家进行贸易？最后，欧盟与第三国之间的贸易协定是否能促进这些国家的民主？

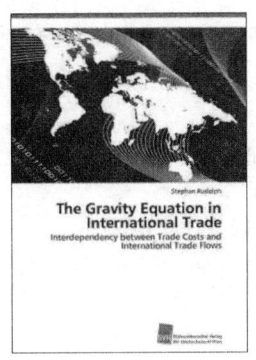

Title: The Gravity Equation in International Trade
Author: Stephan Rudolph
Publisher: Sudwestdeutscher Verlag Fur Hochschulschrifte
Publication Date: 9th September, 2011

书名：国际贸易的重力方程
编者：Stephan Rudolph
出版社：Sudwestdeutscher Verlag Fur Hochschulschrifte
出版时间：2011年9月9日

内容简介：重力方程或许是国际经济领域用来解释和估测贸易流动最重要的工具。然而，由于重力方程对政治决策很重要，所以通过实际应用获得可靠结果显得尤为重要。本书就某些令人难以置信的措施展开了探讨，方法围绕那些经常出现的贸易成本代理对出口的影响，特别是那些过去的方法。这项研究的目的是对引力方程的实证应用做出阐释。一个新的内生交易费用理论表明，冰山交易成本可能依赖于出口。出口和贸易成本之间的相互作用导致了同时性问题，此外，这个理论可以用另一个计量经济学策略估算重力方程后得到确定：联立方程系统，它使用了基于理论的、能够弥补不可直接估量的贸易成本的指标。同时性方法及双边和多边贸易成本建立数据的使用，可用于估算变量影响出口下降的直接效果。

Title: Impact of Genetically Modified Organisms on International Trade
Author: Debadyuti Banerjee
Publisher: LAP Lambert Academic Publishing
Publication Date: 9th Februarg, 2011

书名：转基因生物对国际贸易的影响
编者：Debadyuti Banerjee
出版社：LAP Lambert Academic Publishing
出版时间：2011年2月9日
内容简介：新技术在带来利益的同时，也带来了新的问题。生物技术在基因改造生物方面带来了新颖的变化。直到现在，商业上可行的应用主要集中在农业领域。在印度10亿多居民中，约59%的人从事农业工作，农业起着相当重要的作用。对转基因生物的批评首先出现在欧洲，欧洲曾对转基因生物实行严格监管。印度关于通用作物的实验始于2007年，引入抗虫棉，不幸失败，许多人声称，这导致了贫困农民的自杀。从以上的角度来看，像我们这样的发展中国家，转基因生物的问题将导致几个跨国公司组成卡特尔，造成提价并改变当地的种植方法。因此，本文的重点是在发展中经济体如印度的背景下，在国际贸易中研究转基因有机物的影响和规则，还特别探讨了通过加入利益团体和利益共享的渠道来获取基因资源。

Title: International Trade and Competition in Integrated Markets
Author: Zelha Altinkaya
Publisher: LAP Lambert Academic Publishing
Publication Date: 7th July, 2011

书名：在综合市场中的国际贸易和竞争
编者：Zelha Altinkaya
出版社：LAP Lambert Academic Publishing
出版时间：2011年7月7日
内容简介：传统贸易理论认为，如果国家出口的产品是具有比较优势的产品，那么通过贸易实现福利增长，贸易双方都会获益。这一理论主要基于完全竞争市场的假设。然而，很多的研究分析已经表明，大多数国家交易的产品类似，并且很大一部分市场呈现出不完全竞争的特征。新贸易理论认为，在不完全竞争市场下实施的战略策略可能会比在完全市场中产生更多的收益。政府在不完全竞争市场条件下可能会支持基于博弈论的战略措施。得到支持的公司和行业可能更成功，并且可以转移存在于国外市场中的超利润。另外，取消不完全竞争市场的关税可为国内市场提供更具竞争性的市场结构并规范超额利润。本书特别对土耳其的家电行业进行了分析。

经济管理学科前沿研究报告

Title：International Trade Opportunities
Author：Pavla Vondrakova
Publisher：LAP Lambert Academic Publishing
Publication Date：24th January，2011

书名：国际贸易机遇
编者：Pavla Vondrakova
出版社：LAP Lambert Academic Publishing
出版时间：2011年1月24日

内容简介：柬埔寨位于东南亚，是一个低收入国家。它属于世界上最贫穷的国家之一。撇开这一事实和其波折的政治历史，它则是一个高速发展中国家，并具有对外贸易的发展潜力。这本学术著作对柬埔寨整个社会经济和其他相关环境进行了分析，针对最具潜力的行业或商品提出了建议，并确定了捷克和柬埔寨之间的长远简易的贸易合作与商业发展。作者通过参照德国与欧盟之间的贸易，比对柬埔寨与捷克之间的贸易，发现了一些有趣的事实。本书为希望开拓柬埔寨贸易的商业实体、机构、投资者和出口者提供了有价值的信息。

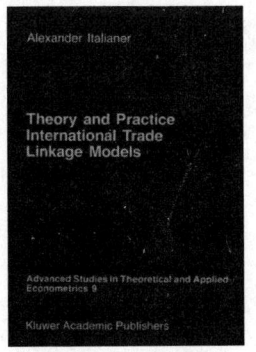

Title: Theory and Practice of International Trade Linkage Models
Author: Italianer A.
Publisher: Springer
Publication Date: 25th December, 2011

书名：国际贸易链模型的理论与实践
编者：Italianer A.
出版社：Springer
出版时间：2011 年 12 月 25 日
内容简介：本书大部分的写作是在天主教鲁汶大学完成的。第 1 章是关于链模型的大体介绍，它包括一些数学内容。第 2~4 章使用了更多基础的数学知识，并且对链接模型的几个方面进行了相关推导、解释和推算。第 2 章对进口分配的理论模型进行了研究，第 3 章对替代弹性的问题进行了定义和解释，第 4 章则涉及有关带有线性限制的多变量模型评价的经济学问题，如进口分配模型。

Title: Multinational Companies Business Strategies in Developing Countries
Author: Camilla Ackermann
Publisher: LAP Lambert Academic Publishing
Publication Date: 20th March, 2011

书名：跨国公司在发展中国家的商业策略
编者：Camilla Ackermann
出版社：LAP Lambert Academic Publishing
出版时间：2011 年 3 月 20 日

内容简介：在过去的几年里，在发展中国家谋取商业利益的跨国企业的数量增多。一些人提议，跨国公司的投资可以用于扶贫，但有关跨国公司在萧条市场中的商业策略的学术文献却寥寥无几。跨国公司通过对发展中国家市场的直接投资参与各种活动，但传统的商业模式远不能适应新的市场情况。本书分析了贫困的特征，探索了国外直接投资的前景并且为跨国公司进入萧条市场发展评估了 3 种新的商业模式。通过对商业策略的分析，对跨国公司在发展中国家扶贫提出了 5 个方针。通过遵循 5 个方针，跨国公司可以创建新的竞争优势，并形成包括穷人在内的可持续发展企业。本书的分析能够为在萧条市场中寻找商机的企业提供指导，并且特别适用于国际贸易和战略领域的专业人士及考虑在发展中国家开展业务的人士。

Title: Multinational Oil Companies' Globalization
Author: Gach Z. Maya; Juan Carlos
Publisher: LAP Lambert Academic Publishing
Publication Date: 16th September, 2011

书名：跨国石油公司的全球化
编者：Gach Z. Maya; Juan Carlos
出版社：LAP Lambert Academic Publishing
出版时间：2011年9月16日
内容简介：如今跨国公司是国际经济体系中最先进的经济组织，并且无疑是国际关系中的主角。这些公司的扩张主要是通过开设子公司实现的，然而，在某些情况下也会通过给当地企业授予生产许可证或是间接或直接通过国际与公司内部贸易来达到。不论在发达国家还是发展中国家，这样的公司遍及全球。在国家保护和国际金融机构的帮助下，跨国公司扩大了他们的势力范围。跨国公司通过合资或兼并成功"走向世界"，即通过地缘经济战略，来实现扩张和变强。

Title: Illicit Trade and the Global Economy
Author: Claudia Costa Storti; Paul De Grauwe
Publisher: MIT Press (MA)
Publication Date: 16th December, 2011

书名：非法贸易和全球经济

编者：Claudia Costa Storti；Paul De Grauwe

出版社：MIT Press（MA）

出版时间：2011年12月16日

内容简介：国际贸易在战后时期扩张显著——中国、俄罗斯、印度和东欧各国的开放使扩张加速——非法国际贸易增长紧随其后。本书使用经济学工具来探究贩毒、走私和集团犯罪这些非法活动引发的经济、政治和社会问题。本书考虑了非法毒品市场的几个方面：一是毒品纯度、价格和风险之间有时令人费解的关系；二是全球化对海洛因和可卡因市场的影响，该影响利用数学模型和英国的经验数据来评估；三是柯特的传播，该精神药品作为蔬菜被合法进口到英国；四是"毒品战争"对生产和消费国家经济的影响。其他章节则讨论了集团犯罪的隐藏资金流动、国际贸易里的走私模式、伊朗的非法交易活动，以及意大利黑手党之流的犯罪对国外直接投资的影响。

Title: The WTO and Its Development Obligation: Prospects for Global Trade
Author: Elimma C. Ezeani
Publisher: Anthem Press
Publication Date: 1st October, 2011

书名：WTO 及其发展义务：全球贸易前景
编者：Elimma C. Ezeani
出版社：Anthem Press
出版时间：2011 年 10 月 1 日

内容简介：《WTO 及其发展义务：全球贸易前景》一书正面评价了 WTO 坚持的长期发展义务。作者不仅仅强调了发展中国家一体化过程中的问题，还综合分析了阻止发展中国家在参与全球贸易中获益的潜在因素。作者评定了当前 WTO 和争端解决机构"以发展为基础"的方案的有效性，并强调了认识到全球贸易的潜在利益对发展中国家的重要性。通过说明有组织的全球贸易开端和探究将早期经济原理应用到现代环境中的基本限制条件，来强调其反对区别化对待发展中国家的观点。

Title: The Fair Trade Revolution
Author: Thomas Kollner
Publisher: Taylor & Francis Ltd.
Publication Date: 17th June, 2011

书名：公平贸易革命
编者：Thomas Kollner
出版社：Taylor & Francis Ltd.
出版时间：2011年6月17日

内容简介：利用自然资源来满足全球不断增长的商品和服务消费会给生态带来严重后果。除了未来50年的粮食消费预期翻番，增长的生物燃料和其他商品的贸易构成了全球性挑战，因为主要部门（即矿业、渔业、水产养殖业、林业和农业）的经济活动会破坏生物多样性和生态系统服务。该问题应该被纳入决策制定的考虑范围内，这些决策影响着全球价值链，该链联系着消费者、零售商、加工者和南北方的生产者。本书涵盖了生态系统服务和全球贸易的论题，并由4个主要部分组成。第一部分从生态、经济和政治的角度给出了理论框架。第二部分探讨了来自农业生产、林业生产和渔业生产的国际贸易化生物物理商品如何转化成一个土地、淡水和海洋生态系统的虚拟流水线作业模式。第三部分介绍了两种广泛使用的会计工具（生命周期评估和绿色国民经济核算法），以此处理国际方面的生态系统服务。第四部分展示了标签、禁令，或对私人和公共部门生态系统服务收费这些手段是如何影响贸易格局和生态系统服务管理的。这对用于处理生态系统服务的全球变化科学做出了极大的贡献。本书阐述了全球生态系统服务给国际贸易带来的结果，并概述了会计工具和以市场为基础的政策手段，以此讨论国际贸易给生态系统服务带来的负外部性和正外部性。这本书极具创新性，因为它汇集了来自不同学科的研究成果，特别是工业生态学和生态系统科学，以及环境经济学和政治学。

Title: Internationalization of SMEs and Foreign Institutional Environment

Author: Anastasia Shalonya

Publisher: LAP Lambert Academic Publishing

Publication Date: 7th October, 2011

书名：中小型企业的国际化和国外制度环境

编者：Anastasia Shalonya

出版社：LAP Lambert Academic Publishing

出版时间：2011年10月7日

内容简介：中小企业国际化已经成为一个新的研究方向，越来越多的学者开始关注这一现象。目前，由于中小企业占欧洲企业的绝大多数，且国际化障碍正在减少，因而越来越多的研究人员开始研究中小企业的国际化问题。然而，外国制度环境对中小企业国际化影响的认识仍然十分有限。本研究致力于展示机构环境对中小企业国际化程度的影响，并通过检验国内环境来推动中小企业走向国际。不过，国内的制度环境会给企业走向国际化带来极大的挑战。要想成功地走向国际化，中小企业应该意识到挑战来源于不健全的发展机制，而对这些挑战的探索还十分有限。

第四章 国际贸易学学科 2011年大事记

本报告对2011年国际贸易学科相关的记录进行梳理，筛选比较重要的博览会或会议11场，分别是：2011年第二届中国（青岛）国际矿业博览会暨高层论坛（青岛矿博会）、第十届全国高校国际贸易学科协作组会议暨2011年中国国际贸易学科发展论坛、国际贸易与反倾销业务研究委员会2011年工作总结、国际商会银行委员会2011年秋季全球会议、ICC China 2011 贸易金融峰会、2011中国（宁夏）国际投资贸易洽谈会暨第二届中国·阿拉伯国家经贸论坛、2011年走向贸易强国之路学术峰会、2011年世界贸易组织第八届部长级会议、2011年印度国际贸易博览会、《2011年世界投资报告》、2011年第18届南非国际贸易博览会。

第一节 国内大事记

1. 2011年第二届中国（青岛）国际矿业博览会暨高层论坛（青岛矿博会）召开

2011年9月28～30日，第二届中国（青岛）国际矿业博览会暨高层论坛（青岛矿博会）在青岛举行。青岛矿博会是目前全球范围内参与最广的年度矿业盛会之一，也是矿业界精英广泛认可的国际性合作共赢平台。承办方青岛国际矿权矿产品交易市场自2004年以来多次举办国际性矿业会议，规模和影响不断扩大，每年都吸引了来自国内外各地区数千名矿业人士参展参会。

2010年青岛矿博会共吸引国内外参展单位300余家，参会总人数2000余人，集中反映了近年来矿业行业的发展历程，展示了最新科技成果和行业特色产品，不仅是一次客商云集、媒体关注、共享商机的盛会，更是一个增进了解、加强交流、促进招商合作的平台。

2011青岛矿博会包括展示交易、专题论坛、项目推介、合作洽谈、欢迎晚宴、参观考察六部分，涵盖煤矿、有色金属矿、黑色金属矿、非金属矿等矿权信息交流和矿产品展示交易，矿业项目融投资，矿业贸易，贵金属产品展示交易等整个上下游产业链。届时，将有来自世界主要矿业国家及国内知名的矿业企业、投融资机构、评估咨询公司、技术服务公司、设备公司等参展，同时将有来自国内外矿业界的政府官员、行业领袖、专家学者等就最新矿业政策、矿业行业发展趋势、矿业与资本市场、矿产品专题、贵金属交易、地质勘查、矿业技术与设备等议题展开深入研讨。

2. 第十届全国高校国际贸易学科协作组会议暨2011年中国国际贸易学科发展论坛召开

2011年10月29日，由全国高校国际贸易学科协作组主办、湖南大学经济与贸易学院承办的第十届全国高校国际贸易学科协作组会议暨2011年中国国际贸易学科发展论坛在湖南长沙举行。来自对外经济贸易大学、南开大学、湖南大学、厦门大学、中国人民大学、南京大学、复旦大学、上海交通大学、浙江大学、武汉大学、西安交通大学、华中科技大学、中山大学、北京师范大学、山东大学、上海财经大学、台湾政治大学、英国约克大学等近130所高校，中国社会科学、世界经济等7家杂志社，近360名国际经贸领域的专家学者出席了本次论坛。湖南大学副校长赖明勇主持开幕仪式。湖南省委常委、副省长郭开朗，国家商务部政策研究室主任张向晨，中国国际贸易学会会长王俊文，中央财经领导小组办公室财贸局局长张松涛，湖南大学校党委书记刘克利，全国高校国际贸易学科协作组秘书长、对外经济贸易大学副校长林桂军教授，南开大学副校长佟家栋，对外经济贸易大学副校长赵忠秀，中华国际经贸研究学会理事长、台湾政治大学教授胡联国，湖南大学经济与贸易学院院长张亚斌出席了论坛开幕仪式。

3. 国际商会银行委员会2011年秋季全球会议召开

2011年9月19日，中国国际商会宣布国际商会银行委员会2011年秋季全球会议于2011年10月24～28日在北京举行。这是中国自1994年底加入国际商会以来第一次举办此类会议，会议包括2011信用证、备用证与保函年会，ICC银行委员会专家组内部会议，ICC银行委员会秋季例会，贸易金融峰会等。会议主题为"大变革"，旨在研究在新的经济背景下，国际结算和贸易融资领域出现的新变化，以及该领域遇到的各种银行技术问题和最新实务案例，研讨最新国际惯例与规则，并对全球贸易发展方向和趋势做出分析与判断。

国际商会简称ICC，成立于1919年，总部设在巴黎，是世界上重要的民间经贸组织，ICC银行技术与惯例委员会会议是ICC的重要会议之一，于每年春季和秋季举办两次，会议主要对全球广泛关注的金融贸易、商法惯例、纠纷解决等问题进行探讨，对ICC起草和制定的有关经贸、法律规则进行修订和讨论，对国际结算和贸易融资领域的最新发展趋势和前沿成果进行交流。

4. ICC China 2011贸易金融峰会召开

2011年10月28日，由中国国际商会、国际商会中国国家委员会主办的ICC China 2011贸易金融峰会在北京举行。此次峰会是为期一周的国际商会银行委员会2011秋季全球会议的重要组成部分。中国国际贸易促进委员会、中国国际商会会长万季飞、中国银行业监督管理委员会主席刘明康、财政部副部长朱光耀、中国建设银行副行长胡哲一、招商银行副行长唐志宏等领导出席峰会并讲话。共有来自100多个国家的400多位代表出席了会议。参会代表积极发言，为贸易融资领域出现的问题建言献策。中国国际商会副会长、国际商会委员会副主席张燕玲致闭幕辞。

本次峰会共有 4 个论坛，议题分别为日新月异的全球贸易、亚洲商业与贸易展望、人民跨境贸易结算对国际贸易的推动作用和贸易融资前景展望。论坛内容丰富，聚焦全球贸易融资领域的重大议题，各国金融界、企业界、学术界、法律界专家积极参与讨论。

5. 2011 中国（宁夏）国际投资贸易洽谈会暨第二届中国·阿拉伯国家经贸论坛召开

由商务部、中国国际贸易促进委员会、宁夏回族自治区人民政府共同举办的"2011 中国（宁夏）国际投资贸易洽谈会暨第二届中国·阿拉伯国家经贸论坛"（简称"2011 宁洽会暨第二届中阿经贸论坛"），于 2011 年 9 月 21~25 日在银川举办。

以"传承友谊，深化合作，共同发展"为主题的"2011 宁洽会暨第二届中阿经贸论坛"由商务部、中国贸促会和宁夏回族自治区政府联合主办。会期内，将举办高峰论坛、会展博览、经贸洽谈和文化交流四大板块 34 个分项活动，为中国和阿拉伯国家及其他伊斯兰国家政府要员、商界精英和专家学者等提供了一个共商中阿经贸、金融、投资以及经济文化发展相关问题的高层对话平台，建立起宣传经贸政策与推介合作项目、开展多项互动与信息交流的国际性合作新机制。

6. 2011 年走向贸易强国之路学术峰会召开

国际贸易问题、国际商务杂志社于 2011 年 4 月 15~17 日在北京国家会议中心举办了走向贸易强国之路学术峰会，旨在认真思考和深入研究国际经济理论及对外经济实际工作中的一些重大问题。来自全国 70 余所院校和科研单位的约 140 名学者参加了这次学术会议，《国际贸易问题》和《国际商务》常务副主编郑宝银教授、中央财经大学国际经济贸易学院院长唐宜红教授分别主持了会议。参会者发言主题涉及 3 个方面：转变对外经济发展方式、走向贸易强国和国际贸易学术研究。

第二节 国外大事记

1. 2011 年世界贸易组织第八届部长级会议召开

世界贸易组织第八届部长级会议于 2011 年 12 月 15~17 日在瑞士日内瓦举行，2011 年 12 月 15 日下午，中国商务部部长陈德铭出席世界贸易组织第八届部长级会议开幕式并发言。会议在全球经济金融形势日趋复杂的情形之下，就"多哈发展议程"、"多边贸易机制的重要性"等议题展开讨论。

世贸组织部长级会议是该组织的最高决策机构，一般两年召开一次会议。俄罗斯、萨摩亚和黑山等将在本届部长级会议上成为世贸组织新成员。

2. 2011 年印度国际贸易博览会召开

在 2011 年 11 月 14~18 日，印度商工部和印度贸易促进组织在印度的新德里举办了 2011 年印度国际贸易博览会。印度国际贸易博览会是亚洲最大的贸易博览会之一，由印度官方举办，被誉为"印度的广交会"。自 1980 年以来，印度国际贸易博览会每年都在

11月14~27日在新德里举办为期两周的展会,展出面积约10万平方米,参展企业来自40多个国家,平均每年有来自92个国家约2300个代表团前往,专业观众近20万,普通观众500多万。历年来中国政府重视该展在促进中印双边贸易中的积极作用,每年展览期间,中国驻印度大使馆领导都会亲临展会现场,了解中国企业参展情况。近年来,我国许多企业连年参展,成交效果显著,它代表了工业的发展、技术的进步及国际化进程。

展品范围涉及纤维产品、棉麻产品、纺织品、成衣、家用电器、厨房用品、食品及食品加工、软饮料、糖果、药品、医药产品、化学制品、化妆品、身体护理及保健品、电信产品、电力工程及设备、电子消费品、办公家具、家庭家具及陈设品、运动产品、玩具、机械设备等行业。

3. 《2011年世界投资报告发布》

2011年7月26日联合国贸易发展组织在北京发布《2011年世界投资报告》。该报告指出,2010年全球国际直接投资总体呈上升趋势,中国国际直接投资的流入量和对外投资年流量均保持两位数的高增长,发展势头良好。2010年全球外国直接投资增长5%,达到1.24万亿美元,但仍比金融危机前的平均值低15%。联合国贸发组织估计,全球国际直接投资将在2011年恢复到危机前的平均水平,并在2013年达到接近2万亿美元的峰值。该报告称,随着经济总量的增长,中国国际直接投资流入量和对外投资年流量均大幅上涨,分别达到11%和17%。2010年中国外资流入量上升至1057亿美元,基本恢复金融危机前的高位。这得益于中国整体产业结构的优化,以及地区间产业的升级与转移,中国吸收外资的前景进一步被看好。联合国贸发组织的调查显示,中国是跨国企业在未来两年全球投资的首选地。

4. 2011年第18届南非国际贸易博览会召开

2011年7月17~19日,南非国家展览中心和北京弗兰克国际展览有限公司在南非约翰内斯堡展览中心举办了第18届南非国际贸易博览会。南非国际贸易博览会(SAITEX)创办于1993年,由南非国家展览中心Kagiso Exhibitions(Pty)Ltd.主办,并由南非贸工部、豪登省总商会、约翰内斯堡工商会、南非对外贸易协会和约翰内斯堡市政府协办,每年一届,是非洲地区最大的综合性贸易博览会。

第五章 国际贸易学学科 2011 年文献索引

本报告的文献索引主要包括中文和英文期刊两部分。主要来自中国知网（http://www.cnki.net/）中检索到的 2011 年公开发布的国际贸易学科相关的期刊论文。

第一节 中文期刊索引

[1] 价格贸易条件计算 [J]. 非织造布，2011（1）：22.

[2] 朱励. 中美贸易摩擦的原因及对策 [J]. 商业经济，2011（1）：40-41.

[3] 杨青龙. 国际贸易的全成本观：一个新的理论视角 [J]. 国际经贸探索，2011（2）：21-27.

[4] 郭波，吴平，穆鹏. 国际贸易理论的发展脉络与演进规律 [J]. 大连大学学报，2011（1）：84-87.

[5] 张哲. 基于国际贸易理论分析中国与南非贸易互得 [J]. 生产力研究，2011（3）：98-99+144.

[6] 谢兰璋. 主要国际贸易理论对中国外贸发展的启示 [J]. 经济视角（下），2011（2）：39-40.

[7] 张莉. 中国外贸顺差：成因与福利分析 [J]. 经济论坛，2011（1）：18-20.

[8] 赵海斌. 贸易自由化视角下新新贸易理论的再审视 [J]. 国际经贸探索，2011（3）：72-77.

[9] 隋月红. 文化差异对国际贸易的影响：理论与证据 [J]. 山东工商学院学报，2011（2）：6-10.

[10] 李薇. 《国际贸易理论与实务》教学方法探讨 [J]. 中国校外教育，2011（8）：120.

[11] 张益明. 地方应用型高校国际贸易理论课程教学研究 [J]. 淮海工学院学报（社会科学版），2011（6）：69-71.

[12] 王根蓓，赵晶，王慧敏. 中国服务外包基地城市竞争力的演化——基于主成分方法的实证分析 [J]. 经济与管理研究，2011（1）：71-80.

[13] 李满洋. 国际贸易理论发展思路与趋向分析 [J]. 财经界（学术版），2011 (3)：31.

[14] 袁辉，宁凯. 基于 Falvey 模型的 H-O 第三定理及其政策意义研究 [J]. 国际商务（对外经济贸易大学学报），2011 (3)：47-58.

[15] 赵婷. 贸易自由化与产业集聚：基于 NEG 理论视角的研究述评 [J]. 浙江学刊，2011 (3)：192-197.

[16] 王静. 浅析国际贸易实务课程教学改革 [J]. 科教文汇（上旬刊），2011 (6)：46+56.

[17] 李蕊来，黄丽萍. 中国对外贸易与产业结构升级 [J]. 中国集体经济，2011 (16)：13-15.

[18] 赵春明，郭界秀. 国际贸易理论发展中技术的内生化演进 [J]. 经济经纬，2011 (3)：72-76.

[19] 毕远军. 关于我国国际贸易竞争环境的新思考 [J]. 经营管理者，2011 (11)：136.

[20] 李海. 浅析国际贸易理论的发展 [J]. 商场现代化，2011 (11)：18.

[21] 吴粉华. 浅谈高职外贸函电课程中的若干问题及策略 [J]. 科技信息，2011 (15)：346+319.

[22] 张海伟，刘国华，封延会. 制度对国际贸易的影响机制分析 [J]. 东疆学刊，2011 (3)：93-98.

[23] 李丽. 中印贸易关系的国际政治经济学分析 [J]. 东南亚南亚研究，2011 (2)：31-37+93.

[24] 王颖. 基于要素禀赋理论的区域间贸易分析 [J]. 中国商贸，2011 (20)：193-194+196.

[25] 鞠佳，赵瑾璐，秦彬煊. 电子商务视角下的国际贸易方式创新研究 [J]. 中国商贸，2011 (19)：86-87.

[26] 戚自科. 当代国际贸易理论解释力实证研究述评 [J]. 经济学动态，2011 (3)：110-114.

[27] 重建国际贸易理论和贸易评价体系 [J]. 武汉商务，2011 (5)：37-39.

[28] 李俊. 要素贸易思想综议及对当前对外经济发展战略的启示 [J]. 国际贸易，2011 (7)：27-32.

[29] 陈文玲. 把争取国际经贸中的正当权益作为国家战略 [J]. 南京社会科学，2011 (8)：1-7.

[30] 杨洁琼. 新时期我国对外贸易税收政策的创新探析——基于贸易税收政策定位与调整 [J]. 中国商贸，2011 (24)：189-190+192.

[31] 张国庆. 国际贸易及国际分工新解——基于经济虚拟化的视角 [J]. 中央财经大学学报，2011 (7)：50-55.

[32] 赵梅，王奇. 国际贸易理论演变的逻辑分析 [J]. 经济师，2011 (9)：23-25.

[33] 孔欣，宋桂琴. 国际贸易理论新进展——新新贸易理论述评 [J]. 税务与经济，2011 (5)：16-21.

[34] 黄瑾. 马克思恩格斯与李斯特——关于自由贸易与保护关税问题 [J]. 政治经济学评论，2011 (3)：38-50.

[35] 林航. 国际贸易理论演化中的哲学逻辑和历史线索 [J]. 山西财政税务专科学校学报，2011 (5)：61-65.

[36] 陈晨. 国际贸易理论中的"保护"与"自由"——基于国家利益视角的分析 [J]. 求索，2011 (9)：47-48.

[37] 姚伟，邵丽. 国际贸易理论的演变与发展 [J]. 河北学刊，2011 (6)：211-213.

[38] 刘建华. 基于公共选择的技术性贸易壁垒形成机制论析 [J]. 中国商贸，2011 (29)：183-184.

[39] 杨丽霞. 比较优势理论视角下的贸易引力模型分析研究 [J]. 中国商贸，2011 (33)：186-187.

[40] 吴昊，邵腾伟. 金融与国际贸易互动关系研究进展评述 [J]. 重庆文理学院学报（社会科学版），2011 (6)：175-179.

[41] 王娟，何长江. 中间产品进口对经济增长的贡献 [J]. 经济纵横，2011 (11)：28-31.

[42] 赵翊. 异质企业假定下的国际贸易理论新进展及启示 [J]. 商业时代，2011 (31)：32-34.

[43] 袁琳. 中小企业国际贸易发展思路研究——兼论马克思国际贸易理论 [J]. 中国商贸，2011 (33)：197-198.

[44] 韩慧敏. 我国外贸企业发展模式探讨 [J]. 中国商贸，2011 (33)：204-205.

[45] 郭洪. 比较优势理论视角下的贸易引力模型分析研究 [J]. 生产力研究，2011 (11)：25-26+70.

[46] 吴军华，肖春凡. 制度创新与国际贸易浅析 [J]. 现代商业，2011 (33)：39-40.

[47] 肖奎喜，廖文秀，徐丹. 新贸易理论、制度环境及贸易便利性 [J]. 广东外语外贸大学学报，2011 (6)：29-33.

[48] 季成. 国际生产网络的发展动因探析——国际垂直专业化分工与贸易的基础和动因研究综述 [J]. 商品与质量，2011 (SB)：26.

[49] 何玉梅，孙艳青. 不完全契约、代理成本与国际外包水平——基于中国工业数据的实证分析 [J]. 中国工业经济，2011 (12)：57-66.

[50] 邓思哲. 关于国际贸易与国际营销理论的探讨 [J]. 经营管理者，2011 (23)：91.

[51] 席艳乐，孙小军，王书飞. 气候变化与国际贸易关系研究评述 [J]. 经济学动

态，2011（10）：131-136.

[52] 林航. 国际贸易理论演化中的哲学线索和历史线索 [J]. 云南财经大学学报（社会科学版），2011（2）：29-31.

[53] 袁永友. 独立学院国贸专业拓展服务贸易方向探讨 [J]. 对外经贸，2011（12）：9-11.

[54] 李季. 简析国际贸易理论在现实中的适用性 [J]. 今日财富（金融发展与监管），2011（9）：28.

[55] 李蓉. 浅析国内区际贸易与对外贸易的关系 [J]. 企业导报，2011（20）：44.

[56] 姜宝，李淑明，李剑. 我国出口贸易结构和产业结构的演化轨迹研究 [J]. 北方经济，2011（23）：88-89.

[57] 林航. 国际贸易理论演化中的哲学逻辑和历史线索 [J]. 上海商学院学报，2011（6）：1-4+11.

[58] 刘厉兵，汪洋. 自然灾害、多源比较优势与产业层次贸易流动——基于新李嘉图理论视角 [J]. 管理世界，2011（12）：172-173.

[59] 郑家珍. 服务贸易与货物贸易互动及差异化分析 [D]. 重庆大学硕士学位论文，2011.

[60] 李荣花. 中国金融发展对国际贸易影响研究 [D]. 江西财经大学硕士学位论文，2011.

[61] 于哲. 内陆开放视角下区域物流对区域出口的影响研究 [D]. 重庆工商大学硕士学位论文，2011.

[62] 封韬. 中日贸易发展与贸易摩擦以及中国的对策 [D]. 东北财经大学硕士学位论文，2011.

[63] 王晓丹. 基于比较优势的中美贸易顺差原因研究 [D]. 东北师范大学硕士学位论文，2011.

[64] 左晓蕾. 中美贸易不平衡的根本原因 [J]. 卓越理财，2011（11）：15.

[65] 刘云. 项目教学法在高职国际贸易实务课程教学中的运用 [J]. 合作经济与科技，2011（3）：114-115.

[66] 卫静静，裴文华. 国际贸易实务模拟课程教学中的问题 [J]. 合作经济与科技，2011（4）：124-125.

[67] 夏夕美. 基于"学做合一"的高职院校人才培养模式创新——以青岛滨海学院国际贸易实务专业为例 [J]. 职业技术教育，2011（8）：52-54.

[68] 蔡瑞芳. 《国际贸易实务》课程双语教学的实践 [J]. 黑龙江对外经贸，2011（2）：75-76.

[69] 原玲玲. 国际贸易实务模拟实验课教学改革的思考 [J]. 实验室研究与探索，2011（4）：127-129.

[70] 刘坤．高职国际贸易实务课程双语教学改革实践的探索［J］．广州番禺职业技术学院学报，2011（1）：18-21．

[71] 左志鹏．项目教学法在国际贸易实务教学中的应用［J］．合作经济与科技，2011（9）：88-89．

[72] 席庆高．国际贸易实务专业实践性教学体系的构建［J］．山东纺织经济，2011（4）：69-71．

[73] 陈伟芝．基于工作过程的高职国际贸易实务专业课程体系之构建［J］．职业教育研究，2011（6）：24-26．

[74] 董琳娜．国际贸易实务多媒体课件的开发与应用［J］．经济研究导刊，2011（19）：284-285．

[75] 刘秀玲，肖杨，张欣，朱瑞雪．国际贸易实务课程设计与研究性教学相结合［J］．实验技术与管理，2011（7）：256-259．

[76] 项燕，陶珊．商务英语函电写作中的国际贸易实务知识错误探析［J］．赤峰学院学报（科学教育版），2011（7）：73-75．

[77] 尤璞．国际贸易实务课程教学方法探讨［J］．科教文汇（上旬刊），2011（9）：63-64．

[78] 马静，张肃．国际贸易实务课双语教学研究［J］．山西财经大学学报，2011（S4）：93+111．

[79] 周东梅．基于CDIO理念的国际贸易实务课程教学改革实践［J］．人力资源管理，2011（12）：183-184．

[80] 曲建忠，邢丽荣，张扬．网络环境下大学生自主学习能力培养——基于《国际贸易实务》课程的调研［J］．中国成人教育，2011（24）：178-180．

[81] 罗雨．全英文环境下国际贸易实务"沙盘ERP"对抗实战研究［J］．绵阳师范学院学报，2011（12）：148-154．

[82] 张颖．高职国际贸易实务专业工学结合人才培养模式探析［J］．安徽职业技术学院学报，2011（4）：60-63．

[83] 张慧，黄英女．医药特色国际贸易实务课程模块化实践教学模式探究［J］．对外经贸，2011（12）：144-145．

[84] 易晓明．"模块教学"在国际贸易实务课程理论教学中的应用［J］．新课程研究（中旬刊），2011（8）：39-42．

[85] 王菁．基于网络环境《国际贸易实务》的教学研究［J］．时代教育（教育教学），2011（4）：45+47．

[86] 廖益．任务驱动教学在高职国际贸易实务课中的运用［J］．大家，2011（22）：279．

[87] 李燕．探讨国际贸易实务课程双语渐进式案例教学［J］．恩施职业技术学院学报，2011（1）：25-27．

［88］沈钦钦．我国出口企业贸易术语选择问题研究［D］．山西财经大学硕士学位论文，2011．

［89］温必坤．国际贸易术语和国际贸易风险规避关系［J］．中国外资，2011（2）：9-10．

［90］高海宇．国际贸易术语和国际贸易风险规避的关系［J］．现代经济信息，2011（6）：110．

［91］李婧．加强宏观金融调控规避国际贸易风险［J］．中国证券期货，2011（5）：147-148．

［92］李婧．加强宏观金融调控防范国际贸易风险［J］．经营与管理，2011（7）：23-24．

［93］张洁，边芳，李广强．多角度防范进出口贸易融资风险［J］．中国外汇，2011（11）：56-57．

［94］赫师．关于国际贸易风险管理的思考［J］．经营管理者，2011（17）：145．

［95］王琦智．浅谈国际贸易风险的防范措施［J］．民营科技，2011（11）：192．

［96］金欢阳．国际贸易融资发展中存在的问题和对策——以浙江温州为例［J］．生产力研究，2011（1）：132-133+176．

［97］刘博，钟王月．国际贸易融资的风险及其规避［J］．中国商贸，2011（5）：111-112．

［98］杨加琤，潘天芹．商业银行国际贸易融资业务新特点和发展趋势［J］．金融与经济，2011（3）：86-88．

［99］周婕如．浅谈我国商业银行国际贸易融资现状及其问题［J］．现代经济信息，2011（5）：72．

［100］费伟．我国国际贸易融资风险研究［J］．时代金融，2011（3）：110-111．

［101］傅（女严）．商业银行国际贸易融资业务的风险以及防范措施［J］．时代金融，2011（9）：80．

［102］王九华．中小企业国际贸易融资问题与对策［J］．合作经济与科技，2011（9）：52-53．

［103］金欢阳．温州商业银行国际贸易融资风险管理研究［J］．商业时代，2011（12）：66-67．

［104］唐若菲．中小企业在国际贸易融资中遇到的问题及对策研究［J］．企业家天地（理论版），2011（4）：49-50．

［105］高峰．浅析中国国际贸易融资及风险防范问题［J］．金融科技时代，2011（6）：102-103．

［106］张珂维．我国国际贸易融资风险现状及成因分析［J］．企业导报，2011（8）：71．

［107］闫冬．关于国际贸易融资重要性的探讨［J］．经营管理者，2011

(13)：127.

[108] 周万翠．商业银行国际贸易融资业务探析 [J]．中国外资，2011（15）：5+7．

[109] 李东卫．商业银行表内外国际贸易融资业务之风险与强化管理 [J]．现代财经（天津财经大学学报），2011（7）：64-70．

[110] 王国英．促进我国中小企业国际贸易融资的对策 [J]．人力资源管理，2011（9）：175-176．

[111] 王国英．促进我国中小企业国际贸易融资的对策 [J]．科技智囊，2011（10）：62-65．

[112] 王国英．促进我国中小企业国际贸易融资的对策研究 [J]．人力资源管理，2011（10）：196-197．

[113] 国家外汇管理局荆州市中心支局课题组，胡学林，毕志刚，郭德焴．国际贸易融资的发展与配套措施的完善：荆州实证 [J]．武汉金融，2011（10）：65-68．

[114] 张茜．关于国际贸易融资特点及其选择的必然性探究 [J]．中国商贸，2011（27）：192-193．

[115] 许心恬，叶蜜．浅析国际贸易融资发展趋势、问题及对策 [J]．中国商贸，2011（29）：111-112．

[116] 范建强，胡铁宁，姚年勋．商业银行国际贸易融资业务存在的问题与对策 [J]．中国农业银行武汉培训学院学报，2011（6）：24-26．

[117] 柳治国．中小企业国际贸易融资的发展障碍及对策 [J]．中国商贸，2011（35）：140-141．

[118] 李雪涛，刘金珂．商业银行国际贸易融资及其风险防范问题研究 [J]．湖北汽车工业学院学报，2011（4）：60-64．

[119] 王九华．外向型中小企业国际贸易融资问题研究 [D]．首都经济贸易大学硕士学位论文，2011．

[120] 陈燕枝．商业银行国际贸易融资风险管理研究 [D]．华南理工大学硕士学位论文，2011．

[121] 谭丞．中国国际贸易融资发展的现状、前景研究 [D]．东北财经大学硕士学位论文，2011．

[122] 刘栋．商业银行国际贸易融资风险管理对策研究 [J]．科技致富向导，2011（9）：81+83．

[123] 谢琦．蓝色贸易壁垒对中国出口企业的影响与对策分析 [J]．经济师，2011（1）：67+69．

[124] 许蔚．碳标签：国际贸易壁垒的新趋势 [J]．经济研究导刊，2011（10）：170-171．

[125] 王大鼎．关于国际贸易壁垒的思考 [J]．经营管理者，2011（5）：76．

[126] 高菠阳,刘卫东,Glen Norcliffe,杜超. 国际贸易壁垒对全球生产网络的影响——以中加自行车贸易为例 [J]. 地理学报,2011 (4):477-486.

[127] 谷遂芝. 国际贸易壁垒的博弈分析 [J]. 中国集体经济,2011 (13):79-80.

[128] 杨鹏,布岩,薛璐,苏卫东. 蓝色贸易壁垒对纺织服装出口企业影响的探讨 [J]. 中国纤检,2011 (18):40-43.

[129] 高亚莉. 新型国际贸易壁垒法律研究 [J]. 中国商贸,2011 (33):209-210.

[130] 向征,顾晓燕. 知识产权壁垒的特征、形式及影响分析 [J]. 江苏科技信息,2011 (12):17-20.

[131] 印中华,宋维明,张英,李尚治,高广茂. 中国林业产业应对国际贸易壁垒的策略研究 [J]. 世界林业研究,2011 (6):55-60.

[132] 周琼. 金融危机背景下的国际贸易壁垒分析 [J]. 中国商贸,2011 (36):218-219.

[133] 邱杓丹. 温州商会在企业应对国际贸易壁垒中的作用 [J]. 法制与经济(上旬),2011 (12):96-99.

[134] 强晓瑜. SA8000 与国际贸易壁垒探讨 [J]. 现代商贸工业,2011 (24):130-131.

[135] 韩薇薇. 我国食品安全国际贸易壁垒的原因透析及对策 [J]. 经济导刊,2011 (12):52-53.

[136] 吴华丽. 从国际贸易壁垒角度来探讨我国对外贸易结构的区域分布 [D]. 复旦大学硕士学位论文,2011.

[137] 钟娜. 我国农产品国际贸易问题探讨 [J]. 现代商贸工业,2011 (3):110.

[138] 楼杨炎. 中小企业国际贸易问题及对策分析 [J]. 中国商贸,2011 (8):196-197.

[139] 赵瑛. 人民币升值与国际贸易问题分析 [J]. 中小企业管理与科技(上旬刊),2011 (6):197-198.

[140] 张彤. 后危机时代下的国际贸易问题及建议措施 [J]. 现代营销(学苑版),2011 (5):94.

[141] 杨琪. 2010 年国际贸易术语解释通则的变化及贸易术语的合理选择 [J]. 经营管理者,2011 (5):399-400.

[142] 国际贸易术语之 CIF [J]. 非织造布,2011 (2):20.

[143] 高海宇. 国际贸易术语和国际贸易风险规避的关系 [J]. 现代经济信息,2011 (6):110.

[144] 国际贸易术语之 CIP [J]. 非织造布,2011 (3):14.

[145] 范冬云. 《2010 年国际贸易术语解释通则》与《2000 通则》的比较 [J]. 国

际商务研究，2011（5）：9-12+48.

[146] 姚新超，沈钧，左宗文．国际贸易术语惯例的新发展及其应用策略［J］．国际贸易，2011（11）：34-41.

[147] 邓旭．《2010年国际贸易术语解释通则》的主要变化和发展［J］．国际经贸探索，2011（12）：61-67.

[148] 杨庆．国际贸易术语解释通则2010及其影响分析［J］．中国商贸，2011（34）：209-210.

[149] 李京福．对正确理解常用国际贸易术语交货方式的探讨［J］．经济视角（下），2011（12）：108+170.

[150] 杨汝达．经济全球化背景下国际贸易法对中国贸易安全的保证［J］．中国商贸，2011（12）：191-192.

[151] 黄泽莹．论CISG损害赔偿制度和对我国的启示——以联合国国际贸易法委员会981号案例为例［J］．经营管理者，2011（11）：179-180.

[152] 银红武．《鹿特丹规则》背离规定对国际贸易法的若干影响［J］．国际经贸探索，2011（8）：64-70.

[153] 朱鹏飞．论案例教学在国际贸易法课程中的运用［J］．企业家天地（理论版），2011（8）：141-142.

[154] 张宪兵．国际贸易法的发展［J］．法制与经济（下旬），2011（12）：79-80.

[155] 褚维强．国际贸易法视野下的"碳关税"［D］．中国政法大学硕士学位论文，2011.

[156] 赵文静．论碳税措施及其对国际贸易法的影响［D］．中国政法大学硕士学位论文，2011.

[157] 杨琪．国际贸易法类文章中术语汉译的严谨性［D］．复旦大学硕士学位论文，2011.

[158] 胡方．南北贸易中产品种数变化与国际贸易摩擦［J］．国际贸易问题，2011（1）：101-109.

[159] 吴兰，何翱．浅析中国的国际贸易摩擦问题［J］．中国商贸，2011（9）：200-201.

[160] 王昊．当前应对国际贸易摩擦的对策性思考［J］．武汉商务，2011（2）：14-15.

[161] 李菊媛．后经济危机时代我国国际贸易摩擦的特点与应对策略［J］．中国集体经济，2011（8）：57-59.

[162] 张丽丽．应对国际贸易摩擦的思考［J］．农业机械，2011（3）：59.

[163] 杨茂林．面对国际贸易摩擦我国企业如何发展壮大［J］．中国管理信息化，2011（10）：42.

[164] 胡方. 李嘉图模型中的技术进步与国际贸易摩擦 [J]. 世界经济研究, 2011 (3): 46-50+88.

[165] 张汉东. 入世十年国际贸易摩擦正常可控 [J]. WTO经济导刊, 2011 (7): 91-93.

[166] 顾春芳. 当前国内外经济发展和国际贸易摩擦新特点及我国产业安全面临的新形势 [J]. 时代经贸, 2011 (7): 17-18.

[167] 戴龙. 日本应对国际贸易摩擦的经验和教训及其对中国的启示 [J]. 当代亚太, 2011 (4): 75-90+74.

[168] 程鹏. 国际贸易摩擦背景下广东省外贸可持续发展的贸易模式选择 [J]. 改革与战略, 2011 (8): 171-174.

[169] 闫克远, 王爽, 张曙霄. 中国遭遇国际贸易摩擦的必然性与合理性研究 [J]. 经济学家, 2011 (10): 98-104.

[170] 甄伟娜. 我国国际贸易摩擦产生的深层根源及反思 [J]. 时代金融, 2011 (27): 182+195.

[171] 邓晓馨, 王丽坤. 多中心治理理论在应对国际贸易摩擦中的适用性探讨 [J]. 沈阳干部学刊, 2011 (6): 21-22.

[172] 胡方. 知识产权保护与国际贸易摩擦的理论与实证分析 [J]. 亚太经济, 2011 (6): 52-56.

[173] 王阿咪, 陆璇. 我国面临国际贸易摩擦加剧的原因及其对策分析 [J]. 中国商贸, 2011 (36): 196-197.

[174] 浩富. 国际贸易摩擦: 中国企业痛并"感激"着 [J]. 华人时刊, 2011 (11): 8-11.

[175] 卢映西. 现实的荒诞——国际贸易摩擦背后的真实逻辑 [J]. 海派经济学, 2011 (4): 180-195.

第二节 英文期刊索引

[1] Bernard Hoekman, Jasper Wauters. US Compliance with WTO Rulings on Zeroing in Anti-Dumping [J]. World Trade Review, 2011.

[2] Dirk De Bièvre, Jappe Eckhardt. Interest Groups and EU Anti-dumping Policy [J]. Journal of European Public Policy, 2011.

[3] Anonymous. Ferrous Metals & Raw Materials (excl. coal); Canada Delivers Final Anti-dumping Duty Onsteel Grating from China [J]. Interfax: China Mining and Metals Weekly, 2011.

[4] Anonymous. Laws & Regulations; United States to Keep Anti‐dumping Duties on Russian Hot‐rolled Steel [J]. Interfax: Russia Metals & Mining Weekly, 2011.

[5] Anonymous. Business: Anti‐dumping Rules for Potash Should Be Scrapped [J]. Farmers Guardian, 2011.

[6] Schafer, Elise. Trade Tension: China Launches Anti‐dumping Case Against United States [J]. Feed & Grain, 2011.

[7] Pal, Suresh. Anti‐Dumping: Global Abuse of a Trade Policy Instrument [J]. Indian Journal of Agricultural Economics, 2011.

[8] Morris, Helen. EU Revises Anti‐dumping Levy for Chinese Paper Importers [J]. Printweek, 2011.

[9] Morris, Helen. UK Print Braces for Impact of Anti‐dumping Duties on CFP [J]. Printweek, 2011.

[10] Anonymous. Dairy; Russia May Enact Anti‐dumping Measures to Protect Dairy Producers‐Zubkov [J]. Interfax: Russia & CIS Food & Agriculture Weekly, 2011.

[11] Anonymous. End to Potash Anti‐dumping Measures [J]. Farmers Guardian, 2011.

[12] Anonymous. Base Metals; Golden Dragon Group to Build Copper Tube Factory in US [J]. Interfax: China Mining and Metals Weekly, 2011.

[13] Anonymous. EU Launches Anti‐dumping Probe into Chinese Aluminum Radiators Imports [J]. Interfax: China Mining & Metals Newswire, 2011.

[14] Anonymous. Policies & Regulations; EU Launches Anti‐dumping Probe into Chinese Aluminum Radiators Imports [J]. Interfax: China Mining and Metals Weekly, 2011.

[15] Anonymous. World Markets; EU Launches Anti‐dumping Probe into Chinese Aluminum Radiators Imports [J]. Interfax: Kazakhstan Mining Weekly, 2011.

[16] Anonymous. China Launches Anti‐dumping Probe into Japanese, European Steel Pipe Imports [J]. Interfax: China Mining & Metals Newswire, 2011.

[17] Anonymous. Australia Launches Anti‐dumping Probe into Chinese Steel Tubes [J]. Interfax: China Mining & Metals Newswire, 2011.

[18] Anonymous. Ferrous Metals & Raw Materials (excl. coal); China Launches Anti‐dumping Probe into Japanese, European Steel Pipe Imports [J]. Interfax: China Mining and Metals Weekly, 2011.

[19] Anonymous. Top Story; China Launches Anti‐dumping Probe into Japanese, European Steel Pipe Imports [J]. Interfax: China Mining and Metals Weekly, 2011.

[20] Malizio W. Adam. Moses v. Providence Hospital: The Sixth Circuit Dumps the Federal Regulations of the Patient Anti‐dumping Statute. [J]. The Journal of Contemporary Health Law and Policy, 2011.

[21] Yutaka Kurihara. The Impact of Regional Trade Agreementson International Trade [J]. Modern Economy, 2011.

[22] Hamid Yeganeh. Culture and International Trade: Evidence from Canada [J]. International Journal of Commerce and Management, 2011.

[23] Neelesh Gounder, Biman Chand Prasad. Regional Trade Agreements and the New Theory of Trade: Implications for Trade Policy in Pacific Island Countries [J]. Journal of International Trade Law and Policy, 2011.

[24] Lekha Laxman, Abdul Haseeb Ansari. GMOs, Safety Concerns and International Trade: Developing Countries' Perspective [J]. Journal of International Trade Law and Policy, 2011.

[25] Nuray Terzi. The Impact of E-commerce on International Trade and Employment [J]. Procedia – Social and Behavioral Sciences, 2011.

[26] Holger Breinlich, Chiara Criscuolo. International Trade in Services: A Portrait of Importers and Exporters [J]. Journal of International Economics, 2011.

[27] Anca D. Cristea. Buyer – seller Relationships in International Trade: Evidence from U.S. States' Exports and Business – class Travel [J]. Journal of International Economics, 2011: 842E.

[28] Jan Weinzettel, Miroslav Havránek, Milan Ščasný. A Consumption – based Indicator of the External Costs of Electricity [J]. Ecological Indicators, 2011.

[29] Chang Hoon Oh, W. Travis Selmier, Donald Lien. International Trade, Foreign Direct Investment, and Transaction Costs in Languages [J]. Journal of Socio – Economics, 2011.

[30] Monika Ståhls, Laura Saikku, Tuomas Mattila. Impacts of International Trade on Carbon Flows of Forest Industry in Finland [J]. Journal of Cleaner Production, 2011.

[31] Pablo Muñoz, Rita Strohmaier, Jordi Roca. On the North – South Trade in the Americas and Its Ecological Asymmetries [J]. Ecological Economics, 2011.

[32] Graham A. Davis, Arturo L. Vásquez Cordano. International Trade in Mining Products [J]. Journal of Economic Surveys, 2011.

[33] Kanchanachitra Churnrurtai, Lindelow Magnus, Johnston Timothy, Hanvoravongchai Piya, Lorenzo Fely Marilyn, Huong Nguyen Lan, Wilopo Siswanto Agus, dela Rosa Jennifer Frances. Human Resources for Health in Southeast Asia: Shortages, Distributional Challenges, and International Trade in Health Services [J]. The Lancet, 2011.

[34] Nijman Vincent, Shepherd Chris R. The Role of Thailand in the International Trade in Cites – listed Live Reptiles And amphibians. [J]. Plos One, 2011.

[35] Peters Glen P., Minx Jan C., Weber Christopher L., Edenhofer Ottmar. Growth in Emission Transfers via International Trade from 1990 to 2008 [J]. Proceedings of the National

Academy of Sciences of the United States of America, 2011.

[36] de La Rocque S, Balenghien T, Halos L, Dietze K, Claes F, Ferrari G, Guberti V, Slingenbergh J. A Review of Trends in the Distribution of Vector – borne Diseases: Is International Trade Contributing to Their Spread? [J]. OIE Revue Scientifique et Technique, 2011.

[37] Henningsson, Stefan, Gal, Uri, Bjørn – Andersen, Niels, Tan, Yao – Hua. The Next Generation Information Infrastructure for International Trade [J]. Journal of Theoretical and Applied Electronic Commerce Research, 2011.

[38] Z. Y. Zhang, H. Yang, M. J. Shi, A. J. B. Zehnder, K. C. Abbaspour. Analyses of Impacts of China's International Trade on Its Water Resources and Uses [J]. Hydrology and Earth System Sciences Discussions, 2011.

[39] Ryuhei Wakasugi. International Trade and Firm Heterogeneity: Development of New Theory and Evidence [J]. Kokusai Keizai, 2011.

[40] Hong – Nanli, Ting – Huayi, Qin – Yangjing, Lin – Shenghuo, Guo – Xinwang, Xue – Junxie. Wind – Induced Vibration Control of Dalian International Trade Mansion by Tuned Liquid Dampers [J]. Mathematical Problems in Engineering, 2011.

[41] Marco A. Espinosa – Vega, Juan Solé. Cross – border Financial Surveillance: A Network Perspective [J]. Journal of Financial Economic Policy, 2011.

[42] Levan Efremidze, Samuel M. Schreyer, Ozan Sula. Sudden Stops and Currency Crises [J]. Journal of Financial Economic Policy, 2011.

[43] A. Mitchell, T. Voon. Implications of the World Trade Organization in Combating Non – communicable Diseases [J]. Public Health, 2011.

[44] Douglas Southard. A Review of "The Handbook of International Trade and Finance" [J]. Journal of Business & Finance Librarianship, 2011.

[45] John Gilbert, Reza Oladi. Excel Models for International Trade Theory and Policy: An Online Resource [J]. The Journal of Economic Education, 2011.

[46] Peter L. Fitzgerald. "Morality" May Not Be Enough to Justify the EU Seal Products Ban: Animal Welfare Meets International Trade Law [J]. Journal of International Wildlife Law & Policy, 2011.

[47] Ling T. He. A Note on Impacts of International Trade on Economic Growth and Inflation [J]. The International Trade Journal, 2011.

[48] Rolf J. Langhammer. Does International Trade Catch Up with National Trade of Countries? Yes [J]. The International Trade Journal, 2011.

[49] Christopher Balding. A Re – examination of the Relation between Democracy and International Trade [J]. The Journal of International Trade & Economic Development, 2011.

[50] Jørgen Drud Hansen, JørgenUlff – Møller Nielsen. Price as An Indicator for Quality

in International Trade? [J]. International Economic Journal, 2011.

[51] Martin Chalkley, Geoff Stewart. International Trade and the Incentive for Merger [J]. Applied Economics, 2011.

[52] Henry Gao. International Trade Regulation and the Mitigation of Climate Change: World Trade Forum [J]. Asian Journal of International Law, 2011.

[53] Voituriez, Tancrede, Wang, Xin. Getting the Carbon Price Right through Climate Border Measures: A Chinese Perspective [J]. Climate Policy, 2011.

[54] Kanemoto Keiichiro, Lenzen Manfred, Peters Glen P., Moran Daniel D., Geschke Arne. Frameworks for Comparing Emissions Associated with Production, Consumption, and International Trade. [J]. Environmental Science & Technology, 2011.

[55] Brückner G. K. Ensuring Safe International Trade: How Are the Roles and Responsibilities Evolving and What Will the Situation Be in Ten Years' Time? [J]. OIE Revue Scientifique et Technique, 2011.

[56] Stefan Henningsson, Uri Gal, Niels Bjørn–Andersen, Yao–Hua Tan. The Next Generation Information Infrastructure for International Trade [J]. JTAER, 2011.

[57] Saswati Chaudhuri, Biswajit Mandal. Informal Wage, Informal Price and Extortion under Migration and Tariff Reform* [J]. Modern Economy, 2011.

[58] Gwendolyn A. Tedeschi, Julie A. Carlson. Beyond the Subsidy: Coyotes, Credit and Fair Trade Coffee [J]. J. Int. Dev., 2011.

[59] Anonymous. Research and Markets Adds Report: Commercial Bakeries Industry in the US and Its International Trade in the US and Its International Trade [2011 Q3 Edition] [J]. EN, 2011.

[60] Gonzalo Villalta Puig, Omiunu Ohiocheoya. Regional Trade Agreements and the Neo–Colonialism of the United States of America and the European Union: A Review of the Principle of Competitive Imperialism [J]. Liverpool Law Review, 2011.

[61] JohnA. Doces. Globalization and Population: International Trade and the Demographic Transition [J]. International Interactions, 2011.

[62] V. Necla Geyikdagi. The Economic Views of a Nineteenth Century Ottoman Intellectual: The Relationship between International Trade and Foreign Direct Investment [J]. Middle Eastern Studies, 2011.

[63] Razeen Sappideen. Property Rights, Human Rights, and the New International Trade Regime [J]. The International Journal of Human Rights, 2011.

[64] Nina Schuldt, Harald Bathelt. International Trade Fairs and Global Buzz. Part II: Practices of Global Buzz [J]. European Planning Studies, 2011.

[65] Chen Ying, Pan Jiahua, Xie Laihui. Energy Embodied in Goods in International Trade of China: Calculation and Policy Implications [J]. Chinese Journal of Population Re-

sources and Environment, 2011.

[66] Chang - Hsing Chang. The Impact of Welfare on Wage Rate, Market Work Hours and Income—An Empirical Study [J]. Journal of Information and Optimization Sciences, 2011.

[67] Chang - Hsing Chang, Ping - Jen Lee, Jia - Shin Lan. The Impact of Welfare on Wage Rate, Market Work Hours and Income—An Empirical Study [J]. Journal of Information and Optimization Sciences, 2011.

[68] Almut Oetjen. Grimwade, Nigel (1996). International Trade Policy: A Contemporary Analysis [J]. Kyklos, 2011.

[69] Titus O. Awokuse, Keith E. Maskus, Yiting A N. Knowledge Capital, International Trade, and Foreing Direct Investment: A Sectoral Analysis [J]. Economic Inquiry, 2011.

[70] Noel Gaston, Douglas R. Nelson. Bridging Trade Theory and Labour Econometrics: The Effects of International Migration* [J]. Journal of Economic Surveys, 2011.

[71] Vesna Stavrevska. The Efficiency Wages Perspective to Wage Rigidity in the Open E-conomy: A Survey [J]. International Journal of Manpower, 2011.

[72] Shirley Ye Sheng, Michael R. Mullen. A Hybrid Model for Export Market Opportunity Analysis [J]. International Marketing Review, 2011.

[73] Laura Ilonen, Jody Wren, Mika Gabrielsson, Markku Salimäki. The Role of Branded Retail in Manufacturers' International strategy [J]. International Journal of Retail & Distribution Management, 2011.

[74] Miron Mushkat, Roda Mushkat. The Political Economy of State Accession to International legal Regimes: A Re - assessment of the China - World Trade Organization Nexus [J]. Journal of International Trade Law and Policy, 2011.

[75] J. Pfumorodze. WTO Remedies and Developing countries [J]. Journal of International Trade Law and Policy, 2011.

[76] Montserrat González - Garibay. The Trade - labour and Trade - environment Linkages: Together or Apart? [J]. Journal of International Trade Law and Policy, 2011.

[77] Nir Kshetri, Nikhilesh Dholakia. Offshoring of Healthcare Services: The case of US - India Trade in Medical Transcription Services [J]. Journal of Health Organization and Management, 2011.

[78] Louise Curran, Soledad Zignago. Intermediate Products and the Regionalization of Trade [J]. Multinational Business Review, 2011.

[79] Michele U. Fratianni, Francesco Marchionne, Chang Hoon Oh. A commentary on the Gravity Equation in International Business Research [J]. Multinational Business Review, 2011.

[80] Majid Ghorbani. Immigrant Effect in Melting Pot and Multicultural Societies: A Comparison Between the USA and Canada [J]. Journal of Asia Business Studies, 2011.

[81] John R. Darling, Victor L. Heller. Managing Conflict With the Chinese: The Key From an In-depth Single Case Study [J]. Chinese Management Studies, 2011.

[82] Paul Bennett. The (revised) Future of Financial Markets [J]. Journal of Financial Economic Policy, 2011.

[83] Zheng-wei Li, Cindy Millman, Ren-yong Chi. Government Support, International Trade and firm's R& D Investment: Evidence from Chinese High-tech Industries [J]. Journal of Science and Technology Policy in China, 2011.

[84] M. Şükrü Akdogan, Kurtulus Karamustafa, Kenan Güllü, Kumru Uyar, Ilhan Güllü. Problems Encountered by the Exporting Firms: An Application in the City of Kayseri [J]. Procedia-Social and Behavioral Sciences, 2011.

[85] Geoffrey A. Cordell. Phytochemistry and Traditional Medicine-A Revolution in Process [J]. Phytochemistry Letters, 2011.

[86] Anna Bohnstedt, Christian Schwarz, Jens Suedekum. Globalization and Strategic Research Investments [J]. Research Policy, 2011.

[87] Rahul Giri. Local Costs of Distribution, International Trade Costs and Micro Evidence on the Law of One Price [J]. Journal of International Economics, 2011.

[88] J. Peter Neary, Joe Tharakan. International Trade with Endogenous Mode of Competition in General Equilibrium [J]. Journal of International Economics, 2011.

[89] Nuno Limão, Patricia Tovar. Policy Choice: Theory and Evidence from Commitment Via International Trade Agreements [J]. Journal of International Economics, 2011.

[90] Edward J. Balistreri, Russell H. Hillberry, Thomas F. Rutherford. Structural Estimation and Solution of International Trade Models with Heterogeneous Firms [J]. Journal of International Economics, 2011.

[91] Gabriel Felbermayr, Julien Prat, Hans-Jörg Schmerer. Trade and Unemployment: What do the Data Say? [J]. European Economic Review, 2011.

[92] LaVonn Schlegel. An Interview with Walter P. Bastian: Deputy Assistant Secretary for the Western Hemisphere, U. S. Department of Commerce, International Trade Administration [J]. Business Horizons, 2011.

[93] Meidad Kissinger, Dan Gottlieb. From Global to Place Oriented Hectares—The Case of Israel's Wheat Ecological Footprint and Its Implications for Sustainable Resource Supply [J]. Ecological Indicators, 2011: 16.

[94] Beatriz Gaitan, Terry L. Roe. International Trade, Exhaustible-resource Abundance and Economic Growth [J]. Review of Economic Dynamics, 2011.

[95] Christoph Schmitz, Anne Biewald, Hermann Lotze-Campen, Alexander Popp, Jan Philipp Dietrich, Benjamin Bodirsky, Michael Krause, Isabelle Weindl. Trading More Food: Implications for Land Use, Greenhouse Gas Emissions, and the Food System [J]. Global En-

vironmental Change, 2011.

[96] Richard Frensch. Studying International Trade Based on Micro and Disaggregated Macro Data [J]. Economic Systems, 2011.

[97] Chi - Hung Liao. Measuring Quality in International Trade [J]. Economic Systems, 2011.

[98] Gábor Békés, Balázs Muraközy, Péter Harasztosi. Firms and Products in International Trade: Evidence From Hungary [J]. Economic Systems, 2011.

[99] Michael Springborn, Christina M. Romagosa, Reuben P. Keller. The Value of Nonindigenous Species Risk Assessment in International trade [J]. Ecological Economics, 2011.

[100] Thomas Wiedmann, Harry C. Wilting, Manfred Lenzen, Stephan Lutter, Viveka Palm. Quo Vadis MRIO? Methodological, Data and Institutional Requirements for Multi - region Input - output Analysis [J]. Ecological Economics, 2011.

[101] Lunchao Hu, Kailan Tian, Xin Wang, Jiang Zhang. The "S" Curve Relationship between Export Diversity and Economic Size of Countries [J]. Physica A: Statistical Mechanics and Its Applications, 2011.

[102] Yue Xie, Zhihe Zhang, Chengdong Wang, Jingchao Lan, Yan Li, Zhigang Chen, Yan Fu, Huaming Nie, Ning Yan, Xiaobin Gu, Shuxian Wang, Xuerong Peng, Guangyou Yang. Complete Mitochondrial Genomes of Baylisascaris Schroederi, Baylisascaris Ailuri and Baylisascaris Transfuga From Giant Panda, Red Panda and Polar Bear [J]. Gene, 2011.

[103] P. R. Meganathan, Bhawna Dubey, Mark A. Batzer, David A. Ray, Ikramul Haque. Complete Mitochondrial Genome Sequences of Three Crocodylus Species and Their Comparison Within the Order Crocodylia [J]. Gene, 2011.

[104] David C. Little, Simon R. Bush, Ben Belton, Nguyen Thanh Phuong, James A. Young, Francis J. Murray. Whitefish Wars: Pangasius, Politics and Consumer Confusion in Europe [J]. Marine Policy, 2011.

[105] Carmen Estrades, María Inés Terra. Commodity Prices, Trade, and Poverty in Uruguay [J]. Food Policy, 2011.

[106] Z. M. Chen, G. Q. Chen. An Overview of Energy Consumption of the Globalized World Economy [J]. Energy Policy, 2011.

[107] Charles B. Braymen. Sectoral Structure, Heterogeneous Plants, and International Trade [J]. Economic Modelling, 2011.

[108] Partha Chatterjee, Malik Shukayev. A Stochastic Dynamic Model of Trade and Growth: Convergence and Diversification [J]. Journal of Economic Dynamics and Control, 2011.

[109] Marion Joppe. Health Tourism: Social Welfare through International Trade [J].

Annals of Tourism Research, 2011.

[110] Anonymous. Research and Markets Adds Report: "Hand and Edge Tool Manufacturing Industry in the U. S. and Its International Trade [2010 Year – End Edition]" [J]. Manufacturing Close – Up, 2011.

[111] Anonymous. Research and Markets Adds Report: Asphalt Shingle and Coating Materials Manufacturing Industry in the U. S. and Its International Trade [2010 Year – End Edition] [J]. Manufacturing Close – Up.

[112] Anonymous. Research and Markets Adds Report: Phosphatic Fertilizer Manufacturing Industry in the U. S. and Its International Trade [2010 Year – End Edition] [J]. Manufacturing Close – Up, 2011.

[113] Anonymous. Research and Markets Offers Report: All Other Converted Paper Product Manufacturing Industry in the U. S. and Its International Trade – The Updated 2010 Year – End Edition [J]. Wireless News, 2011.

[114] Anonymous. Research and Markets Adds Report: Audio and Video Equipment Manufacturing Industry in the U. S. and Its International Trade [J]. Wireless News, 2011.

[115] Anonymous. Research and Markets Adds Report: Mining Machinery and Equipment Manufacturing Industry in the U. S. and Its International Trade [2010 Year – End Edition] [J]. Manufacturing Close – Up, 2011.

[116] Anonymous. Research and Markets Adds Report: Resilient Floor Covering Manufacturing Industry in the U. S. and Its International Trade [2010 Year – End Edition] [J]. Manufacturing Close – Up, 2011.

[117] Anonymous. Research and Markets Offers Report: Audio and Video Equipment Manufacturing Industry in the U. S. and Its International Trade – 2010 Year – End Edition [J]. Wireless News, 2011.

[118] Anonymous. Research and Markets Offers Report: Surgical and Medical Instrument Manufacturing Industry in the U. S. and Its International Trade – 2010 Year – End Edition [J]. Wireless News, 2011.

[119] Anonymous. Research and Markets Offers Report: Residential Electric Lighting Fixture Manufacturing Industry in the U. S. and Its International Trade [2010 Year – End Edition] [J]. Wireless News, 2011.

[120] Anonymous. Research and Markets; Audio and Video Equipment Manufacturing Industry in the U. S. and Its International Trade – the 2010 Year – End Edition [J]. Computers, Networks & Communications, 2011.

[121] Anonymous. Computer Peripherals Companies; OKI Data Americas Cleared by U. S. International Trade Commission in Ricoh Electronics, Inc. Patent Infringement Case [J]. Telecommunications Weekly, 2011.

[122] Anonymous. International Trade Shows [J]. Electrical Apparatus, 2011.

[123] Anonymous. Inorganic Chemicals; Hydrogen Peroxide: 2011 Trends and Prospects in International Trade in More than 125 Countries [J]. Chemicals & Chemistry, 2011.

[124] Anonymous. International Trade Shows [J]. Electrical Apparatus, 2011.

[125] Anonymous. Thermprocess 2011 – 10th International Trade Fair and Symposium for Thermo Process Technology [J]. Industrial Heating, 2011.

[126] Anonymous. Research and Markets Adds Report: Optical Instrument and Lens Manufacturing Industry in the U.S. and Its International Trade [2011 Edition] [J]. Wireless News, 2011.

[127] Anonymous. Research and Markets Adds Report: Food Product Machinery Manufacturing Industry in the U.S. and Its International Trade 2011 [J]. Wireless News, 2011.

[128] Anonymous. Global Digital Systems Ltd. (GDS) Wins Queen's Award for Enterprise in International Trade Category [J]. M2 Presswire, 2011.

[129] Anonymous. Ukash Wins Queen's Award in International Trade [J]. Wireless News, 2011.

[130] Anonymous. Research and Markets Offers Report: Air – Conditioning and Warm Air Heating Equipment and Commercial and Industrial Refrigeration Equipment Manufacturing Industry in the U.S. and Its International Trade [2011 Edition] [J]. Manufacturing Close – Up, 2011.

[131] Anonymous. Research and Markets Offers Report: Women's Footwear (except Athletic) Manufacturing Industry in the U.S. and Its International Trade [2011 Edition] [J]. Manufacturing Close – Up, 2011.

[132] Anonymous. Obscene Jeans Inks Term Sheet with Beijing Beautyfresh International Trade Co. for Alliance Agreement [J]. Manufacturing Close – Up, 2011.

[133] Anonymous. Greenhouse Gases; Consumption, Carbon Emissions and International Trade [J]. Energy Weekly News, 2011.

[134] Anonymous. Sappi Fine Paper North America; Sappi Named International Investor of the Year by US State of Maine International Trade Center [J]. Technology & Business Journal, 2011.

[135] Anonymous. Research and Markets Adds Report: "Sodium Hydrogencarbonate (Sodium Bicarbonate): Trends and Prospects in International Trade" [J]. Manufacturing Close – Up, 2011.

[136] Zhou, Weifeng, Cuyvers, Ludo. Linking International Trade and Labour Standards: The Effectiveness of Sanctions under the European Union's GSP [J]. Journal of World Trade, 2011.

[137] Delimatsis, Panagiotis. The Fragmentation of International Trade Law [J]. Jour-

nal of World Trade, 2011.

[138] Alvarez-Jiménez, Alberto. Drug Trafficking, Money Laundering and International Trade Restrictions after the WTO Panel Report in Colombia – Ports of Entry: How to Align WTO Law with International Law [J]. Journal of World Trade, 2011.

[139] Anonymous. Research and Markets; Surgical and Medical Instrument Manufacturing Industry in the U. S. and Its International Trade – The 2010 Year – End Edition [J]. Veterinary Week, 2011.

[140] Scott, Dave. TSCRA Continues the Push for More International Trade [J]. The Cattleman, 2011.

[141] Anonymous. Research and Markets Offers Report: "Sodium Hydrogencarbonate (Sodium Bicarbonate): Trends and Prospects in International Trade" [J]. Manufacturing Close – Up, 2011.

[142] Anonymous. Research and Markets Adds Report: "Spice and Extract Manufacturing Industry in the U. S. and Its International Trade [2011 Edition]" [J]. Manufacturing Close – Up, 2011.

[143] Anonymous. Research and Markets Adds Report: All Other Basic Inorganic Chemical Manufacturing Industry in the U. S. and Its International Trade – 2011 Edition [J]. Food and Beverage Close – Up, 2011.

[144] Rose, Andrew K, Spiegel, Mark M. Do Mega Sporting Events Promote International Trade? [J]. SAIS Review, 2011.

[145] Anonymous. Research and Markets; Radio and Television Broadcasting and Wireless Communications Equipment Manufacturing Industry in the U. S. and Its International Trade [2011 Edition] [J]. Telecommunications Weekly, 2011.

[146] Anonymous. Research and Markets Offers Report: Women's and Girls' Cut and Sew Suit, Coat, Tailored Jacket, and Skirt Manufacturing Industry in the U. S. and Its International Trade [2011 Edition] [J]. Manufacturing Close – Up, 2011.

[147] Anonymous. Semiconductor – Memory Chip Companies; GSI Technology Comments on Cypress Semiconductor's Filing of a Complaint with the International Trade Commission [J]. Computers, Networks & Communications, 2011.

[148] Anonymous. Research and Markets; Aircraft Engine and Engine Parts Manufacturing Industry in the U. S. and Its International Trade – 2011 Edition [J]. Defense & Aerospace Business, 2011.

[149] Anonymous. Research and Markets Offers Report: Prefabricated Wood Building Manufacturing Industry in the U. S. and Its International Trade [2011 Edition] [J]. Manufacturing Close – Up, 2011.

[150] Anonymous. Research and Markets Adds Report: "Machine Tool (Metal Forming

Types) Manufacturing Industry in the US and Its International Trade [2011 Q3 Edition]" [J]. Manufacturing Close – Up, 2011.

[151] Anonymous. Research and Markets Adds Report: "Brick and Structural Clay Tile Manufacturing Industry in the US and Its International Trade [2011 Q3 Edition]" [J]. Manufacturing Close – Up, 2011.

[152] Anonymous. Research and Markets Adds Report: "Plumbing Fixture Fitting and Trim Manufacturing Industry in the US and Its International Trade [2011 Q3 Edition]" [J]. Manufacturing Close – Up, 2011.

[153] Anonymous. Research and Markets Adds Report: Relay and Industrial Control Manufacturing Industry in the US and Its International Trade [2011 Q3 Edition] [J]. Food and Beverage Close – Up, 2011.

[154] Anonymous. Research and Markets Adds Report: "Relay and Industrial Control Manufacturing Industry in the US and Its International Trade [2011 Q3 Edition]" [J]. Manufacturing Close – Up, 2011.

[155] Anonymous. Events; 2011 China Steel International Trade Summit 9th [J]. Interfax: China Mining and Metals Weekly, 2011.

[156] Anonymous. Research and Markets Adds Report: "Conveyor and Conveying Equipment Manufacturing Industry in the US and Its International Trade [2011 Q3 Edition]" [J]. Manufacturing Close – Up, 2011.

[157] Anonymous. Research and Markets Adds Report: "Hardwood Veneer and Plywood Manufacturing Industry in the US and Its International Trade [2011 Q3 Edition]" [J]. Manufacturing Close – Up, 2011.

[158] Anonymous. Research and Markets Adds Report: "Envelope Manufacturing Industry in the US and Its International Trade [2011 Q3 Edition]" [J]. Manufacturing Close – Up, 2011.

[159] Anonymous. Research and Markets Adds Report: Distilleries Industry in the US and Its International Trade [2011 Q3 Edition] [J]. Food and Beverage Close – Up, 2011.

[160] Anonymous. Research and Markets Adds Report: "Primary Smelting and Refining of Copper Industry in the US and Its International Trade [2011 Q3 Edition]" [J]. Manufacturing Close – Up, 2011.

[161] Anonymous. Research and Markets Adds Report: Power, Distribution & Specialty Transformer Manufacturing Industry in the US & Its International Trade [2011 Q3 Edition] [J]. EN, 2011.

[162] Anonymous. Research and Markets Adds Report: Digital Printing Industry in the US and Its International Trade [2011 Q3 Edition] [J]. EN, 2011.

[163] Anonymous. Research and Markets Adds Report: Other Animal Food Manufacturing

Industry in U. S. and International Trade Updated [J]. EN, 2011.

[164] Anonymous. Research and Markets Offers Report: Dental Equipment and Supplies Manufacturing Industry in the US and Its International Trade Updated [2011 Q3 Edition] [J]. EN, 2011.

[165] Anonymous. Research and Markets Offers Report: Commercial Bakeries Industry in the US and Its International Trade [2011 Q3 Edition] [J]. EN, 2011.

[166] Anonymous. Research and Markets Offers Report: Photographic and Photocopying Equipment Manufacturing Industry in the US and Its International Trade [2011 Q3 Edition] [J]. EN, 2011.

[167] Research and Markets Offers Report: Books Printing Industry in the US and Its International Trade [2011 Q3 Edition] [J]. EN, 2011.

[168] Anonymous. Research and Markets Adds Report: Steel Foundries (except Investment) Industry in the US and Its International Trade [2011 Q3 Edition] [J]. EN, 2011.

[169] Anonymous. Research and Markets Adds Report: All Other Leather Good Manufacturing Industry in the US and Its International Trade [2011 Q3 Edition] [J]. EN, 2011.

[170] Anonymous. Research and Markets Adds Report: Travel Trailer and Camper Manufacturing Industry in the US and Its International Trade [2011 Q3 Edition] [J]. EN, 2011.

[171] Anonymous. Research and Markets Adds Report: Biological Product (except Diagnostic) Manufacturing Industry in the US and Its International Trade [2011 Q3 Edition] [J]. EN, 2011.

[172] Szczepanski, George Finley. Master's Thesis Award of Merit: Effects of Food Safety Regulations on International Trade in Shrimp and Prawns: The Case of Oxytetracycline Regulation [J]. EN, 2011.

[173] Anonymous. International Trade Shows [J]. EN, 2011.

[174] Kim, Sungwoo. China's International Trade in High Tech Industries between 1992 and 2009 [J]. EN, 2011.

[175] Meltzer, Joshua, Sierra, Katherine. The Brookings Institution Presents… Trade and Climate Change: A Mutually Supportive Policy [J]. Harvard International Review, 2011.

[176] Labonté Ronald, Mohindra Katia S., Lencucha Raphael. Framing International Trade and Chronic Disease [J]. Globalization and Health, 2011.

[177] Mutinelli F. The Spread of Pathogens Through Trade in Honey Bees and Their Products (Including Queen Bees and Semen): Overview and Recent Developments. [J]. OIE Revue Scientifique et Technique, 2011.

[178] Matthews D, Adkin A. Bovine Spongiform Encephalopathy: Is It Time to Relax BSE-related Measures in the Context of International Trade? [J]. OIE Revue Scientifique et Technique, 2011: 301.

[179] Watson J, Daniels P, Kirkland P, Carroll A, Jeggo M. The 2007 Outbreak of Equine Influenza in Australia: Lessons Learned for International Trade in Horses [J]. OIE Revue Scientifique et Technique, 2011.

[180] MacDiarmid S C. The Spread of Pathogens through International Trade. Introduction. [J]. OIE Revue Scientifique et Technique, 2011.

[181] Vallat Bernard. The Spread of Pathogens through International Trade. Preface [J]. OIE Revue Scientifique et Technique, 2011: 301.

[182] Riesenbeck A. Review on International Trade with Boar Semen. [J]. Reproduction in Domestic Animals, 2011.

[183] Filippo Fontanelli. ISO and Codex Standards and International Trade Law: What Gets Said Is Not What's Heard [J]. International and Comparative Law Quarterly, 2011.

[184] Christine Kaufmann, Rolf H. Weber. Carbon-related Border Tax Adjustment: Mitigating Climate Change or Restricting International Trade? [J]. World Trade Review, 2011.

[185] Avinash Dixit. International Trade, Foreign Direct Investment, and Security [J]. Annual Review of Economics, 2011.

[186] Ferdi De Ville. The European Union's Trade Policy Response to the Crisis: Paradigm Lost or Reinforced? [J]. European Integration Online Papers, 2011.

[187] Agata Fronczak, Piotr Fronczak. Statistical Mechanics of the International Trade Network [J]. CoRR, 2011.

[188] Huseyin A. Kanibir, Sima Nart, Reha Saydan. Recovery from Crisis for Turkish Firms: Synergistic Action between Foreign Policy and Marketing Process [J]. Procedia-Social and Behavioral Sciences, 2011.

[189] O. M. Grace. Current Perspectives on the Economic Botany of the Genus Aloe L. (Xanthorrhoeaceae) [J]. South African Journal of Botany, 2011.

[190] Tinka Wieringa-Jelsma, Joris J. Wijnker, Esther M. Zijlstra-Willems, Aldo Dekker, Norbert Stockhofe-Zurwieden, Riks Maas, Henk J. Wisselink. Virus Inactivation by Salt (NaCl) and Phosphate Supplemented Salt in a 3D Collagen Matrix Model for Natural Sausage Casings [J]. International Journal of Food Microbiology, 2011.

[191] Roberts, Mike O'Driscoll Jessica. MgO-C Brick Dumping: RHI Denied NAFTA Panel Review [J]. Industrial Minerals, 2011.

[192] Anonymous. Thorp Reed and Armstrong Names Partner to Lead International Law Practice Group [J]. Manufacturing Close-Up, 2011.

[193] Anonymous. Washington, D. C. Section Gives Hoover Award to Karl Tsuji [J]. Mining Engineering, 2011.

[194] Luca Luiselli, Xavier Bonnet, Massimiliano Rocco, Giovanni Amori. Conservation Implications of Rapid Shifts in the Trade of Wild African and Asian Pythons [J]. Biotropica, 2011.

[195] Yinghua Meng, Xiaoyu Ni. Intra – Product Trade and Ordinary Trade on China's Environmental Pollution [J]. Procedia Environmental Sciences, 2011.

[196] Thitika Kitpipit, Shanan S. Tobe, Andrew C. Kitchener, Peter Gill, Adrian Linacre. Where Does This Tiger Come From? —A Robust Molecular Technique for Simultaneous Identification of Endangered Species and Subspecies [J]. Forensic Science International: Genetics Supplement Series, 2011.

[197] Julian di Giovanni, Andrei A. Levchenko, Romain Rancière. Power Laws in Firm Size and Openness to Trade: Measurement and Implications [J]. Journal of International Economics, 2011.

[198] Patrick Lamers, Carlo Hamelinck, Martin Junginger, André Faaij. International Bioenergy Trade—A Review of Past Developments in the Liquid Biofuel Market [J]. Renewable and Sustainable Energy Reviews, 2011.

[199] Nora Räthzel, David Uzzell. Trade Unions and Climate Change: The Jobs Versus Environment Dilemma [J]. Global Environmental Change, 2011.

[200] Bin Su, B. W. Ang. Multi – region Input – output Analysis of CO_2 Emissions Embodied in Trade: The Feedback Effects [J]. Ecological Economics, 2011.

[201] Barr Paul. Acquisition Hindsight. FTC: Sale Gives ProMedica Too Much Clout [J]. Modern Healthcare, 2011.

[202] Roemer E., Carchman R. A. Limitations of Cigarette Machine Smoking Regimens. [J]. Toxicology Letters, 2011.

[203] Greco Peter M. Ethics in Orthodontics. Truth in Advertising. [J]. American Journal of Orthodontics and Dentofacial Orthopedics, 2011.

[204] Wieringa – Jelsma Tinka, Wijnker Joris J, Zijlstra – Willems Esther M, Dekker Aldo, Stockhofe – Zurwieden Norbert, Maas Riks, Wisselink Henk J. Virus Inactivation by Salt (NaCl) and Phosphate Supplemented Salt in a 3D Collagen Matrix Model for Natural Sausage Casings. [J]. International Journal of Food Microbiology, 2011.

[205] Thiermann A. B. International Standards in Mitigating Trade Risks. [J]. OIE Revue Scientifique et Technique, 2011.

[206] Di Nardo A., Knowles N. J., Paton D. J. Combining Livestock Trade Patterns with Phylogenetics to Help Understand the Spread of Foot and Mouth Disease in Sub – Saharan Africa, the Middle East and Southeast Asia. [J]. OIE Revue Scientifique et Technique, 2011.

[207] Huang Dingcheng, Haack Robert A., Zhang Runzhi. Does Global Warming Increase Establishment Rates of Invasive Alien Species? A Centurial Time Series Analysis. [J]. PLoS One, 2011.

[208] Nellie Munin. The GATS: A Legal Perspective on Crossroads of Conflicting Interests [J]. World Trade Review, 2011.

[209] Fiona Smith. Regulating Agriculture in the WTO [J]. International Journal of Law in Context, 2011.

[210] Droege, Susanne. Using Border Measures to Address Carbon Flows [J]. Climate Policy, 2011.

[211] Sinden, Graham E., Peters, Glen P., Minx, Jan, Weber, Christopher L. International Flows of Embodied CO_2 with an Application to Aluminium and the EU ETS [J]. Climate Policy, 2011.

[212] Grubb, Michael. International Climate Finance from Border Carbon Cost Levelling [J]. Climate Policy, 2011.

[213] S. Eiselen. The Inclusion of Standard Terms in International Sales Contracts [J]. Potchefstroom Electronic Law Journal, 2011.

[214] Ershad Ali. Impact of Free Trade Agreement on Economic Growth of Partner Countries: China and New Zealand [J]. International Business and Management, 2011.

[215] Lei Wang. Application of Gravity Model: Measurement of International Competitiveness of Trade in Services [J]. Studies in Sociology of Science, 2011.

[216] Clive Potter, Tom Harwood, Jon Knight, Isobel Tomlinson. Learning from History, Predicting the Future: The UK Dutch elm Disease Outbreak in Relation to Contemporary Tree Disease Threats [J]. Philosophical Transactions of the Royal Society B, 2011.

[217] Tao Zhang. Politeness Principle in the Translation of Business Letters [J]. Theory and Practice in Language Studies, 2011.

[218] Anna Strutt, Terrie Walmsley, James R. Barth. Implications of the Global Financial Crisis for China: A Dynamic CGE Analysis to 2020 [J]. Economics Research International, 2011.

[219] Samuel T. Lowor, Philip O. Yeboah, Joseph R. Fianko, Augustine Donkor. Agrochemicals and the Ghanaian Environment, a Review [J]. Journal of Environmental Protection, 2011.

[220] Kazuyoshi Matsuura. The EU's Regional Policy and External Aid Policy [J]. EU Studies in Japan, 2011.

[221] T. Gries, M. Redlin. International Integration and the Determinants of Regional Development in China [J]. Economic Change and Restructuring, 2011.

后 记

一部著作的完成需要许多人的默默贡献，闪耀着的是集体的智慧，其中铭刻着许多艰辛的付出，凝结着许多辛勤的劳动和汗水。

本书在编写过程中，借鉴和参考了大量的文献和作品，从中得到了不少启悟，也汲取了其中的智慧菁华，谨向各位专家、学者表示崇高的敬意——因为有了大家的努力，才有了本书的诞生。凡被本书选用的材料，我们都将按相关规定向原作者支付稿费，但因为有的作者通信地址不详或者变更，尚未取得联系。敬请您见到本书后及时函告您的详细信息，我们会尽快办理相关事宜。

由于编写时间仓促以及编者水平有限，书中不足之处在所难免，诚请广大读者指正，特驰惠意。